高等院校“十三五”经济管理类课程系列

成本管理会计

（第三版）

主　编　刘贤仕

副主编　徐　霞　韩宇堃

Cost and Managerial Accounting

图书在版编目（CIP）数据

成本管理会计/刘贤仕主编．—3 版．—北京：经济管理出版社，2017.6
ISBN 978－7－5096－5109－4

Ⅰ.①成…　Ⅱ.①刘…　Ⅲ.①成本会计　Ⅳ.①F234.2

中国版本图书馆 CIP 数据核字(2017)第 104116 号

组稿编辑：王光艳
责任编辑：任爱清
责任印制：黄章平
责任校对：董杉珊

出版发行：经济管理出版社
（北京市海淀区北蜂窝 8 号中雅大厦 A 座 11 层　100038）
网　　址：www. E－mp. com. cn
电　　话：（010）51915602
印　　刷：玉田县昊达印刷有限公司
经　　销：新华书店
开　　本：787mm×1092mm/16
印　　张：22
字　　数：452 千字
版　　次：2017 年 6 月第 3 版　　2017 年 6 月第 1 次印刷
书　　号：ISBN 978－7－5096－5109－4
定　　价：58.00 元

前　言

“成本管理会计”是财务管理学、会计学、审计学等专业的一门核心课程。作者在大量参阅国内外这一领域中最新成果的基础上，结合我国市场经济体制建设的实际及多年教学实践，对成本管理会计的基本理论和方法做了比较系统的阐述，反映了该学科的最新发展成果。

为了适应新形势的变化，我们对本书内容进行了修订，希望使用本书的师生以及读者朋友们能更好地掌握成本管理会计相关理论与实务，更好地学以致用。

本书修订的指导思想是尽可能将成本会计与管理会计融为一体，力求符合由浅入深、循序渐进的认识规律，并能体现各篇、各章之间内在的逻辑联系，使成本管理会计形成一个有机的整体，以便组织教学。本书在内容和结构的安排上力求体现以下特点：

第一，吸收国际先进理论与方法，尽可能使内容符合国际惯例。

第二，融成本会计与管理会计于一体，体系新颖、结构合理、内容紧凑、科学实用。

第三，以生动有趣的导入案例揭示主题，开阔读者的眼界，启发读者思考。

第四，运用大量的图表和例解，有助于读者理解、掌握成本管理会计的计算与分析方法。

第五，每章前有“学习目标”“导入案例”，每章后有“名词与术语”“本章小结”“思考题”“自测题”，使读者在每章学习前能明确学习目的，并对本章内容有一个总体概念；学习后通过思考和练习，加深对教材基本内容的理解，提高分析和解决问题的能力。

本书既可作为财务管理学、会计学、审计学、工商管理等经济与管理类的本科及高职高专教材，也可作为社会自学考试的参考书，或各类、各级财会人员后续教育的培训教材。

本书由常州工学院教授刘贤仕任主编，常州工学院教师徐霞、韩宇堃任副主编。参加编写的人员还有常州工学院教师刘雪妮。本书由刘贤仕拟订大纲，各章编写分工：第一章、第二章、第五章、第六章、第九章由刘贤仕编写；第十章、第十一章、第十二章、第十三章、第十四章由徐霞编写；第三章、第四章、第十五章、第十六章由韩宇堃编写；第七章、第八章由刘雪妮编写。最后由刘贤仕、徐霞统稿，由刘贤仕总纂定稿。

由于对成本管理会计的理解不同以及作者的水平有限，书中可能存在错误和不当之处，敬请广大读者和同行批评指正，以便进一步修改和完善。本书配套的教学多媒体课件和各章自测题参考答案可以从经济管理出版社网站下载。

刘贤仕

2017 年 5 月

目 录

第一篇 总 论

第二篇 成本核算

第三篇 预测与决策

第四篇 控制与业绩评价

第五篇 成本管理会计的新发展

第一篇

总　论

第一章

成本管理会计概论

学习目标

1. 了解成本管理会计的历史发展。
2. 掌握成本管理会计的职能、特征与内容。
3. 了解成本管理会计的发展趋势。

☞ 导入案例

中国经济自改革开放以来经历了近40年的高速发展，支撑这种发展速度的动因除来自市场经济体制深化、城镇化、工业化等宏观因素外，一个重要因素是资源要素价格偏低，制造企业可以较低的资源要素成本进行竞争，并进而以低成本优势参与国际市场分工。

中国制造一直沉浸在这场高速增长的盛宴中，直到2008年全球性经济危机及其随后出现的欧美经济持续低迷，将中国企业的发展问题揭示出来，中国制造似乎突然之间陷入了困境：外需低迷，内需不畅，资源要素价格上涨，税费、物流等成本压力凸显……

制造企业纷纷发现，多年以来赖以竞争的法宝——低成本优势正在或已然消失。国内制造企业出现了大范围的亏损经营甚至倒闭破产现象；外商投资企业逐步关闭其在中国设立的加工厂，将生产线和订单转向东南亚等地区；发展中国家的客商由在中国采购产品的方式调整为在中国采购半成品回国组装，所有的迹象都表明中国作为“世界工厂”的地位正在发生某种深刻的变化。

客观来看，这种变化不是临时存在，而是随着市场经济体制改革的深化，资源要素在回归其正常价格的过程中，必然出现的而且会持续发生变化，这种变化向中国企业昭示了这样的一个现实：中国制造已经进入了高成本时代，推行成本管理会计迫在眉睫。

资料来源：http：//www. ceconline. com/manufacturing/ma/8800065648/01/。

第一节 成本管理会计的产生与发展

成本管理会计是会计学的一个重要分支，也是现代企业管理的重要工具。它与其他管理工具一样，是社会经济发展到一定程度的必然产物，并随着经济的发展而发展。

一、早期成本管理会计阶段（1880～1920年）

随着英国产业革命的完成，机器生产代替了手工劳动，工厂代替了手工作坊，会计人员为了满足企业管理上的需要，最初是在会计账簿之外用统计的方法计算成本。此时，成本管理会计出现了萌芽。从成本管理会计的计算方法看，在早期成本管理会计阶段，主要采用分批法或分步法成本会计制度；从成本管理会计的计算目的看，主要是计算产品成本以确定存货成本及销售成本。所以，初创阶段的成本管理会计也称记录型成本管理会计。

二、近代成本管理会计阶段（1921～1949年）

19世纪末20世纪初，在制造业中发展起来的以泰勒模式为代表的科学管理对成本管理会计的发展产生了深刻的影响。标准成本法的出现使成本计算方法和成本管理方法发生了巨大的变化，成本管理会计进入了一个新的发展阶段。近代成本管理会计主要采用标准成本制度和成本预测为生产过程的成本控制提供条件。

三、现代成本管理会计阶段（1950～1980年）

20世纪50年代起，西方国家的社会经济进入了新的发展时期。随着管理现代化，运筹学、系统工程和电子计算机等各种科学技术成果在成本管理会计中得到了广泛应用，从而使成本管理会计发展到一个新的阶段，即成本管理会计发展重点已由如何进行成本核算与成本控制转移到如何规划前景、参与决策、控制现在和业绩评价，形成了新型的以管理为主的现代成本管理会计。

四、战略成本管理会计阶段（1981年以后）

20世纪80年代以来，随着计算机技术的进步，生产方式的改变，产品生命周期的缩短，以及全球性竞争的加剧，大大改变了市场竞争模式。成本管理会计的视角由单纯的生产经营过程管理和重股东财富，扩展到与顾客需求及利益直接相关的包括产品设计和产品使用环节的产品生命周期管理，以获取市场竞争优势。西方国家成本管理会计研究成果显示，成本管理会计的视角由企业内部拓展到企业外部（如战略管理会计的研究），由微观经济转向宏观经济。不论成本管理会计的发展趋势如何，成本管理会计的管理职能在企业管理中将发挥越来越大的作用。

第二节　成本管理会计的职能

成本管理会计的职能指成本管理会计在企业的生产经营管理中所具有的客观功能，其基本职能是成本核算和成本监督。随着经济的发展，成本管理会计的职能越来越多，现代成本管理会计的职能包括以下六个方面：

一、进行成本核算

成本核算是根据一定的成本计算对象，采用适当的成本计算方法，按规定的成本项目，通过对各费用要素的归集和分配计算出各成本计算对象的总成本和单位成本。成本核算既是对生产经营过程中发生的生产耗费进行如实反映的过程，也是进行反馈和控制的过程。通过成本核算可以反映成本计划的完成情况，并为进行成本预测、编制下期成本计划提供可靠的资料，同时也为以后的成本分析和成本考核提供必要的依据。

二、预测经济前景

预测是指通过科学的方法预计和推测客观事物未来发展的必然性和可能性的行为。成本管理会计发挥其预测经济前景的职能，就是按照企业未来的总目标和经营方针，充分考虑经济规律的作用和经济资源的约束，将成本按其习性区分为固定成本和变动成本的基础上进行盈亏临界点的计算和本量利分析，编制弹性预算，制定标准成本等，有目的地预计和推测企业未来的产品销售量、利润、成本及资金的变动趋势和水平，为企业经营决策服务。

三、参与经济决策

决策是指为了达到一定的目标，是否要采取某种行动，或者在两个或两个以上备选方案中选择并决定采用一个最优方案。决策既是企业经营管理的核心，也是各级经理人员的主要工作。由于决策工作贯穿于企业管理的各方面和整个过程，成本管理会计人员应根据决策目标，收集、整理资料，充分利用所掌握的资料，采用科学的方法进行定量分行，做出正确的财务评价，筛选出最优的行动方案，帮助经理人员客观地掌握情况，提高决策的科学性。

四、规划经营目标

成本管理会计规划未来的职能是通过编制各种计划和预算来实现的。企业为实现一定的经营目标，先通过决策程序确定最优方案，然后对选定方案进行加工、汇总，形成企业生产经营在一定期间的全面预算。它集中反映整个企业在该时期内要完成的总目标和任务，最后将总目标进一步落实，一一分解全面预算指标，形成各责任中心的责任预算，使各责任层次明确各自的目标和任务。

五、控制经济过程

控制就是使企业的经济活动严格按照决策所确定的目标卓有成效地运行。这一职能的发挥，要求以责任预算所规定的指标作为开展日常经济活动的依据，对预算执行情况进行记录和计量，并根据执行过程中实际与计划之间的偏差进行分析，及时采取措施加以调整改进，充分发挥制约和促进作用，有效地保证目标的实现。

六、评价经营业绩

贯彻落实责任制，充分调动人员的积极性是企业管理的一项重要任务。成本管理会计履行考核评价经营业绩的职能，是通过建立责任会计制度，对企业内部各单位的责任预算执行结果进行分析，总结成绩和发现问题，明确差异的责任，实施奖惩制度。

近年来，“成本管理会计”这个名词已被广泛地使用，但目前对此仍无统一的定义。基于成本管理会计的职能作用，在本书中使用的“成本管理会计”定义为：进行成本核算、预测经济前景、参与经济决策、规划经营目标、控制经济过程和评价经营业绩的一种专业会计。

第三节　成本管理会计的特征

下面通过成本管理会计同财务会计的简要对比，说明成本管理会计的一些主要特征。

一、工作重点不同

财务会计的工作重点是为与企业有利害关系的各利益集团（包括股东、债权人、潜在投资者、银行、政府等）服务，因此又称“对外报告会计”。成本管理会计的工作重点主要针对企业内部经营管理中的各种问题进行分析评价，进而进行决策，为企业内部各级管理部门提供有效经营和最优决策的管理信息，是为强化企业内部管理、提高经济效益服务的，因此又称“对内报告会计”。

二、作用时效不同

财务会计的作用时效主要在于反映、评价过去，以历史成本原则为基础，单纯地提供历史信息并解释信息，属于“报账型”会计。成本管理会计的作用时效主要面向未来，是算“活账”，即不仅要评价过去，更侧重于依据所掌握的财务会计信息资料去预测和规划未来、控制现在，属于“经营管理型”会计。

三、会计主体不同

财务会计主要以整个企业为会计主体，并以此向利益相关者提供财务会计信息，用于评价企业的财务状况和经营成果；而成本管理会计主要以企业内部各个责任单位（或责任中心）为会计主体，其责任单位可大可小，并以此对其产生经营活动的业绩进行评价与考核。

四、遵循原则不同

财务会计必须严格遵守“公认会计原则”（我国则为企业会计准则、具体会计准则及企业会计制度）的要求，以保证会计信息在时间上的一致性和空间上的可比性，其基本概念具有较大的稳定性；而成本管理会计不受“公认会计原则”或统一会计制度的约束，一般只服从于企业管理当局的需要，在工作中可灵活地运用现代管理理论（如系统论、控制论、信息论、行为科学、成本效益原理等），它的许多概念远远超出传统会计要素等基本概念的框架。

五、方法体系不同

财务会计的方法在一定时期内相对单一并且稳定，核算时往往只采取简单的算术方法。成本管理会计可以根据目标需要，在一定时期内采取各种各样的方法去分析问题、解决问题。成本管理会计的常用方法包括数学方法、统计方法、会计方法、计算机技术等。

六、时间跨度不同

财务会计的对外财务报告必须定期（每月、季、年）编制，弹性极小；而成本管理会计中各种业务报告编制的时间跨度具有较大弹性，报告编制时期完全取决于管理上的需要，不定期，有时要随时报告。

七、法律效力不同

财务会计要定期向各利益集团或个人提供较为全面、系统、连续的财务信息，上市公司的财务报告还要向社会公众公开发表，因此财务会计报告具备法律效力；而成本管理会计的报告主要面向企业管理当局，一般不对外公开报送，其信息载体大多是没有统一格式的内部报告，因此这些内部报告不具备法律效力。

八、观念意识不同

财务会计非常注重对企业“物”的管理，其着眼点放在如何真实、准确地反映、计量企业生产经营过程中人、财、物各要素的使用与耗费上，以便公正地报告其财务状况与经营成果，对人的行为活动和心理活动一般不予重视。而成本管理会计是以现代管理科学为基础的，它吸收了行为科学中“以人为本”的价值观念，因此在其管理活动中，一方面重视人才的培养和人力资源成本的核算；另一方面还关注人的行为及心理活动对企业管理所带来的影响，想方设法调动人的主观能动性。

财务会计与成本管理会计的不同之处可以概括为表1－1。

表1－1　财务会计与成本管理会计比较

要　点	财务会计	成本管理会计
工作重点	对外报告会计	对内报告会计
作用时效	反映、评价过去	预测和规划未来、控制现在
会计主体	整个企业	整个企业、企业内部各个责任单位
遵循原则	严格遵守会计准则	不受会计准则约束
方法体系	方法单一并且稳定	采取各种各样的方法
时间跨度	报告定期（每月、季、年）编制	不定期、具有较大弹性
法律效力	报告具备法律效力	不具备法律效力
观念意识	注重对企业“物”的管理	以人为本

第四节　成本管理会计的内容

在国外的教科书中，成本会计、管理会计的内容往往在一本教材中。我国理论界近几年对会计学科的课程设置也有讨论，主要包括以下三种观点：认为成本会计应与管理会计合为一门课；认为成本会计应与财务会计合为一门课；认为成本会计、财务会计、管理会计合为一门课。这里认为成本会计应与管理会计合为一门课，这是由成本会计与管理会计两者之间的内在的逻辑与历史联系决定的。同时，这样做也可以更好地与国际惯例保持一致。

从历史上看，管理会计与成本会计有着紧密的内在逻辑联系。一方面，管理会计的形成和发展与成本会计有着千丝万缕的联系，也可以说管理会计起源于成本会计，它们所依据的经济理论是相同的，如科学管理理论等，它们的很多基本方法也是相同的，如标准成本制度、责任会计、作业成本制度等，从这一点说，成本会计是管理会计产生的基础，管理会计是成本会计内容的延伸和发展；另一方面，管理会计与成本会计的目标都是加强企业的内部管理，提高企业的经营决策水平。因此，完全可以将成本会计和管理会计合并为

一门成本管理会计。

本书的内容框架从我国教学实际出发，尽量避免两门课程的重复，提供与管理需要有高度相关的成本核算方法以及预测、决策、控制、业绩评价方法及其应用。本书共分五篇：总论、成本核算、预测与决策、控制与业绩评价、成本管理会计的新发展。基本内容包括：成本管理会计概论；成本核算概述、费用在各种受益对象之间的归集与分配、生产费用在完工产品和在产品之间的分配、产品成本计算的基本方法、产品成本计算的辅助方法；成本性态分析与变动成本法、本量利分析、预测分析、短期经营决策、长期投资决策；全面预算、标准成本系统、责任会计；作业成本法、战略管理会计。

第五节　成本管理会计的发展趋势

进入21世纪，呈现在人们面前的将是一个以国际化、金融化和知识化为基本特征的现代市场经济。在这样的环境下，企业内部组织结构及其所面临的外部环境都将发生变化。企业及其经营环境的变化，必将推进成本管理会计的发展。其发展趋势如下：

一、成本管理会计将出现国际化和战略化趋势

国际管理会计和战略管理会计就是这种趋势的代表，它们将成为成本管理会计学科发展的趋势。国际管理会计是现代成本管理会计时空观扩展的具体化，是现代成本管理会计的延伸，着重研究在当代国际经济趋于一体化的条件下，如何在跨国经营活动中为最大限度地提高经济资源的整体配置效益和使用效益提供有用信息。企业国际化经营扩展了企业价值链的空间范围，要求现代成本管理会计拓展其空间观念，为企业建立核心竞争能力和优化价值链提供有用信息。战略管理会计体现了对现代成本管理会计时空观的拓展，它以取得整体竞争优势为主要目标，以战略观念审视企业内部信息，强调财务与非财务信息、数量与非数量信息并重，制定、执行和考评企业战略及战术，揭示企业在整个行业中的地位及其发展前景，建立预警分析系统，提供全面、相关和多元化的信息，从而形成集现代成本管理会计与战略管理于一体的新兴交叉学科分支。

二、资本成本管理会计可能成为成本管理会计的重要分支

企业核心竞争能力的形成和价值链的优化都离不开外部环境，在未来金融社会，金融市场是企业最重要的外部环境，资本成本信息是企业与金融市场联系的桥梁。现行的财务会计只确认、计量和报告企业的债务资本成本而忽略其权益资本成本。资本成本管理会计是以现代金融市场为依托，以企业资本成本为对象，将企业成本概念及其计量引入产权领域，全面确认、计量和报告企业有关资本成本信息的会计分支。在21世纪以金融市场为

导向的市场经济环境下，资本成本管理会计信息具有重大的现实意义。

三、沿着与高新技术相联系的成本管理会计和人力资本管理会计两个方向发展

一是作为知识化的表现形式，与高新技术联系的成本管理会计分支将成为发展方向。知识化企业必须表现得更好、更快和更便宜，即具有质量、时间和成本优势。时间就是生命，时间就是金钱，时间就是竞争优势，时间就是市场份额。快速反应、灵活多变是知识化企业的基本特征。这方面体现在成本管理会计上就是作业成本管理会计、质量成本会计、产品生命周期成本会计等新兴学科的发展。二是作为知识化的载体，在成本管理会计方面的体现就是人力资本管理会计的发展，尤其是人力资本价值管理会计的发展。在知识经济时代，人力资本是最重要的资本要素。人力资本管理会计把人作为有价值的组织资源，以企业人力资本为对象，确认、计量和报告人力资本的成本和价值信息。顾客就是市场份额，顾客满意是形成核心竞争能力和优化价值链的重要条件。顾客满意要以企业内部员工满意为基础。人力资本管理会计突破了传统会计只研究“物尽其用”的局限，将会计研究延伸到如何使企业“人尽其才，事得其人，人事相宜”的领域，为知识化企业的收益分配和会计制度设计提供相关的信息。人力资本管理会计为建立人力资本与财务资本共享剩余收益的知识化企业奠定了产权基础。人力资本报表将成为21世纪重要的成本管理会计报表。

四、核心竞争能力培植成本管理会计和环境管理会计

以国际化、金融化和知识化为基本特征的世界经济是可持续发展的经济，与此相适应，专注于核心竞争能力培植的成本管理会计和环境管理会计将是21世纪世界成本管理会计发展的焦点。20世纪成本管理会计的主题基本上围绕着企业价值增值而展开，21世纪成本管理会计的主题是企业核心竞争能力的培植。21世纪的成本管理会计要“以人为本”，围绕企业核心竞争能力的评估、培植和提升而展开。近30年来，由于人类在生产活动中无限制地滥用资源，随意向外界环境排放污染物，导致了环境的不断恶化，严重威胁着人类的生存和发展。治理污染、节能减排、保护环境、实现经济可持续发展，已成为人们的共识，环境管理会计也将引起人们的高度重视。

本章小结

本章讲述了成本管理会计的产生与发展，以及成本管理会计的职能、特征、内容和发展趋势等问题，使读者对成本管理会计有一个比较完整的提纲挈领性的认识。

 名词与术语

成本核算　预测与决策　规划与控制　业绩评价　财务会计　成本管理会计

思考题

1. 成本管理会计是怎样产生与发展的？
2. 成本管理会计的职能有哪些？
3. 成本管理会计的特征有哪些？
4. 成本管理会计的内容有哪些？
5. 成本管理会计的发展趋势如何？

第二篇

成本核算

第二章

成本核算概述

学习目标

1. 理解成本的含义和作用。
2. 了解成本核算的内容。
3. 掌握成本核算的要求。
4. 了解费用的分类。
5. 掌握成本核算的一般程序。

☞ 导入案例

美国沃尔玛（Wal－Mart）连锁店公司是美国最大的也是世界上最大的连锁零售商。沃尔玛能够取得今日的成就，其中一个重要原因就是加强成本核算，在采购、存货、销售和运输等各环节想尽一切办法降低成本，商品价格保持在最低价格线上。

比如在采购环节，很多商家采取的是代销的经营方式，以规避经营风险，沃尔玛却实施直接买断购货政策，对于货款结算采取固定时间决不拖延的做法。沃尔玛的平均应付期为29天，竞争对手凯玛特则需45天。这种购货方式虽然使沃尔玛需要冒一定的风险，但供应商的利益得到了保护，大大激发了供应商与沃尔玛建立业务的积极性，赢取了供应商的信赖，并同供应商建立起友好融洽的合作关系，从而保证了沃尔玛的最优惠进价，大大降低了购货成本。据沃尔玛自己的统计，沃尔玛实行向生产厂家直接购货，使采购成本降低了2%～6%。沃尔玛提出“帮顾客节省每一分钱”的宗旨，实现了价格最便宜的承诺。

我国一些零售商大玩“空手道”实行代销，或收租场费实行自销，或搞乱收费实行报销……由此增加的费用，最终让顾客掏腰包。在这种充满欺诈的行为中，怎能取得顾客的信任？目前我国大力提倡建设和谐社会与节约社会，沃尔玛的做法无疑会给我国的企业带来启迪。

资料来源：http：//blog. sina. com. cn/s/blog_ 741d8c890100qxy5. html。

第一节 成本的经济内涵和作用

成本作为一个价值范畴，在社会主义市场经济中是客观存在的。加强成本管理，努力降低成本，无论对提高企业经济效益，还是对提高整个国民经济的宏观经济效益，都是极为重要的。因此，从理论上充分认识成本的经济内涵及其作用十分重要。

一、成本的经济内涵

1. 理论成本

马克思主义政治经济学指出，产品的价值由三个部分组成，即生产中消耗的生产资料的价值（C）、劳动者为自己的劳动所创造的价值（V），以及劳动者为社会创造的价值（M）。产品成本是前两部分的价值之和（C+V）。因此，从理论上讲，产品成本是企业在生产产品过程中已经耗费的、用货币表现的生产资料的价值与劳动者为自己劳动所创造的价值的总和。这种成本，称为“理论成本”。可见，理论成本就是指为生产和销售产品所发生的全部支出，也就是通常所说的广义成本。

2. 实际成本

在实际工作中，为了加强经济核算，促使企业厉行节约，减少生产损失，对于一些并不形成产品价值的生产损失性支出（如工业企业的废品损失、停工损失等），也列入产品成本之内，因为这些支出也必须从产品销售收入中得到补偿。此外，由于企业为销售产品而发生的销售费用，为组织和管理生产经营活动而发生的管理费用，以及为筹集生产经营资金而发生的财务费用大多难以按产品归集，为了简化成本核算工作，都作为期间费用处理，直接计入当期损益。因此，实际成本是指产品的生产成本，即狭义成本，不是指为生产和销售该项产品所发生的全部支出。这说明，产品成本的实际内容，一方面要求反映成本的客观经济内容，另一方面又要体现成本管理的要求。也就是说，理论成本和实际成本并不完全一致。

二、成本的作用

成本的经济实质和客观内容决定了成本在经济管理工作中具有重要的作用。在我国市场经济条件下，其重要作用主要表现在以下几个方面：

1. 成本是生产耗费的补偿尺度

为了保证企业再生产的不断进行，企业在生产过程的耗费必须从产品销售收入中得到补偿；而生产耗费补偿数额的多少，是以成本为尺度进行衡量的。只有生产过程的耗费得到足额补偿，企业的生产经营才能顺利进行，否则企业正常生产所需资金就会短缺，正常

运转就会受到威胁。而且，企业不仅要用产品销售的收入补偿生产耗费，还必须有盈余，这样才能满足企业扩大再生产的需要，使其不断发展壮大。因此，成本作为生产耗费的补偿尺度，对于确定企业经营损益、正确处理企业与国家之间的分配关系，也有十分重要的意义。

2. 成本是制定产品价格的重要因素

产品价格是产品价值的货币表现。在制定产品价格时，不论是企业还是国家都应遵循价值规律的基本要求。制定产品的销售价格，显然要考虑市场供求关系的变化，也必须考虑企业的实际承受能力即产品的实际成本，成本是产品价格制定的最低经济界限。如果产品的销售价格低于其成本，企业生产经营费用就不能全部从产品销售收入中补偿。所以，成本是制定产品销售价格的重要因素。在产品价值无法直接计算的情况下，只能通过产品的成本间接反映产品的价值水平。

3. 成本是企业进行预测、决策和分析的重要依据

在市场经济条件下，市场竞争异常激烈。企业要在激烈的市场竞争中取胜，就要面向市场，对生产计划的安排、工艺方案的选择、新产品的开发等，都应采用科学的现代化管理手段进行预测，从而做出正确的决策。同时，为了有效管理企业的生产经营活动，有效进行成本管理和控制，还必须定期或不定期地对企业的生产经营情况进行分析，以便及时发现问题，及早采取相应的措施。企业进行合理有效的经营预测、决策和分析，都是建立在及时、准确的成本信息基础之上的，因此成本是企业进行预测、决策和分析的重要依据。

4. 成本是业绩评价的重要指标

成本是一项综合性的经济指标，可以直接或间接反映企业经营管理中各方面的工作业绩。例如，产品设计是否合理、生产工艺是否先进、劳动生产率水平的高低、原材料的利用程度、费用开支是节约还是浪费、管理工作和生产组织的水平以及产、供、销各个环节衔接、协调的情况等，最终都会在成本中反映出来。因此，成本是评价各部门业绩的重要指标。

第二节　成本核算的内容

成本核算是成本管理会计的一个重要领域，明确成本核算的内容，对于确定成本核算的目的、研究、运用成本核算的方法，以及更好地发挥成本核算在经济管理中的作用有着重要的意义。

从理论上讲，成本所包括的内容，也就是成本核算的内容。但是为了更详细、具体地了解成本核算的内容，必须结合企业的具体经营情况和企业会计制度的有关规定来加以

说明。

一、工业企业成本核算的内容

工业企业的基本生产经营活动是生产和销售工业产品。产品的制造过程即生产耗费过程，主要包括原材料、直接生产人员工资、固定资产折旧等。这些支出构成了企业在产品制造过程的全部生产费用，而为生产一定种类、一定数量产品所发生的各种生产费用支出的总和构成了产品的生产成本。工业企业在产品销售过程中会发生各种各样的费用支出，构成企业的销售费用。企业的行政管理部门为组织和管理生产经营活动，会发生各种各样的费用，称为管理费用。此外，企业为筹集生产经营所需资金等也会发生一些费用，称为财务费用。

上述产品制造过程中发生的各种生产费用的支出和产品生产成本的形成，是工业企业成本核算的主要内容。销售费用、管理费用和财务费用，可以总称为期间费用，与产品生产没有直接联系，不计入产品的成本。但为了促使企业节约费用、增加利润，期间费用也作为成本核算的内容。

由此可见，工业企业成本核算的内容包括产品的生产成本和期间费用，简称工业企业的成本、费用。

二、其他行业企业成本核算的内容

商品流通企业的基本经营活动是商品采购和销售。为此，要耗费商品采购成本和销售成本。此外还要发生营业费用、管理费用和财务费用，这些费用总称为商品流通费用，虽然不计入商品的采购成本和销售成本，但是为了促进企业节约费用、增加利润，也作为成本核算的内容。因此，商品流通企业成本核算的内容包括商品采购成本、销售成本和商品流通费用，简称商品的流通企业的成本、费用。

施工企业的基本经营活动是进行建筑工程的施工。工程施工要耗费工程成本。还要发生管理费用和财务费用，这些费用不计入工程成本，但却是成本核算的内容。因此，施工企业成本核算的内容包括工程成本和期间费用，简称施工企业的成本、费用。

饮食服务、旅游企业的基本经营活动是提供饮食服务、旅游服务的业务，要耗费营业成本。还要发生营业费用、管理费用和财务费用，同样这些费用也不计入营业成本，但却是成本核算的内容。因此，饮食服务、旅游企业成本核算的内容包括营业成本和期间费用，简称饮食服务、旅游企业的成本、费用。

综上所述，成本核算的内容可以概括为：各行业企业生产经营业务的产品或劳务成本和有关的期间费用，简称成本、费用。成本核算的实质是成本、费用核算。

本教材成本核算部分以工业企业产品成本核算为主，对于期间费用只对费用分配时涉及的内容进行会计分录处理，其内容不做专门说明，主要是考虑与财务会计的衔接。

第三节　成本核算的要求

成本核算是成本管理会计的基础，是按照国家有关法规、制度和企业的管理要求，对生产经营过程中实际发生的各种耗费进行计算，并进行相应的账务处理，提供决策有用的会计信息。通过成本核算，能够帮助企业挖掘降低成本费用的途径，增加利润，提高经营管理水平。所以，企业应加强成本核算工作，充分发挥成本核算的作用。这要求企业的成本核算工作必须符合以下各项要求：

一、做好各项成本核算的基础工作

要保证成本管理会计所提供的成本信息的质量，就必须加强产品成本核算的各项基础工作。如果基础工作做得不好，就会影响成本计算的准确性。要做好成本核算的各项基础工作，需要会计部门和其他各部门密切配合，共同做好这项工作。成本核算的基础工作主要有：制定各种先进而可行的消耗定额并及时进行修订；完善物资的计量、收发、领退制度；建立各种原始记录的收集整理制度；确定合适的企业内部结算价格；建立各责任单位的责任成本等。

二、正确划分各种费用界限

为了正确计算产品成本和企业经营成果，必须正确划分下列五个方面的费用界限。

1. 正确划分计入产品成本和不计入产品成本的费用界限

企业发生的各种费用，不能全部计入产品成本。只有生产产品所发生的费用，如直接材料、直接人工、制造费用才能计入产品成本，不是生产产品所发生的支出不能计入产品成本，如购置和建造固定资产、无形资产等资本性支出，对外投资支出，支付的各项赔偿金、违约金、滞纳金、罚款支出、赞助、捐款支出等营业外支出，都不能计入产品成本。关于哪些费用应计入产品成本，哪些费用不能计入产品成本，会计制度都有明确规定，企业必须严格遵守。企业既不能乱计成本，也不能少计成本，乱计和少计成本都会使成本不实，不利于企业的成本管理。

2. 正确划分生产费用与期间费用的界限

企业日常生产经营活动发生的各项支出，其用途是多方面的。根据支出的用途不同，有些作为生产费用计入产品成本，如直接材料、直接人工、制造费用，而有些作为期间费用不应计入产品成本。期间费用是指企业在生产经营过程中发生的，与产品生产没有直接关系，属于某一期间为组织和管理生产而发生的费用。这些费用容易确定其发生期间和归属期间，但不容易确定其应归属的成本计算对象。所以，期间费用不计入产品成本，而是按照一定期间（月份、季度或年度）进行汇总，直接计入当期损益。因此，为了正确计算产品成本，正确计算当期损益，必须正确划分生产费用与期间费用的界限。

3. 正确划分本期成本费用和下期成本费用的界限

企业在生产经营过程中发生的费用，有的应计入本期产品成本，有的应计入以后各期产品的成本。根据我国会计准则的规定，企业应按期进行成本计算，以便分析、考核计划产品成本的执行情况和结果。凡应由本期产品成本负担的费用，不论是否在本期发生，都应全部计入本期产品成本；不应由本期产品成本负担的费用，即使在本期支付，也不能计入本期产品成本。在划分各个会计期间的成本费用时，应该以权责发生制为基础，正确核算待摊费用和预提费用，按受益期限合理摊销或预提，不能任意摊提，人为地调节产品成本。

4. 正确划分各种产品的费用界限

如果企业生产的产品不止一种，为了满足企业成本考核和成本管理的要求，应该分别计算各种产品的实际成本。因此，对于计入本月产品成本的生产费用，还应该在各种产品之间进行分配。属于某种产品单独发生，能够直接计入该种产品成本的生产费用，应该直接计入该种产品成本；属于几种产品共同发生，不能够直接计入某种产品成本的生产费用，应该采用适当的方法，分配计入这几种产品成本。

5. 正确划分完工产品与在产品之间的费用界限

在月末计算完工产品成本时，如果某种产品已全部完工，那么已归属到这种产品中的生产费用之和，就是这种产品的完工产品成本；如果某种产品都未完工，这种产品的各项生产费用之和，就是这种产品的月末在产品成本；如果月末某种产品一部分已经完工，另一部分尚未完工，应当采用适当的分配方法，把这种产品的生产费用在完工产品与月末在产品之间进行分配，分别计算完工产品成本与月末在产品成本。此时，应防止任意提高或降低月末在产品成本来人为调节完工产品成本的错误做法。

三、正确确定财产物资的计价及价值转移方式

财产物资的计价方式包括永续盘存制和实地盘点制。根据企业生产经营的特点确定财产物资的计价方式，有利于保证财产物资发出和使用计价的正确性，从而保证产品成本核算的正确性，实现企业成本管理的目标。

四、正确选择成本计算方法

产品的成本是在生产过程中形成的。产品的生产工艺过程和生产组织方式不同，采用的产品成本计算方法也应该有所不同。计算产品成本是为了加强成本管理，因而还应根据生产特点和管理要求的不同，采用不同的产品成本计算方法。企业应该按照本身的生产特点和管理要求，选择适当的成本计算方法，才能正确及时地计算产品成本。

第四节 费用的分类

企业在生产经营中发生的费用种类很多，为了掌握各种费用的性质和特点，以便科学地进行成本管理，必须对企业的各种成本、费用进行合理的分类。费用可以按不同的标准分类，其中最基本的是按费用的经济内容和经济用途分类。

一、按费用的经济内容分类

企业的生产经营过程，是物化劳动和活劳动的耗费过程。企业发生的各种费用按其经济内容划分，主要有劳动对象方面的费用、劳动手段方面的费用和活劳动方面的费用三大类。前两方面为物化劳动耗费，即物质消耗；后一方面为活劳动耗费，即非物质消耗。这三类可以称为企业费用的三大要素。为了具体地反映企业各种费用的构成和水平，还应在此基础上将企业费用进一步划分为以下九个费用要素。

1. 外购材料

它指企业为进行生产而耗用的一切从外部购进的原料及主要材料、半成品、辅助材料、修理用备件和周转材料等。

2. 外购燃料

它指企业为进行生产而耗用的一切从外部购进的各种燃料，包括固体、液体和气体燃料。

3. 外购动力

它指企业耗用的从外部购进的各种动力，包括热力、电力和蒸汽等。

4. 工资

它指企业以货币形式支付的工资、奖金、津贴和补贴等。

5. 其他职工薪酬

它指除工资以外的给予职工的福利费、社会保险费等其他形式的报酬及相关支出。

6. 折旧费

它指企业所拥有或控制的固定资产按照使用情况计提的折旧费。

7. 利息费用

它指企业负债利息净支出（利息支出减去利息收入后的余额）。

8. 税金

它指企业应缴纳的各种税金，如房产税、车船使用税、印花税、土地使用税等。

9. 其他费用

它指不属于以上各要素的费用，如邮电费、差旅费、租赁费、外部加工费等。

上述各要素称为费用要素，按照费用要素反映的费用称为要素费用。

费用按照经济内容进行分类，可以反映企业在一定时期内发生了哪些费用，数额各是多少，以便分析各个时期各种费用占整个费用的比重，进而分析企业各个时期各种要素费用支出的水平，有利于考核费用计划的执行情况。

但是，这种分类不能反映各种费用的经济用途以及这些费用与产品之间的关系。为了掌握费用的用途、核算产品成本、开展成本分析、寻求降低产品成本的途径，还需按费用的经济用途进行分类。

二、按费用的经济用途分类

企业生产经营过程中发生的各种费用，按其经济用途分为计入产品成本的生产费用和不计入产品成本的期间费用两类。

1. 生产费用

计入产品成本的生产费用在生产过程中的用途也各不相同，有的直接用于产品生产，有的间接用于产品生产。为了具体反映计入产品成本的生产费用的各种用途，还应进一步划分为若干个项目，即产品成本项目。根据生产特点和管理要求，工业企业一般应设置以下四个成本项目。

（1）直接材料。它指企业在产品生产过程中所消耗的，直接用于产品生产，构成产品实体的原料及主要材料、外购半成品（外购件）、修理用备件（备品配件）、包装物、有助于产品形成的辅助材料以及其他直接材料。

（2）直接人工。它指企业在产品生产过程中，直接从事产品生产的工人的工资、福利费、社会保险费等职工薪酬。

（3）燃料和动力。它指企业在产品生产过程中所消耗的，直接用于产品生产的外购和自制的燃料和动力费。

（4）制造费用。它指间接用于产品生产的各项费用，以及虽然直接用产品生产，但不便直接计入产品成本因而没有专设成本项目的费用（如机器设备的折旧费）。制造费用包括企业内部生产单位（分厂、车间）的管理人员和职工的薪酬、固定资产折旧费、租赁费（不包括融资租赁费）、机物料消耗、低值易耗品摊销、取暖费、水电费、办公费、运输费、保险费、设计制图费、试验检验费、劳动保护费、季节性或修理期间的停工损失以及其他制造费用。

上述生产费用按经济用途划分的成本项目并非一成不变，企业可根据生产特点和管理要求对上述成本项目进行适当调整。对于管理上需要单独反映、控制和考核的耗费，以及产品成本中比重较大的耗费，应专设成本项目；为了简化成本核算，也可不必专设成本项目。例如，如果废品损失和停工损失在产品成本中所占比重较大，在管理上需要对其进行重点控制和考核，则应单独设“废品损失”和“停工损失”成本项目。又如，如果外购燃料和动力不多，为了简化成本核算，可将其中的生产用燃料费并入“直接材料”成本项目，将其中的生产用动力费（如电费）并入“制造费用”成本项目，这样可将产品成本项目概括为“直接材料”“直接人工”和“制造费用”三个项目。

将计入产品成本的生产费用划分为若干成本项目，可以反映企业构成产品成本的耗费原因和具体去向，了解企业产品成本的构成情况，有利于进一步考核成本计划的执行情况，寻求降低产品成本的途径。

2. 期间费用

不计入产品成本的期间费用包括销售费用、管理费用和财务费用。

（1）销售费用。它指企业在销售产品过程中发生的费用，包括企业销售商品过程中发生的运输费、装卸费、包装费、保险费、展览费和广告费，以及为销售本企业产品而专设的销售机构（含销售网点、售后服务网点等）的职工薪酬、业务费、固定资产折旧费、修理费等。

（2）管理费用。它指企业行政管理部门为组织和管理企业生产经营所发生的各种费用，包括企业的董事会和行政管理部门在企业的经营管理中发生的或者应由企业统一负担的公司经费（包括行政管理部门职工工资、修理费、物料消耗、低值易耗品摊销、办公费和差旅费等）、董事会费、聘请中介机构费、咨询费（含顾问费）、诉讼费、业务招待费、房产税、车船使用税、土地使用税、印花税、技术转让费、矿产资源补偿费、无形资产摊销、工会经费、待业保险费、劳动保险费、职工教育经费、研究与开发费、排污费、存货盘亏与盘盈（不包括应计入营业外支出的存货损失），以及企业生产车间和行政管理部门发生的固定资产修理费等。

（3）财务费用。它指企业为筹集生产经营所需资金等而发生的费用，包括应作为期间费用的利息支出（减利息收入）、汇兑损失（减汇兑收益）以及相关的手续费等。

第五节　成本核算的一般程序

一、成本核算的账户设置

为了进行成本核算，企业通常应设置“生产成本”和“制造费用”账户。

1. “生产成本”账户

为了进行成本核算，企业一般应在“生产成本”一级账户下设置“基本生产成本”和“辅助生产成本”二级账户。

（1）“基本生产成本”账户。该账户核算企业的各种产品、自制材料、自制设备工具等发生的各项生产费用。基本生产发生的直接材料、直接人工等直接费用直接计入该账户的借方，间接费用通过“制造费用”账户先行归集，月末再分配计入该账户，贷方登记完工入库的产品、材料等的生产成本。账户的借方余额表示月末尚未完工的各项在产品的成本。该账户按产品种类进行明细核算，按成本项目设专栏。

（2）“辅助生产成本”账户。该账户核算为基本生产提供产品、劳务所发生的各项生产费用。该账户按产品、劳务的种类组织明细核算，按成本项目分设专栏。辅助生产发生的直接材料、直接人工应直接计入该账户的借方，间接费用可以直接计入该账户的借方，也可通过“制造费用”账户先行归集，月末再分配计入该账户。月末，“辅助生产成本”账户应按所提供产品、劳务的情况，将辅助生产费用进行结转与分配，将相关费用转入受益的车间与部门。该账户月末一般没有余额，如有余额则表示辅助生产的在产品成本。

2. “制造费用”账户

该账户核算企业基本生产车间与辅助生产车间为产品生产、劳务提供而发生的各项间接费用。其明细核算按不同的车间、部门分设，按费用项目设置专栏。该账户借方记录基本生产车间、辅助生产车间发生的各项间接费用；贷方登记月末分配计入“基本生产成本”账户与“辅助生产成本”账户的结转数。除季节性生产企业外，“制造费用”账户月末无余额。

此外，企业成本核算还应设置“废品损失”“停工损失”“长期待摊费用”“销售费用”“管理费用”“财务费用”等账户。

二、成本核算的一般程序

成本核算过程，实际上是完工产品和月末在产品成本的形成过程。通过成本核算，可以反映企业生产过程中发生的各种费用，以及这些费用的归集和分配的程序，最终计算出完工产品和在产品的成本。成本核算的程序如下：

1. 要素费用的分配

生产过程中发生的各种要素费用，要根据其具体的发生地点和用途，编制各种要素费用分配表，据以编制记账凭证，计入各有关的成本费用账户中。

2. 分配待摊费用和预提费用

对于归集于“待摊费用”或“长期待摊费用”账户中的各项费用，其中属于本期负担的部分通过编制待摊费用分配表的方式计入各有关的成本费用账户中；对于应由本期负担但尚未发生的费用，则应通过编制预提费用分配表的方式计入有关的成本费用账户中。

3. 分配辅助生产车间的制造费用

若辅助生产车间生产多种产品或提供多种劳务，月末时应将辅助生产车间归集于制造费用明细账中的费用采用一定的方法，在辅助生产车间各种产品或劳务中进行分配，结转“辅助生产成本”明细账户。

4. 分配辅助生产费用

由于辅助生产车间是为基本生产车间和行政管理等部门提供产品或劳务的，所以辅助生产车间所发生的费用，应根据其提供的劳务数量、发生的费用和各部门耗用产品或劳务

的数量，通过编制辅助生产费用分配表的方式分配。

5. 分配基本生产车间的制造费用

基本生产车间若生产多种产品，则应将归集于基本生产车间“制造费用”明细账的总金额，采用适当的分配方法，在该车间生产的各种产品中通过编制制造费用分配表的方式进行分配。

6. 计算完工产品和在产品成本

通过上述步骤计算和分配之后，企业所发生的用于产品生产的各种生产费用都集中于“生产成本——基本生产成本”明细账户或“产品成本计算单”中。这时，应根据企业的具体情况，如在产品成本的大小、各种费用所占的比重、定额资料是否完整等，确定产品成本计算方法，将企业所发生的各种生产费用在完工产品与月末在产品之间进行分配，计算出完工产品和月末在产品的成本，编制完工产品成本计算汇总表。上述成本核算的一般程序如图 2－1 所示。

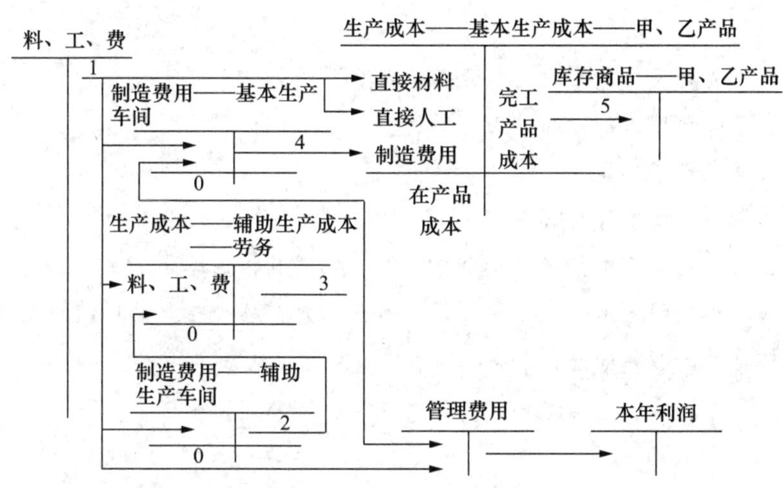

图 2－1　成本核算的一般程序

本章小结

本章主要阐述了成本核算的基本理论。

成本作为一个价值范畴，在社会主义市场经济中是客观存在的。加强成本管理，努力降低成本，无论对提高企业经济效益，还是对提高整个国民经济的宏观经济效益都是极为重要的。因此，从理论上充分认识成本的经济内涵及其作用十分重要。

要保证成本核算所提供的成本信息的质量，必须加强产品成本核算的各项基础工作。为了正确计算产品成本和企业经营成果，必须正确划分五个方面的费用界限，正确确定财产物资的计价及价值转移方式，正确选择成本计算方法。

对于费用的分类，最基本的是按费用的经济内容和经济用途分类。为了进行成本核算，企业通常应设置“生产成本”和“制造费用”等账户，按成本核算的一般程序计算产品成本。

名词与术语

成本　要素费用　生产费用　成本项目　期间费用　销售费用　管理费用　财务费用　生产成本　基本生产成本　辅助生产成本　制造费用

思考题

1. 成本的含义和成本核算的内容分别是什么？
2. 成本在经济管理工作中的作用有哪些？
3. 成本核算有哪些具体要求？
4. 产品成本的构成项目有哪些？
5. 工业企业的期间费用包括哪几个方面？它们的具体内容是什么？
6. 产品成本和期间费用核算主要应设置哪些账户？各个账户的性质与结构如何？
7. 成本核算的一般程序包括哪些内容？

第三章

费用在各种受益对象之间的归集与分配

学习目标

1. 掌握各项要素费用的归集与分配。
2. 掌握辅助生产费用的归集与分配。
3. 掌握生产损失的归集与分配。
4. 掌握制造费用的归集与分配。

导入案例

南方工厂有两个基本生产车间，分别生产甲、乙两种产品。为了简化核算，在进行产品成本核算中，只将为生产产品发生的直接材料费用、直接人工费用，按其发生的地点和用途分别计入有关产品成本，对于发生的其他各项生产费用和经营管理费用全部计入“管理费用”账户。本期计入“管理费用”账户的各有关项目包括：各生产车间折旧费44000元，厂部折旧费5000元；支付各生产车间管理人员工资8000元和厂部管理人员工资12000元；支付各生产车间水电费8600元和厂部水电费2000元；为推销产品支付广告宣传费34000元；计提坏账准备3000元；预提短期借款利息2500元。

根据上述资料对该企业的会计处理进行评价，并说明理由。对于上述案例提出的问题，学完本章将会得到明确的答案。

资料来源：http：//www. doc88. com/p－3903908454227. html。

第一节 各项要素费用的归集与分配

企业在生产经营过程中发生的耗费是多种多样的，其中包括各种材料费用、外购动力费用、工资及福利费、折旧费用、利息、税金及其他费用等。

一、材料费用的分配与归集

工业企业的材料主要包括购入的各种原料、主要材料、辅助材料、动力燃料、包装材料、外购半成品、修理用备件和低值易耗品等。不论外购的还是自制的材料，都应根据审核后的领退料凭证，按照材料的具体用途进行归类核算。

1. 材料费用的分配

企业生产用的材料，只要是在经营过程中被领用，都要按具体用途进行分配。分配有两步：首先，明确所发出材料计入何种账户，是计入产品成本，还是计入期间费用，或是其他相关科目；其次，计入产品成本的材料费用还要区分材料费用的分配对象，这也是产品成本核算的关键。直接用于生产产品、构成产品实体的原材料费用，通常可按照产品品种分别领用，如纺织用的原棉、冶炼用的矿石、船舶建造用的钢铁等，都属于直接计入费用，可以直接计入各种产品成本的“直接材料”成本项目。对于不能按照产品品种分别领用，而是几种产品共同耗用的原料或主要材料，如制塑厂生产多种产品时耗用同种高分子材料，则属于间接计入费用，应采用适当的分配标准计入各产品成本。材料费用的分配标准通常可以按产品产量、重量或体积比例分配，在材料消耗定额比较准确的情况下，还可按材料定额消耗量比例或材料定额费用比例分配材料费用。

直接用于产品生产且专设成本项目的材料费用，应计入“生产成本——基本生产成本”账户的借方及所属明细账的“直接材料”成本项目；直接用于辅助生产且专设成本项目的材料费用，计入“生产成本——辅助生产成本”账户的借方及所属明细账的“直接材料”成本项目；基本生产车间一般耗用或间接用于辅助生产的材料费用，计入“制造费用——基本或辅助生产车间”账户的借方；企业行政管理部门耗用和销售部门耗用的材料，计入“管理费用”和“销售费用”账户的借方，并将材料费用总额计入“原材料”账户的贷方。

【例3-1】华光公司生产A、B两种产品，本月共同领用甲材料5000千克，甲材料每千克20元。本月共生产A产品800件，每件定额消耗甲材料8千克；生产B产品400件，每件定额消耗甲材料9千克。按原材料定额消耗量比例分配材料费用。

（1）计算A、B两种产品的原材料定额消耗量。

A产品 $=800\times8=6400$（千克）

B 产品 =400 ×9 =3600（千克）

（2）计算出原材料消耗量分配率。

原材料消耗量分配率 =5000/（6400 +3600） =0.5

（3）计算出 A、B 两种产品应分配的原材料实际消耗量。

A 产品 =6400 ×0.5 =3200（千克）

B 产品 =3600 ×0.5 =1800（千克）

（4）计算 A、B 两种产品应分配的原材料费用。

A 产品 =3200 ×20 =64000（元）

B 产品 =1800 ×20 =36000（元）

在实际工作中，上述原材料费用的分配是通过编制“材料费用分配表”进行的。这种分配表应按材料类别并分车间、部门，根据领料凭证和有关资料编制。其中，退料凭证的数额可以从相应的领料凭证的数额中扣除。表 3 -1 是华光公司某车间材料费用分配表。

表 3 -1　材料费用分配表

2016 年 ×月

应借账户		成本或费用项目	直接计入金额（元）	分配计入金额（元）		材料费用合计（元）
				定额消耗量（千克）	分配金额	
				甲材料	分配率 =10	
生产成本——基本生产成本	A 产品	直接材料	2400	6400	64000	66400
	B 产品	直接材料	1500	3600	36000	37500
	小计		3900	10000	100000	103900
生产成本——辅助生产成本	运输	直接材料	1300			1300
	供电	直接材料	2000			2000
	小计		3300			3300
制造费用—基本生产车间		机物料消耗	3080			3080
销售费用		机物料消耗	3500			3500
管理费用		机物料消耗	4600			4600
合计			18380		100000	118380

根据材料费用分配表编制会计分录，据以登记有关总账及明细账。会计分录如下：

借：生产成本——基本生产成本——A 产品　66400

　　　　　——基本生产成本——B 产品　37500

　　生产成本——辅助生产成本——运输　1300

　　　　　——辅助生产成本——供电　2000

　　制造费用——基本生产车间　3080

　　销售费用　3500

管理费用　　　　4600

贷：原材料　　　　118380

在计算原材料费用时可采用实际成本法或计划成本法，本例中采用的是实际成本法，如果原材料费用按计划成本法进行核算，计入产品成本和期间费用的原材料费用是计划成本，还应该分配材料成本差异。

2. 燃料费用的分配

燃料实际上也属于材料，如果燃料费用在产品成本中所占比重较大，应在成本项目中设置“燃料及动力”项目，以便单独核算燃料的增减变动和燃料费用的分配情况。燃料费用的分配与材料费用分配的方法相同。

直接用于产品生产，专设成本项目的燃料费用，应计入“生产成本——基本生产成本”账户的借方及所属明细账的“燃料及动力”成本项目；直接用于辅助生产，并且专设成本项目的燃料费用，应计入“生产成本——辅助生产成本”账户的借方及所属明细账的“燃料及动力”成本项目；基本生产车间一般耗用和间接用于辅助生产的燃料费用，应计入“制造费用——基本或辅助生产车间”账户的借方；企业行政管理部门耗用和销售部门的燃料，则应分别计入“管理费用”和“销售费用”账户的借方，已领燃料总额应计入“原材料”账户的贷方。

3. 周转材料的分配

周转材料是指企业能够多次使用并且逐渐转移价值，但仍保持原有形态的材料，主要包括包装物和低值易耗品，如桶、箱、瓶、坛、袋、工具、管理用具、玻璃器皿、劳保用品以及包装容器等都属于包装物和低值易耗品。包装物和低值易耗品并不是劳动对象，而是劳动资料，它可以重复使用而不改变原有的实物形态。其在使用过程中需要进行维护和修理，报废时有一定的残值，但由于它不具备固定资产的条件，因而把它列为材料的一类。

为了进行总分类核算，应设立“周转材料”总账账户，并应比照材料明细核算，设立明细账，按照周转材料的类别、品种、规格进行数量和金额的明细核算。与固定资产的折旧不同，周转材料的价值损耗是以摊销的方法计入有关成本或费用的。新《企业会计准则》规定：企业应当采用一次转销法或五五摊销法对周转材料进行摊销，计入相关资产的成本或者当期损益。

（1）一次摊销法。一次摊销法又称一次转销法。采用此方法时，对所领用周转材料的全部价值一次性计入成本、费用，借记“制造费用”“管理费用”“销售费用”“其他业务成本”等账户，贷记“周转材料”账户。报废时，应将报废的残料价值冲减有关的成本或费用，作为当月摊销的减少，借记“原材料”等账户，贷记“制造费用”“管理费用”“销售费用”“其他业务成本”等账户。

（2）五五摊销法。五五摊销法指周转材料在领用时先摊销其账面价值的一半，在报废时再摊销其账面价值的另一半。为了反映在库、在用周转材料的价值及其摊余价值，应在

“周转材料”总账账户下分设“在库周转材料”“在用周转材料”和“周转材料摊销”三个二级账户。从库存领用交付使用部门时，借记“周转材料——在用周转材料”账户，贷记“周转材料——在库周转材料”账户；同时，按其价值的50%计算摊销额，借记“制造费用”“管理费用”或“其他业务成本”等成本费用账户，贷记“周转材料——周转材料摊销”账户。报废时如有残值，借记“原材料”等账户，同时按照周转材料价值的50%减去残值后的差额，借记“制造费用”“管理费用”或“其他业务成本”等账户，贷记“周转材料——周转材料摊销”账户。此外，还应将报废的周转材料的价值及其累计摊销额注销，借记“周转材料——周转材料摊销”账户，贷记“周转材料——在用周转材料”账户。

二、外购动力费用的归集与分配

动力费用是企业在生产经营过程中通过消耗电力、热力等形成的费用。企业消耗的动力可以通过外购取得，也可以通过辅助生产车间提供，现主要介绍外购动力费用的分配问题。

企业耗用的动力用途是多方面的，有的直接用于产品生产，如生产工艺用电；有的间接用于生产，如生产车间的照明用电；还有的用于经营管理，如企业行政管理部门的用电等。外购动力一般是根据电表等计量仪器所显示的计量数为准，按一定的计价标准计算确定消耗的动力费用。各产品生产工艺用电在没有计量仪器的情况下，其费用必须按照一定的标准在各种产品之间进行分配，如按生产工时比例、机器功率比例或定额消耗量的比例分配。

直接用于产品生产的工艺用动力费用，应借记“生产成本——基本生产成本”账户及其所属明细账“燃料及动力”成本项目；直接用于辅助生产且单独设置“燃料及动力”成本项目的动力费用，应借记“生产成本——辅助生产成本”账户及所属明细账的“燃料及动力”成本项目；用于各生产车间照明用电以及间接用于辅助生产的照明用电应借记“制造费用——基本或辅助生产车间”账户，行政管理部门和销售部门照明用电应分别借记“管理费用”和“销售费用”账户，贷记“银行存款”或“应付账款”账户。

【例3－2】华光公司本期耗电35000度，每度电单价0.8元。其中，基本生产车间生产用电24000度，基本生产车间照明用电5000度，行政管理部门用电4000度，销售部门用电2000度。生产A产品的定额消耗工时为24000小时，生产B产品的定额消耗工时为16000小时，该厂设有“燃料及动力”成本项目，费用已经支付。根据以上资料分别计算A、B两种产品应分配的外购电力费用，并制作会计分录。外购动力费用的分配通常是通过编制外购动力费用分配表进行的，见表3－2。

表 3-2 外购动力费用分配表

2016 年×月

<table>
<tr><th rowspan="2" colspan="2">应借账户</th><th rowspan="2">成本或费用项目</th><th colspan="3">实耗</th><th colspan="3">分配</th></tr>
<tr><th>度数（度）</th><th>单价（元/度）</th><th>金额（元）</th><th>生产工时（小时）</th><th>分配率</th><th>金额（元）</th></tr>
<tr><td rowspan="3">生产成本——基本生产成本</td><td>A 产品</td><td>燃料及动力</td><td></td><td></td><td></td><td>24000</td><td>0.48</td><td>11520</td></tr>
<tr><td>B 产品</td><td>燃料及动力</td><td></td><td></td><td></td><td>16000</td><td>0.48</td><td>7680</td></tr>
<tr><td>小计</td><td></td><td>24000</td><td>0.8</td><td>19200</td><td>40000</td><td>0.48</td><td>19200</td></tr>
<tr><td>制造费用</td><td>基本生产车间</td><td>水电费</td><td>5000</td><td>0.8</td><td>4000</td><td></td><td></td><td>4000</td></tr>
<tr><td>管理费用</td><td></td><td>水电费</td><td>4000</td><td>0.8</td><td>3200</td><td></td><td></td><td>3200</td></tr>
<tr><td>销售费用</td><td></td><td>水电费</td><td>2000</td><td>0.8</td><td>1600</td><td></td><td></td><td>1600</td></tr>
<tr><td>合计</td><td></td><td></td><td>35000</td><td>0.8</td><td>28000</td><td></td><td></td><td>28000</td></tr>
</table>

在表 3-2 中，生产 A、B 产品的动力费用 = 24000 × 0.8 = 19200（元）；动力费用分配率 = 19200/（24000 + 16000） = 0.48（元/小时）。

根据外购动力费用分配表编制会计分录：

借：生产成本——基本生产成本——A 产品　　11520

　　　　　　　　　　　　　　——B 产品　　7680

　　制造费用——基本生产车间　　4000

　　管理费用　　3200

　　销售费用　　1600

　　贷：银行存款　　28000

三、工资及福利费的归集与分配

1. 工资费用的分配

工资是指作为劳动报酬按期支付给劳动者的货币或实物。按照国家统计局的规定，工资总额由计时工资、计件工资、奖金、津贴和补贴、加班加点工资和特殊情况下支付的工资六个部分组成。在制造业企业，工资费用是产品成本及期间费用的重要组成部分，应按其发生地点进行计算，并定期汇总，分别按用途分配计入产品成本和费用。

直接进行产品生产的生产工人工资，应计入“生产成本——基本生产成本”账户及所属明细账的“直接人工”成本项目；辅助车间生产工人的工资，应计入“生产成本——辅助生产成本”账户及所属明细账的“直接人工”成本项目；基本生产车间和辅助生产车间管理人员的工资应计入“制造费用——基本或辅助生产车间”账户；行政管理部门和销售部门人员的工资，则分别计入“管理费用”和“销售费用”账户。

生产工人的计件工资，属于直接计入费用，根据工资结算凭证直接计入某种产品成本的“直接人工”成本项目；生产工人的计时工资，在只生产一种产品时属于直接计入费用，可以直接计入该种产品成本的“直接人工”成本项目，在生产多种产品时通常属于间接计入费用，应按照产品的生产工时比例等分配标准分配后再计入产品成本明细账“直接人工”成本项目。

【例3-3】华光公司生产A、B两种产品，本期应直接计入的生产工人工资分别为41000元和4000元，两种产品的计时工资总数为20000元，生产A产品共花费12000小时，生产B产品共花费4000小时。根据以上资料分别计算A、B两种产品应分配的工资总数，并制作会计分录。工资费用分配是通过编制工资费用分配表进行的，见表3-3。

表3-3　工资费用分配表

2016年×月

应借账户		成本或费用项目	直接计入（元）	分配计入		工资费用合计（元）
				生产工时（小时）	分配金额 分配率=1.25	
生产成本——基本生产成本	A产品	直接人工	41000	12000	15000	56000
	B产品	直接人工	4000	4000	5000	9000
	小计		45000	16000	20000	65000
制造费用	基本生产车间	工资	11500			11500
管理费用		工资	6400			6400
合计			62900		20000	82900

在表3-3中，工资费用分配率=20000/（12000+4000）=1.25（元/小时）。

会计分录如下：

借：生产成本——基本生产成本——A产品　　56000

　　　　　　　　　　　　　——B产品　　9000

　　制造费用——基本生产车间　　11500

　　管理费用　　6400

　　贷：应付职工薪酬——工资　　82900

2. 职工福利费的分配

企业除了根据按劳分配的原则支付每个职工工资外，还应承担职工个人福利方面的支出。例如，企业应支付职工的医疗卫生费、医务经费、因公负伤赴外地就医的路费、生活困难补助费，企业医务人员、福利人员的工资，以及按照国家规定开支的其他职工福利支出等。企业用于上述职工福利方面的支出是从产品成本或费用中提取的职工福利费开支。

根据目前国家会计制度的规定，企业可按工资总额（扣除按规定标准发放的住房补贴）的14%计提职工福利费。

职工福利费的计提，一般应编制“职工福利费计提分配表”，但在实际工作中，往往与“工资费用分配汇总表”结合在一起进行编制。职工福利费的计提与工资费用的分配基本相同。在按月计提职工福利费时，应分别借记“生产成本——基本生产成本”“生产成本——辅助生产成本”“制造费用——基本或辅助生产车间”“管理费用”和“销售费用”等账户，贷记“应付职工薪酬——职工福利”账户。

【例3-4】承【例3-3】根据华光公司本月的职工福利费计提分配表，编制会计分录（见表3-4）。

表3-4 职工福利费计提分配表

2016年×月　　单位：元

应借账户		成本或费用项目	工资费用合计	应付福利费（提取比例14%）
生产成本——基本生产成本	A产品	直接人工	56000	7840
	B产品	直接人工	9000	1260
	小　计		65000	9100
制造费用	基本生产车间	福利费	11500	1610
管理费用		福利费	6400	896
合　计			82900	11606

会计分录如下：

借：生产成本——基本生产成本——A产品　　7840

　　　　　　　　　　　　　　——B产品　　1260

　　制造费用——基本生产车间　　1610

　　管理费用　　896

　　贷：应付职工薪酬——职工福利　　11606

四、折旧费用的归集与分配

固定资产折旧是指在固定资产使用寿命期内，按照确定的方法对应计折旧额进行的系统分配。其中，应计折旧额指应当计提折旧的固定资产原价扣除其预计净残值后的余额，如果已对固定资产计提减值准备，还应当扣除已计提的固定资产减值累计金额。

企业在生产中使用的固定资产，虽然计提的折旧费是产品成本的重要组成部分，但由于使用情况和分配方法比较复杂，为了简化成本计算工作，不单独设置折旧费成本项目，不直接计入“生产成本”账户。在会计实务中，固定资产折旧费是按照固定资产的使用部门归集后，再与各车间、部门发生的其他间接费用一起进行分配，计入产品成本或期间费用，即借记“制造费用——基本或辅助生产车间”“管理费用”“销售费用”等账户，贷记“累计折旧”账户。

折旧费的计算是通过编制固定资产折旧费用分配表进行的。

【例3-5】 根据华光公司本月的折旧分配表，编制会计分录（见表3-5）。

表3-5　固定资产折旧费用分配表

2016年×月　　　　单位：元

项　目	基本生产车间	行政管理部门	销售机构	合　计
折旧费	35400	5950	1050	42400

会计分录如下：

借：制造费用——基本生产车间　　35400

　　管理费用　　5950

　　销售费用　　1050

　　贷：累计折旧　　42400

五、利息、税金的归集与分配

1. 利息支出的核算

对于短期借款利息，需要使用“应付利息”账户，利息支出的结算是按季度进行的，银行一般在季末的月份要求企业支付本季度的利息支出。为了正确划分各月的费用界限，对于季度内各月应付的利息，借记“财务费用”账户，贷记“应付利息”账户；季末实际支付全季度利息支出时，借记“应付利息”账户，贷记“银行存款”账户。

对于费用化的长期借款利息，预提时借记“财务费用”账户，贷记“长期借款”账户；支付时借记“长期借款”账户，贷记“银行存款”账户。对于资本化的专门借款利息，应计入“在建工程”账户而非“财务费用”账户。

2. 税金的核算

要素费用中的税金包括印花税、房地产税、车船使用税和土地使用税等，这些税金没有单独设置成本项目，而是在“管理费用”账户中设置税金费用项目。

对于印花税的交纳，由于不需要预交，不必通过“应交税费”账户。在购买印花税票时，可直接借记“管理费用”账户，贷记“银行存款”账户。但如果印花税税票是一次购买，分月使用，而且金额较大，也可以通过“预付账款”账户核算，具体在每一受益期分摊时借记“管理费用”，贷记“预付账款”。

房产税、车船使用税和土地使用税应当预先计算应交金额，然后再缴纳，因此可以通过“应交税费”账户核算。计算应缴税金时，借记“管理费用”账户，贷记“应交税费”

账户；在缴纳税金时，借记“应交税费”账户，贷记“银行存款”账户。

六、其他费用的核算

其他费用是指上述各项费用以外的其他费用支出，包括修理费、差旅费、邮电费、保险费、运输费、办公费、水电费、劳动保护费、技术转让费、业务招待费等。这些费用发生时根据有关的付款凭证，借记“制造费用——基本或辅助生产车间”“管理费用”“销售费用”等账户，贷记“银行存款”账户。

【例3－6】华光公司本期用银行存款支付发生的运输费用共计2400元。其中，基本生产车间1700元，行政管理部门470元，销售机构230元。根据以上资料编制会计分录。

借：制造费用——基本生产车间　　1700
　　管理费用　　470
　　销售费用　　230
　　贷：银行存款　　2400

第二节　辅助生产费用的归集与分配

一、辅助生产费用概述

辅助生产是指为基本生产车间和企业行政管理部门服务而进行的生产和劳务供应。企业通常按提供产品或劳务的种类设立辅助生产车间，如供电车间、供水车间、机修车间等。辅助生产车间发生的生产费用称为辅助生产费用。由于辅助生产是为基本生产车间和企业行政管理部门服务的生产，所以辅助生产费用最终由基本生产车间和企业行政管理部门负担。由此可见，辅助生产费用的大小，对于产品成本和经营管理费用的多少影响很大。只有先确定辅助生产成本和劳务成本，才能正确计算产品成本。及时、准确地对辅助生产费用进行归集和分配，对于控制和降低产品成本有着重要的意义。

二、辅助生产费用的归集

辅助生产费用的归集是辅助生产产品、劳务作业成本计算和分配的前提，其归集和分配是通过“生产成本——辅助生产成本”账户进行的。一般应按车间和产品或劳务的种类设置明细账，账内按照成本项目或费用项目设置专栏，进行明细核算。发生直接用于辅助生产产品或提供劳务的材料费用、工资福利，以及其他相关费用时，借记“生产成本——辅助生产成本”账户，贷记“原材料”“应付职工薪酬”等相关账户；对于单独设置“制造费用”账户的辅助生产车间所发生的其他间接费用，平时应借记“制造费用——辅助生产车间”账户，贷记有关账户；期末直接转入或分配转入辅助生产成本时，借记“生产成本——辅助生产成本”账户，贷记“制造费用——辅助生产车间”账户；如果辅助生产车间不对外提供产品或劳务且规模较小，发生的制造费用较少，为了减少转账手续，可以不通过“制造费用——辅助生产车间”账户核算制造费用，而是将其直接计入“生产成本——辅助生产成本”账户的借方及相关的明细项目中。

三、辅助生产费用的分配

归集后的辅助生产费用应按照一定的程序进行分配，计入产品成本或相关收益部门。但在某些辅助生产之间有时也存在相互提供产品和劳务的情况。例如，修理车间为供电车间修理设备，供电车间为修理车间提供电力。因此，为了正确计算辅助生产产品和提供劳务的成本，并将辅助生产费用正确地计入基本生产产品成本，在分配辅助生产费用时，就要在各辅助生产车间之间进行费用的交互分配。

辅助生产费用的分配，应通过编制辅助生产费用分配表进行。企业辅助生产工艺的特点与管理上的要求不同，所采用的方法也不同。通常主要采用的分配方法有：直接分配法、交互分配法、计划成本分配法和代数分配法等。

1. 直接分配法

直接分配法是将各种辅助生产成本按受益比例直接分配于各辅助生产之外的各受益对象，而对各辅助生产之间的相互提供劳务则不进行交互分配。在确定单位分配率时，应当将各辅助生产之间相互提供的劳务量予以剔除，按对外的受益对象之间的受益比例进行计算分配。辅助生产费用分配步骤如下：

（1）计算辅助生产费用分配率。

$$辅助生产费用分配率=\frac{待分配辅助生产费用总额}{辅助车间提供的劳务（产品）总量-其他辅助生产车间耗用量}$$

（2）计算各受益对象应分配的费用。

各受益车间应分配的费用 = 该车间受益数量 × 辅助生产费用分配率

【例3-7】华光公司有两个主要生产车间和两个辅助生产车间，辅助生产车间分别为供电车间和机修车间。本期华光公司机修车间共发生费用4560元，共提供修理服务800小时，其中为供电车间服务40小时，为第一生产车间服务500小时，为第二生产车间服务240小时，为行政管理部门服务20小时。供电车间本月共发生费用36400元，本月供电共15000度，其中为机修车间供电1000度，为第一生产车间供电8000度，为第二生产车间供电3000度，为行政部门供电3000度，假设该企业辅助生产车间不设置“制造费用”账户核算。如表3-6所示，根据以上资料分配辅助生产费用，编制辅助生产费用分配表（见表3-7）并制作会计分录。

表 3－6　辅助生产车间供应劳务数量

受益单位		机修劳务（小时）	供电（度）
辅助生产车间	机修车间		1000
	供电车间	40	
小计		40	1000
基本生产车间	第一车间	500	8000
	第二车间	240	3000
行政部门		20	3000
小计		760	14000
合计		800	15000

表 3－7　辅助生产费用分配表（直接分配法）

2016 年×月

项目			机修劳务	供电	金额合计
辅助生产费用（元）			4560	36400	40960
供应辅助生产以外的劳务数量			760	14000	
分配率			6	2.6	
基本生产车间	第一车间	耗用数量	500	8000	
		分配金额	3000	20800	23800
	第二车间	耗用数量	240	3000	
		分配金额	1440	7800	9240
行政部门		耗用数量	20	3000	
		分配金额	120	7800	7920
合计			4560	36400	40960

在表 3－7 中，机修车间分配率＝4560/（800－40）＝6（元/小时）

供电车间分配率＝36400/（15000－1000）＝2.6（元/度）

根据辅助生产费用分配表编制会计分录如下：

借：制造费用——基本生产车间（第一车间）　　23800

　　　　　　——基本生产车间（第二车间）　　9240

　　管理费用　　7920

　　贷：生产成本——辅助生产成本——机修车间　　4560

　　　　　　　　　　　　　　　　——供电车间　　36400

直接分配法的优点是简单易行，但由于对辅助生产车间之间相互提供劳务不进行费用的结转，所以生产成本是不完整的，也影响了对外分配的准确性。因此，直接分配法只适用于生产规模较小、各辅助生产车间之间相互不提供劳务或较少提供劳务的生产单位使用。

2. 交互分配法

交互分配法，又称一次交互分配法，是将辅助生产费用按受益对象，不论辅助生产车间，还是非辅助生产车间，一律进行分配，只是内外有别。采用该方法进行辅助生产费用分配时要分两步：第一步，进行辅助生产车间之间的交互分配，即根据各辅助生产车间相互提供产品或劳务数量和交互分配前的分配率，在各辅助生产车间之间进行第一次交互分配；第二步，将辅助生产车间的实际费用采用直接分配法分配给辅助生产车间以外的其他各受益单位（即对外分配）。辅助生产车间的实际费用等于辅助生产车间分配前的费用，加上从其他辅助生产车间分配转入的费用，减去分配转出的费用。其计算公式如下：

对外分配率 =（辅助生产部门分配前的费用 + 其他辅助部门分配转入的费用 - 分配转出的费用）÷（辅助生产部门提供的劳务总量 - 其他辅助生产部门耗用的劳务数量）

【例 3 - 8】 承【例 3 - 7】资料所述，按交互分配法分配辅助生产费用，编制辅助生产费用分配表并制作会计分录，见表 3 - 8。

（1）计算各辅助生产部门交互前的辅助生产费用分配率。

机修车间分配率 = 4560/800 = 5.7（元/小时）

供电车间分配率 = 36400/15000 = 2.4267（元/度）

（2）各辅助车间之间的辅助生产费用交互分配。

机修车间对外分配辅助费用 = 4560 + 2426.67 - 228 = 6758.67（元）

供电车间对外分配辅助费用 = 36400 + 228 - 2426.67 = 34201.33（元）

（3）计算各辅助生产部门交互后的辅助生产费用分配率。

机修车间分配率 = 6758.67/（800 - 40）= 8.8930（元/小时）

供电车间分配率 = 34201.33/（15000 - 1000）= 2.4430（元/度）

表 3 - 8 辅助生产费用分配表（交互分配法）

2016 年 × 月

项目		机修车间			供电车间			合计
		数量（小时）	分配率	金额（元）	数量（度）	分配率	金额（元）	
待分配辅助生产费用		800	5.7000	4560	15000	2.4267	36400	40960
机修				+2426.67	-1000		-2426.67	
供电		-40		-228			+228	
对外分配辅助生产费用		760	8.8930	6758.67	14000	2.4430	34201.33	40960
基本生产车间	第一车间	500		4446.49	8000		19543.62	23990.11
	第二车间	240		2134.32	3000		7328.86	9463.18
行政部门		20		177.86	3000		7328.86	7506.71
合计		760		6758.67	14000		34201.33	40960

根据辅助生产费用分配表编制会计分录如下：

（1）交互分配。

借：生产成本——辅助生产成本——机修车间　　2426.67

——供电车间　　228

贷：生产成本——辅助生产成本——供电车间　　2426.67

——机修车间　　228

（2）对外分配。

借：制造费用——基本生产车间（第一车间）　　23990.11

——基本生产车间（第二车间）　　9463.18

管理费用　　7506.71

贷：生产成本——辅助生产成本——机修车间　　6758.67

——供电车间　　34201.33

由于交互分配法对各辅助生产车间相互提供的劳务或产品进行了交互分配，大大提高了辅助费用核算结果的真实性和准确性，也有利于考核各辅助生产车间的费用水平。但是，在采用该方法时，进行两次分配率的计算，增加了会计人员的工作量。

3. 计划成本分配法

计划成本分配法是指在分配辅助生产费用时，按辅助生产车间提供的产品或劳务的计划单位成本和各受益单位的实际耗用量计算各受益单位应负担的辅助生产费用的一种辅助生产费用分配方法。采用这种分配方法，其费用分配要分两步进行：第一步，根据辅助生产车间提供的产品、劳务数量及其计划单位成本，计算为各车间、部门提供服务的产品和劳务数量应分配的费用；第二步，计算辅助生产车间发生的实际成本与按计划成本计算的分配额之间的差额，即辅助生产成本差异。为了简化核算，辅助生产成本差异可不再按受益比例进行分摊，而直接计入管理费用。

【例3-9】 承【例3-7】资料所述，假定华光公司机修车间每小时劳务的计划成本为9.8元，供电车间每度电的计划成本为2.1元。按计划成本分配法分配辅助生产费用，编制辅助生产费用分配表并制作会计分录（见表3-9）。

表3-9　辅助生产费用分配表（计划成本分配法）

2016年×月

项目		机修车间			供电车间			合计（元）
		数量（小时）	计划分配率	金额（元）	数量（度）	计划分配率	金额（元）	
辅助生产车间	机修车间				1000	2.1	2100	2100
	供电车间	40	9.8	392				392
基本生产车间	第一车间	500	9.8	4900	8000	2.1	16800	21700
	第二车间	240	9.8	2352	3000	2.1	6300	8652

续表

项目	机修车间			供电车间			合计（元）
	数量（小时）	计划分配率	金额（元）	数量（度）	计划分配率	金额（元）	
行政部门	20	9.8	196	3000	2.1	6300	6496
按计划成本分配费用合计	800		7840	14000		31500	39340
辅助生产实际成本			6660			36792	43452
辅助成本差异			-1180			5292	4112

在表3-9中，机修车间实际辅助生产费用 = 4560 + 1000 × 2.1 = 6660（元）

供电车间实际辅助生产费用 = 36400 + 40 × 9.8 = 36792（元）

根据辅助生产费用分配表编制会计分录如下：

（1）分配辅助生产费用。

借：生产成本——辅助生产成本——机修车间　2100

　　　　　　　　　　　　　——供电车间　392

　　制造费用——基本生产车间（第一车间）　21700

　　　　　　——基本生产车间（第二车间）　8652

　　管理费用　6496

　　贷：生产成本——辅助生产成本——供电车间　31500

　　　　　　　　　　　　　　　——机修车间　7840

（2）结转辅助生产成本差异。

借：管理费用　4112

　　贷：生产成本——辅助生产成本——供电车间　5292

　　　　　　　　　　　　　　　——机修车间　1180

采用计划成本分配法分配辅助生产费用的过程比较简便、及时。通过对各辅助生产车间实际成本与计划成本之间的比较分析，还可以考核各辅助生产车间的成本计划执行情况。但是采用此方法，如果计划单位成本制定得不准确，会影响到辅助生产费用分配的准确性。因此，计划成本分配法适用于计划管理比较好、计划成本制定得比较准确的企业。

4. 代数分配法

代数分配法是运用代数中的多元一次方程式计算辅助生产劳务的单位成本，然后根据受益单位耗用劳务的数量分配辅助生产费用的方法。在求解过程中，各辅助生产车间耗用其他辅助生产车间的产品或劳务是按实际单位成本计算的。其基本计算步骤如下：

第一步，设立未知数，并根据辅助生产车间之间交互服务关系建立多元一次方程组。

第二步，解方程组，并计算出各种产品或劳务的单位成本。

第三步，用各单位成本乘以各受益部门的耗用量，计算出各受益部门应分配计入的辅助生产费用。

【例3-10】承【例3-7】资料所述，假设华光公司机修车间的单位成本为x，供电车间的单位成本为y，按代数分配法分配辅助生产费用，编制辅助生产费用分配表并制作会计分录。

（1）建立多元一次方程。

$$\begin{cases}800x = 1000y + 4500 \\ 15000y = 40x + 36400\end{cases}$$

（2）解方程组。

解得：$\begin{cases}x = 8.7625 \\ y = 2.45\end{cases}$

（3）根据以上结果编制辅助生产成本费用分配表（见表3-10）。

表3-10　辅助生产费用分配表（代数分配法）

2016年×月

<table>
<tr><td colspan="3">辅助生产车间名称</td><td>机修车间</td><td>供电车间</td><td>合　计</td></tr>
<tr><td colspan="3">待分配费用</td><td>4560</td><td>36400</td><td>40960</td></tr>
<tr><td colspan="3">劳务供应数量总额</td><td>800</td><td>15000</td><td></td></tr>
<tr><td colspan="3">实际单位成本</td><td>8.7625</td><td>2.45</td><td></td></tr>
<tr><td rowspan="5">辅助生产车间耗用</td><td rowspan="2">机修车间</td><td>数量</td><td></td><td>1000</td><td></td></tr>
<tr><td>金额</td><td></td><td>2450</td><td>2450</td></tr>
<tr><td rowspan="2">供电车间</td><td>数量</td><td>40</td><td></td><td></td></tr>
<tr><td>金额</td><td>350.5</td><td></td><td>350.5</td></tr>
<tr><td>小　计</td><td></td><td>350.5</td><td>2450</td><td>2800.5</td></tr>
<tr><td rowspan="4">基本生产车间耗用</td><td rowspan="2">第一车间</td><td>数量</td><td>500</td><td>8000</td><td></td></tr>
<tr><td>金额</td><td>4381.25</td><td>19600</td><td>23981.25</td></tr>
<tr><td rowspan="2">第二车间</td><td>数量</td><td>240</td><td>3000</td><td></td></tr>
<tr><td>金额</td><td>2103</td><td>7350</td><td>9453</td></tr>
<tr><td colspan="2" rowspan="2">行政部门</td><td>数量</td><td>20</td><td>3000</td><td></td></tr>
<tr><td>金额</td><td>175.25</td><td>7350</td><td>7525.25</td></tr>
<tr><td colspan="3">分配金额合计</td><td>7010</td><td>36750</td><td>43760</td></tr>
</table>

根据辅助生产费用分配表编制会计分录如下：

借：生产成本——辅助生产成本——机修车间　　2450

　　　　　　　　　　　　　　——供电车间　　350.5

　　制造费用——基本生产车间（第一车间）　　23981.25

　　　　　　——基本生产车间（第二车间）　　9453

　　管理费用　　7525.25

贷：生产成本——辅助生产成本——机修车间　　7010

——供电车间　　36750

代数分配法的最大优点是计算准确，最能体现受益原则，而且在实现会计信息化后，无论车间多少、未知数多少，代数分配法比其他任何一种分配方法都更为简捷。但若辅助生产车间较多，就必须假设多个未知数，在手工环境下，计算工作量就会大大增加，计算也较复杂，因而这种分配方法适宜在辅助生产车间不多或计算工作已经实现电算化的企业中应用。

第三节　生产损失的归集与分配

生产损失是指企业在产品生产过程中或由于生产原因而发生的各种损失。生产损失由废品损失和停工损失两部分构成。生产损失都是与产品生产直接有关的损失，因此生产损失应由产品生产成本承担。

一、废品损失的核算

生产中的废品是指那些质量不符合技术标准规定，不能按照原定用途加以利用的，或是只有通过加工修复后才能利用的产成品和半成品，且不论它们是在生产中发现的，还是在入库后发现的。

废品按其是否可以修复分为可修复废品和不可修复废品。可修复废品是指经过修理可以使用并且所花费的修复费用在经济上是划算的废品。不可修复废品是指在技术上不可修复或虽可修复，但所花费用在经济上不划算的废品。区别可修复废品和不可修复废品是进行废品损失会计处理的前提条件。

废品损失应包括不可修复废品的生产成本扣除废品残值和应由过失人负担赔款后的净损失与可修复废品的修复费用之和。

企业应根据具体情况确定废品损失的核算方法。一般来说，如果生产损失偶尔发生，金额较小，对产品成本影响不大，可不必对废品损失单独核算，其发生额包含在正常的成本项目中，增加其单位成本。如果生产损失发生频繁且数额较大，对产品成本影响较大，需对其进行单独核算，即单独归集废品损失，计算损失数额，必要时还可设置“废品损失”账户及其明细账的有关成本项目，该账户借方登记不可修复废品所耗的生产成本和可修复废品的修复费用，贷方登记废品残料、应收的赔款，期末余额在借方，表示废品净损失，该废品净损失应于期末时由本月同种合格完工产品的成本负担，结转后“废品损失”账户无余额。此外，辅助生产一般不单独核算废品损失。

1. 不可修复废品损失的核算

如上所述，不可修复废品的生产成本包括直接材料、直接人工和制造费用等项目。这些费用与同种合格品的成本是同时发生的，已计入了该种产品的生产成本及其明细账中。因此，需要采取一定的方法将不可修复废品的生产成本从合格品成本中转出。主要的计算方法有两种，分别为按实际成本划分和按废品所耗定额费用划分。

（1）按废品实际费用划分。按废品实际费用划分是指按成本项目将实际发生的生产费用在合格品和废品之间进行分配。通常是按照合格品和废品的数量比例以及生产工时比例进行分配。

【例 3 – 11】 华光公司某车间生产 B 产品，原材料是在生产开始时一次性投入的。本月共生产 B 产品 2000 件，其中不可修复废品 40 件；共耗用生产工时 500 小时，废品的生产工时为 20 小时；该批产品总成本为 60000 元，其中直接材料为 40000 元，直接人工为 12000 元，制造费用为 8000 元。废品残料价值 100 元，过失人赔偿 50 元。假定该厂的直接材料费用按产量比例分配，其他费用按工时比例分配。要求按实际费用划分废品损失费用，编制废品损失计算表并制作会计分录（见表 3 – 11）。

表 3 – 11　废品损失计算表（按实际费用计算）

B 产品　　　　2016 年×月　　　　单位：元

项　目	直接材料	直接人工	制造费用	合　计
生产费用总额	40000	12000	8000	60000
分配标准（件、小时）	1960 + 40	480 + 20	480 + 20	
废品数（件、小时）	40	20	20	
费用分配率	20	24	16	
废品成本	800	480	320	1600
减：残值	100			
赔款		50		
废品净损失	700	430	320	1450

在表 3 – 11 中，材料费用分配率 = 40000/2000 = 20（元/件）；人工费用分配率 = 12000/500 = 24（元/小时）；制造费用分配率 = 8000/500 = 16（元/小时）。

根据废品损失计算表编制会计分录如下：

（1）将不可修复废品的已耗成本从“生产成本”账户中转出。

借：废品损失——B 产品　　1600

　　贷：生产成本——基本生产成本——B 产品　　1600

（2）结转废品回收价值。

借：原材料　　100

贷：废品损失——B 产品　　100

（3）由相关责任人赔偿损失。

借：其他应收款——×××　　50

贷：废品损失——B 产品　　50

（4）将废品净损失转入合格品成本。

借：生产成本——基本生产成本——B 产品　　1450

贷：废品损失——B 产品　　1450

（2）按废品定额费用划分。按废品所耗定额成本计算不可修复废品所耗的生产成本时，不考虑废品实际发生的费用是多少，而是按废品数量和废品的各项费用定额计算废品的定额成本，再将废品的定额成本扣除废品残料的回收价值和赔偿款项，即为废品损失。

【例 3－12】 华光公司某生产车间生产 A 产品，原材料于生产时一次性投入。本期产品完工验收入库时发现有 30 件为不可修复废品。单位材料费用定额为 24 元，单位产品定额工资为 28 元，每件产品制造费用为 30 元，残料回收价值共 120 元，过失人赔偿 40 元。要求按定额费用划分 A 产品废品损失费用，编制废品损失计算表并制作会计分录（见表 3－12）。

表 3－12　废品损失计算表（按计划费用计算）

A 产品　　2016 年×月　　单位：元

项　目	产品数量	直接材料	直接人工	制造费用	合　计
废品数量（件）	30				
费用定额		24	28	30	
废品成本		720	840	900	2460
减：残值		120			
赔款			40		
废品净损失		600	800	900	2300

根据废品损失计算表编制会计分录如下：

（1）将不可修复废品的已耗成本从“生产成本”账户中转出。

借：废品损失——A 产品　　2460

贷：生产成本——基本生产成本——A 产品　　2460

（2）结转废品回收价值。

借：原材料　　120

贷：废品损失——A 产品　　120

（3）由相关责任人赔偿损失。

借：其他应收款——×××　　40

贷：废品损失——A 产品 40

（4）将废品净损失转入合格品成本。

借：生产成本——基本生产成本——A 产品 2300

贷：废品损失——A 产品 2300

2. 可修复废品损失的核算

可修复废品是指经过修复可以重新入库出售的产品。它给企业带来的损失就是在修复过程中发生的各项修复费用，这些费用最终由该类产品的成本负担。所以，修复费用的归集和分配成为可修复废品的主要核算内容。

可修复废品返修以前发生的生产费用不是废品损失，不必计算其生产成本，而应留在“生产成本——基本生产成本”账户和所属有关产品成本明细账中。返修时发生的各种费用，应根据相关原始凭证归集到“废品损失”账户。可修复废品的修复费用包括材料费用、人工费用和制造费用等。如果有残值回收和应收赔偿款，应冲减废品成本，将材料价值由“废品损失”账户的贷方转入“原材料”等有关账户的借方，且将应收赔款由“废品损失”账户的贷方转入“其他应收款”账户的借方。修复完毕时，将“废品损失”账户的借方余额从贷方转入“生产成本——基本生产成本”账户的借方及其有关成本明细账的“废品损失”项目。

二、停工损失的核算

企业在生产经营过程中经常会遇到某些因特殊情况的停工，如停电、待料、生产事故、生产设备故障及非常灾害等。因停工产生的损失对企业成本的核算影响很大，所以，企业应根据实际情况考虑对停工损失是否进行单独的核算。

1. 停工损失的内容

停工损失包括停工期内支付的生产工人工资和提取的福利费、所耗燃料和动力费用，以及应负担的制造费用。企业的停工可分为计划内停工和计划外停工两种。计划内停工是指按计划规定发生的停工；计划外停工是指因各种事故造成的停工。停工的时间有长有短，范围有大有小，有时为了简化手续，只对超过一定时间和范围的停工计入损失。但由于非常灾害造成的停工损失和由于计划压缩产量而使主要生产车间连续停产一个月以上或整个企业连续停产 10 天以上所造成的损失，按制度规定由营业外支出列支。为了正确计算停工损失，企业应填制停工报告单，列明停工的原因、时间及责任单位等内容，审核后的停工报告单才可作为停工损失核算的依据。

2. 停工损失的核算

企业若单独核算停工损失，则需在会计账户中增设“停工损失”账户及相关明细账，并在成本项目中增加“停工损失”项目。该账户借方登记停工期间实际发生的一切费用，贷方登记停工损失的结转，月末一般无余额。

发生停工损失时，企业应以审核后的停工报告单和各种费用分配表及汇总表为原始凭证，借记“停工损失”账户，贷记“原材料”“应付职工薪酬”“制造费用”等账户。在对停工损失责任划分时，应根据不同的情况作相应的处理。应由过失人（单位）或保险公司负担的赔款，借记“其他应收款”账户，贷记“停工损失”账户；因非常灾害造成的停工损失，借记“营业外支出”账户，贷记“停工损失”账户；其余停工损失，如季节性或固定资产修理期间的停工损失，应由产品成本负担停工损失，借记“生产成本——基本生产成本”账户，贷记“停工损失”账户。小型企业若不设置“停工损失”账户，则可以直接将发生的损失通过“生产成本——停工损失”账户进行核算。

第四节 制造费用的归集与分配

一、制造费用的内容

制造费用是指企业内部各生产单位（分厂、车间）为生产产品或提供劳务而发生的、应该计入产品成本但没有专设成本项目的各项生产费用。它包括产品制造成本中除直接材料费用、燃料和动力费用、直接人工费用以外的其他一切间接费用。其项目包括：各生产单位（分厂、车间）的管理人员工资及福利费、固定资产折旧费、租赁费（不包括融资固定资产的租赁费）、机物料消耗、低值易耗品摊销、水电费、取暖费、办公费、运输费、保险费、设计制图费、试验检验费、劳动保护费、季节性或修理期间的停工损失以及其他制造费用。经确定的制造费用项目不得任意变更，以保持各期成本费用资料的可比性。

二、制造费用的归集

企业为了对制造费用进行核算，应设置“制造费用”账户及按不同的生产单位（分厂、车间）设立明细账户，再按费用项目设立专栏，分别反映生产单位（分厂、车间）各项制造费用的发生情况。如果辅助生产车间不对外提供产品或劳务且规模较小，发生的制造费用较少，为了减少转账手续，对发生的各项制造费用，可不通过“制造费用”账户核算，直接计入“生产成本——辅助生产成本”账户。“制造费用”账户属于成本费用类账户，当发生制造费用时，应根据有关记账凭证和各种费用分配表，计入“制造费用——基本或辅助生产车间”账户的借方，同时视具体情况可分别计入“原材料”“应付职工薪酬”“累计折旧”“银行存款”等账户贷方。期末按照一定的标准分配转出时，计入“制造费用”账户的贷方。除季节性生产的车间外，本账户期末无余额。

【例3－13】华光公司生产车间根据本期发生的所有业务汇总制造费用明细账，格式见表3－13。

表3-13 制造费用明细账

基本生产车间　　2016年×月　　单位：元

2016年		凭证号	摘要	工资	折旧费	修理费	水电费	运输费	保险费	物料消耗	合计
月	日										
			材料耗用							2800	2800
			本月工资	1500							1500
			计提折旧		250						250
			支付修理费			200					200
			支付水电费				250				250
			支付运输费					180			180
			支付保险费						100		100
			本月合计	1500	250	200	250	180	100	2800	5280
			分配结转	-1500	-250	-200	-250	-180	-100	-2800	-5280

三、制造费用的分配

月末时，需要将本月制造费用明细账中所归集的制造费用总额，合理地计入有关成本计算对象。由于各车间制造费用水平不同，制造费用应按照各车间分别进行分配，而不得将各车间的制造费用归集在整个企业范围内统一分配。当车间只生产一种产品时，制造费用都是直接计入该种产品成本的，制造费用也就不存在分配的问题。在生产多种产品的车间，制造费用应采用适当的分配标准，分配计入各种产品的生产成本。制造费用的分配标准有：生产工时比例法、生产工人工资比例法、机器工时比例法和年度计划分配率法等。

1. 生产工时比例法

生产工时比例法是将制造费用按照各种受益产品所耗费的生产工人工时比例进行分配的方法。这里的工时可以是生产各种产品实际耗用的生产工时，也可以是定额工时。计算步骤如下：

（1）计算制造费用分配率。

$$制造费用分配率=\frac{制造费用总额}{各种产品实际（定额）工时总额}$$

（2）分别计算各种产品应分配的制造费用。

某种产品应分配的制造费用=该种产品实际（定额）工时×制造费用分配率

【例3-14】 华光公司某生产车间生产A、B两种产品，本期共发生制造费用20000元。生产A产品实际耗时4800小时，生产B产品实际耗时5200小时。要求分配两种产品的制造费用，编制制造费用分配表并编制会计分录。

按生产工时比例法编制制造费用分配表，见表3-14。

表 3－14 制造费用分配表（生产工时比例法）

A 产品 2016 年×月

应借账户		生产工时（小时）	分配率	分配金额（元）
生产成本——基本生产成本	A 产品	4800	2	9600
	B 产品	5200	2	10400
合　计		10000		20000

根据制造费用分配表，编制会计分录如下：

借：生产成本——基本生产成本——A 产品　　9600

　　　　　　　　　　　　　——B 产品　　10400

　贷：制造费用——基本生产车间　　20000

这种分配方法的优点是资料容易取得，方法比较简单，主要适用于原始记录和生产人工时统计资料比较健全的车间。

2. 生产工人工资比例法

生产工人工资比例法是以直接计入各种产品成本的生产工人工资作为标准进行分配的一种方法。其计算步骤如下：

（1）计算制造费用分配率。

$$制造费用分配率 = \frac{制造费用总额}{各种产品生产工人工资总额}$$

（2）分别计算各种产品应分配的制造费用。

某种产品应分配的制造费用 = 该种产品生产工人工资数 × 制造费用分配率

【例 3－15】 承【例 3－14】，华光公司本期共支付生产工人工资为 16000 元，其中用于生产 A 产品的为 9500 元，用于生产 B 产品的为 6500 元。要求分配两种产品的制造费用，编制制造费用分配表并制作会计分录。

按生产工人工资比例法编制制造费用分配表，见表 3－15。

表 3－15 制造费用分配表（生产工人工资比例法）

××车间 2016 年×月

应借账户		生产工人工资（元）	分配率	分配金额（元）
生产成本——基本生产成本	A 产品	9500	1.25	11875
	B 产品	6500	1.25	8125
合　计		16000		20000

根据制造费用分配表，编制会计分录如下：

借：生产成本——基本生产成本——A 产品　　11875

——B 产品　　8125

贷：制造费用——基本生产车间　　20000

由于工资费用分配表中有现成的生产工人工资资料，所以使用比较简便。但该分配标准的前提是各种产品生产机械化的程度大致相同，否则机械化程度低的产品所用工资费用多，负担的制造费用便会增加，而机械化程度高的产品则负担的制造费用较少，从而影响费用分配的合理性。

3. 机器工时比例法

机器工时比例法是以各种产品的机器工时为标准分配制造费用的一种方法，主要适用于生产机械化程度较高的车间。因此，采用这一方法的前提条件是必须具备各车间所耗机器工时完整的原始记录。该方法的计算程序、原理与生产工时比例分配法基本相同。

4. 年度计划分配率法

年度计划分配率法是指无论各月实际发生的制造费用多少，各月各种产品成本中的制造费用均按年度计划确定的计划分配率分配的一种方法。其计算步骤如下：

（1）计算年度计划分配率。

$$年度计划分配率 = \frac{年度制造费用计划总额}{年度各种产品计划产量的定额工时总数}$$

（2）计算各种产品应分配的制造费用。

某月某种产品应负担的制造费用 = 该月该产品实际产量的定额工时数 × 年度计划分配率

【例 3 - 16】 华光公司某车间生产 A、B 两种产品，全年制造费用计划发生额为 441000 元。A 产品全年计划产量为 1000 件，B 产品全年计划产量为 1200 件。A 产品单件产品工时定额为 3 小时，B 产品 8 小时。6 月该车间实际产量分别为：A 产品 100 件，B 产品 120 件。本月共发生制造费用 50000 元。要求分配两种产品的制造费用，并编制会计分录。

（1）计算年度计划分配率。

年度计划分配率 = 441000/（1000 × 3 + 1200 × 8） = 35（元/小时）

（2）分别计算 6 月各种产品应分配的制造费用。

6 月 A 产品应分配的制造费用 = 100 × 3 × 35 = 10500（元）

6 月 B 产品应分配的制造费用 = 120 × 8 × 35 = 33600（元）

会计分录如下：

借：生产成本——基本生产成本——A 产品　　10500

——B 产品　　33600

贷：制造费用——基本生产车间　　44100

在使用其他制造费用分配方法时，“制造费用”账户一般无期末余额，而使用年度计划分配率法，实际发生的制造费用与计划的制造费用不一致，就会使“制造费用”账户有

借方或贷方余额。余额通常在年末调整。如果实际发生额大于计划分配额，应编制蓝字分录；反之编制红字分录，调整后“制造费用”账户无余额。采用年度计划分配率法，可随时结算已完工产品应负担的制造费用，简化分配手续，最适用于季节性生产的企业车间。

本章小结

本章主要介绍了费用在各受益对象之间的归集和分配的方法。

要素费用的归集和分配是正确计算产品成本的前提条件，主要包括各种材料费用、外购动力费用、工资及福利费、机器设备的折旧费用、利息及税金费用等归集和分配。

辅助生产是为基本生产而服务的生产，所以辅助生产费用最终由基本生产车间的产品负担，作为制造费用的一部分计入产品制造成本。主要的分配方法有直接分配法、交互分配法、计划成本分配法、代数分配法等。

生产损失是指企业在产品生产过程中或由于生产原因而发生的各种损失，可分别通过设置“废品损失”和“停工损失”账户核算。

制造费用是指企业内部各生产单位（分厂、车间）为生产产品或提供劳务而发生的，应该计入产品成本，但没有专设成本项目的各项生产费用。制造费用的分配标准可以按照生产工时比例法、生产工人工资比例法、机器工时比例法和年度计划分配率法等。

名词与术语

生产费用　一次摊销法　五五摊销法　辅助生产费用　直接分配法　交互分配法　计划成本分配法　代数分配法　生产损失　制造费用　生产工时比例法　生产工人工资比例法　机器工时比例法　年度计划分配率法

思考题

1. 如何区分直接费用和间接费用？如何对间接费用进行分配？
2. 生产中的周转材料包括哪些？分别有哪些账务处理方法？
3. 试述辅助生产费用的含义及核算的意义。
4. 辅助生产费用有哪些分配方法？分别适用于哪些类型的企业？
5. 试述生产损失的定义及种类。如何确定生产损失所发生的费用？
6. 制造费用中包括哪些费用项目？分配方法有哪些？

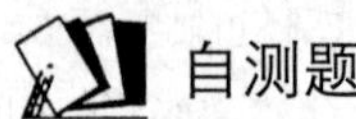

自测题

自测题 3-1

【目的】练习材料费用的分配。

【资料】某车间生产甲、乙两种产品。生产过程中耗用 A、B 两种材料共计 99306 元。本期生产完工甲产品 1200 件，乙产品 1800 件。甲产品生产需耗用 A 材料 10 千克/件，耗用 B 材料 14 千克/件；乙产品生产需耗用 A 材料 5 千克/件，耗用 B 材料 15 千克/件。A 材料每千克 15 元，B 材料每千克 18 元。

【要求】

(1) 根据以上资料计算甲、乙两种产品应分配的实际材料费用（按定额费用比例分配）。

(2) 编制会计分录。

自测题 3-2

【目的】练习工资费用的分配。

【资料】某车间生产 A、B 两种产品。本期职工工资总数为 72000 元。其中，直接计入两种产品的工资分别为 35000 元和 13000 元，两种产品的计时工资总数为 16000 元，生产 A 产品共花费 6400 小时，生产 B 产品共花费 1600 小时；车间管理人员工资为 5000 元；厂部管理人员工资为 3000 元。

【要求】

(1) 根据以上资料分别计算 A、B 两种产品应分配的工资总数。

(2) 制作会计分录。

自测题 3-3

【目的】练习辅助生产费用的归集与分配。

【资料】某厂有两个主要生产车间，辅助生产车间分别为供电车间和供水车间。2016 年 10 月，供水车间发生费用共计 12000 元，供水共 4700 吨；供电车间发生费用共计 56400 元，供电共 22500 度，如表 3-16 所示。假设供水车间计划成本每吨为 1.8 元；供电车间计划成本为每度 2.8 元。该厂辅助生产车间不设置“制造费用”账户核算。

表 3-16　辅助生产车间供应劳务数量

受益单位		供水（吨）	供电（度）
辅助生产车间	供水车间		1500
	供电车间	220	
	小　计	220	1500

续表

受益单位		供水（吨）	供电（度）
基本生产车间	第一车间	2210	7100
	第二车间	2120	6400
	小　计	4330	13500
行政部门		150	7500
合　计		4700	22500

【要求】

（1）根据以上资料分别运用直接分配法、交互分配法、计划成本分配法、代数分配法分配辅助生产费用（分配率保留4位小数）。

（2）编制会计分录。

自测题3－4

【目的】练习废品损失的核算。

【资料】某铸件厂生产甲产品，原材料在生产开始时一次性投入。本月共生产甲产品1500件，其中不可修复废品10件；共耗用生产工时1000小时，废品的生产工时为60小时；该批产品总成本为42600元，其中原材料为27000元，人工费用为9000元，制造费用为6600元，报废的产品变现后残料收入80元，过失人赔偿获得150元。假定该厂的直接材料费用按产量比例分配，其他费用按工时比例分配。

【要求】

（1）按实际费用划分废品损失费用。

（2）编制会计分录。

自测题3－5

【目的】练习制造费用的分配。

【资料】某厂生产车间共生产甲、乙两种产品，2016年8月共发生制造费用54000元，生产甲产品耗用机器工时2400小时；生产乙产品耗用机器工时3600小时。

【要求】

（1）根据以上资料采用机器工时分配法对制造费用进行分配。

（2）编制会计分录。

自测题3－6

【目的】练习制造费用的分配。

【资料】某车间生产甲、乙两种产品，全年制造费用计划发生额为18560元。全年各种产品的计划产量为：甲产品560件，乙产品740件。单件产品的工时定额为：甲产品60小时，乙产品80小时。11月该车间实际产量分别为：甲产品45件，乙产品60件。本月共发生制造费用2000元。

【要求】分配两种产品在11月的制造费用，并编制会计分录。

第四章

生产费用在完工产品和在产品之间的分配

学习目标

1. 了解在产品的概念及核算。
2. 掌握生产费用在完工产品和在产品之间的分配方法。
3. 熟悉完工产品成本的结转。

☞ 导入案例

工业企业月末生产费用的分配有多种方法，根据月末在产品数量的大小、变化情况、各项费用所占比重的大小以及各项定额管理基础的好坏，企业可以选择适当的方法进行分配。一般情况下分配方法一经确定，年度内不做变动。

根据以下情况确定甲、乙、丙、丁四个工厂应采取的完工产品和月末在产品之间分配生产费用的方法：

甲厂：产品的各项消耗定额都比较准确、稳定，但各月在产品数量变动较大。

乙厂：月末在产品数量很大，但已经加工完毕，只是尚未验收入库。

丙厂：产品的各项消耗定额都比较准确、稳定，各月在产品数量变动不大，但产品成本中原材料费用所占比重很大。

丁厂：产品成本中原材料是在生产开始时一次投入的，其他费用是随着生产进度陆续发生。

本章主要介绍了生产费用在完工产品和在产品之间分配的方法，对于上述案例提出的问题，学完本章将为你提供明确的思路。

资料来源：http：//www. doc88. com/p－4901075132452. html。

第一节　在产品数量的确定

与企业生产相关的各种费用在经过一系列的归集和分配后，都已计入本期各种产品的“生产成本”总分类账户及所属明细账户的借方，并在各种产品之间划分清楚。如果产品全部完工，所归集的费用就是该完工产品的生产成本；如果期末既有完工产品又有在产品，则需要将期初在产品费用和本期发生的费用加总，在本期完工产品和在产品之间进行分配。

一、在产品的概念

在产品，也称“在制品”，是指企业已经投入生产但尚未完成全部生产过程，还不能对外销售的产品。在产品有广义和狭义之分。广义的在产品是指产品生产从投入材料开始，到最终制成产成品交付验收入库前的一切未完工的产品，如车间正在加工的产品、准备进一步加工的半成品、等待验收入库的产品、正在返修和等待返修的废品等。狭义的在产品仅指车间或正在加工的产品以及正在修复过程中的废品，不包括本车间或本步骤已经完工的半成品。

二、在产品的日常核算

在产品的日常核算是通过设立“在产品收发结存账”实现的。在实际工作中，这种账簿也被称为在产品台账。该账应区分不同生产车间，并按产品品种或在产品名称设置，同时依据领料单、在产品内部转移单、产品检验单、产成品入库单、自制半成品入库单等原始凭证进行统计、核算，以便及时提供和反映各车间、各生产工序、各种产品的在产品收入、发出和结存数量的动态资料，对在产品实施动态管理和核算。其格式如表 4 – 1 所示。

表 4 – 1　在产品收发结存账

A 产品　　　　2016 年 × 月　　　　单位：件

日期	摘要	收入		发出			结存	
		凭证号	数量	凭证号	合格品	废品	完工	未完工
1		1201	24	2103	15	1	15	24
5		1223	38	2216	20	2	15	43
17		1302	21	2311	13	1	10	24
	合计		125		118		98	80

月初在产品成本、本月生产费用与本月完工产品成本、月末在产品成本之间的关系，可以用下列公式表示：

月初在产品成本 + 本月生产费用 = 本月完工产品成本 + 月末在产品成本

公式的前两项是已知数，后两项是未知数，前两项的费用之和将在完工产品和月末在产品之间采用一定的方法进行分配。分配有两种方法：一是先计算并确定月末在产品成本，然后倒推出完工产品成本；二是将公式前两项之和按照一定比例在完工产品和月末在产品之间进行分配，同时计算出完工产品成本和月末在产品成本。

无论采用哪一种方法，各期末在产品的数量和费用的大小以及数量或费用变化的大小，对于完工产品成本计算都有很大影响。计算完工产品的成本时，必须取得在产品增减变动和实际结存的数量资料。

三、在产品的清查及账务处理

在产品的管理与固定资产或原材料管理一样，应该定期或不定期地进行盘点，及时发现盈亏，以做到在产品账实相符，保护在产品安全、完整。在产品清查一般在月末结账前进行，也可以结合实际需要进行不定期的清查。清查时一般采用实地盘点法，将盘点结果根据实际盘点数和账面资料编制“在产品盘点表”，列明在产品的实有数、账面数、盘盈盘亏数以及盘亏的原因和处理意见等。对于毁损的在产品，如果还可回收利用，还应登记残值。成本核算人员应对“在产品盘点表”进行认真的审核，对发生的盘盈盘亏必须报有关部门批准后再进行账务处理。

【例 4－1】金科公司某车间生产三种产品，期末对该车间的在产品进行盘点清查。其中，A 产品共盘盈 9 件，单位定额成本 35 元；盘亏 B 产品 5 件，单位定额成本 60 元，人为过失造成的损失共计 200 元。以上事项都已经过审批。

1. 在产品盘盈时的核算

（1）在产品盘盈时：

借：生产成本——基本生产成本——A 产品　　315

　　贷：待处理财产损溢——待处理流动资产损溢——A 产品　　315

（2）经批准核销盘盈时：

借：待处理财产损溢——待处理流动资产损溢——A 产品　　315

　　贷：制造费用　　315

2. 在产品盘亏时的核算

（1）出现盘亏、毁损时：

借：待处理财产损溢——待处理流动资产损溢——B 产品　　300

　　贷：生产成本——基本生产成本——B 产品　　300

（2）经批准向过失人索赔，并确认损失时：

借：其他应收款——×××　　200

制造费用　　100

贷：待处理财产损溢——待处理流动资产损溢——B 产品　　300

第二节　生产费用在完工产品和在产品之间的分配方法

如何正确、合理、简便地将生产费用在完工产品和月末在产品之间进行分配，是产品成本计算中十分重要的问题。当产品结构比较复杂、零部件种类和加工工序较多时，运用适当的分配方法不仅能真实地反映出产品的成本，而且为企业的管理者提供了可靠的决策依据。所以，企业应根据月末在产品数量的多少、各月末在产品数量波动程度、各成本项目占总成本比重的大小，以及企业定额管理基础的不同程度，选择既合理又简便的分配方法，对完工产品和月末在产品进行费用分配。常用的分配方法如下。

一、不计算月末在产品成本法

采用这种方法，在产品成本归集时的生产费用全部计入本月完工产品成本，月末在产品成本为零。不计算在产品成本法主要适用于月末在产品数量很少、价值较低，并且各月在产品数量比较稳定的行业，如采煤、食品等。

二、月末在产品成本按年初固定数计算法

采用这种方法，年内各月在产品成本都按年初在产品成本计算，各月保持不变。这种方法适用于虽然企业既有本月完工产品，又有月末在产品，但月末在产品成本较少，或者各月末在产品成本虽然较多，但是各月末在产品成本变动不大的情况，如炼钢厂和化工厂等。由于各月月末在产品数量变化不大，所以月初和月末的在产品成本差异比较小，算不算在产品成本对于完工产品成本的影响不大，因此为了简化核算，每月在产品成本按固定数计算，本月发生的生产费用全部计入本月完工产品成本。年终时，应根据实际盘点的在产品数量，重新调整计算年末在产品的实际成本，并据以计算第 12 个月的完工产品成本，将调整后的在产品成本作为下一年在产品的固定成本，以免在产品的账面成本与实际成本相差过大，影响产品成本计算的准确性。

三、月末在产品成本按所耗原材料费用计价法

这种方法的特点是，月末在产品只负担直接材料成本，而直接人工费用和制造费用等加工费用则全部由完工产品成本负担，即将应由产品负担的全部费用合计数减去在产品负担的材料费后的数额就是完工产品的成本。它主要适用于各月末在产品成本较大，各月末

在产品成本变化也较大，但是在产品成本中原材料费用所占比重较大的产品，如纺织、造纸和酿酒等行业生产的产品。其计算步骤如下：

第一步，计算材料费用分配率。

$$材料费用分配率=\frac{月初在产品材料费用+本月耗用材料费用}{本月完工产品数量+本月在产品数量}$$

第二步，计算本月完工产品应分配的材料费用。

完工产品应分配的材料费用 = 本月完工产品数量 × 材料费用分配率

第三步，计算本月在产品应分配的材料费用。

在产品应分配的材料费用 = 本月在产品数量 × 材料费用分配率

第四步，计算本期完工产品总费用。

本月完工产品总费用 = 本月完工产品应分配的材料费用 + 本月全部加工费用

或 = 月初在产品材料费用 + 本月生产费用总额 − 月末在产品材料费用

【例 4-2】金科公司某车间生产 A 产品，该产品原材料费用在产品成本中所占比重较大，在产品的成本按所耗原材料费用计价法计算。月初，在产品原材料费用为 12000 元，本月实际发生原材料费用 33000 元，加工费共计 4100 元，完工产品共 800 件，月末在产品共 100 件。该产品的生产原材料是在生产开始时一次性投入的，原材料费用按完工产品和在产品的数量分配。分别计算本月完工产品和在产品应分配的费用。

（1）计算材料费用分配率。

材料费用分配率 = （12000 + 33000）/（800 + 100） = 50（元/件）

（2）计算本月完工产品应分配的材料费用。

完工产品应分配的材料费用 = 800 × 50 = 40000（元）

（3）计算本月在产品应分配的材料费用。

在产品应分配的材料费用 = 100 × 50 = 5000（元）

（4）计算本月完工产品总费用。

本月完工产品总费用 = 40000 + 4100 = 44100（元）

= 12000 + 33000 + 4100 − 5000 = 44100（元）

四、月末在产品成本按完工产品成本计价法

这种方法是将在产品视同完工产品分配生产费用，即完工产品和月末在产品成本按两者的数量比例分配原材料费用和各项加工费。它适用于月末在产品已接近完工，或产品已经加工完毕但尚未包装或尚未验收入库的产品。其计算步骤如下：

（1）分别计算各项费用分配率。

$$各项费用分配率=\frac{本月各项生产费用}{本月完工产品数量+月末在产品数量}$$

（2）分别计算本月完工产品和在产品应分配的各项费用。

完工产品应分配的各项费用 = 本月完工产品总数 × 各项费用分配率

在产品应分配的各项费用 = 月末在产品总数 × 各项费用分配率

【例 4 -3】 金科公司 A 产品月初在产品费用和本月发生费用如表 4 - 2 所示，月末完工产品共 110 件，在产品 10 件，且在产品已接近完工，在产品成本按已完工产品数量分配成本。

表 4 -2　产品成本计算表

2016 年 × 月　　　　单位：元

项　目	数量（件）	直接材料	直接人工	制造费用	合　计
月初在产品	25	2400	1400	900	4700
本月费用	95	12600	7300	5700	25600
合　计	120	15000	8700	6600	30300
费用分配率		125	72. 5	55	252. 50
完工产品	110	13750	7975	6050	27775
月末在产品	10	1250	725	550	2525

在表 4 - 2 中，直接材料分配率 = (2400 + 12600)/(110 + 10) = 125(元/件)；直接人工费用分配率 = (1400 + 7300)/(110 + 10) = 72. 5(元/件)；制造费用分配率 = (900 + 5700)/(110 + 10) = 55(元/件)。

月末在产品直接材料费用 = 10 × 125 = 1250 （元）

月末在产品直接人工费用 = 10 × 72. 5 = 725 （元）

月末在产品制造费用 = 10 × 55 = 550 （元）

月末在产品费用总额 = 1250 + 725 + 550 = 2525 （元）

五、约当产量比例法

约当产量比例法，就是按完工产品数量和月末在产品约当产量的比例来分配生产费用，以确定完工产品和月末在产品实际成本的一种方法。所谓约当产量，是将月末在产品数量按其加工程度或投料程度，折算为相当于完工产品的数量。这种方法既要计算在产品原材料费用，又要计算人工和制造费用，适用于月末在产品数量较大，各月末在产品数量变化也较大，产品成本中原材料费用和人工及制造费用所占比重相差不大的产品。

直接材料费用项目约当产量的确定，取决于产品生产过程中的投料情况。如果材料是在生产开始时一次性投入的，每件完工产品与每件月末在产品所耗用的直接材料费用是一样的，因此不论在产品加工程度如何，其直接材料费用可按完工产品和在产品的数量平均分配。在材料随着加工进度陆续投入，材料投入的程度与加工进度不一致的情况下，直接材料费用分配的约当产量应按投料程度计算。在产品加工费用（直接人工费用、燃料动力和制造费用）取决于加工程度，不同加工程度的在产品所应承担的加工费用也不相同。因此，完工产品和月末在产品的各项加工费用一般不能按它们的数量比例直接分配，而要按约当产量比例进行计算分配。约当产量比例法的计算步骤如下：

第一步，计算月末在产品约当产量。

在产品约当产量 = 在产品数量 × 加工程度（或投料程度）

第二步，计算各项目费用分配率。

$$费用分配率 = \frac{月初在产品成本 + 本月生产费用}{完工产品产量 + 月末在产品约当产量}$$

第三步，计算完工产品和月末在产品应分配的费用。

完工产品成本 = 完工产品产量 × 费用分配率

月末在产品成本 = 月末在产品约当产量 × 费用分配率

= 本月费用总额 − 完工产品成本

【例 4 − 4】 金科公司某车间生产 A 产品，月初在产品成本中直接材料费用为 3500 元，直接人工费用为 2450 元，制造费用为 1580 元；本月生产共投入直接材料费用为 11500 元，直接人工费用为 5650 元，发生制造费用 3820 元，月末完工产品共 100 件，在产品 50 件，原材料在生产开始时一次性投入，在产品的加工程度为 50%。分别计算本月产成品和在产品成本。

（1）计算各项目费用分配率。

直接材料费用分配率 = (3500 + 11500)/(100 + 50 × 100%) = 100(元/件)

直接人工费用分配率 = (2450 + 5650)/(100 + 50 × 50%) = 64.8(元/件)

制造费用分配率 = (1580 + 3820)/(100 + 50 × 50%) = 43.2(元/件)

（2）计算完工产品和月末在产品应分配的费用。

1）完工产品各项费用：

完工产品直接材料 = 100 × 100 = 10000（元）

完工产品直接人工 = 100 × 64.8 = 6480（元）

完工产品制造费用 = 100 × 43.2 = 4320（元）

完工产品成本 = 10000 + 6480 + 4320 = 20800（元）

2）月末在产品各项费用：

月末在产品直接材料 = 50 × 100 = 5000（元）

月末在产品直接人工 = 25 × 64.8 = 1620（元）

月末在产品制造费用 = 25 × 43.2 = 1080（元）

月末在产品成本 = 5000 + 1620 + 1080 = 7700（元）

可见，计算约当产量的关键在于确定在产品的加工程度或投料程度，这对于正确计算在产品约当产量，并准确进行生产费用的分配起着决定性的作用。

1. 投料程度的确定

约当产量比例法下，在产品的投料程度是指产品已投材料占完工产品应投材料的百分比。在生产过程中，生产原材料的投放方式有以下几种：

（1）原材料在生产开始时一次性投入。采用一次性投料方式时，在产品的投料程度为100%，即单位在产品应分配的原材料费用与单位完工产品应分配的原材料费用完全相同，因此可按月末在产品数量与本月完工产品数量的比例分配原材料费用。

（2）原材料在生产过程中是陆续、均衡地投入，直接材料的投料程度与生产工时的投入程度基本一致。在这种情况下，分配直接材料成本的在产品约当产量可按加工程度折算。

（3）原材料在生产过程中分工序一次性投入，即每道工序开始时，一次性投入本工序所需原材料。在这种情况下，应将一次性投料的计算方法和陆续投料的计算方法结合起来，根据各工序原材料消耗定额计算投料程度。其计算公式为：

$$\text{某工序在产品投料程度}=\frac{\text{前面各工序原材料消耗定额之和}+\text{本工序原材料消耗定额}\times 100\%}{\text{单位产品原材料消耗定额}}\times 100\%$$

【例4-5】金科公司生产B产品共有三道工序，原材料是在每道工序开始时一次性投入。该产品的消耗定额为800千克，第一道工序原材料消耗定额为400千克，第二道工序原材料消耗定额为240千克，第三道工序原材料消耗定额为160千克。第一道工序在产品100件，第二道工序在产品120件，第三道工序在产品80件。计算各工序投料程度（见表4-3）。

表4-3　按产品投料程度计算的约当产量计算表（一次性投料）

B产品　　　　2016年×月

工序	各工序原材料消耗定额（千克）	各工序月末在产品数量（件）	各工序投料程度	在产品约当产量（件）
1	400	100	(0+400×100%)/800×100%=50%	50
2	240	120	(400+240×100%)/800×100%=80%	96
3	160	80	(400+240+160×100%)/800×100%=100%	80
合计	800	300		226

（4）原材料在生产过程中按生产进度陆续投入，但投料程度与生产工时投入的进度不一致。在这种情况下，其投料程度可以按已完成各工序累计原材料费用定额占完工产品原材料费用定额的比例计算。其计算公式如下：

$$\text{某工序在产品投料程度}=\frac{\text{前面各工序原材料消耗定额之和}+\text{本工序原材料消耗定额}\times 50\%}{\text{单位产品原材料消耗定额}}\times 100\%$$

公式中本工序消耗原材料定额按照50%计算，是因为该工序中各在产品的投料程度不同，从而简化计算。本工序在产品的投料程度按50%平均折算，是因为本工序后面在产品多投料程度可以抵补前面在产品少投料程度。在产品在上一道工序已经完工，因此前面工序的投料程度按100%计算。

【例4-6】承【例4-5】资料所述，假设金科公司生产B产品的原材料是分工陆续投入，且投入程度与工时进度不一致。计算各工序投料程度（见表4-4）。

表4-4 按产品投料程度计算的约当产量计算表（陆续投料）

B产品　　　　　　　　　　　　2016年×月

工序	各工序原材料消耗定额（千克）	各工序月末在产品数量（件）	各工序投料程度	在产品约当产量（件）
1	400	100	(0+400×50%)/800×100%=25%	25
2	240	120	(400+240×50%)/800×100%=65%	78
3	160	80	(400+240+160×50%)/800×100%=90%	72
合计	800	300		175

2. 加工程度的测定

对于原材料以外的其他费用，如直接人工、制造费用、燃料和动力费用等，在分配时在产品约当产量通常按在产品的加工程度计算。因为这些费用与完工程度密切相关，它们随生产进程而逐渐投入耗费，产品的完工程度越高，在产品负担的费用应越多。测定在产品完工程度的方法一般有以下两种：

（1）平均计算各工序完工程度。如果各工序的在产品数量、单位产品在各工序的加工量相差不大，后面各工序在产品多加工的程度可以抵补前面各工序少加工的程度，那么所有在产品的完工程度均可以按50%计算。

（2）各工序分别计算完工程度。如果各工序的在产品数量相差较大，或者单位产品在各工序的加工量相差较大，为了提高成本计算的正确性，应按工序分别计算在产品的完工程度，可以按各工序的累计工时定额占完工产品工时定额的比例计算。其计算公式如下：

$$\text{某工序在产品完工程度}=\frac{\text{前面各工序工时定额之和}+\text{本工序工时定额}\times 50\%}{\text{单位产品工时定额}}\times 100\%$$

公式中本工序工时定额按照50%计算，是因为该工序中各在产品的加工程度不同，从而简化计算。本工序在产品的加工程度按50%平均折算，是因为本工序后面在产品多加工程度可以抵补前面在产品少加工程度。在产品在上一道工序已经完工，因此前面工序的加工程度按100%计算。

【例4-7】金科公司某车间生产C产品共需三道工序，完工产品的单位工时定额为40小时，第一道工序工时定额为20小时，第二道工序工时定额为16小时，第三道工序工时定额为4小时，各道工序在产品加工程度均按50%计算。第一道工序在产品120件，第二道工序在产品100件，第三道工序在产品80件。计算各工序加工程度（见表4-5）。

表4-5 按产品加工程度计算的约当产量计算表

C产品　　　　　　　　　　　　　　　2016年×月

工序	各工序工时消耗定额（小时）	各工序月末在产品数量（件）	各工序加工程度	在产品约当产量（件）
1	20	120	(0+20×50%)/40×100%=25%	30
2	16	100	(20+16×50%)/40×100%=70%	70
3	4	80	(20+16+4×50%)/40×100%=95%	76
合计	40	300		176

六、月末在产品成本按定额成本计价法

定额成本法是指月末在产品以定额成本计价的方法。采用这种方法时，可根据实际结存的月末在产品数量、投料和加工程度，以及单位产品定额成本计算出月末在产品的定额成本，将其从月初在产品定额成本与本月生产费用之和中扣除，余额即为本月完工产品成本。这种方法的计算比较简单，但如果定额成本不准确，实际成本脱离定额成本的差异将全部由本月完工产品承担，而月末在产品成本不负担其差异。因此，它适用于定额管理基础较好，各项消耗定额或费用定额比较健全、稳定，而且各月末在产品数量变动不大的产品。具体计算步骤如下：

第一步，计算月末在产品各项费用。

月末在产品各项费用=月末在产品数量×单位在产品的定额成本

第二步，计算本月完工产品费用总额。

完工产品费用总额=月初在产品费用+本月发生的生产费用-月末在产品费用总额

【例4-8】金科公司某车间生产A产品，生产该产品的原材料是一次性投入的。月末在产品盘存400件，单件产品原材料消耗定额为4千克，每千克计划单价为20元，全部在产品的生产工时定额为5000小时，每小时各项费用的计划分配率为：人工费用6元，制造费用4元。假设月初在产品定额费用为30000元，本月发生的生产费用共计325000元。计算完工产品与月末在产品应分配的费用。

（1）计算月末在产品费用总额。

月末在产品直接材料费用=400×100%×4×20=32000（元）

月末在产品直接人工费用=5000×6=30000（元）

月末在产品制造费用=5000×4=20000（元）

月末在产品费用总额=32000+30000+20000=82000（元）

（2）计算本月完工产品费用总额。

完工产品费用总额=30000+325000-82000=273000（元）

七、定额比例法

定额比例法是以定额资料为标准，将生产费用按照完工产品与月末在产品定额消耗量或定额费用的比例进行分配的方法。在这种方法下，由于直接材料、直接人工和制造费用各成本项目的完工产品和月末在产品定额耗用量或定额费用的比例往往不一致，所以必须分别计算分配率。分配直接材料成本时，如果产品生产耗用两种或两种以上的材料，应按照完工产品和月末在产品直接材料定额成本进行分配；如果只耗用一种材料，可按完工产品和月末在产品直接材料消耗量的比例进行分配。对于直接人工和制造费用，可按完工产品和月末在产品耗用的定额工时比例分配，也可按完工产品与月末在产品定额成本的比例进行分配。不论按哪种定额标准分配，都必须分成本项目进行。因此，它适用于各项消耗定额比较健全、稳定，定额管理基础比较好，各月末在产品数量变动较大的产品。

1. 计算完工产品和月末在产品应分配的直接材料实际费用

直接材料费用分配率 =（月初在产品实际直接材料费用 + 本月发生实际直接材料费用）÷［完工产品直接材料定额消耗量（额）+ 月末在产品直接材料定额消耗量（额）］

完工产品直接材料实际费用 = 完工产品直接材料定额消耗量（额）× 直接材料费用分配率

月末在产品直接材料实际费用 = 月末在产品直接材料定额消耗量（额）× 直接材料费用分配率

2. 计算完工产品和月末在产品应分配的实际直接人工和制造费用

直接人工（制造费用）分配率 =［月初在产品实际直接人工（制造费用）+ 本月发生实际直接人工（制造费用）］÷（完工产品定额工时 + 月末在产品定额工时）

完工产品直接人工（制造费用）实际费用 = 完工产品定额工时 × 直接人工（制造费用）分配率

月末在产品直接人工（制造费用）实际费用 = 月末在产品定额工时 × 直接人工（制造费用）分配率

【例 4-9】 金科公司某车间本月生产 C 产品完工 80 件，月末在产品 40 件。月初在产品实际发生费用为：直接材料 7000 元，直接人工 3000 元，制造费用 3000 元；本月发生费用为：直接材料 19400 元，直接人工 7000 元，制造费用 6000 元。本月完工产品直接材料定额费用为 20000 元，定额工时为 4000 小时；月末在产品直接材料定额费用为 2000 元，定额工时为 1000 小时。计算各项费用的分配（见表 4-6）。

表 4-6 产品成本计算表

C 产品　　　　　　　　　　　　2016 年×月　　　　　　　　　　　　单位：元

	月初在产品费用	本月发生费用	费用合计	费用分配率	完工产品成本		月末在产品成本	
					定额	实际费用	定额	实际费用
(1)	(2)	(3)	(4) = (2) + (3)	(5) = (4) ÷ (6) + (8)	(6)	(7) = (6) × (5)	(8)	(9) = (8) × (5)
直接材料	7000	19400	26400	1.2	20000	24000	2000	2400
直接人工	3000	7000	10000	2	*4000	8000	*1000	2000
制造费用	3000	6000	9000	1.8		7200		1800
合计	13000	32400	45400			39200		6200

注："*"表示单位工时为小时。

在表 4-6 中，直接材料分配率 = (7000 + 19400)/(20000 + 2000) = 1.2；直接人工分配率 = (3000 + 7000)/(4000 + 1000) = 2；制造费用分配率 = (3000 + 6000)/(4000 + 1000) = 1.8。

第三节　完工产品成本的结转

企业的完工产品包括产成品及自制的材料、工具和模具等，在完工产品成本计算出来并验收入库后，根据取得的产成品交库单和产品成本计算表进行归集，编制"完工产品成本计算汇总表"，将完工产品成本从"生产成本"总分类账户和各种产品成本明细账的贷方转入"库存商品"账户的借方。"生产成本"总分类账户的月末余额为月末在产品成本，并且"生产成本"总分类账的余额应与所属各种产品成本明细账的月末在产品成本之和相符。

【例 4-10】金科公司某车间共生产 A、B 和 C 三种产品，月末（见表 4-8）会计部门根据产品入库单汇总编制"完工产品成本汇总表"如下，并将完工产品成本进行结转（见表 4-7）。

表 4-7 完工产品成本计算汇总表

2016 年×月　　　　　　　　　　　　单位：元

项目	A 产品（425 件）		B 产品（185 件）		C 产品（115 件）		总成本合计
	总成本	单位成本	总成本	单位成本	总成本	单位成本	
直接材料	76500	180	76775	415	40250	350	193525

续表

项目	A 产品（425 件）		B 产品（185 件）		C 产品（115 件）		总成本合计
	总成本	单位成本	总成本	单位成本	总成本	单位成本	
直接人工	10200	24	15725	85	8280	72	34205
制造费用	11475	27	16650	90	8625	75	36750
合计	98175	231	109150	590	57155	497	264480

根据完工产品成本汇总表的资料，应编制下述会计分录：

借：库存商品——A 产品　　98175

——B 产品　　109150

——C 产品　　57155

贷：生产成本——基本生产成本——A 产品　　98175

——B 产品　　109150

——C 产品　　57155

本章小结

本章主要介绍了生产费用在完工产品和在产品之间分配的方法。

在产品指企业已经投入生产，但尚未完成全部生产过程，还不能对外销售的产品。企业为了准确计算完工产品的数量，以及加快企业产品周转速度，提高资金利用率，必须加强在产品的管理。在产品的管理工作就是对在产品进行计划、协调和控制的工作。

生产费用在产成品和在产品之间的分配方法有不计算月末在产品成本法、月末在产品成本按年初固定数计算法、月末在产品成本按所耗原材料费用计价法、月末在产品成本按完工产品成本法、约当产量比例法、月末在产品成本按定额成本计价法和月末在产品成本按定额比例法七种。

生产过程中发生的各种费用，采用适当的分配方法在各成本计算对象之间进行分配后，就可以计算出完工产品和在产品的成本，并对完工产品成本进行结转。

名词与术语

在产品　生产成本　待处理财产损溢　约当产量比例法　约当产量　投料程度　加工程度　定额成本计价法　定额比例法　库存商品

思考题

1. 试述在产品和完工产品的概念及其包含的内容。
2. 完工产品和在产品的费用分配有哪些方法？各适用于哪些类型的企业？
3. 试述约当产量比例法的特点和分类。
4. 试述定额成本计价法的特点和计算步骤。
5. 试述定额比例法的特点和计算步骤。

自测题

自测题 4－1

【目的】练习在产品成本按所耗原材料费用计价法。

【资料】某车间生产 B 产品，该产品原材料费用在产品成本中所占比重较大，且生产原材料是在生产开始时一次性投入的。月初，在产品原材料费用为 20000 元，本月实际发生原材料费用 24000 元，加工费共计 6000 元，完工产品共 420 件，月末在产品共 80 件。

【要求】分别计算本月完工产品和在产品应分配的费用。

自测题 4－2

【目的】练习在产品成本按完工产品成本法。

【资料】某车间生产 C 产品。本月末完工产品共 125 件，在产品 5 件，且在产品已接近完工。详细资料如表 4－8 所示。

表 4－8 某车间生产 C 产品的详细资料

项 目	数量（件）	直接材料	直接人工	制造费用	合 计
月初在产品	10	560	440	220	1220
本月费用	120	12440	5410	4330	22180
合 计	130	13000	5850	4550	23400

【要求】分别计算本月完工产品和在产品应分配的费用。

自测题 4－3

【目的】练习约当产量比例法。

【资料】某车间生产 D 产品共需三道工序。该产品的消耗定额为 160 千克，第一道工序原材料消耗定额为 90 千克，第二道工序原材料消耗定额为 50 千克，第三道工序原材料消耗定额为20千克。本月完工产品共280件，第一道工序在产品75件，第二道工序在产品100件，第三道工序在产品90件，月初在产品和本月发生的原材料费用共计30000元。

【要求】分别按在每一工序开始时一次性投料和陆续投料，采用适当的方法计算和分配本月完工产品和在产品应负担的材料费用。

自测题4－4

【目的】练习约当产量比例法。

【资料】某车间生产E产品共需三道工序。完工产品的单位工时定额为20小时，第一道工序工时定额为8小时，第二道工序工时定额为8小时，第三道工序工时定额为4小时，各道工序在产品加工程度均按50%计算。本月完工产品共生产135件，第一道工序在产品80件，第二道工序在产品90件，第三道工序在产品50件，本月共发生直接人工50000元，制造费用25000元。

【要求】按加工程度计算完工产品和月末在产品应分配的加工费用。

自测题4－5

【目的】练习约当产量法。

【资料】某企业生产C产品，分三道工序连续加工制成。原材料分工序一次性全部投入。单位产品的原材料费用定额为400元，在各工序的定额分别为：第一道工序160元，第二道工序140元，第三道工序100元。单位产品的工时定额为200小时，在各工序的定额分配为：第一道工序100小时，第二道工序60小时，第三道工序40小时。月初在产品成本为：直接材料8910元，直接人工6860元，制造费用3100元。本月发生的生产费用为：材料费用23200元，工资费用12000元，制造费用9300元。本月完工产品200件，月末各工序的在产品分别为：第一道工序120件，第二道工序40件，第三道工序60件。

【要求】

（1）计算在产品的投料率和完工率。

（2）计算各工序在产品的约当产量。

（3）计算C产品的完工产品总成本和月末在产品成本。

自测题4－6

【目的】练习在产品成本按定额成本计价法。

【资料】某车间生产F产品的原材料是一次性投入的。月末，在产品盘存350件，该产品材料消耗定额为2千克，单价为12元/千克，全部在产品的生产工时定额为280小时，各项费用的计划分配率如下：人工费用为8元/小时，制造费用为12元/小时。月初在产品定额费用为25400元，本月发生的生产费用共计129000元。

【要求】计算完工产品与月末在产品应分配的费用。

自测题4－7

【目的】练习定额比例法。

【资料】某车间本月生产G产品。月初在产品实际发生费用为：直接材料1220元，直接人工800元，制造费用500元；本月发生费用为：直接材料22000元，直接人工9200元，制造费用7500元。

本月完工产品直接材料定额费用为24000元，定额工时为3800小时；月末在产品直接材料定额费用为1800元，定额工时为1200小时。

【要求】计算完工产品和在产品成本总额。

第五章

产品成本计算的基本方法

学习目标

1. 了解生产类型及管理要求对成本计算方法的影响。
2. 掌握产品成本计算的品种法。
3. 掌握产品成本计算的分批法。
4. 掌握产品成本计算的分步法。

☞ 导入案例

李明军2011年9月从原来的企业辞职，应聘到一家纺织厂做会计。

财务部张会计向李明军介绍了企业的基本情况。该纺织厂规模较大，共有三个纺纱车间，两个织布车间。另外，还有若干为纺纱车间与织布车间服务的辅助生产车间。

该厂第一纺纱车间纺的纱全部对外销售，第二纺纱车间纺的纱供第一织布车间使用，第三纺纱车间纺的纱供第二织布车间使用。纺纱和织布的工序包括清花、粗纺、并条、粗纱、细纱、捻线、织布等工序。各工序生产的半成品直接供下一工序使用，不经过半成品库。

该厂现行的成本计算方法是，第一纺纱车间采用品种法计算成本；第二纺纱车间和第一织布车间采用品种法计算成本，第三纺纱车间和第二织布车间采用逐步结转分步法计算成本。

为了加强企业的成本管理，财务部对各车间生产的半成品均要进行考核；另外，企业还要对半成品成本情况进行评比和检查。

张会计问李明军，该厂成本计算方法的选择是否合理？如果不合理应如何改进？对于上述案例提出的问题，学完本章将会得到明确的答案。

资料来源：http：//www. wxphp. com/wxd_ 2lm4i72ilz3z01w0bclh_ 1. html。

第一节 产品成本计算方法概述

企业产品成本计算的过程，就是对生产经营过程中所发生的费用按照一定的对象进行归集和分配，计算出产品的总成本和单位成本的过程。为了正确计算产品成本，企业必须根据其生产特点，考虑成本管理的要求，选择适当的成本计算方法。因此，在研究产品成本计算方法之前，首先要了解企业的生产类型及管理要求对成本计算方法的影响。

一、企业的生产类型

企业的生产类型，就是指产品的生产特点。企业产品生产的特点不同，成本核算的组织方式和计算方法也不同。因此，要做好成本核算工作，必须要研究企业的生产类型。按照企业生产的一般特点，可作如下分类：

1. 按生产工艺过程的特点分类

产品生产工艺过程是指产品从投料到完工的生产工艺、加工制造的过程。按生产工艺过程的特点，可以将企业生产分为单步骤生产和多步骤生产。

（1）单步骤生产（也称简单生产）。它指产品的生产工艺过程不能间断或不能分散在不同地点进行的生产。其特点是生产周期较短，工艺较简单，如发电、铸造、采掘、玻璃制品和某些化学工业的生产。

（2）多步骤生产（也称复杂生产）。它指产品的生产工艺过程由若干可以间断的生产步骤组成的生产。其特点是生产周期较长，工艺较复杂。它又可分为连续式多步骤生产和装配式多步骤生产。连续式多步骤生产是指从原材料投入生产到产品完工，要依次经过各生产步骤的连续加工的生产，如纺织、冶金等行业的生产。装配式多步骤生产是先将原材料平行加工成零件、部件，然后将零件、部件装配成产成品，如机械、电器、仪表等的生产。

2. 按生产组织方式分类

生产企业的生产，按其生产组织的方式可以分为大量生产、成批生产和单件生产三种类型。

（1）大量生产。大量生产是不断重复生产相同的一种产品或几种产品的生产。其主要特点是企业生产的产品品种较少，各种产品的产量较大，一般是采用专业设备进行重复生产，专业化水平较高，生产比较稳定，如发电、纺织、采掘、电器、造纸等行业的生产。

（2）成批生产。成批生产是按照事先规定的产品批别和数量进行的生产。其主要特点是产品品种多、产量较大，生产具有重复性，如服装、机械、电子、印刷等行业的生产。它又可分为大批生产和小批生产。

大批生产。产品批量较大，往往重复生产，性质上接近大量生产。

小批生产。产品批量较小，一批产品一般可同时完工，性质上接近单件生产。

（3）单件生产。单件生产是根据订货单位的要求，生产个别的、性质特殊的产品的生产，如重型机械、船舶、飞机等。其主要特点是单件产品规模较大，生产工艺较复杂，产品规格不一，一般不重复生产完全相同的产品。

二、生产特点和管理要求决定着产品成本计算方法

生产特点和管理要求决定着成本计算对象、成本计算期和生产费用在完工产品与在产品之间的分配。而将成本计算对象、成本计算期和生产费用在完工产品与在产品之间的分配有机地结合在一起，就构成了不同的成本计算方法。由于成本计算方法是以成本计算对象命名的，所以在实际工作中形成了三种基本计算方法，即品种法、分批法和分步法。

1. 产品成本计算的基本方法

（1）品种法。品种法是以产品品种为成本计算对象的产品成本计算方法。一般适用于大量大批单步骤生产，如发电、采掘等；也可用于管理上不要求分步骤计算成本的大量大批多步骤生产，如造纸、水泥生产等。

（2）分批法。分批法是以产品批别为成本计算对象的产品成本计算方法。一般适用于单件小批单步骤生产以及管理上不要求分步骤计算成本的单件小批多步骤生产，如重型机械制造、船舶制造等。

（3）分步法。分步法是以产品生产步骤为成本计算对象的产品成本计算方法。一般适用于管理上要求分步骤计算成本的大量大批多步骤生产，如纺织、冶金等。

2. 产品成本计算的辅助方法

在实际工作中，除了上述三种基本成本计算方法外，企业还采用其他一些成本计算方法，如分类法、定额法等。但这些成本计算方法都不是一种独立的成本计算方法，它们必须与三种基本方法结合起来才能使用。

（1）分类法。分类法是以产品类别归集生产费用，再按一定标准在本类别内各产品之间进行分配，从而计算产品成本。一般适用于产品品种、规格繁多的企业，如无线电元器件、针织、食品、制鞋、橡胶制品、灯泡等制造企业。

（2）定额法。定额法是以产品的定额成本为基础，加、减脱离定额差异和定额变动差异，进而计算产品实际成本的方法。此方法的目的在于加强成本管理，进行成本控制。

在工业企业中，根据生产特点和管理要求确定不同的成本计算对象，采用不同的成本计算方法，主要是为了结合企业产品生产的特点，加强成本管理，提供准确、可靠的成本核算资料，满足有关方面了解企业生产耗费和成本水平的需要。在实践中，不论哪种生产类型，不论成本管理要求如何，也不论采用哪种成本计算方法，最终都必须按照产品品种分别计算出产品成本。所以，品种法是三种基本方法中最基本的成本计算方法，学好品种法，对其他方法的学习非常重要。

第二节 产品成本计算的品种法

一、品种法概述

1. 品种法的概念及适用范围

品种法，是指以产品品种为成本计算对象来归集生产费用，计算各种产品成本的一种成本计算方法。品种法既不要求按照产品批次计算成本，也不要求按照产品生产步骤计算成本，只要求按照产品的品种来计算产品成本。

品种法主要适用于大量大批的单步骤生产，如发电、采掘、铸造等。由于这种类型的生产是大批量生产，故不需要分批计算产品成本；同时，由于其生产技术过程不能间断，故也不需要分步骤计算产品成本。在大量大批多步骤生产中，如果生产规模小或者车间是封闭式的（即从原材料投入到产品生产的全过程，都是在一个车间内进行的），或者是按流水线组织生产的，管理上又不要求按生产步骤计算产品成本，则可以采用品种法计算产品成本，如水泥厂、造纸厂、糖果厂等。此外，企业的供水、供电、供气等辅助生产的产品或劳务成本计算也可以采用品种法。

2. 品种法的特点

（1）以产品品种作为成本计算对象，并据此设置产品生产成本明细账，归集生产费用，计算产品生产成本。采用品种法计算产品成本的企业，往往是大量大批重复生产一种或多种产品的企业。在只生产单一产品的企业，只需以这一产品开设生产成本明细账（或产品成本计算单），并按成本项目设置专栏。在这种情况下，企业所发生的各项生产费用都是直接费用，因而可直接将其计入生产成本明细账中的有关栏目。如果企业生产的产品不止一种，则需要按每一种产品分别开设生产成本明细账，并按成本项目设置专栏。发生的直接费用可直接计入生产成本明细账有关栏目中，几种产品共同发生的费用，则需要通过“制造费用”账户归集分配计入各产品生产成本明细账的有关栏目。

（2）成本计算期与会计报告期一致，即按月定期计算产品成本。大量大批生产的企业，由于产品是重复不断地生产，而且生产周期较短，原材料不断地投入，产品也不断地完工，因而很难做到当每件产品完工时立即计算其成本，也不可能等到全部产品生产完工后再进行成本计算，只能定期地在每月月末计算当月完工产品成本，以满足管理的需要。因而其成本计算期与会计报告期一致，但与产品生产周期不一致。

（3）生产费用在完工产品与月末在产品之间分配。在单步骤大批量生产中，由于月末一般没有在产品，或虽有在产品但数量很小，此时算不算在产品成本对产品成本的影响不大，因而可以不计算月末在产品成本。本月产品成本明细账中归集的全部生产费用就是该种产品的完工产品总成本。

在一些规模较小、管理上又不要求按照生产步骤计算成本的大量大批多步骤生产中，月末一般都有在产品，而且有时数量较多，通常需要采用适当的方法将本期发生的生产费用在完工产品和在产品之间进行分配。

二、品种法的成本计算程序

品种法作为一种产品成本计算的最基本方法，其成本计算程序一般包括要素费用的归集与分配、辅助生产费用的归集与分配、制造费用的归集与分配，以及生产费用在完工产品与在产品之间的分配等。

（1）按产品品种分别开设基本生产成本明细账或产品成本计算单，明细账内按成本项目分设专栏，以便分别按成本项目归集各种产品的生产费用。

（2）根据各要素费用分配表登记各产品成本明细账、辅助生产成本明细账、制造费用明细账及废品损失明细账（假定需单独核算废品损失）。

（3）分配辅助生产车间的制造费用（若辅助生产车间不单独设置制造费用明细账则无此计算步骤）。

（4）分配辅助生产费用。根据“辅助生产成本”明细账归集的费用，按照各车间、各部门耗用辅助生产车间劳务的数量进行分配。

（5）分配基本生产车间的制造费用。根据“制造费用”明细账归集的费用，按一定标准在各种产品之间进行分配。

（6）计算不可修复和可修复废品的废品损失并结转废品损失。

（7）根据各产品成本明细账所归集的生产费用和产量资料等，采用适当方法，在完工产品与月末在产品之间分配生产费用，计算出当月完工产品成本和月末在产品成本。

（8）编制完工产品成本计算汇总表，结转当月完工入库产品的生产成本。

上述品种法的计算程序见第二章中图 2－1 成本核算的一般程序。

三、品种法的应用举例

品种法是产品成本计算方法中最基本的方法，因而品种法的计算程序体现着产品成本计算的一般程序。以下列举了一套完整的例子，把品种法所用的各种费用分配表和明细账都串起来，有利于深入理解产品成本计算的基本原理。

【例 5－1】某企业为大量大批、单步骤生产的企业，采用品种法计算产品成本。企业设有一个基本生产车间，生产甲、乙两种产品，还设有机修和运输两个辅助生产车间，为基本生产车间及其他各部门提供修理和运输服务。产品成本按“直接材料”“直接人工”“燃料动力”和“制造费用”设置四个成本项目，辅助生产车间的制造费用通过“制造费用”科目核算。

1. 该企业2016年5月的有关产品成本核算资料如下：

（1）产量资料见表5－1。

表5－1　产量资料　　单位：件

项　目	甲产品	乙产品
月初在产品	120	0
本月投产	540	150
本月完工产品	560	120
月末在产品	100	30
完工程度	40%	60%

（2）月初在产品成本见表5－2。

表5－2　月初在产品成本　　单位：元

产品名称	直接材料	直接人工	燃料动力	制造费用	合计
甲产品	21000	5860	4250	6800	37910
乙产品	0	0	0	0	0

（3）生产工时记录根据基本生产车间工时统计资料，甲产品耗用3500小时，乙产品耗用1500小时。

（4）辅助生产车间提供劳务情况：机修车间提供修理劳务600小时，其中为运输车间修理20小时，为基本生产车间修理550小时，为行政管理部门修理30小时；运输车间提供运输劳务4500千米，其中为机修车间运输100千米，为基本生产车间运输1000千米，为行政管理部门运输3400千米。

（5）该企业的有关费用分配方法。

1）生产工人工资及福利费按甲、乙产品工时比例分配。

2）辅助生产车间按直接分配法予以分配。

3）制造费用按甲、乙产品工时比例分配。

4）甲、乙产品的完工产品成本和在产品成本按约当产量比例法分配。甲产品耗用的原材料随加工程度陆续投入，完全一致；乙产品耗用的原材料于生产开始时一次性投入。

2. 根据上述有关资料，说明产品成本计算的程序和相应的账务处理。

（1）以甲、乙两产品为成本计算对象，分别设置产品成本明细账（或成本计算单），见表5－15和表5－16。

（2）根据各项生产费用的原始凭证和其他有关资料，编制各种费用分配表，分配各种要素费用。

1）根据领退料凭证，编制原材料费用分配表，见表5－3。

表5－3　原材料费用分配表

2016年5月　　单位：元

应借科目		成本或费用项目	原料及主要材料	其他材料	合　计
基本生产成本	甲产品	直接材料	215000	5000	220000
	乙产品	直接材料	125000	3000	128000
	小计		340000	8000	348000
辅助生产成本	机修车间	直接材料	1200		1200
	运输车间	直接材料	800		800
	小计		3000		2000
制造费用	基本生产车间	机物料		16000	16000
	机修车间	机物料		400	400
	运输车间	机物料		250	250
	小计			16650	16650
管理费用		材料		1200	1200
合计			342000	25850	367850

根据"原材料费用分配表"，编制会计分录：

借：生产成本——基本生产成本——甲产品　220000

　　　　　——乙产品　128000

　　　　——辅助生产成本——机修车间　1200

　　　　　　　　　——运输车间　800

　　制造费用——基本生产车间　16000

　　　　——机修车间　400

　　　　——运输车间　250

　　管理费用　1200

　　贷：原材料　367850

2）根据工资结算汇总表与按规定比例（14%）计提的应付福利费，编制工资及福利费分配表，见表5－4。

表5－4　工资及福利费分配表

2016年5月　　单位：元

应借科目		成本或费用项目	生产工时	应付工资		应付福利费	合　计
				分配率	分配金额		
基本生产成本	甲产品	直接人工	3500	12.5	43750	6125	49875
	乙产品	直接人工	1500	12.5	18750	2625	21375
	小　计		5000	12.5	62500	8750	71250

续表

应借科目		成本或费用项目	生产工时	应付工资		应付福利费	合　计
				分配率	分配金额		
辅助生产成本	机修车间	直接人工			3450	483	3933
	运输车间	直接人工			2900	406	3306
	小　计				6350	889	7239
制造费用	基本生产车间	工资及福利			2570	359.8	2929.8
	机修车间	工资及福利			3620	506.8	4126.8
	运输车间	工资及福利			1870	261.8	2131.8
	小　计				8060	1128.4	9188.4
管理费用		工资及福利			16500	2310	18810
合　计					93410	13077.4	106487.4

根据“工资及福利费分配表”，编制会计分录：

借：生产成本——基本生产成本——甲产品　　49875
　　　　　　　　　　　　　　——乙产品　　21375
　　　　　　——辅助生产成本——机修车间　　3933
　　　　　　　　　　　　　　——运输车间　　3306
　　制造费用——基本生产车间　　2929.8
　　　　　　——机修车间　　4126.8
　　　　　　——运输车间　　2131.8
　　管理费用　　18810
　　贷：应付职工薪酬——工资　　93410
　　　　　　　　　　——职工福利　　13077.4

3）根据本月应计折旧固定资产的原价和折旧率，编制固定资产折旧费用分配表，见表5－5。

表5－5　固定资产折旧费用分配表

2016年5月　　单位：元

项　目	基本生产车间	机修车间	运输车间	管理部门	合　计
累计折旧	40000	4000	6000	20000	70000

根据“固定资产折旧费用分配表”，编制会计分录：

借：制造费用——基本生产车间　　40000

——机修车间　　4000

——运输车间　　6000

管理费用　　20000

贷：累计折旧　　70000

4）根据有关外购动力费支付凭证，编制外购动力费（电费）分配表，见表5-6。

表5-6　外购动力费（电费）分配表

2016年5月

应借科目		成本或费用项目	度数（分配率：0.4）	生产工时（分配率：0.5）	金额（元）
基本生产成本	甲产品	燃料动力		3500	1750
	乙产品	燃料动力		1500	750
	小　计		6250	5000	2500
辅助生产成本	机修车间	燃料动力	1000		400
	运输车间	燃料动力	600		240
	小　计		1600		640
制造费用	基本生产车间	水电费	750		300
	机修车间	水电费	400		160
	运输车间	水电费	350		140
	小　计		1500		600
管理费用		水电费	1000		400
合　计			10350		4140

根据“外购动力费（电费）分配表”，编制会计分录：

借：生产成本——基本生产成本——甲产品　　1750

——乙产品　　750

——辅助生产成本——机修车间　　400

——运输车间　　240

制造费用——基本生产车间　　300

——机修车间　　160

——运输车间　　140

管理费用　　400

贷：应付账款　　4140

5）根据有关资料编制其他费用分配表，见表5-7。

表 5 –7　其他费用分配表

2016 年 5 月　　　　单位：元

应借科目		费用项目				合　计
		办公费	差旅费	劳保费	其他费用	
制造费用	基本生产车间	1300	650	500	180	2630
	机修车间	560	240	100	50	950
	运输车间	450	300	80	40	870
	小　计	2310	1190	680	270	4450
管理费用		8200	5600	120	760	14680
合　计		10510	6790	800	1030	19130

根据上述“其他费用分配表”，编制会计分录：

借：制造费用——基本生产车间　　2630

　　　　　　——机修车间　　950

　　　　　　——运输车间　　870

　　管理费用　　14680

　　贷：银行存款等　　19130

（3）根据上列各种费用分配表和其他有关资料，归集和分配辅助生产费用。

1）根据前述各种费用分配表，登记辅助生产车间的制造费用明细账，见表 5 –8 和表 5 –9。

表 5 –8　制造费用明细账

车间名称：机修车间　　2016 年 5 月　　单位：元

2016 年		摘　要	项　目								合　计
月	日		工资及福利	机物料	水电费	折旧费	办公费	差旅费	劳保费	其他费用	
5	31	原材料费用分配表		400							400
		工资及福利费分配表	4126.8								4126.8
		固定资产折旧费用分配表				4000					4000
		外购动力费（电费）分配表			160						160
		其他费用分配表					560	240	100	50	950
5	31	合　计	4126.8	400	160	4000	560	240	100	50	9636.8
5	31	分配结转	–4126.8	–400	–160	–4000	–560	–240	–100	–50	–9636.8

表 5－9　制造费用明细账

车间名称：运输车间　　　　2016 年 5 月　　　　单位：元

2016 年		摘　要	项　目								合　计
月	日		工资及福利	机物料	水电费	折旧费	办公费	差旅费	劳保费	其他费用	
5	31	原材料费用分配表		250							250
		工资及福利费分配表	2131.8								2131.8
		固定资产折旧费用分配表				6000					6000
		外购动力费（电费）分配表			140						140
		其他费用分配表					450	300	80	40	870
5	31	合　计	2131.8	250	140	6000	450	300	80	40	9391.8
5	31	分配结转	－2131.8	－250	－140	－6000	－450	－300	－80	－40	－9391.8

2）将辅助生产车间的制造费用分配结转辅助生产成本明细账，根据辅助生产车间的制造费用明细账，编制会计分录：

借：生产成本——辅助生产成本——机修车间　　9636.8

　　　　　　　　　　　　　　——运输车间　　9391.8

　贷：制造费用——机修车间　　9636.8

　　　　　　　——运输车间　　9391.8

3）根据前述各种费用分配表，登记辅助生产成本明细账，见表 5－10 和表 5－11。

表 5－10　辅助生产成本明细账

车间名称：机修车间　　　　2016 年 5 月　　　　单位：元

2016 年		凭证号	摘　要	直接材料	直接人工	燃料动力	制造费用	合　计
月	日							
5	31	略	材料费用分配表	1200				1200
			工资费用分配表		3933			3933
			外购动力分配表			400		400
			转入制造费用				9636.8	9636.8
5	31		合　计	1200	3933	400	9636.8	15169.8
5	31		分配结转	－1200	－3933	－400	－9636.8	－15169.8

表 5-11 辅助生产成本明细账

车间名称：运输车间　　2016 年 5 月　　单位：元

2016 年		凭证号	摘　要	直接材料	直接人工	燃料动力	制造费用	合　计
月	日							
5	31	略	材料费用分配表	800				800
			工资费用分配表		3306			3306
			外购动力分配表			240		240
			转入制造费用				9391.8	9391.8
5	31		合　计	800	3306	240	9391.8	13737.8
5	31		分配结转	-800	-3306	-240	-9391.8	-13737.8

4）根据机修车间和运输车间辅助生产成本明细账中所归集的费用，用直接分配法予以分配，编制辅助生产费用分配表，见表 5-12。

表 5-12 辅助生产费用分配表

2016 年 5 月　　单位：元

项　目		机修车间	运输车间	合　计
待分配辅助生产费用		15169.8	13737.8	28907.6
供应辅助生产以外劳务数量		580	4400	
费用分配率		26.15	3.12	
基本生产车间一般耗用	耗用数量	550	1000	
	分配金额	14382.5	3120	17502.5
行政管理部门耗用	耗用数量	30	3400	
	分配金额	787.3	10617.8	11405.1
合　计		15169.8	13737.8	28907.6

根据“辅助生产费用分配表”，编制会计分录：

借：制造费用——基本生产车间　　17502.5

　　管理费用　　11405.1

　　贷：生产成本——辅助生产成本——机修车间　　15169.8

　　　　　　　　　　　　　　　　——运输车间　　13737.8

（4）根据上列各种费用分配表和其他有关资料，归集和分配基本生产车间的制造费用。

1）登记基本生产车间的制造费用明细账，见表 5-13。

表 5－13　制造费用明细账

车间名称：基本生产车间　　　　2016 年 5 月　　　　单位：元

2016 年		摘要	项目										合计
月	日		工资及福利	机物料	水电费	折旧费	办公费	差旅费	劳保费	修理费	运输费	其他费用	
5	31	略		16000									16000
			2929.8										2929.8
						40000							40000
					300								300
							1300	650	500			180	2630
										14382.5	3120		17502.5
5	31	合计	2929.8	16000	300	40000	1300	650	500	14382.5	3120	180	79362.3
5	31	分配结转	－2929.8	－16000	－300	－40000	－1300	－650	－500	－14382.5	－3120	－180	－79362.3

2）根据基本生产车间制造费用明细账中所归集的制造费用，编制制造费用分配表，在甲、乙两种产品之间进行分配，见表 5－14。

表 5－14　制造费用分配表

车间名称：基本生产车间　　　　2016 年 5 月　　　　单位：元

应借科目		成本或费用项目	分配标准（生产工时）	分配率	分配金额
基本生产成本	甲产品	制造费用	3500		55553.6
	乙产品	制造费用	1500		23808.7
合　计			5000	15.872	79362.3

根据基本生产车间的“制造费用分配表”，编制会计分录：

借：生产成本——基本生产成本——甲产品　　55553.6

　　　　　　　　　　　　　　——乙产品　　23808.7

　　贷：制造费用——基本生产车间　　79362.3

（5）根据上述各种费用分配表和其他有关资料，登记产品成本明细账，分别归集甲、乙两种产品成本并采用约当产量法计算完工产品成本和月末在产品成本。

1）根据前述资料，登记甲、乙两种产品成本明细账，并计算完工产品的总成本和单位成本，见表 5－15 和表 5－16。

表 5－15　基本产品成本明细账

产品名称：甲产品　　　　2016 年 5 月　　　　单位：元

2016 年		摘　要	直接材料	直接人工	燃料动力	制造费用	合　计
月	日						
5	1	期初在产品成本	21000	5860	4250	6800	37910
	31	原材料费用分配表	220000				220000
	31	工资及福利费分配表		49875			49875
	31	外购动力费（电费）分配表			1750		1750
	31	制造费用分配表				55553.6	55553.6
	31	本月生产费用合计	220000	49875	1750	55553.6	327178.6
	31	生产费用累计	241000	55735	6000	62353.6	365088.6
	31	结转完工产品总成本	－224935.2	－52018.4	－5600	－58195.2	－340748.8
	31	完工产品单位成本（分配率）	401.67	92.89	10	103.92	608.48
	31	月末在产品成本	16064.8	3716.6	400	4158.4	24339.8

在表 5－15 中，直接材料分配率＝241000/（560＋100×40%）＝401.67（元/件）；直接人工分配率＝55735/（560＋100×40%）＝92.89（元/件）；燃料动力分配率＝6000/（560＋100×40%）＝10（元/件）；制造费用分配率＝62353.6/（560＋100×40%）＝103.92（元/件）。

表 5－16　基本产品成本明细账

产品名称：乙产品　　　　2016 年 5 月　　　　单位：元

2016 年		摘　要	直接材料	直接人工	燃料动力	制造费用	合　计
月	日						
5	31	原材料费用分配表	128000				128000
	31	工资及福利费分配表		21375			21375
	31	外购动力费（电费）分配表			750		750
	31	制造费用分配表				23808.7	23808.7
	31	本月生产费用合计	128000	21375	750	23808.7	173933.7
	31	结转完工产品总成本	－102399.6	－18586.8	－652.8	－20703.6	－142342.8
	31	完工产品单位成本（分配率）	853.33	154.89	5.44	172.53	1186.19
	31	月末在产品成本	25600.4	2788.2	97.2	3105.1	31590.9

在表 5－16 中，直接材料分配率＝128000/(120＋30×100%)＝853.33(元/件)；直接人工分配率＝21375/(120＋30×60%)＝154.89(元/件)；燃料动力分配率＝750/(120＋30×60%)＝5.44(元/件)；制造费用分配率＝23808.7/(120＋30×60%)＝172.53(元/件)。

2）根据甲、乙产品成本明细账，编制完工产品成本计算汇总表，见表5-17。

表5-17　完工产品成本计算汇总表

2016年5月　　　　单位：元

项　目		直接材料	直接人工	燃料动力	制造费用	合　计
甲产品	总成本	224935.20	52018.40	5600	58195.20	340748.80
	单位成本	401.67	92.89	10	103.92	608.48
乙产品	总成本	102399.60	18586.80	652.80	20703.60	142342.80
	单位成本	853.33	154.89	5.44	172.53	1186.19
合　计		327334.80	70605.20	6252.80	78898.80	483091.60

根据"完工产品成本计算汇总表"，编制会计分录：

借：库存商品——甲产品　　340748.8
　　　　　　——乙产品　　142342.8
　贷：生产成本——基本生产成本——甲产品　　340748.8
　　　　　　　　　　　　　　　——乙产品　　142342.8

第三节　产品成本计算的分批法

一、分批法概述

1. 分批法的概念及适用范围

产品成本计算分批法是按照产品的批别或订单作为成本计算对象归集生产费用，计算产品成本的方法。

分批法主要适用于单件小批单步骤生产以及管理上不要求分步骤计算成本的单件小批多步骤生产。例如，重型机器制造、船舶制造、精密工具、仪器制造，以及服装、印刷工业等。新产品的试制、机器设备的修理作业以及辅助生产的工具、器具、模具的制造等，也可采用分批法计算成本。

2. 分批法的特点

（1）成本计算对象。分批法的成本计算对象是产品的批别。由于在单件小批生产类型的企业中，生产多是根据购货单位的订单组织的，所以分批法也称订单法。但严格来说，按批别组织生产并不一定就是按订单组织生产，还要结合企业自身的生产能力合理组织安排产品生产的批量与批次。例如，①如果一张订单中要求生产好几种产品，为了便于考核、分析各种产品的成本计划执行情况，加强生产管理，就要将该订单按照产品的品种划分成几个批别组织生产。②如果一张订单中只要求生产一种产品，但数量极大，超过了企业的生产能力，或者购货单位要求分批交货的，也可将该订单分为几个批别组织生产。③如果一张订单中只要求生产一种产品，但该产品属于价值高、生产周期长的大型复杂产品（如万吨货轮），也可将该订单按产品的零部件分为几个批别组织生产。④如果在同一时期接到的几张订单要求生产的都是同一种产品，为了更经济、合理地组织生产也可将这几张订单合为一批组织生产。

（2）以产品的生产周期作为成本计算期。采用分批法计算产品成本的企业，虽然各批产品成本明细账或成本计算单仍按月归集生产费用，但是只有在该批产品全部完工时才能计算其实际成本。由于各批产品生产的复杂程度不同，质量数量要求也不同，生产周期就各不相同。有的批次当月投产，当月完工；有的批次要经过数月甚至数年才能完工。可见，完工产品的成本计算因各批次的生产周期而异，是不定期的。所以，分批法的成本计算期与产品的生产周期一致，与会计报告期不一致。

（3）生产费用一般不需要在完工产品和在产品之间分配。单件小批生产时，由于批量小，一般情况下批内产品都能同时完工，或者在相差不久的时间内全部完工。这样，该批产品完工前的产品成本明细账上所归集的生产费用，即为在产品成本；完工后的产品成本明细账上所归集的生产费用，即为完工产品成本。因此在通常情况下，生产费用不需要在完工产品和在产品之间分配。

但如批内产品有跨月陆续完工的情况，在月末计算产品成本时，一部分产品已完工，另一部分产品尚未完工，这时就有必要在完工产品和在产品之间分配费用，以便计算完工产品和月末在产品成本。如果跨月陆续完工的情况不多，可以采用按计划单位成本、定额单位成本或近期相同产品的实际单位成本计算完工产品成本，从产品成本明细账中转出，剩余数额为在产品成本。在该批产品全部完工时，还应计算该批产品的实际总成本和单位成本，但对已经转账的完工产品成本，不做账面调整。这样做主要是为了计算先交货的成本，这种分配方法核算工作虽然简单，但分配结果不够准确。因此，在批内产品跨月陆续完工情况较多、月末完工产品数量占批量比重较大时，为了提高产品成本计算的正确性，应采用适当的方法，在完工产品与在产品之间分配费用，计算完工产品成本和在产品成本。为了使同一批产品尽量同时完工，避免出现跨月陆续完工的情况，减少在完工产品和在产品之间分配费用的工作，在合理组织的前提下，可以适当缩小产品的批量。

二、分批法的成本计算程序

1. 设置产品成本明细账

根据产品的批别或订单，设置基本生产成本明细账或产品成本计算单以便归集生产费用，计算产品成本。

2. 按产品批别归集和分配本月生产费用

本月发生的各种费用，凡能直接分清批别的费用，按产品批别直接计入各批产品成本明细账；不能直接分清产品批别的费用，按一定标准分配计入各批产品成本明细账。

3. 分配辅助生产费用

根据辅助生产成本明细账汇集的费用，按照各车间、各部门耗用辅助生产车间劳务的数量进行分配。

4. 分配基本生产车间的制造费用

根据制造费用明细账归集的费用，按一定标准在各批产品之间进行分配。

5. 计算完工产品成本和月末在产品成本

根据产品成本明细账归集的生产费用和有关生产记录，计算完工产品成本和月末在产品成本。

6. 结转本月完入库工产品成本

上述分批法成本计算的一般程序，除了产品生产成本明细账的开设和完工产品成本的计算与品种法有所区别外，其他与品种法是一致的。

三、分批法的应用举例

采用分批法计算产品成本时，仍会用到品种法的计算程序，为了避免重复，本节的举例省略了各种要素费用的归集和分配过程，只列举了结构比较简单的基本生产成本明细账及其登记方法，力求做到突出分批法的特点。

【例 5－2】某企业按照客户的订单进行生产，采用分批法计算产品成本。该企业 2016 年 8 月生产了三批产品，原材料均在生产开始时一次性投入，在产品完工程度为 50%，其他有关成本资料如下所述。

（1）各批产品的生产情况见表 5－18。

表 5－18　各批产品的生产情况

产品批号	产品名称	投产日期	批量（台）	完工产量（台）	
				7 月	8 月
701	甲产品	7 月	15		
702	乙产品	7 月	12	8	4
801	丙产品	8 月	5		5

（2）根据各种费用分配表，汇总各批产品 7 月发生的生产费用，见表 5－19。

表5-19　7月发生的生产费用

产品批号	产品名称	直接材料	直接人工	制造费用	合计（元）
701	甲产品	8900	6600	4000	19500
702	乙产品	13800	7500	6300	27600

（3）根据各种费用分配表，汇总各批产品8月发生的生产费用，见表5-20。

表5-20　8月发生的生产费用

产品批号	产品名称	直接材料	直接人工	制造费用	合计（元）
701	甲产品		5000	3200	8200
702	乙产品		2400	2100	4500
801	丙产品	27600	6350	4400	38350

（4）生产费用在完工产品和月末在产品之间的分配方法。

1）701批甲产品，7月投产，8月仍未完工，不存在费用分配问题。

2）702批乙产品，7月投产，当月完工8台，属同批产品跨月陆续完工的情况。因完工产品数量占全部批量的比例较大，可采用约当产量比例法分配生产费用。

3）801批丙产品，8月投产，当月全部完工，属同批产品同时完工，也不存在费用分配问题。

（5）根据上述各项资料，登记各批产品成本明细账，计算各批产品成本，见表5-21、表5-22和表5-23。

表5-21　基本生产成本明细账

产品批号：701　产品名称：甲　批量：15台　投产日期：7月　完工日期：8月　未完工

2016年		凭证		摘　要	直接材料	直接人工	制造费用	合计（元）
月	日	字	号					
7	31	略	略	本月生产费用合计	8900	6600	4000	19500
8	31			本月生产费用合计		5000	3200	8200
	31			生产费用累计	8900	11600	7200	27700

表5-22　基本生产成本明细账

产品批号：702　产品名称：乙　批量：12台　投产日期：7月　完工日期：7月　完工8台
8月　完工4台

2016年		凭证		摘　要	直接材料	直接人工	制造费用	合计（元）
月	日	字	号					
7	31	略	略	本月生产费用	13800	7500	6300	27600
	31			转出完工8台成本	-9200	-6000	-5040	-20240
	31			月末在产品成本	4600	1500	1260	7360

续表

2016年		凭证		摘 要	直接材料	直接人工	制造费用	合计（元）
月	日	字	号					
8	31			本月生产费用合计		2400	2100	4500
	31			转出完工4台成本	-4600	-3900	-3360	-11860
	31			全部产品成本	13800	9900	8400	32100
	31			单位成本	1150	825	700	2675

在表5-22中，7月材料费用分配率=13800/(8+4×100%)=1150(元/台)；7月工资费用分配率=7500/(8+4×50%)=750(元/台)；7月制造费用分配率=6300/(8+4×50%)=630(元/台)。转出完工8台成本=1150×8+750×8+630×8=20240(元)。

表5-23 基本生产成本明细表

产品批号：801 产品名称：丙 批量：5台 投产日期：8月 完工日期：8月全部完工

2016年		凭证		摘要	直接材料	直接人工	制造费用	合 计
月	日	字	号					
8	31	略	略	本月生产费用合计	27600	6350	4400	38350
	31			转出完工5台成本	-27600	-6350	-4400	-38350
	31			单位成本	5520	1270	880	7670

根据企业7月末和8月末计算转出的完工产品成本，编制如下会计分录：

7月末：

借：库存商品——乙产品 20240

　　贷：生产成本——基本生产成本——702批号（乙产品） 20240

8月末：

借：库存商品——乙产品 11860

　　　　　　——丙产品 38350

　　贷：生产成本——基本生产成本——702批号（乙产品） 11860

　　　　　　　　　　　　　　　　——801批号（丙产品） 38350

四、简化分批法

在单件小批生产企业或车间中，同一月内投产的产品批数有时特别多，有的甚至多达几十批。在这种情况下，如果将各种间接费用（如直接工资和制造费用即加工费用）在各批产品之间按月进行分配，工作量极为繁重。因此，在投产批数繁多和月末未完工批数也较多的企业中，可采用一种简化的分批法，即间接费用累计分配法（不分批计算在产品成本的分批法)。这种方法的特点如下：

1. 按产品批别设置基本生产成本明细账和基本生产成本二级账

采用简化分批法时，仍按产品批别设置基本生产成本明细账（或产品成本计算单），按成本项目和生产工时分设专栏。此外，设置基本生产成本二级账，也按成本项目和生产工时分设专栏。在产品完工以前的月份，基本生产成本明细账内只按月登记直接费用（如原材料费用）和生产工时。对每月发生的应由各批产品共同负担的直接工资和制造费用等间接费用，则不需要按月分配，而是分成本项目登记在基本生产成本二级账上。

2. 在有完工批别产品的月份，才分配间接费用，计算、结转该批完工产品的总成本和单位成本

（1）计算累计间接费用分配率。在有完工产品的月份，把各项间接费用分别累加起来，按下列公式计算出各项间接费用分配率，分别登记在基本生产成本二级账和有完工产品月份的基本生产成本明细账上。

$$全部产品某项累计间接费用（加工费用）分配率=\frac{全部产品该项累计间接费用}{全部产品累计生产工时}$$

某批完工产品应负担的某项间接费用 = 该批完工产品累计生产工时 ×

全部产品某项累计间接费用分配率

（2）计算并结转完工产品成本。根据间接费用分配率计算出各批完工产品应负担的某项间接费用，将完工产品应负担的某项间接费用从基本生产成本二级账转到各基本生产成本明细账上。

【例 5 -3】某企业 2016 年 7 月、8 月、9 月共投产四批产品，甲、乙、丙、丁为单件小批生产产品，按简化的分批法计算产品成本，原材料在开工时一次性投入，在产品完工程度为 50%，有关资料如表 5 -24 所示。

表 5 -24　各批产品生产情况

产品批号	产品名称	投产日期	批量（件）	完工情况	9 月用工时（小时）
701	甲产品	7 月	20	均在 9 月完工	100
801	乙产品	8 月	25	均在 9 月完工	160
901	丙产品	9 月	40	9 月完工 20 件，其余未完工	420
902	丁产品	9 月	30	全部未完工	30

根据有关凭证和生产工时总数汇总登记在基本生产成本二级账，如表 5 -25 所示。

表5-25　基本生产成本二级账

2016年9月

2016年 月	日	凭证号数	摘　要	直接材料（元）	工时（小时）	直接人工（元）	制造费用（元）	合计（元）
8	31	略	月末在产品成本	58900	290	3329	5663	67892
9	30		本月生产费用	45200	710	4171	6337	55708
	30		生产费用合计	104100	1000	7500	12000	123600
	30		全部产品累计间接费用分配率			7.5	12	
	30		本月完工转出	-66315	-830	-6225	-9960	-82500
	30		月末在产品成本	37785	170	1275	2040	41100

根据上述资料登记基本生产成本明细账或产品成本计算单，如表5-26、表5-27、表5-28、表5-29所示。在表5-25中，8月的“月末在产品成本”和9月的“本月生产费用”是题目中给出的已知条件，而“全部产品累计间接费用分配率”是通过公式计算而得到的：

直接人工分配率=7500/1000=7.5

制造费用分配率=12000/1000=12

“本月完工转出”项目中“直接材料”的数据66315元是各完工产品的直接材料费用之和，“工时”830小时是各完工产品耗用工时之和，分别用完工转出的工时数830小时乘以累计间接费用分配率，就可得到完工转出的“直接人工”6225元和完工转出的“制造费用”9960元。9月的“月末在产品成本”是“生产费用合计”减去“本月完工转出”所得。

表5-26　基本生产成本明细账

产品批号：701　产品名称：甲　批量：20件　投产日期：7月　完工日期：均在9月完工

2016年 月	日	凭证号数	摘　要	直接材料（元）	工时（小时）	直接人工（元）	制造费用（元）	合计（元）
7	31	略	在产品	34800	80			
8	31		在产品	—	120			
9	30		本月发生额	—	100			
	30		累计数及累计间接费用分配率	34800	300	7.5	12	
	30		本月转出完工产品成本	-34800	-300	-2250	-3600	-40650
	30		完工产品单位成本	1740		112.5	180	2032.5

表5-26中，在“累计数及累计间接费用分配率”之前的各行数据均是题目中的已知条件。“本月转出完工产品成本”中“直接人工”2250元和“制造费用”3600元是用完

工产品所负担的300小时分别乘以累计间接费用分配率所得。下面的计算也与此类似。

表5-27 基本生产成本明细账

产品批号：801 产品名称：乙 批量：25件 投产日期：8月 完工日期：均在9月完工

2016年		凭证	摘要	直接材料	工时	直接人工	制造费用	合计
月	日	号数		（元）	（小时）	（元）	（元）	（元）
8	31	略	在产品	24100	90			
9	30		本月发生额		160			
	30		累计数及累计间接费用分配率	24100	250	7.5	12	
	30		本月转出完工产品成本	-24100	-250	-1875	-3000	-28975
	30		完工产品单位成本	964		75	120	1159

表5-28 基本生产成本明细账

产品批号：901 产品名称：丙 批量：40件 投产日期：9月 完工日期：9月完工20件

2016年		凭证	摘要	直接材料	工时	直接人工	制造费用	合计
月	日	号数		（元）	（小时）	（元）	（元）	（元）
9	30	略	本月发生额	14830	420			
	30		累计数及累计间接费用分配率	14830	420	7.5	12	
	30		本月转出完工产品成本	-7415	-280	-2100	-3360	-12875
	30		完工产品单位成本	370.75		105	168	643.75
	30		在产品	7415	140			

在表5-28中，由于丙产品一部分已完工，另一部分尚未完工，所以采用约当产量法在完工产品与月末在产品间分配生产费用。在“本月转出完工产品成本”中，由于已完工20件，则完工产品的“直接材料”费用为7415元[20×14830/(20+20)]，而完工产品负担的工时数为280小时[20×420/(20+20×50%)]。

表5-29 基本生产成本明细账

产品批号：902 产品名称：丁 批量：40件 投产日期：9月 完工日期：9月未完工

2016年		凭证	摘要	直接材料	工时	直接人工（元）	制造费用	合计
月	日	号数		（元）	（小时）		（元）	（元）
9	30	略	本月发生额	30370	30			

由于丁产品未完工，所以不必分配间接费用，只需登记直接材料费用和工时数在基本生产成本明细账上。根据企业9月末计算转出的完工产品成本，编制如下会计分录：

借：库存商品——甲产品 40650

——乙产品　　28975

——丙产品　　12875

贷：生产成本——基本生产成本——701 批号（甲产品）　　40650

——801 批号（乙产品）　　28975

——901 批号（丙产品）　　12875

第四节　产品成本计算的分步法

一、分步法概述

1. 分步法的概念及适用范围

产品成本计算的分步法是按照产品的生产步骤归集生产费用，计算产品成本的一种方法。它主要适用于管理上要求分步骤计算成本的大量大批的多步骤生产。例如，纺织、冶金、造纸、化工以及大量大批生产的机械制造等行业。在这些行业中，从原材料投入生产到产成品制成，通常要依次经过若干个连续的生产步骤，如纺织企业生产可分为纺织、织布、印染等步骤；冶金企业生产可分为炼铁、炼钢、轧钢等步骤；机械制造企业生产可分为铸造、加工、装配等步骤。这些步骤的工艺生产过程是可以间断的，可以在不同时间、不同地点进行，有些步骤的半成品还有中间市场，可以对外销售，如纺织厂的纱和坯布。为了加强各生产步骤的成本管理，在产品成本的计算上不仅要求按产品品种计算成本，还要求按生产步骤计算成本，提供反映各种产品及其各生产步骤成本计划执行情况的资料。

2. 分步法的特点

（1）以生产步骤和产品品种作为成本计算对象。采用分步法计算产品成本时，通常按照产品的生产步骤和产品品种设置产品成本明细账。如果只生产一种产品，成本计算对象就是该种产品及其各生产步骤，产品成本明细账应该按照产品的生产步骤设置。如果生产多种产品，成本计算对象则应是各种产品及其生产步骤，产品成本明细账应该按照各生产步骤和每种产品设置。

需要指出的是，在实际工作中，产品成本计算上的生产步骤同实际的生产步骤不一定完全一致。为了简化成本计算工作，可以只对管理上有必要分步计算成本的生产步骤单独设置产品成本明细账，单独计算成本。对于管理上不要求单独计算成本的生产步骤，则可以与其他生产步骤合并设置产品成本明细账，合并计算成本。因此，采用分步法计算产品成本时，单独计算生产成本的生产步骤，在生产过程中应该是明显可以间断的、成本可以明确区分的生产部门或步骤。

（2）成本计算期与会计报告期一致，与产品生产周期不一致。采用分步法计算产品成本，是以生产步骤和产品品种作为成本计算对象，而生产又是大量大批重复生产，所以成本计算无法同生产周期一致，而是同会计报告期相一致，即产品成本计算一般都是按月、定期进行的。

（3）生产费用要在完工产品与月末在产品之间分配。在大量大批的多步骤生产中，由于生产过程较长，可以间断，产品通常又是陆续投产、陆续完工，在月末计算产品成本时，各生产步骤一般都存在未完工的在产品。这样，计入各种产品、各生产步骤成本明细账中的生产费用，还需要采用适当的分配方法，在完工产品和月末在产品之间进行分配，计算各步骤各产品的完工产品成本和月末在产品成本，并采用一定方法在各步骤之间结转半成品成本，或将各步骤的生产费用汇集于产成品成本中，从而计算每种产品的产成品成本。

（4）两种不同的成本计算和结转方法。由于产品生产是分步骤进行的，上一步骤生产的半成品是下一步骤的加工对象。因此，为了计算各种产品的产成品成本，还需要按照产品品种，结转各步骤成本。各生产步骤成本的计算和结转，采用两种不同的方法：逐步结转和平行结转。这样，产品成本计算的分步法也就相应地分为逐步结转分步法和平行结转分步法。需要计算和结转产品的各步成本，是分步法的一个重要特点。

二、逐步结转分步法

1. 逐步结转分步法概述

（1）逐步结转分步法的概念及适用范围。逐步结转分步法是按产品加工步骤的先后顺序，逐步计算并结转各步骤半成品成本，直至最后计算出产成品成本的一种方法。逐步结转分步法主要适用于半成品可以加工为不同产品或者有半成品对外出售和需要考核半成品成本的生产，特别是大量大批连续式多步骤生产，如纺织、冶金等企业。与这类生产工艺过程特点相联系，为了加强对生产步骤成本的管理，要求不仅要计算各种产品的成本，而且要计算各步骤的半成品成本。

（2）逐步结转分步法的特点如下：①按步骤和产品品种开设生产成本明细账，分别按成本项目计算各步骤半成品成本和最后步骤完工产成品的成本；②各步骤都计算半成品成本，半成品成本的结转与半成品实物的转移一致，即半成品实物转移到哪一生产步骤，半成品成本也随着转入哪一生产步骤产品成本明细账中；③各步骤半成品的成本，既包括上一步骤转入的半成品成本，也包括本步骤发生的加工费用；④各步骤成本明细账中的在产品成本是狭义的在产品成本，反映实存于各步骤的在产品实际占用的资金。

2. 逐步结转分步法的成本计算程序

（1）按产品生产步骤和品种设置生产成本明细账。各步骤生产的半成品完工后，如果不直接为下一步骤领用，可以入自制半成品库储备，当下一步骤进行生产加工时，再从自制半成品库领出。在此种情况下，还应按照生产步骤分别设置相应的自制半成品明细账（下一步骤直接领用上步骤自制半成品的可以不设置明细账），核算自制半成品的收发和结存情况。

（2）根据上月各生产成本明细账的月末余额，登记各生产成本明细账的月初数额。

（3）根据有关原始凭证及有关费用明细账资料，采用适当的方法，编制各种费用分配表或汇总表，并据以编制记账凭证，分别按成本项目将各步骤各产品生产过程中所发生的费用归集于各该生产成本明细账中。

（4）月末，按生产步骤顺序，在每一步骤把耗用上一步骤半成品费用（第一步骤无此部分）和本步骤发生的生产费用在完工半成品（最后步骤为产成品）与月末在产品之间采用适当的方法进行分配，计算并结转完工产品的成本。

逐步结转分步法的成本计算程序如图 5－1、图 5－2 所示。其中，针对半成品成本的结转有两种。

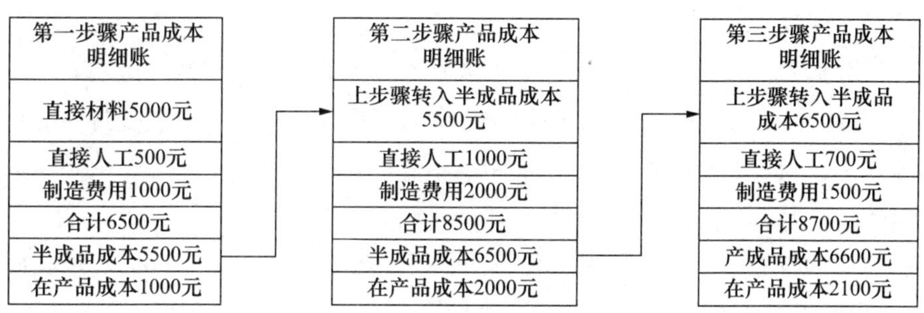

图 5－1　半成品直接转移

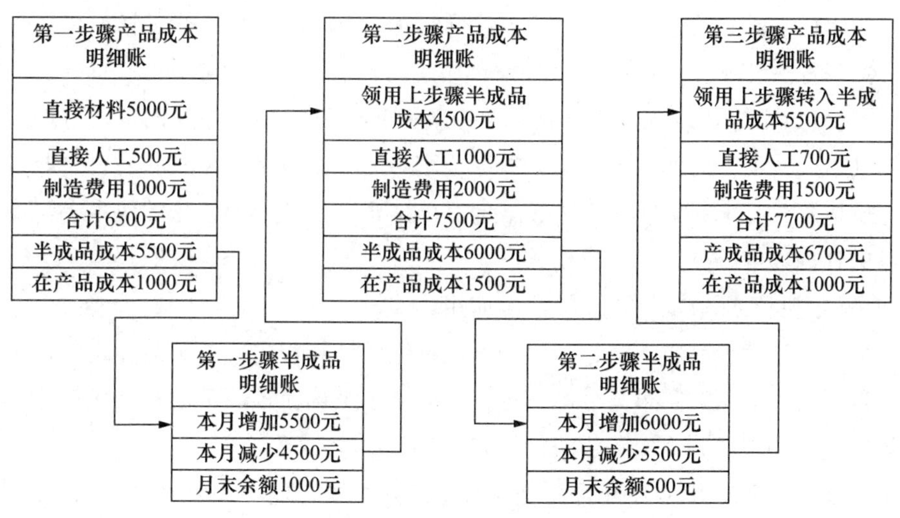

图 5－2　半成品经过半成品仓库后转移

在这种情况下，成本核算的基本步骤与上述半成品不通过仓库收发基本相同，唯一的差别是：在各步骤设立“自制半成品明细账”，核算各步骤半成品的收、发、存情况，因而需要编制半成品入库和仓库领用的会计分录。在半成品入库时，借记“自制半成品”账户，贷记“基本生产成本——×步骤（×产品）”账户；下一步骤领用半成品时，再编制相反的会计分录。

从上述计算程序可知，逐步结转分步法在采用品种法计算上一步骤的半成品成本以后，按照下一步骤的耗用数量转入下一步骤成本；下一步骤再次采用品种法归集所耗半成品的费用和本步骤其他费用，计算半成品成本；如此逐步结转，直至最后一个步骤计算出产成品成本。每一个步骤的成本计算都是一个品种法，逐步结转分步法实际上就是品种法的多次连续应用。

3. 逐步结转分步法分类

逐步结转分步法，按照半成品成本在下一步骤生产成本明细账中的反映方法，可分为综合结转法和分项结转法两种。

（1）综合结转法。综合结转法是指各步骤所耗上步骤完工的半成品成本，不分成本项目，以一个总数计入该步骤生产成本明细账或产品成本计算单中的“直接材料”或专设的“半成品”项目。综合结转法既可以按照半成品的实际成本结转，也可以按照半成品的计划成本结转。

1）按实际成本综合结转。采用这种方法，就是各步骤完工的半成品，按实际成本结转到下一步骤的生产成本明细账或产品成本计算单中的“直接材料”或“半成品”项目中。如果半成品通过半成品库收发时，则各步骤完工的半成品按实际成本计入半成品明细账；下一步骤领用半成品时，也按实际成本计价领用。由于各月所生产的半成品单位成本不同，因而所耗半成品的单位成本也有个计价问题，可以同材料核算一样，采用先进先出或加权平均等方法计算。

2）按计划成本综合结转。各步骤所耗用上一步骤自制半成品的成本，可以按计划成本计价，其他成本项目的计算同实际成本综合结转。也就是说，半成品的日常收发均按计划成本计价核算，月末在半成品实际成本计算出来后，再计算半成品的成本差异率，将所耗半成品的计划成本调整为实际成本。

下面举例说明实际成本综合结转法的应用。

采用分步法计算产品成本时，仍会用到品种法的计算程序，为了避免重复，本节的举例省略了各种要素费用的归集与分配过程，只列举了结构比较简单的基本生产成本明细账及其登记方法，力求做到突出分步法的特点。

【例5-4】某企业2016年6月大量生产甲产品，该产品分三个步骤由三个车间连续加工制成。原材料在生产开始时一次性投入，其他费用随加工程度逐步发生，月末在产品完工程度均为50%。第一步骤生产的A半成品和第二步骤生产的B半成品均通过半成品仓库收发，发出半成品的成本采用全月一次加权平均法确定。该企业6月的有关成本计算资料和成本计算如下：

（1）产量资料如表5-30所示。

表 5-30　产量记录　　单位：件

项　目	月初在产品	本月投入（或领用）	本月完工	月末在产品
第一步骤	75	450	360	165
第二步骤	45	375	300	120
第三步骤	120	280	370	30

（2）月初在产品成本资料，如表 5-31 所示。

表 5-31　月初在产品成本　　单位：元

项　目	直接材料	半成品	直接人工	制造费用	合　计
第一步骤	5250		1035	2100	8385
第二步骤		6285	645	2070	9000
第三步骤		26330	10650	5925	42905
合　计	5250	32615	12330	10095	60290

A 半成品月初结存 90 件，实际成本 13050 元；B 半成品月初结存 100 件，实际成本 24800 元。

（3）本月发生生产费用如表 5-32 所示。

表 5-32　本月生产费用　　单位：元

项　目	直接材料	直接人工	制造费用	合　计
第一步骤	42000	8700	14715	65415
第二步骤		16275	15930	32205
第三步骤		32085	29110	61195
合　计	42000	57060	59755	158815

（4）第一步骤产品成本计算如表 5-33 所示。

表 5-33　基本生产成本明细账

第一步骤　产品名称：A 半成品　　2016 年 6 月　　单位：元

项　目		产量（件）	直接材料	直接人工	制造费用	合　计
月初在产品		75	5250	1035	2100	8385
本月发生费用		450	42000	8700	14715	65415
合　计		525	47250	9735	16815	73800
完工半成品	总成本	360	32400	7920	13680	54000
	单位成本		90	22	38	150
月末在产品		165	14850	1815	3135	19800

在表 5－33 中，直接材料分配率＝47250/(360＋165×100%)＝90(元/件)；直接人工分配率＝9735/(360＋165×50%)＝22(元/件)；制造费用分配率＝16815/(360＋165×50%)＝38(元/件)。

根据第一步骤完工半成品交库单，编制下列会计分录：

借：自制半成品——A 半成品　　54000

　　贷：生产成本——基本生产成本——第一步骤（A 半成品）　　54000

（5）根据第一步骤完工半成品交库单和第二步骤领用半成品领用单，登记自制半成品明细账如表 5－34 所示。

表 5－34　自制半成品明细账

第一步骤　产品名称：A 半成品　　2016 年 6 月　　单位：元

摘　要	收　入			发　出			结　存		
	数量（件）	单价	金额	数量（件）	单价	金额	数量（件）	单价	金额
月初余额							90	145	13050
第一步骤交库	360	150	54000				450	149	67050
第二步骤领用				375	149	55875	75	149	11175

A 半成品加权平均单位成本＝（13050＋54000）/（90＋360）＝149（元/件）

第二步骤领用 A 半成品成本＝375×149＝55875（元）

根据第二步骤领用 A 半成品的领用单，编制会计分录如下：

借：生产成本——基本生产成本——第二步骤（B 半成品）　　55875

　　贷：自制半成品——A 半成品　　55875

（6）第二步骤产品成本计算如表 5－35 所示。

表 5－35　基本生产成本明细账

第二步骤　产品名称：B 半成品　　2016 年 6 月　　单位：元

项　目		产量（件）	半成品	直接人工	制造费用	合　计
月初在产品		45	6285	645	2070	9000
本月发生费用		375	55875	16275	15930	88080
数量（件）	合　计	420	62160	16920	18000	97080
完工半成品	总成本	300	44400	14100	15000	73500
	单位成本		148	47	50	245
月末在产品		120	17760	2820	3000	23580

在表 5－35 中，半成品成本分配率＝62160/（300＋120×100%）＝148（元/件）；直

接人工分配率 = 16920/（300 + 120 × 50%） = 47（元/件）；制造费用分配率 = 18000/（300 + 120 × 50%） = 50（元/件）。

根据第二步骤完工半成品交库单，编制会计分录如下：

借：自制半成品——B 半成品　　73500

　　贷：生产成本——基本生产成本——第二步骤（B 半成品）　　73500

（7）根据第二步骤完工半成品交库单和第三步骤半成品领用单登记自制半成品明细账如表 5－36 所示。

表 5－36　自制半成品明细账

产品名称：B 半成品　　2016 年 6 月　　单位：元

摘　要	收　入			发　出			结　存		
	数量（件）	单价	金额	数量（件）	单价	金额	数量（件）	单价	金额
月初余额							100	248	24800
第二步骤交库	300	245	73500				400	245.75	98300
第三步骤领用				280	245.75	68810	120	245.75	29490

B 半成品加权平均单位成本 = （24800 + 73500）/（100 + 300） = 245.75（元/件）

第三步骤领用 B 半成品成本 = 280 × 245.75 = 68810（元）

根据第三步骤领用 B 半成品领用单，编制会计分录如下：

借：生产成本——基本生产成本——第三步骤（甲产品）　　68810

　　贷：自制半成品——B 半成品　　68810

（8）第三步骤产品成本计算如表 5－37 所示。

表 5－37　基本生产成本明细账

第三步骤　产品名称：甲产品　　2016 年 6 月　　单位：元

项　目		产量（件）	半成品	直接人工	制造费用	合　计
月初在产品		120	26330	10650	5925	42905
本月发生费用		280	68810	32085	29110	130005
数量（件）	合计	400	95140	42735	35035	172910
完工产成品	总成本	370	88004.5	41070	33670	162744.5
	单位成本		237.85	111	91	439.85
月末在产品		30	7135.5	1665	1365	10165.5

在表 5－37 中，半成品成本分配率 = 95140/（370 + 30 × 100%） = 237.85（元/件）；直接人工分配率 = 42735/（370 + 30 × 50%） = 111（元/件）；制造费用分配率 = 35035/（370 + 30 × 50%） = 91（元/件）。

根据产成品交库单，应编制会计分录如下：

借：库存商品——甲产品　　　　　　　　　　　　　　　　　162744.50

　　贷：生产成本——基本生产成本——第三步骤（甲产品）　　　　162744.50

3）综合结转法的成本还原。在综合结转方式下，半成品成本不论是按实际成本还是按计划成本计价，它始终都是以“半成品”或“直接材料”综合反映的。这样计算出来的产品成本不能反映产品的原始成本构成，不符合产品成本结构的实际情况，因而不能据以分析和考核产品成本的构成和水平，不利于分析和考核产品成本的执行情况。为此必须进行成本还原。

成本还原是为了把完工产成品中所耗“半成品”的综合成本逐步分解还原为“直接材料”“直接工资”和“制造费用”等原始的成本项目，从而求得按其原始成本项目反映的产品成本资料。成本还原的方法是从最后步骤起，将其耗用上一步骤的“半成品”的综合成本，按照上一步骤本月完工半成品成本项目的比例（比重）分解还原为原来的成本项目，如此自后向前逐步分解还原，直到第一步骤为止；然后再将各步骤还原后的相同项目加以汇总，即可求得按原始成本项目反映的产成品成本资料。计算公式为：

$$\text{上一步骤半成品成本中某成本项目比重} = \frac{\text{上一步骤半成品成本中该成本项目的数额}}{\text{上一步骤本月所产该半成品成本}}$$

本步骤半成品成本还原为上一步骤某成本项目的数额 = 本步骤产品成本中的“半成品”综合成本数额 × 上一步骤“半成品”成本中该成本项目比重

【例5－5】以前述半成品综合结转法、【例5－4】资料为例，编制甲产品成本还原计算表，见表5－38。

表5－38　甲产品成本还原计算表（比例法）　　　　单位：元

项　目		产　量（件）	半成品	直接材料	直接人工	制造费用	合　计
还原前产成品成本		370	88004.50		41070	33670	162744.50
本月所产B半成品成本	金额		44400		14100	15000	73500
	占比（%）		60.41		19.18	20.41	100
第一次成本还原（第三步→第二步）			53163.52（88004.5×60.41%）		16879.26（88004.5×19.18%）	17961.72（88004.5×20.41%）	88004.50
本月所产A半成品成本	金额			32400	7920	13680	54000
	占比（%）			60	14.67	25.33	100
第二次成本还原（第二步→第一步）				31898.11（53163.52×60%）	7799.09（53163.52×14.67%）	13466.32（53163.52×25.33%）	53163.52
还原后产成品总成本				31898.11	65748.35	65098.04	162744.50
还原后产成品单位成本				86.21	177.70	175.94	439.85

表5-38中，还原前产成品成本应根据第三步骤甲产品生产成本明细账中完工转出产成品成本填列，其中“半成品”成本项目88004.5元是成本还原对象，本月产B半成品和A半成品成本，应分别根据第二步骤和第一步骤B、A半成品生产成本明细账中完工转出半成品成本填列。根据前述成本还原方法进行成本还原，还原后各项费用之和等于还原前产成品成本。应该指出，在未还原到第一步骤前，还原后的“半成品”项目仍含有未还原尽的综合费用，即本步骤产品消耗上步骤半成品成本，还应再进行还原，成本还原对象则为上次还原后的“半成品”成本，直至“半成品”项目的综合费用全部分解，还原为原始成本项目为止。最后将成本还原计算表中，还原前的产成品成本与半成品成本中半成品费用的还原值，按照成本项目分别相加，即可算出还原后的产成品成本项目金额。例如，表5-38中还原后产成品成本的制造费用为65098.04（即33670+17961.72+13466.32）元。

（2）分项结转法。分项结转法是指各步骤所耗的半成品成本分成本项目反映。上步骤的半成品成本，按照成本项目逐一转到下一步骤生产成本明细账或产品成本计算单上的“对口”成本项目中。如果半成品通过半成品库收发，那么在自制半成品明细账中登记半成品成本时，也应按照成本项目分别登记。总之，半成品成本无论处于哪个生产步骤，都是分成本项目反映的。

分项结转，可以按照半成品的实际单位成本结转，也可以按照半成品的计划单位成本结转，然后按成本项目分项调整成本差异。很明显，后一种做法的工作量较大，因此一般采用按实际成本分项结转的方法。下面举例说明分项结转法的应用。

【例5-6】某企业2016年9月大量生产乙产品，该产品分两个步骤连续加工制成。原材料在生产开始时一次性投入，第一步骤生产的C半成品交半成品仓库验收，第二步骤按所需数量向半成品仓库领用，半成品成本按全月一次加权平均法计算。该企业乙产品成本采用逐步分项结转法计算，各步骤月末在产品按定额成本计算。乙产品9月有关成本资料见表5-39。

表5-39　乙产品成本资料　　　　单位：元

项　目		直接材料	直接人工	制造费用	合　计
第一步骤	月初在产品定额成本	12000	6000	7500	25500
	本月发生的费用	48000	20250	28500	96750
	月末在产品定额成本	7500	3750	6000	17250
第二步骤	月初在产品定额成本	6375	3300	5550	15225
	本月发生的费用		22800	23850	46650
	月末在产品定额成本	27375	18000	27000	72375

该企业9月乙产品成本计算如下：

（1）根据有关成本费用资料及生产情况，登记第一步骤产品生产成本明细账，见表5－40。

表5－40 基本生产成本明细账

第一步骤 产品名称：C半成品 2016年9月 单位：元

摘要		产量（件）	直接材料	直接人工	制造费用	合计
月初在产品（定额成本）			12000	6000	7500	25500
本月发生费用			48000	20250	28500	96750
合计			60000	26250	36000	122250
完工产品	总成本	500	52500	22500	30000	105000
	单位成本		105	45	60	210
月末在产品（定额成本）			7500	3750	6000	17250

（2）根据第一步骤半成品交库单编制会计分录如下：

借：自制半成品——C半成品 105000

贷：生产成本——基本生产成本——第一步骤（C半成品） 105000

（3）根据第一步骤C半成品交库单和第二步骤领用C半成品的领用单，登记自制半成品明细账，见表5－41。

表5－41 自制半成品明细账

产品名称：C半成品 2016年9月 单位：元

摘要	数量	直接材料	直接人工	制造费用	合计
月初余额	200	23100	10050	14100	47250
第一步骤交库	500	52500	22500	30000	105000
合计	700	75600	32550	44100	152250
单位成本		108	46.5	63	217.5
第二步骤领用	600	64800	27900	37800	130500
月末余额	100	10800	4650	6300	21750

（4）根据第二步骤领用C半成品的领用单，编制会计分录如下：

借：生产成本——基本生产成本——第二步骤（乙产品） 130500

贷：自制半成品——C半成品 130500

（5）根据有关成本费用资料及生产情况，登记第二步骤产品生产成本明细账，见表5－42。

表 5－42　基本生产成本明细账

第二步骤　产品名称：乙产品　　2016 年 9 月　　单位：元

摘　要		产量（件）	直接材料	直接人工	制造费用	合　计
月初在产品（定额成本）			6375	3300	5550	15225
本月本步骤加工费用				22800	23850	46650
本月耗用半成品费用		600	64800	27900	37800	130500
合　计			71175	54000	67200	192375
完工产品	总成本	400	43800	36000	40200	120000
	单位成本		109.5	90	100.5	300
月末在产品（定额成本）			27375	18000	27000	72375

（6）根据产成品交库单编制会计分录如下：

借：库存商品——乙产品　　120000

　　贷：生产成本——基本生产成本——第二步骤（乙产品）　　120000

4. 逐步结转分步法的优缺点

（1）优点。逐步结转分步法的优点如下：①能够提供各个生产步骤的半成品成本资料。②各生产步骤的成本随着半成品实物转移而逐步结转，各生产步骤产品成本明细账结存的数量和成本，即为各步骤加工中在产品的数量和成本，因而能够为各个生产步骤在产品的实物管理和资金管理提供资料。③各生产步骤产品成本包括所耗用的直接材料费用、半成品费用和各项加工费用，能够全面反映各步骤产品的生产耗用水平，能够较好地满足这些生产步骤成本管理的要求。

（2）缺点。逐步结转分步法的缺点如下：①各个生产步骤逐步结转半成品成本，会影响成本核算的及时性。②在需要按照原始成本项目提供产成品成本的企业中，如果采用综合结转法，还要进行成本还原；如果采用分项结转法，虽然不必进行成本还原，但各步成本结转的工作量较大。这些都不利于简化和加速成本核算工作。

三、平行结转分步法

1. 平行结转分步法概述

（1）平行结转分步法的概念及适用范围。平行结转分步法是指各步骤应计入相同产成品成本的“份额”，平行结转汇总，计算产成品成本的一种方法。平行结转分步法主要适用于在成本管理上要求分步归集费用，但不要求计算半成品成本的生产，特别是没有半成品对外出售的大量大批装配式多步骤生产，如机械制造、家电生产等行业。

此外，在某些连续式多步骤生产企业，如果各生产步骤所产半成品仅供本企业下一步骤继续加工，不准备对外出售，也可以采用平行结转分步法。

（2）平行结转分步法的特点。

1）各生产步骤不计算半成品成本，只计算本步骤所发生的生产费用。

2）各步骤之间不结转半成品成本。不论半成品实物是在各生产步骤之间直接转移，还是通过半成品库收发，半成品成本不随半成品实物转移而结转。

3）各步骤发生的生产费用要在最终产成品和广义在产品之间进行分配。为了计算各生产步骤发生的费用应计入产成品的“份额”，必须将每一生产步骤发生的费用划分为耗用于产成品部分和尚未最后制成产成品的广义在产品部分。这里的广义在产品包括：尚在本步骤加工中的在产品；本步骤已完工转入半成品库的半成品；已从半成品库转到以后各步骤进一步加工，但尚未最后制成产成品的半成品。

4）将各步骤费用中应计入产成品的“份额”平行结转、汇总计算该种产成品的总成本和单位成本。如何正确确定各步骤生产费用中应计入产成品成本的份额，即每一生产步骤的生产费用如何正确地在最终完工产成品和本步骤广义在产品之间进行分配，是采用这一方法能否正确计算产成品成本的关键所在。在实际工作中，分配的方法一般有约当产量法和定额比例法等。

2. 平行结转分步法的成本计算程序

第一步，按产品和生产步骤设置产品成本明细账，根据各种费用分配表和记账凭证登记各步骤成本明细账。

第二步，月末将各步骤明细账中归集的生产费用在最终产成品与广义在产品之间进行分配，计算各步骤费用中应计入产成品成本的“份额”。

第三步，各步骤费用中应计入产成品成本的“份额”按成本项目平行结转，汇总计算产成品的总成本及单位成本。其具体程序如图 5－3 所示。

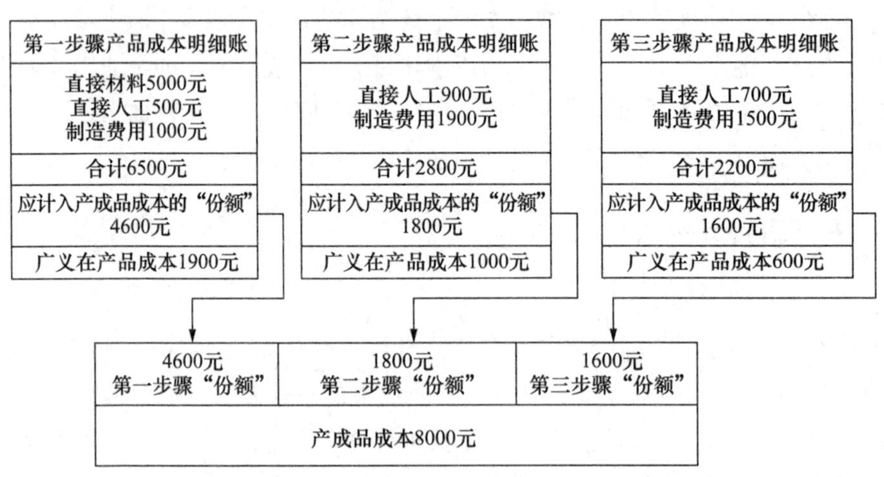

图 5－3　平行结转分步法的计算程序

3. 平行结转分步法的应用举例

现以约当产量比例法为例说明在平行结转分步法下成本计算方法，其计算公式如下：

$$某步骤某项费用分配率=\frac{该步骤月初广义在产品成本+本月发生的生产费用}{最终完工产成品数量+月末本步骤广义在产品数量}$$

其中，月末本步骤广义在产品数量=该步骤狭义在产品约当产量+经过本步骤加工完成而转入以后各步骤（或半成品仓库）的月末在产品数量

某步骤某项费用应计入产成品成本的份额=最终完工产成品的数量×费用分配率

某步骤广义在产品成本=该步骤广义在产品数量×费用分配率

【例5-7】某企业甲产品分三个步骤且分别由三个车间连续加工。甲产品原材料在第一步骤生产开始时一次性投入，然后顺序经过第一步骤、第二步骤和第三步骤加工。第一步骤生产的产品为甲产品的A半成品，完工后不经过半成品仓库，全部直接交给第二步骤继续加工；第二步骤将甲产品的A半成品进一步加工为甲产品的B半成品，完工后全部直接交给第三步骤继续加工为甲产品产成品；第三步骤生产完工后全部交给产成品仓库。月末在产品采用约当产量比例法计算，各步骤在产品完工程度均为50%。

该企业2016年6月生产情况、各步骤月初广义在产品成本资料及本月生产费用见表5-43、表5-44、表5-45。

表5-43　产量表　　单位：件

项　目	第一步骤	第二步骤	第三步骤
月初在产品数量	200	300	150
本月投产数量	1800	1500	1400
本月完工数量	1500	1400	1000
月末在产品数量	500	400	550

表5-44　甲产品各步骤月初广义在产品成本　　单位：元

成本项目	第一步骤	第二步骤	第三步骤
直接材料	16250		
直接人工	1650	580	580
制造费用	660	445	108
合　计	18560	1025	688

表5-45　本月生产费用　　单位：元

项　目	直接材料	直接人工	制造费用	合　计
第一步骤	45000	4950	1980	51930
第二步骤		2920	2180	5100
第三步骤		4520	1549.5	6069.5

（1）根据月初广义在产品成本，各种费用分配表以及产量表分别登记第一步骤、第二步骤、第三步骤产品成本明细账，见表5-46、表5-47、表5-48。

表 5－46 基本生产成本明细账

车间：一车间 产品名称：甲产品（A 半成品） 2016 年 6 月

月	日	摘 要	产量（件）	直接材料	直接人工	制造费用	合 计
5	31	月初在产品成本		16250	1650	660	18560
6	30	本月生产费用		45000	4950	1980	51930
6	30	合 计		61250	6600	2640	70490
6	30	单位成本（费用分配率）		25	3	1. 2	29. 2
6	30	产成品成本中本步骤份额	1000	25000	3000	1200	29200
6	30	月末在产品成本		36250	3600	1440	41290

在表 5－46 中，第一步骤直接材料分配率＝61250/［1000＋（500×100%＋400＋550）］＝25（元/件）；第一步骤直接人工分配率＝6600/［1000＋（500×50%＋400＋550）］＝3（元/件）；第一步骤制造费用分配率＝2640/［1000＋（500×50%＋400＋550）］＝1. 2（元/件）。

表 5－47 基本生产成本明细账

车间：二车间 产品名称：甲产品（B 半成品） 2016 年 6 月

月	日	摘 要	产量（件）	直接材料	直接人工	制造费用	合 计
5	31	月初在产品成本			580	445	1025
6	30	本月生产费用			2920	2180	5100
	30	合 计			3500	2625	6125
	30	单位成本（费用分配率）			2	1. 5	3. 5
6	30	产成品成本中本步骤份额	1000		2000	1500	3500
	30	月末在产品成本			1500	1125	2625

在表 5－47 中，第二步骤直接人工分配率＝3500/［1000＋（400×50%＋550）］＝2（元/件）；第二步骤制造费用分配率＝2625/［1000＋（400×50%＋550）］＝1. 5（元/件）。

表 5－48 基本生产成本明细账

车间：三车间 产品名称：甲产品（产成品） 2016 年 6 月

月	日	摘 要	产量（件）	直接材料	直接人工	制造费用	合 计
5	31	月初在产品成本			580	108	688
6	30	本月生产费用			4520	1549. 5	6069. 5
	30	合 计			5100	1657. 5	6757. 5
	30	单位成本（费用分配率）			4	1. 3	5. 3
	30	产成品成本中本步骤份额	1000		4000	1300	5300
	30	月末在产品成本			1100	357. 5	1457. 5

在表5－48中，第三步骤直接人工分配率＝5100/（1000＋550×50%）＝4（元/件）；第三步骤制造费用分配率＝1657.5/（1000＋550×50%）＝1.3（元/件）。

（2）根据第一步骤、第二步骤、第三步骤成本明细账，平行汇总甲产品成本，见表5－49。

表5－49　产品成本计算汇总表

产品名称：甲产品　　　　　　　　2016年6月

步骤份额	产量（件）	直接材料	直接人工	制造费用	合　计
第一步骤份额	1000	25000	3000	1200	29200
第二步骤份额	1000		2000	1500	3500
第三步骤份额	1000		4000	1300	5300
合　计	1000	25000	9000	4000	38000
单位成本	1000	25	9	4	38

根据产品成本计算汇总表，编制结转本月完工入库甲产品成本的会计分录如下：

借：库存商品——甲产品　　38000

　　贷：生产成本——基本生产成本——第一步骤（甲产品）　　29200

　　　　　　　——基本生产成本——第二步骤（甲产品）　　3500

　　　　　　　——基本生产成本——第三步骤（甲产品）　　5300

4. 平行结转分步法的优缺点

（1）优点。平行结转分步法的优点如下：①采用此法，各步骤可以同时计算产品成本，然后将应计入完工产品成本的份额平行结转汇总计入产成品成本，不必逐步结转半成品成本，从而可以简化和加速成本计算工作；②采用此法，能够直接提供按原始成本项目反映的产成品成本资料，不必进行成本还原，省去了大量计算工作。

（2）缺点。由于采用这一方法各步骤不计算，也不结转半成品成本，因而存在以下缺点：①不能提供各步骤半成品成本资料及各步骤所耗上一步骤半成品费用的资料，因而不能全面反映各步骤生产耗费水平，不利于各步骤的成本管理；②由于各步骤间不结转半成品成本，使半成品实物转移与费用结转脱节，因而不能为各步骤在产品的实物管理和资金管理提供资料。

本章小结

本章主要讲述了品种法、分批法和分步法成本计算方法。

企业产品成本计算的过程，就是对生产经营过程中所发生的费用，按照一定的对象进行归集和分配，计算出产品的总成本和单位成本的过程。为了正确计算产品成本，企业必须根据其生产特点，并考虑成本管理的要求，选择适当的成本计算方法。

在实际工作中形成了三种基本计算方法，即品种法、分批法和分步法。

品种法是以产品品种为成本计算对象的产品成本计算方法，一般适用于单步骤的大量大批生产，也可用于管理上不需分步骤计算成本的多步骤的大量大批生产。分批法是以产品批别为成本计算对象的产品成本计算方法，一般适用于单件小批生产以及管理上不要求分步骤计算成本的多步骤生产。分步法是以产品生产步骤为成本计算对象的产品成本计算方法，一般适用于大量大批且管理上要求分步骤计算成本的生产。

名词与术语

单步骤生产　多步骤生产　大量生产　成批生产　单件生产　品种法　分批法　简化分批法　分步法　逐步结转分步法　逐步综合结转法　逐步分项结转法　成本还原　平行结转分步法　狭义在产品　广义在产品

思考题

1. 简述品种法的适用范围及其特点。
2. 简述分批法的特点及成本计算程序。
3. 如何计算间接费用的累计分配率？简化分批法下，为什么要设置“基本生产成本”二级账？
4. 简述逐步结转分步法的计算程序、适用范围和优缺点。
5. 在逐步综合结转分步法下，为什么要进行成本还原？
6. 简述平行结转分步法的计算程序、适用范围和优缺点。
7. 试比较逐步结转分步法与平行结转分步法的区别。

自测题

自测题 5－1

【目的】练习品种法。

【资料】某企业大量生产甲、乙两种产品，设有一个基本生产车间和一个辅助生产车间——机修车间。该厂采用品种法计算产品成本，设有“直接材料”“直接人工”“制造费用”三个成本项目，辅助生产车间的制造费用不通过“制造费用——辅助生产车间”

明细账，而是直接计入“生产成本——辅助生产成本”明细账。2016 年 7 月，该企业有关产品产量及成本等资料见表 5 - 50、表 5 - 51、表 5 - 52。

表 5 - 50　产量资料　　单位：件

项目	甲产品	乙产品
期初在产品	60	80
本月投入	350	200
本月完工	370	260
月末在产品	40	20

注：甲、乙两种产品月末在产品完工程度均为 50%。

表 5 - 51　工时记录　　单位：小时

项　目	甲产品	乙产品	车间一般	企业管理部门	合　计
生产工时	2500	1500	—	—	4000
修理工时	—	—	1000	400	1400

表 5 - 52　月初在产品成本　　单位：元

产品品种	直接材料	直接人工	制造费用	合　计
甲产品	6600	1860	1470	9930
乙产品	3800	846	2250	6896

（1）本月发生的生产费用。

1）材料费用。根据 7 月材料领退凭证汇总的材料费用如下：生产甲产品耗用 12000 元；生产乙产品耗用 18000 元；甲、乙产品共同耗用 15000 元；生产车间一般耗用 3000 元；机修车间耗用 1000 元。

2）工资费用。基本生产车间工人工资 5600 元，车间管理人员工资 1500 元；机修车间人员工资 1000 元；按以上人员工资的 14% 计提职工福利费。

3）折旧费用。7 月基本生产车间折旧额为 3000 元；机修车间折旧额为 2000 元；企业管理部门折旧额为 1200 元。

4）待摊费用。本月摊销财产保险费 990 元，其中基本生产车间 490 元，机修车间 200 元，企业管理部门 300 元。

5）其他费用。本月企业用银行存款支付了以下费用：基本生产车间的办公费 300 元，水电费 150 元；机修车间的办公费 250 元，水电费 100 元。

（2）该企业有关费用分配规定如下：原材料在生产开始时一次性投入；甲、乙两种产品共同耗用的材料按耗用直接材料的比例分配；基本生产车间工人工资和制造费用均按生产甲、乙两种产品实际耗用工时比例分配；机修车间费用按为各部门提供的修理工时比例分配；甲、乙两种产品采用约当产量法计算完工产品成本和月末在产品成本。

【要求】

（1）根据上述资料，编制各种生产费用分配表。

（2）根据各种费用分配表登记辅助生产成本明细账和制造费用明细账以及产品生产成本明细账，并计算产品成本。

（3）编制相应会计分录。

自测题 5－2

【目的】练习一般分批法。

【资料】某公司 2016 年 3 月生产甲、乙、丙三种产品，生产组织属于小批生产，采用分批法计算产品成本，3 月有关生产及成本资料如下：

（1）3 月生产的产品批号。

301 批号：甲产品 5 台，本月投产，本月完工 3 台。

302 批号：乙产品 5 台，本月投产，本月全部完工。

201 批号：丙产台 10 台，上月投产，本月完工 2 台。

（2）201 批号，月初在产品成本为：直接材料 600 元，直接人工 530 元，制造费用 1020 元。

（3）本月各批号生产费用如表 5－53 所示。

301 批号甲产品完工数量较大，原材料系生产开始时一次性投入，其他费用在完工产品与未完工产品之间以约当产量分配，在产品完工程度为 50%。

表 5－53　各批产品生产费用　　单位：元

批　号	直接材料	直接人工	制造费用	合　计
301	1680	1175	1400	4255
302	2300	1525	990	4815
201	1340	1225	1510	4075

302 批号乙产品全部完工。

201 批号丙产品完工数量很少；完工产品成本按定额成本结转；丙产品单位定额成本为：

直接材料 200 元，直接人工 220 元，制造费用 300 元。

【要求】

（1）根据上述资料采用分批法登记产品成本明细账，计算各批产品完工产品成本和在产品成本。

（2）编制结转本月完工入库产品成本的会计分录。

自测题 5－3

【目的】练习简化分批法。

【资料】某企业属小批生产，产品批数较多，采用简化分批法计算产品成本。

（1）2016 年 1 月投产批号及完工件数情况如下：

101 批号：甲产品 5 件，本月投产，本月全部完工。

102 批号：乙产品 5 件，本月投产，本月完工 3 件。

103 批号：丙产品 4 件，本月投产，尚未完工。

104 批号：丁产品 4 件，本月投产，尚未完工。

（2）各批号的原材料费用（生产开始时一次性投入，在产品完工程度为 50%）和生产工时。

101 批号：直接材料 3060 元，工时 1625 小时。

102 批号：直接材料 1840 元，工时 375 小时。其中，完工 3 件，工时 240 小时，未完工 2 件，工时为 135 小时。

103 批号：直接材料 680 元，工时 1420 小时。

104 批号：直接材料 645 元，工时 1060 小时。

（3）1 月末全部产品的直接材料 6225 元，工时 4480 小时，直接人工 1792 元，制造费用 2688 元。

【要求】

（1）登记基本生产成本二级账和各批产品成本明细账，计算各批产品完工产品成本。

（2）编制结转本月完工入库产品成本的会计分录。

自测题 5－4

【目的】练习逐步结转分步法（按实际成本综合结转）。

【资料】某企业大量生产 A 产品，顺序经过三个生产步骤由三个车间加工完成。第一车间将原材料加工成甲半成品后交给第二车间，第二车间将甲半成品加工成乙半成品，交给第三车间继续加工成 A 产成品。

该企业采用逐步结转分步法计算产品成本。原材料在生产开始时一次性投入，其他费用陆续发生且比较均衡。各步骤完工半成品直接转入下一步骤继续加工，不通过半成品仓库。半成品成本按实际成本综合结转，各步骤在产品成本采用约当产量法计算，在产品完工程度均为 50%。该企业 2016 年 5 月有关成本计算资料如表 5－54、表 5－55、表 5－56 所示。

表 5－54　产量资料　　单位：件

项　目	第一车间	第二车间	第三车间
月初在产品	10	20	40
本月投入或上步骤转入	110	100	100
本月完工	100	100	110
月末在产品	20	20	30

表 5－55　月初在产品成本资料　　单位：元

项　目	直接材料	半成品	直接人工	制造费用	合　计
第一车间	5000		1250	1000	7250
第二车间		19000	4000	3000	26000
第三车间		66000	8000	6000	80000

表 5－56　本月发生的生产费用资料　　单位：元

项　目	直接材料	直接人工	制造费用	合　计
第一车间	55000	26250	21000	102250
第二车间		40000	30000	70000
第三车间		42000	31500	73500

【要求】

（1）登记各车间生产成本明细账，计算甲半成品、乙半成品和 A 产成品的成本。

（2）编制相应会计分录。

（3）按成本项目比重还原法进行成本还原，计算出按原始成本项目反映的产成品成本。

自测题 5－5

【目的】练习逐步结转分步法（按实际成本综合结转）。

【资料】某企业 2016 年 11 月生产 B 产品需经过两个生产车间连续加工完成，第一车间将所产 B 半成品交给半成品仓库，第二车间从半成品仓库领出继续加工成产成品。该企业成本计算采用逐步综合结转分步法，半成品仓库发出半成品采用一次加权平均法计算其实际成本。两车间月末在产品均按定额成本计算，有关资料如表 5－57、表 5－58 所示。

半成品仓库期初结存 50 件，实际成本 3500 元；第一车间完工半成品 450 件；第二车间领用半成品 400 件；本月完工产成品 500 件。

表 5－57　在产品定额资料　　单位：元

项　目	第一车间		第二车间	
	期初在产品	期末在产品	期初在产品	期末在产品
直接材料	6000	3000	10000	3750
直接人工	2000	1000	2500	1000
制造费用	2500	1500	5000	2500
合计	10500	5500	17500	7250

表 5－58　本月发生的生产费用　　单位：元

项　目	直接材料	直接人工	制造费用	合　计
第一车间	14000	3000	5000	22000
第二车间		7000	7500	14500

【要求】

（1）登记第一车间、第二车间生产成本明细账，并计算完工半成品和产成品成本。

（2）登记 B 半成品明细账。

（3）编制相应会计分录。

自测题 5－6

【目的】练习逐步结转分步法（按实际成本分项结转）。

【资料】某企业设有两个基本生产车间大量生产甲产品，第一车间将生产的甲半成品直接转入第二车间继续加工成产成品，成本计算采用分项逐步结转分步法。该产品耗用的原材料在生产开始时一次性投入。采用约当产量法分配完工产品和月末在产品成本。各车间在产品完工程度均为 50%。2016 年 2 月有关成本计算资料如表 5－59、表 5－60、表 5－61 所示。

表 5－59　产量资料　　单位：件

项　目	期初在产品	本月投入	本月完工	合　计
第一车间	50	300	200	150
第二车间	100	200	225	75

表 5－60　月初在产品成本资料　　单位：元

项　目		直接材料	直接人工	制造费用	合　计
第一车间		5000	1050	897	6947
第二车间	上步骤转入	11500	1000	690	13190
	本步骤发生		2000	1280	3280

表 5-61　本月发生生产费用　　单位：元

项　目	直接材料	直接人工	制造费用	合　计
第一车间	30000	5000	2700	37700
第二车间		1937.5	1345	3282.5

【要求】

（1）根据上述资料，登记第一车间、第二车间生产成本明细账，并计算甲半成品和产成品成本。

（2）编制相应会计分录。

自测题 5-7

【目的】练习平行结转分步法。

【资料】某企业 C 产品的生产是连续加工式的，生产需经过三个步骤，每一步骤设一个生产车间。第一步骤生产 A 半成品，交第二步骤继续加工；第二步骤生产 B 半成品，交第三步骤加工成 C 产成品。原材料在第一步骤开始时一次性投入，第二步骤、第三步骤不再投入。成本计算采用平行结转分步法，月末，按约当产量法分配完工产品和在产品之间的费用。月末各车间在产品完工程度均为 50%。该企业 2016 年 10 月有关成本计算资料如表 5-62、表 5-63、表 5-64 所示。

表 5-62　产量资料　　单位：件

项　目	第一车间	第二车间	第三车间
月初在产品成本	60	80	60
本月投入	360	380	400
本月完工	380	400	420
月末在产品	40	60	40

表 5-63　月初在产品成本　　单位：元

项　目	直接材料	直接人工	制造费用	合　计
第一车间	16000	1920	1440	19360
第二车间		1280	960	2240
第三车间		2400	1920	4320

表 5-64　本月发生的生产费用　　单位：元

项　目	直接材料	直接人工	制造费用	合　计
第一车间	28800	6720	5040	40560
第二车间		8520	4920	13440
第三车间		10800	8640	19440

【要求】

(1) 根据上述资料登记各车间生产成本明细账，计算各车间应计入产成品成本份额。

(2) 编制产品成本计算汇总表，计算完工C产品总成本、单位成本。

(3) 编制完工产品入库的会计分录。

第六章

产品成本计算的辅助方法

学习目标

1. 熟悉产品成本计算的分类法。
2. 了解产品成本计算的定额法。
3. 掌握各种成本计算方法的配合应用。

导入案例

有一家公司生产A、B、C三种保温瓶塑料外壳。因该三种产品的结构、所用原材料和工艺过程相近，合为甲类产品，采用分类法计算产品成本。类内费用分配的方法是原材料按定额费用系数分配（以B产品为标准产品），其他费用按定额工时比例分配。甲类完工产品总成本为354600元，其中直接材料为201600元，直接人工为38250元，制造费用为114750元。产量及定额资料如表6－1所示。

表6－1　产量及定额资料

品名	产量（件）	单位产品直接材料费用定额（元）	单位产品工时定额（小时）
A	4500	19.2	3.0
B	6000	16.0	3.5
C	1500	12.8	2.5

请问：完工A、B、C产品的成本各为多少？对此，本章所介绍的产品成本计算的分类法将做出明确的回答。

资料来源：万寿义，任月君．成本会计（第四版）[M]．大连：东北财经大学出版社，2016.

第一节　产品成本计算的分类法

一、分类法概述

1. 分类法的概念及适用范围

产品成本计算的分类法（以下简称分类法）是按产品类别归集生产费用，计算各类产品的总成本，然后再分配计算类内各种产品成本的一种方法。

有一些制造企业，产品品种、规格繁多，如果以产品品种作为成本计算对象来归集生产费用和计算产品成本，那么成本计算的工作量很大。这时，在这些企业产品可以按照一定的标准分类的情况下，首先按照产品的类别来归集生产费用，计算各类产品的总成本，然后类内再采用一定的分配方法，确定不同品种或规格的各种产品成本，这样可以减少成本计算对象，简化成本计算工作。

分类法主要适用于产品品种或规格较多，并且能按照一定标准划分为若干类别的企业或车间，如无线电元器件、针织、食品、制鞋、各种规格的橡胶制品、灯泡的生产等制造企业。分类法与产品的生产类型没有直接联系，只要企业或车间的产品可以按照其性质、用途、生产工艺过程和原材料消耗等标准划分类别，都可以采用分类法，因此可以在各种类型的生产中应用。

2. 分类法成本计算的特点

（1）以产品类别作为成本计算对象。采用分类法计算产品成本时，先要将产品按照性质、结构、用途、耗用原材料等不同标准划分为若干类别，如食品加工厂可以按照耗用的不同原材料，将产品分为饼干、糖果、面包、月饼等不同的类别，然后以产品类别作为成本计算对象。

（2）分类法不是一种独立的成本计算方法。分类法与产品的生产类型没有直接联系，不是一种独立的成本计算方法，属于辅助的成本计算方法，它必须与前述成本计算的三种基本方法结合起来应用。当其与品种法结合时，则把某类产品视为某一品种；当其与分批法结合时，则把某类产品视为某一批别（如制箱厂在一批产品中就有大小不同尺寸的箱子）；当其与分步法结合时，则把某类产品视为某一步骤（如炼油厂往往在同一生产步骤中生产不同规格、等级的产品）；等等。

（3）成本计算期要视与三种基本成本计算方法的结合情况而定。如果结合品种法或分步法进行成本计算，则应定期按月在月末进行成本计算；如果与分批法结合使用，成本计算期则不固定，与生产周期保持一致。

（4）生产费用首先要在各类完工产品和月末在产品之间进行分配。在月末计算产品成本时，先要将归集的各类产品生产费用选择前述生产费用在完工产品与月末在产品之间分配的方法，在该类完工产品与月末在产品之间进行分配，以确定该类完工产品的总成本。

（5）各类完工产品的总成本还要在类内各种产品之间进行分配。采用分类法的成本计算对象是产品的类别，但成本计算的最终目的是要计算出每种产品的成本。以产品类别作为成本计算对象是为了简化成本计算，所以待各类产品完工时，各类完工产品总成本还要在类内各种产品之间进行分配，以计算出类内各种产品的实际总成本和单位成本，以达到成本计算的最终目的。

二、分类法成本计算的程序

1. 按产品类别设置产品生产成本明细账

采用分类法计算产品成本，首先应根据企业生产的特点，选择合理的标准将品种、规格繁多的产品进行分类，然后按照产品类别设置产品生产成本明细账。

2. 按照产品类别归集和分配生产费用

在分类法下生产费用的归集仍应按照直接费用直接计入产品成本，间接费用分配计入产品成本的原则进行。对于与某类产品生产有直接关系的直接材料费用、直接人工费用应直接计入该类产品成本；对于与几类产品生产有间接关系的制造费用，应先通过“制造费用”账户进行归集，月末再采用一定的分配方法分配计入各类产品成本。

3. 生产费用在各类完工产品和月末在产品之间进行分配

采用分类法计算成本时，月末一般要将各类产品的生产费用总额在完工产品和月末在产品之间进行分配。

4. 计算类内各种完工产品的总成本和单位成本

选择适当的分配标准，将各类完工产品成本在该类各产品之间进行分配，以计算类内各种产品的成本。由于类内产品的各项费用均需在该类内各种产品之间进行分配，因此分配标准选择得正确与否，直接关系到该类内各产品成本计算的准确性。

在实际工作中，为了简化分配计算，常将分配标准折算成系数。具体做法是：在每类产品中选择一种产量较大、生产稳定或规格折中的产品作为标准产品，把这种产品的分配标准系数确定为1，将其他产品的有关分配标准数据与标准产品相比较，求出比例，即为其他产品的系数。按系数进行分配，计算出每种产品的成本。从这个意义上说，分类法也称系数法。

分类法的成本核算程序如图 6－1 所示。

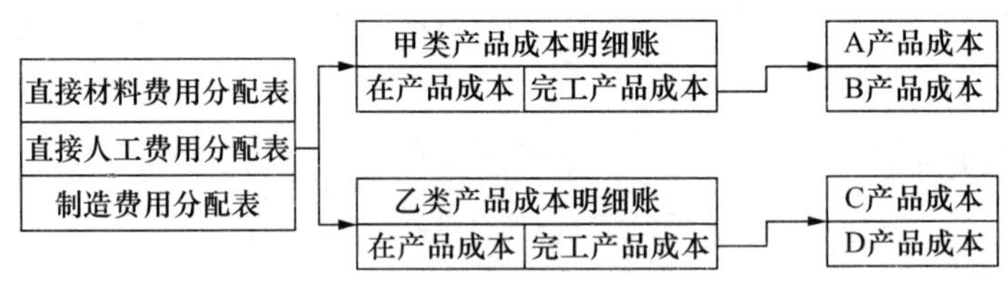

图 6－1　分类法成本核算程序

三、分类法的应用举例

分类法的应用，能使产品品种、规格繁多的企业的成本计算工作大幅简化，现举例如下。

【例6-1】某企业产品品种繁多，按照各种产品所耗的原材料和工艺过程的不同，可分成甲、乙、丙、丁四类计算产品成本，其中甲类包括A、B、C三种产品。A、B、C三种产品的资料如表6-2所示。

表6-2　A、B、C三种产品的资料

产品名称	产量（件）	材料消耗定额（公斤/件）	工时消耗定额（小时/件）
A产品	200	2.00	3.00
B产品	80	3.60	4.80
C产品	120	1.20	1.50

本月根据各种费用分配表，登记该类产品成本明细账，如表6-3所示。

表6-3　基本生产成本明细账

产品类别：甲类　　2016年×月　　单位：元

日　期	凭证号数	摘　要	直接材料	直接人工	制造费用	合　计
（略）	（略）	月初在产品成本	1200	400	480	2080
		本月发生费用	23600	7860	8200	39660
		合计	24800	8260	8680	41740
		结转完工产品成本	-22880	-7760	-8148	-38788
		月末在产品成本	1920	500	532	2952

甲类产品的成本计算出来以后，就可以计算甲类产品中各种产品的成本。为此，需要选择适当的分配标准，将甲类产品成本在类内各种产品之间进行分配。假定本例原材料费用按各种产品的原材料费用系数分配，原材料费用系数按原材料消耗定额确定（以A产品为标准产品）；其他费用按工时消耗定额比例分配。原材料费用系数计算如表6-4所示。

表6-4　原材料费用系数计算表

产品名称	材料消耗定额（公斤/件）	原材料费用系数
A产品	2.00	1.00
B产品	3.60	1.80
C产品	1.20	0.60

注：各产品材料折算系数=各产品材料消耗定额÷标准产品材料消耗定额。

原材料费用系数确定后，原材料费用按各种产品的原材料费用系数分配，其他费用按工时消耗定额比例分配，计算出每种产品的成本。如表6-5所示。

表 6-5 产品成本计算表

产品类别：甲类　　　　2016 年×月　　　　单位：元

项目	产量（件）	原材料费用系数	原材料费用总系数	工时消耗定额	定额工时	直接材料	直接人工	制造费用	合计
（1）	（2）	（3）	（4）=（2）×（3）	（5）	（6）=（2）×（5）	（7）=（4）×分配率	（8）=（6）×分配率	（9）=（6）×分配率	（10）
分配率						55	6.6667	7	
A 产品	200	1.00	200	3.00	600	11000	4000	4200	19200
B 产品	80	1.80	144	4.80	384	7920	2560	2688	13168
C 产品	120	0.60	72	1.50	180	3960	1200	1260	6420
合　计			416		1164	22880	7760	8148	38788

在表 6-5 中，原材料费用分配率 = 22880/416 = 55；直接人工费用分配率 = 7760/1164 = 6.6667；制造费用分配率 = 8148/1164 = 7。

根据上述产品成本计算资料，编制结转本月完工入库产品成本的会计分录：

借：库存商品——A 产品　　19200

　　　　　——B 产品　　13168

　　　　　——C 产品　　6420

　贷：生产成本——基本生产成本——甲类产品　　38788

通过上述方法，分别计算出甲类产品中 A、B、C 三种产品的总成本和单位成本。

第二节　产品成本计算的定额法

一、定额法概述

1. 定额法的概念及适用范围

在前面介绍的品种法、分批法、分步法和分类法中，各项生产费用都是按照其实际发生额归集的，产品的生产成本也都是根据实际发生的生产费用直接计算确定的，因而不能在归集生产费用的当时就反映出各种产品的实际成本与定额成本之间的差异，只有等到月末成本计算工作结束后，将实际成本资料与计划成本资料相对比，才能够将其差异反映出来。这样不便于及时找出差异和分析原因，对企业的生产成本管理没有起到及时监督与控制作用。因此，在定额成本管理实施比较好的企业，可以用定额法来计算产品成本。

定额法是以产品品种或类别作为成本计算对象，根据产品的实际产量，核算产品的实际生产费用与定额的差异，计算完工产品成本的一种成本计算方法。定额法不是成本计算的基本方法，它与企业的生产类型和产品的工艺特点没有直接联系，只是为了加强成本管理和控制，更好地发现问题、降低产品成本、减少浪费而采用的一种方法。但是，由于定额法是以产品的定额成本为基础的，必须在事前制定定额成本，事中核算差异，因此采用定额法对企业成本管理，尤其是定额管理的要求比较高。它主要适用于产品已经定型、产品品种比较稳定、各项定额比较齐全和准确、原始记录比较健全的大量大批生产企业。

2. 定额法的特点

（1）事前制定产品的定额成本。由于定额法是以产品的定额成本为计算基础的，因此企业在采用定额法之前，必须制定产品的各项消耗定额和费用定额，并将据此制定的定额成本作为企业降低成本的目标。

（2）分别核算符合定额的费用和脱离定额的差异。采用定额法进行成本计算，应当在生产费用发生的当时，分别核算符合定额的费用和脱离定额的差异。通过揭示实际费用脱离定额的差异，加强对产品成本的日常核算、分析和控制。

（3）以定额成本为基础，加减各种差异来计算实际成本。月末，应在定额成本的基础上，加减各项差异计算产品的实际成本。

二、定额法的一般计算程序

1. 定额成本的计算

采用定额法计算产品成本，必须首先制定产品的原材料、动力、工时等消耗定额，并根据各项消耗定额、材料计划单价、计划工资率、计划费用率等资料计算产品的各项费用定额和产品的单位定额成本。

定额成本包括直接材料定额成本，直接人工定额成本，制造费用定额成本，其计算公式如下：

直接材料定额成本 = 材料定额耗用量 × 材料计划单价

= 本月投产量 × 单位产品材料消耗定额 × 材料计划单价

直接人工定额成本 = 产品定额工时 × 计划小时工资率

= 本月投产量 × 单位产品工时定额 × 计划小时工资率

制造费用定额成本 = 产品定额工时 × 计划小时费用率

= 本月投产量 × 单位产品工时定额 × 计划小时费用率

在实际工作中，定额成本的计算是由企业的计划、技术、会计等部门编制定额成本计算表进行的。定额成本计算表可按产品的零部件编制，然后再汇总编制产成品的定额成本。如果产品的零部件较少，也可直接编制产品的定额成本。

零件定额卡、部件定额成本计算表和产品定额成本计算表分别见表 6－6、表 6－7、表 6－8。

表 6-6　零件定额卡

零件名称：G　　　　2016 年×月　　　　零件编号：111

材料名称	材料编号	计量单位	材料消耗定额	计划单价	计划小时工资率	计划小时费用率
甲	1201	千克	5	8	4	3

工序	工时定额	累计工时定额
1	2	2
2	2.5	4.5
3	1.5	6
4	1	7
5	3	10

表 6-7　部件定额成本计算表

部件名称：H　　　　2016 年×月　　　　部件编号：1001

所用零件编号	零件数量	材料费用定额							工时定额
		甲材料			乙材料			金额合计	
		数量（千克）	单价	金额	数量（千克）	单价	金额		
111	3	15	8	120				120	30
112	2				10	6	60	60	26
装　配									4
合　计				120			60	180	60

定额成本项目					定额成本合计
直接材料	直接人工		制造费用		
	每小时定额	金额	每小时定额	金额	
180	4	240	3	180	600

表 6-8　产品定额成本计算表

产品名称：M　　　　2016 年×月　　　　产品编号：201

所用部件编号	部件数量	材料费用定额		工时定额	
		部件	产品	部件	产品
1001	4	180	720	60	240
1002	3	150	450	50	150
装　配					10
合　计			1170		400

定额成本项目					定额成本合计
直接材料	直接人工		制造费用		
	每小时定额	金额	每小时定额	金额	
1170	4	1600	3	1200	3970

2. 脱离定额差异的计算

脱离定额差异是指在定额法下，定额成本与实际成本之间的差异。脱离定额差异的计算是定额法的主要内容，它包括直接材料脱离定额差异的计算、直接人工脱离定额差异的计算和制造费用脱离定额差异的计算。

（1）直接材料脱离定额差异的计算。从理论上讲，直接材料脱离定额差异应包括材料耗用量差异（量差）和材料价格差异。这里的直接材料脱离定额差异仅指量差，即在产品生产过程中产品实际耗用材料数量与其定额耗用量之间的差异。用公式表示如下：

$$直接材料脱离定额差异 = \sum[（材料实际耗用量 - 材料定额耗用量）\times 该材料计划单价]$$

（2）直接人工脱离定额差异的计算。在计件工资形式下，直接人工费用属于直接费用，其脱离定额差异的计算与材料脱离定额差异的计算类似：对于符合定额的直接人工费用，应该反映在产量记录中；对于脱离定额的差异，通常反映在专设的补付单等差异凭证中。

在计时工资形式下，直接人工费用脱离定额的差异平时不能按产品直接计算，所以平时只以工时考核，在月末实际直接人工费用确定以后，才能按下列公式计算：

某产品直接人工脱离定额差异 = 该产品实际直接人工费用 - 该产品定额直接人工费用

某产品实际直接人工费用 = 该产品实际生产工时 × 实际小时工资率

某产品定额直接人工费用 = 该产品实际产量的定额生产工时 × 计划小时工资率

$$实际小时工资率 = \frac{实际直接人工费用总额}{实际生产总工时}$$

$$计划小时工资率 = \frac{计划产量的定额直接人工费用}{计划产量的定额生产工时}$$

（3）制造费用脱离定额差异的计算。制造费用一般属于间接费用，不能按照产品直接核算定额费用和脱离定额的差异。月末，可以根据费用计划，按费用项目核算费用脱离计划的差异。对于其中的工资和福利费项目计划数，按计划小时工资率与车间管理人员的实际工时计算确定；折旧费计划数，按计划计提数确定；机物料消耗，也可以用限额领料单、超额领料单等定额凭证和差异凭证加以控制。发生的办公费用，可用费用限额卡等进行控制。各车间制造费用实际脱离计划的差异，在月末分配由各该车间生产的产品负担后，即可确定各产品的定额制造费用和脱离定额的差异。制造费用若采用工时比例进行分配，计算公式如下：

某产品的定额制造费用 = 该产品按实际产量的定额生产工时 × 计划小时制造费用率

某产品的实际制造费用 = 该产品的实际生产工时 × 制造费用分配率（实际小时制造费用率）

某产品的制造费用脱离定额的差异 = 该产品的实际制造费用 - 该产品的定额制造费用

其中，

$$计划小时制造费用率 = \frac{某车间制造费用计划}{该车间计划产量的定额工时}$$

$$实际小时制造费用率 = \frac{某车间制造费用实际总额}{该车产品实际生产工时总额}$$

3. 材料成本差异的分配

在定额法下，为了加强对产品成本的考核和分析，材料日常核算都按计划成本进行，即材料定额成本和材料脱离定额差异，都按材料的计划成本计算。因此，在月末计算产品实际成本时，必须按照下列公式计算产品应负担的材料成本差异：

某产品应分配的材料成本差异 =（该产品材料定额费用 ± 材料脱离定额的差异）× 材料成本差异率

【例 6-2】 甲产品本月所耗材料定额成本为 80000 元，材料脱离定额的差异额为节约 1800 元，材料的成本差异率为节约 2%。则甲产品应负担的材料成本差异为：

(80000 - 1800) × (-2%) = -1546（元）　　（节约差异）

在实际工作中，原材料成本差异的分配计算，应该通过材料成本差异分配表或发料凭证汇总表进行。

4. 定额变动差异的计算

定额变动差异是指因消耗定额的修订而产生的新旧定额之间的差额。产品的定额成本也应随消耗定额的修订而及时修订。为了使按旧定额计算的月初在产品定额成本同按新定额计算的本月投入产品的定额成本在新定额的基础上计算相加，以计算产品的实际成本，还应计算月初在产品的定额变动差异，将按旧定额计算的月初在产品的定额成本调整成按新定额计算。

月初在产品定额变动差异，可按月初在产品盘存资料和新、旧消耗定额计算月初在产品新、旧定额消耗量后确定变动差异和差异金额。如果产品的零部件和加工工序多，为简化计算工作，也可采用系数折算的办法计算：

$$定额变动系数 = \frac{按新定额计算的单位产品定额成本}{按旧定额计算的单位产品定额成本}$$

月初在产品定额变动差异 = 按旧定额计算的月初在产品成本 ×（1 - 定额变动系数）

【例 6-3】 某企业甲产品的一些零件修订材料消耗定额、直接人工和制造费用定额不变。单位产品的材料成本按旧定额计算为 1000 元，按新定额计算为 800 元，该产品月初在产品旧的材料定额成本为 20000 元。其定额变动差异计算如下：

定额变动系数 = 800/1000 = 0.8

月初在产品定额变动差异 = 20000 ×（1 - 0.8）= 4000（元）

采用这种方法来计算月初在产品定额变动差异虽较为简单，但是由于系数是按照产品的零部件计算的，因而它只适用于零部件成套生产或零部件生产成套性较大的企业。

5. 计算完工产品的实际总成本和单位成本

在各项差异计算和分配完成的基础上，将当月完工产品的定额成本，加（减）各项成本差异，计算出完工产品的实际总成本。完工产品总成本除以完工产品的产量，就是完工产品的实际单位成本。实际总成本的计算公式如下：

产品实际成本 = 按现行定额计算的产品定额成本 ± 脱离现行定额的差异 ± 原材料成本差异 ± 月初在产品定额变动差异

三、定额法的应用举例

【例 6 -4】某企业大批生产甲产品，各项消耗定额比较准确、稳定，为了加强定额管理和成本控制，采用定额法计算产品成本，2016 年 5 月的生产情况和定额资料如下：月初在产品 20 件，本月投入产品 150 件，本月完工 160 件，月末在产品 10 件。在产品完工程度均为 50%，材料系生产开始时一次性投入。材料消耗定额由 5.4 元降为 5 元，材料计划单价为 6 元，材料成本差异率为节约 2%，工时定额为 5 小时，计划小时工资率为 4 元，计划小时制造费用率为 4.5 元。在采用定额法下，2016 年 5 月完工产品实际成本计算结果，如表 6 -9 所示。

表 6 -9　基本生产成本明细账

产品名称：甲产品　　　　2016 年 5 月　　　　产量：件

成本项目		栏次	直接材料	直接人工	制造费用	合计
月初在产品	定额成本	(1)	648	200	225	1073
	脱离定额差异	(2)	-20	10	12	2
月初在产品定额变动	定额成本调整	(3)	-48			-48
	定额变动差异	(4)	48			48
本月费用	定额成本	(5)	4500	3100	3487.5	11087.5
	脱离定额差异	(6)	50	16	34	100
	材料成本差异	(7)	-91			-91
生产费用合计	定额成本	(8) = (1) + (3) + (5)	5100	3300	3712.5	12112.5
	脱离定额差异	(9) = (2) + (6)	30	26	46	102
	材料成本差异	(10) = (7)	-91			-91
	定额变动差异	(11) = (4)	48			48
差异分配率	脱离定额差异	(12) = (9) / (8)	0.60%	0.80%	1.20%	
产成品成本	定额成本	(13)	4800	3200	3600	11600
	脱离定额差异	(14) = (13) × (12)	28.8	25.6	43.2	97.6
	材料成本差异	(15) = (10)	-91			-91
	定额变动差异	(16) = (11)	48			48
	实际成本	(17)	4785.8	3225.6	3643.2	11654.6
月末在产品	定额成本	(18)	300	100	112.5	512.5
	脱离定额差异	(19) = (9) - (14)	1.2	0.4	2.8	4.4

在表6-9中，第（1）栏月初在产品定额成本计算过程如下：

直接材料定额成本=20×5.4×6=648（元）

直接人工定额成本=20×50%×5×4=200（元）

制造费用定额=20×50%×5×4.5=225（元）

第（3）栏计算过程如下：

月初在产品定额成本调整=20×5×6-20×5.4×6=-48

第（5）栏计算过程如下：

直接材料定额成本=150×5×6=4500（元）

直接人工定额成本=155×5×4=3100（元）

制造费用定额=155×5×4.5=3487.5（元）

第（7）栏材料成本差异=（4500+50）×（-2%）=-91（元）

第（17）栏、第（18）栏计算过程如下：

（17）=（13）+（14）+（15）+（16）

（18）=（8）-（13）

从本例中可以看出，脱离定额差异金额较少，因此可以全部由完工产品负担，但为了说明其在完工产品和在产品之间分配的方法，本例仍进行了分配。

根据成本计算结果，编制结转本月完工入库甲产品实际总成本的会计分录如下：

借：库存商品——甲产品　　11654.6

　贷：生产成本——基本生产成本——甲产品（定额成本）　　11600

　　——甲产品（脱离定额差异）　　97.6

　　——甲产品（材料成本差异）　　91

　　——甲产品（定额变动差异）　　48

第三节　各种成本计算方法的实际应用

在实际工作中，一个企业的各个车间，一个车间的各种产品，以及其生产特点和管理要求不一定相同，因而在一个企业或一个车间中，就有可能同时应用几种不同的成本计算方法。即使是同一种产品，在该种产品的各个生产步骤的各种半成品和各个成本项目之间，它们的生产特点和管理要求也不一样，因此也有可能把几种成本计算方法结合起来运用。

一、几种方法同时应用

在一个企业或各车间中，同时采用几种成本计算方法的情况是经常存在的。一般的企业都有基本生产车间和辅助生产车间，它们的生产类型都不相同，因而采用的成本计算方法也不同。例如，纺织厂的纺纱、织布是基本生产车间，属于多步骤的大量生产，应该采用分步法计算半成品纱和产成品布的成本；而厂内的供电、供气等辅助生产车间，属于单步骤大量生产，应采用品种法计算成本。由于同一个企业内部的各个车间生产类型可能不同，也可能采用不同的成本计算方法。又如，木器厂所产各种木器，有的已经定型，已按大量大批组织生产，可以采用分步法计算成本；有的则正在试制中，只能按单件小批组织生产，可以采用分批法。

二、几种方法结合运用

在计算一种产品的成本时，结合采用几种成本计算方法的情况也是不少的。一种产品的不同生产步骤，由于生产特点和管理要求的不同，可以采用不同的成本计算方法。例如，在小批单件生产的机械厂，铸造车间可以采用品种法计算铸件的成本；加工装配车间则可采用分批法计算各批产品的成本；而在铸造和加工装配车间之间，则可采用逐步结转分步法结转铸件的成本。如果加工和装配车间要求分步骤计算成本，但加工车间所产半成品种类较多，又不对外销售，不需计算半成品成本，那么在加工和装配车间之间则可采用平行结转分步法结转成本。这样，该厂在分批法的基础上，结合采用了品种法和分步法，在分步法中结合采用了品种法和分批法，在分步法中结合采用了逐步结转和平行结转的方法。

另外，在一种产品各个成本项目之间，也可采用不同的成本计算方法。例如，钢铁厂生产的产品中原材料成本占全部成本的比重较大，又是直接费用，应该采用分步法，按照产品品种和生产步骤开立生产成本明细账或产品成本计算单计算成本。其他成本项目，则可结合采用分类法，按照产品类别开立生产成本明细账或产品成本计算单归集费用，然后按照一定的系数分配计算各种产品的成本。又如，钢铁厂生产的产品的原材料费用占全部成本的比例较大，如果定额资料比较准确、稳定，可采用定额法计算成本，其他成本项目可采用其他方法计算成本。

产品成本计算的分类法和定额法，都是为了简化计算或为了加强管理而采用的成本计算法。这两种成本计算法同生产类型的特点没有直接的联系。各种类型的生产企业都可采用，并与各种成本计算法，即品种法、分批法或分步法结合起来应用。例如，食品厂所产的各类型面包，可先采用品种法计算面包这一类产品的成本，然后再按分类法计算类内产品成本。又如，在一个大量大批多步骤生产的企业中，如果定额管理基础较好，可在采用分步法的基础上，结合采用定额法来计算产品成本。

综上所述可知，实际情况错综复杂，因而所采用的成本计算方法也是多种多样的。学习时，应很好地掌握前述各章所述的几种典型成本计算方法的基本原理。应用时，需结合不同生产特点和管理的要求，从实际出发，加以灵活运用。但为了防止企业利用改变成本计算方法来人为调节各期成本和利润，以及与之相联系的应交所得税，企业的成本计算方法一经确定，不应任意变更。

本章小结

本章主要讲述了分类法和定额法成本计算方法。

在实际工作中，除了三种基本成本计算方法外，企业还采用一些其他的成本计算方法，如分步法、品种法等。但这些成本计算方法都不是一种独立的成本计算方法，它们必须与三种基本成本计算方法结合起来才能使用。

分类法是以产品类别归集生产费用，再按一定标准在本类别内各产品之间进行分配，计算产品成本的方法。一般适用于产品品种、规格繁多的企业。定额法是以产品的定额成本为基础，加、减脱离定额差异和定额变动差异，进而计算产品实际成本的方法，此方法的目的在于加强成本管理，进行成本控制。

名词与术语

分类法　标准产品　折算系数　定额法　定额成本　脱离定额差异　材料成本差异　定额变动差异

思考题

1. 什么是分类法？其特点和适用范围是什么？
2. 分类法的计算程序是什么？
3. 什么是定额法？其特点和适用范围是什么？
4. 定额法下如何计算产品的实际成本？
5. 怎样理解各种成本计算方法的结合应用？

自测题

自测题 6－1

【目的】练习分类法。

【资料】某企业 2016 年 10 月大量生产甲、乙、丙三种产品。这三种产品归为 A 类归集生产费用。类内各种产品之间分配费用的标准为：原材料费用按各种产品的原材料费用系数分配，原材料费用系数按原材料费用定额确定（以乙产品为标准产品），其他费用按定额工时比例分配。

（1）甲、乙、丙三种产品的资料如表 6－10 所示。

表 6－10

产品名称	产量（件）	原材料费用定额（元/件）	工时消耗定额（小时/件）
甲产品	1000	270	10
乙产品	1200	300	12
丙产品	500	450	15

（2）本月 A 类产品成本明细账如表 6－11 所示（其中的期初、期末在产品成本按年初固定数计算）。

表 6－11　基本生产成本明细账

产品名称：A 类　　　　2016 年 10 月　　　　单位：元

项目	直接材料	直接人工	制造费用	合计
期初在产品成本	40000	3000	5000	48000
本月费用	900600	111650	175450	1187700
生产费用合计	940600	114650	180450	1235700
完工产品成本	900600	111650	175450	1187700
期末在产品成本	40000	3000	5000	48000

【要求】

（1）编制原材料费用系数计算表。

（2）采用分类法分配计算甲、乙、丙三种产品的成本，编制产品成本计算表。

（3）编制结转本月完工入库产品成本的会计分录。

自测题 6－2

【目的】练习定额法。

【资料】某企业甲产品采用定额法计算成本。2016 年 7 月有关甲产品原材料费用的资料如下：

（1）月初在产品定额费用为 2500 元，月初在产品脱离定额的差异为节约 125 元，月初在产品定额费用调整为降低 50 元。定额变动差异全部由完工产品负担。

（2）本月定额费用为 60000 元，本月脱离定额的差异为节约 1250 元。

（3）本月原材料成本差异率为节约 3%，材料成本差异全部由完工成本负担。

（4）本月完工产品的定额费用为 55000 元。

【要求】

(1) 计算月末在产品的原材料定额费用。

(2) 计算完工产品和月末在产品的原材料实际费用（脱离定额差异，按定额费用比例在完工产品和月末在产品之间分配)。

第三篇

预测与决策

第七章

成本性态分析与变动成本法

学习目标

1. 了解成本性态的概念及意义。
2. 掌握变动成本、固定成本的概念、内容、特征及类型。
3. 了解混合成本分解方法的特征及其适用范围。
4. 了解完全成本法的局限性。
5. 掌握变动成本法的优缺点。

导入案例

一家化工厂为了保持其所有产品的市场份额，雇用了一些产品经理。这些产品经理在销售及生产的决策上都扮演很重要的角色。以下是其中一种大量生产的化学品的资料：原材料及其他变动成本为60元/千克；固定制造费用每月900000元；售价100元/千克。

10月份报告的销售量比9月份多出14000千克。因此，产品经理预料10月份的利润会比9月份多，估计会增长560000元。

但将9月份和10月份的财务成果互相比较，该产品10月份的利润竟然比9月份的340000元下降了100000元，只有240000元。

产品经理被这些差别困扰着，所以他找你帮忙。通过本章学习你会发现变动成本法与完全成本法对固定制造费用的处理不同，所以计算出来的盈亏也不同。

资料来源：http://www.wenkul.com/news/3667FB385B6EC1F4.html。

第一节　成本性态分析

为了满足强化企业内部管理的需要，成本管理会计从研究成本和业务量的依存关系出发，提出了“成本性态”这一成本分类标准，把企业的全部成本分为变动成本、固定成本和混合成本三大类。这既是成本管理会计规划与控制企业经济活动的前提条件，也是传统成本管理会计理论结构的逻辑起点。

一、成本性态的含义

成本性态又称成本习性，是指成本总额与特定业务量之间的依存关系。这种关系是客观存在的，在一定条件下具有相对固定的变化规律。这里业务量可以使用多种计量单位，一般情况下，业务量是指生产量或销售量。成本性态分析是指研究不同类别的成本与业务量之间的特定数量关系，从数量上把握业务量的变动对成本总额的影响程度。

二、依性态对成本进行的分类

将成本按其性态，可以分为变动成本、固定成本和混合成本三大类。

1. 变动成本

变动成本是指在一定时期和一定业务量范围内，成本总额随业务量的增减变动而成正比例变动的成本。例如，直接材料、计件工资和制造费用中随业务量成正比例变动的物料用品费、燃料费、动力费，以及按销售量支付的销售佣金、装运费、包装费等成本。变动成本的主要特点如下：

（1）变动成本总额随业务量的变动而成正比例变动，即业务量增加，变动成本总额随之增加，业务量减少，变动成本总额随之减少。若用 b 表示单位变动成本，用 x 表示业务量，用 y 表示变动成本总额，则其成本性态公式为 $y = bx$，把变动成本总额和业务量的关系呈现在坐标系中可以看到是一条正比例函数线，如图 7－1 所示。

（2）单位变动成本不随业务量的变动而变动。若用 y 表示单位变动成本，则其成本性态公式为 $y = b$，把单位变动成本和业务量的关系呈现在坐标系中可以看到是一条平行于横轴的水平线，如图 7－2 所示。

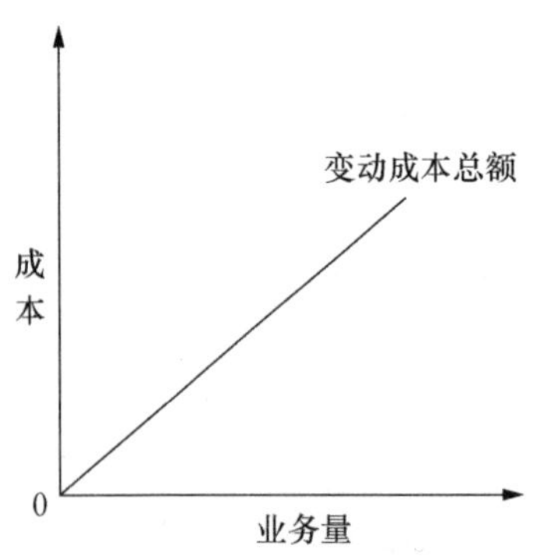

图 7－1　变动成本总额性态模型

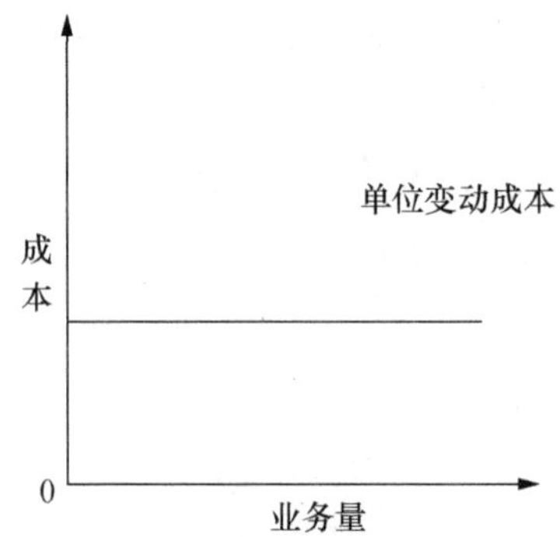

图 7－2　单位变动成本性态模型

变动成本的成本性态在一定时期和一定业务量范围内保持有效，这个范围称为变动成本的相关范围。

【例7－1】某汽车装配厂年产5000辆汽车，每装配一辆汽车需要外购发动机一台，目前市场上该种发动机的单价是30000元，有关资料如表7－1所示。

表7－1　变动成本与产量的关系

汽车产量 x（辆）	发动机的外购单价 b（万元/台）	外购发动机的成本总额 bx（万元）
1000	3	3000
2000	3	6000
3000	3	9000
4000	3	12000
5000	3	15000

从表7－1可以看出，在一定范围内，外购发动机的成本总额随汽车产量水平成正比例变动；而单位发动机的外购单价一直维持同一水平，不随业务量的变动而变动。

2. 固定成本

固定成本是指在一定时期和一定业务量范围内，成本总额不受业务量的增减变动影响而固定不变的成本。例如，房屋设备租赁费、广告费、保险费、按使用年限法计提的固定成本折旧费、管理工人工资等成本。固定成本的主要特点如下：

（1）在一定时期和一定业务量范围内，固定成本总额不受业务量变动影响，保持固定不变。若用 a 表示固定成本总额，则其成本性态可以表示为：固定成本总额 $y=a$，把固定成本总额和业务量的关系呈现在坐标系中可以看到是一条平行于横轴的水平线，如图7－3所示。

（2）在一定时期和一定业务量范围内，随业务量的变动，单位固定成本成反比例变动。若用 x 表示业务量，则其成本性态可以表示为：单位固定成本 $y=a/x$，把单位固定成本与业务量的关系呈现在坐标系中可以看到是一条反比例函数线，如图7－4所示。

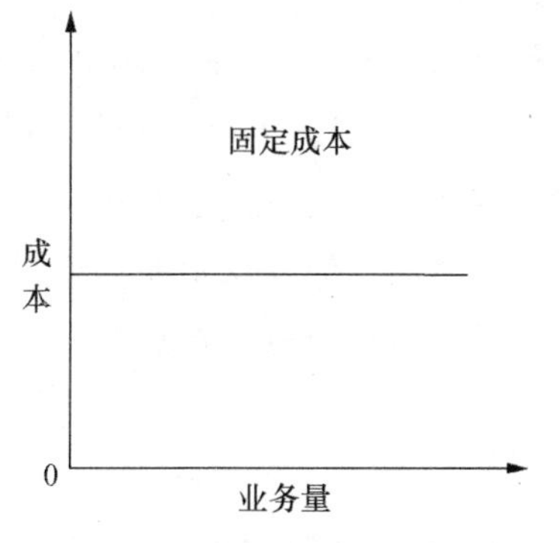

图7－3　固定成本总额性态模型

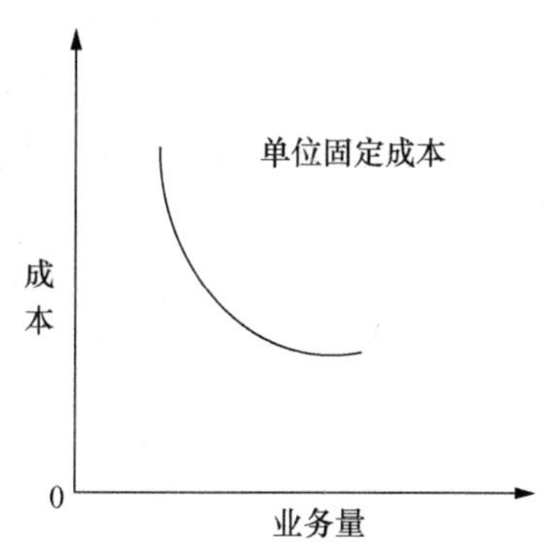

图7－4　单位固定成本性态模型

固定成本的成本性态在一定时期和一定业务量范围内保持有效，这个范围称为固定成本的相关范围。

【例7－2】某汽车装配厂的厂房是从租赁公司租赁的，每年的租金为120万元，有关资料如表7－2所示。

表7－2　固定成本与产量的关系

汽车产量 x（辆）	厂房租赁总成本 a（元）	每辆汽车负担的租金成本 a/x（元/辆）
1000	120000	1200
2000	120000	600
3000	120000	400
4000	120000	300
5000	120000	240

从表7－2可以看出，在年产5000辆汽车的业务量范围内，厂房租赁总成本120万元不随业务量水平的变化而变动，即总成本保持固定不变；而每辆汽车负担的租金成本随业务量的增减反向变动。

为利于对固定成本进行控制，固定成本按其是否受当局短期决策行为的影响，还可以进一步划分为约束性固定成本和酌量性固定成本。

约束性固定成本又称经营能力成本，是指与整个企业经营能力的形成及其正常维护直接相关的成本，如厂房、机器设备的折旧，不动产税，保险费，管理人员薪金等都属于这类成本。这类成本因为受到经营能力的约束限制，一般不受企业常规决策的影响，并且由于企业的经营能力一旦形成，在短期内难以发生改变，因而与此相联系的成本也将在较长时间内保持不变。任何降低这类成本的企图都必须以缩减企业的生产经营能力为代价，因此这类固定成本有很大的约束性。

酌量性固定成本又称可调整固定成本，是指企业管理部门根据管理的需要确定所发生的成本，如研究开发费、广告宣传费、职工培训费和公关费等都属于这类成本。这类成本的特点是可以根据企业在不同时期的管理需要和财力负担能力来确定，具有一定的伸缩性。对于这类成本，企业管理者可以从降低其绝对额的角度入手，在编制预算时精打细算，在执行过程中严格控制，在保证不影响生产经营能力的前提下尽量减少其支出总额。

这两类成本虽然各有其特点，但它们的共同点又使其共同构成固定成本。酌量性固定成本虽然由企业管理者按情况决定其是否发生和数额的大小，但是从短期来看，其发生额与企业的实际经营业务量并无多大关系。约束性固定成本一旦形成，在短期内也难以随意改变，故两者共同组成固定成本。

3. 混合成本

在实际工作中往往会碰到这样的情况：有些费用既不单纯是变动成本，也不单纯是固

定成本；或者说它既有变动成本的特性，又有固定成本的特性，这类成本称为混合成本。混合成本是指成本总额随业务量的变动而变动，但其变动幅度并不同业务量变动保持严格的正比例关系的成本。混合成本的情况比较复杂，需要进一步分类。一般来说，混合成本进一步可划分为半固定成本、半变动成本、延期变动成本和曲线变动成本。

（1）半固定成本（阶梯式混合成本）。半固定成本是指在一定业务量范围内，其发生额是固定的；当业务量增长到一定程度时其发生额跳跃式增加，并在新的业务范围内保持不变。由于其成本总额随业务量呈阶梯式增长，所以也称为阶梯式成本，如设备维修费、检验人员工资等成本。其成本性态分析如图 7－5 所示。

（2）半变动成本（标准式混合成本）。半变动成本是指在初始基数的基础上随业务量增长成正比例增长的成本。如电费、水费、煤气费和电话费等成本。这类成本通常有一个初始基础，一般不随业务量变化，相当于固定成本，在这个基础上，成本总额随业务量的变化成正比例变化，又相当于变动成本，这两部分混合在一起，构成半变动成本。其成本性态分析如图 7－6 所示。

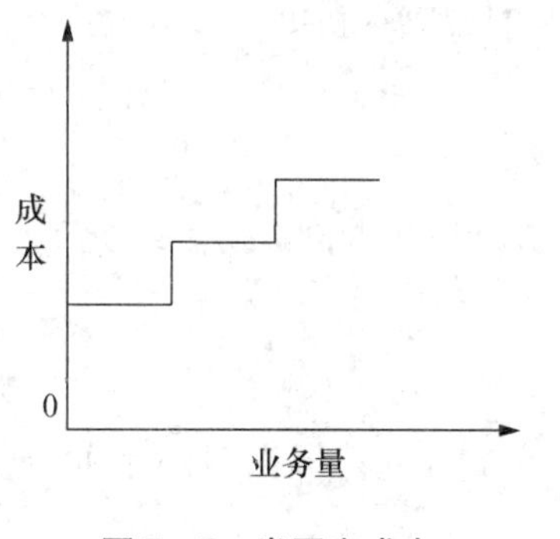

图 7－5　半固定成本

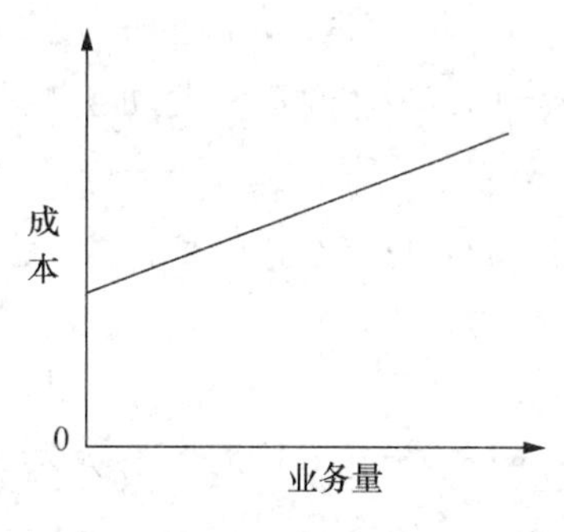

图 7－6　半变动成本

（3）延期变动成本（低坡式混合成本）。延期变动成本是指在一定业务量范围内，其成本总额保持固定不变；但如果突破该业务量的限制，其成本超额部分则随业务量的增加按正比例增长的成本。例如加班费，在正常工作时间内，企业对员工支付的工资是固定不变的；但在超出正常工作时间的情况下，则需要根据加班时间长短成比例地支付加班人员的工资。其成本性态分析如图 7－7 所示。

（4）曲线变动成本（曲线式混合成本）。曲线变动成本是指成本总额随产量增长而呈曲线增长的成本。这种成本和业务量有依存关系，但不是直线关系。例如，热处理使用的电炉设备，预热后进行热处理的耗电成本随业务量的增加呈现出曲线上升的趋势。其成本性态分析如图 7－8 所示。

综上可以看出，混合成本一般具有以下特点：①同时包含固定成本和变动成本两个因素；②通常有一个基数，这个基数是固定不变的，相当于固定成本，在这个基础上发生的成本部分，则是随业务量的变动而成比例变动的，相当于变动成本；③其总成本虽然随业务量的变动而变动，但并不保持严格的正比例关系。

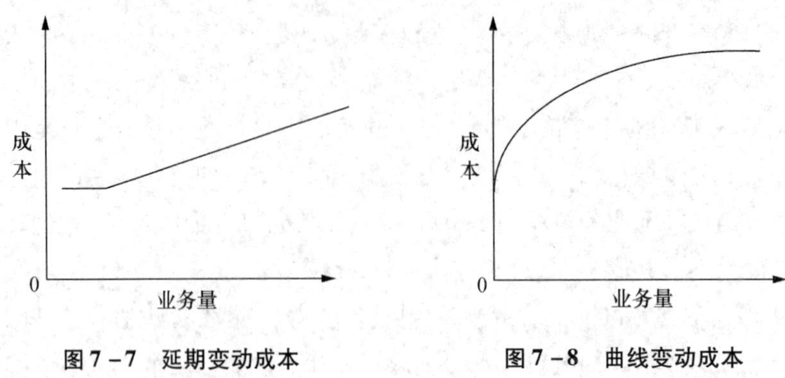

图 7－7　延期变动成本　　图 7－8　曲线变动成本

三、总成本数学模型

根据以上的分析，企业发生的总成本包括固定成本、变动成本和混合成本，其中混合成本又包括固定成本和变动成本两部分，因此企业的总成本就可以表示为：

总成本 = 固定成本总额 + 变动成本总额

　　　 = 固定成本总额 + 单位变动成本 × 业务量

如果用 y 表示总成本，a 表示固定总成本，b 表示单位变动成本，x 表示业务量，那么上述公式可以表示为：

$y = a + bx$

这个公式可以看作是近似的成本函数，通过这个函数，根据对未来业务量水平的预测，就可以预测出相应的成本额。

第二节　混合成本分解

混合成本分解，是指在成本性态分类的基础上按照一定的程序和方法，通过建立成本函数模型，将全部混合成本划分为固定成本和变动成本两部分。通过混合成本分解，可以揭示成本与业务量之间的依存关系，从而为应用变动成本法，进行本量利分析、预测分析、决策分析和全面预算编制等奠定基础。

混合成本分解的主要方法有高低点法、散布图法和回归直线法。

一、高低点法

高低点法是根据一定期间的历史资料，通过最高点业务量和最低点业务量数据，估算出混合成本中固定成本和变动成本的一种方法。其基本原理是：各期的总成本或混合成本都可以用成本模型 $y=a+bx$ 来表示。从相关数据中找出高低点业务量及相应的总成本或混合成本，运用解析几何中的两点确定一条直线的方法，即可求出 a、b 两个常数，并建立相应的混合成本模型。这种方法使用的基本公式如下：

单位变动成本 $b=\frac{y_{高}-y_{低}}{x_{高}-x_{低}}$

固定成本 $a=y_{高}-bx_{高}$

或：$a=y_{低}-bx_{低}$

【例7-3】某公司的业务量以直接人工（小时）为计量单位，其业务量在7万~14万小时变化。该公司的维修成本的历史资料如表7-3所示。

表7-3　维修成本的历史资料

月份	直接人工（小时）	实际成本（元）	月份	直接人工（小时）	实际成本（元）
1	120000	90000	7	70000	72000
2	130000	91000	8	80000	78000
3	115000	84000	9	95000	75000
4	105000	87000	10	111000	89000
5	90000	82000	11	125000	95000
6	79000	73000	12	140000	93000

设维修成本为 $y=a+bx$，a 为固定成本，b 为单位变动成本，x 为业务量。

（1）找出最高点（$x_{高}$，$y_{高}$）和最低点（$x_{低}$，$y_{低}$），即（140000，93000），（70000，72000）。

（2）计算单位变动成本 $b=\frac{93000-72000}{140000-70000}=0.3$（元/小时）

（3）计算固定成本 $a=93000-0.3\times140000=51000$（元）

或：$a=72000-0.3\times70000=51000$（元）

（4）得出该项混合成本模型：

$y=51000+0.3x$

这个方程式适用于7万~14万直接人工小时的业务量范围。

高低点法计算简单，便于应用。但由于只选其中高低两点数值，不能完全代表所有各点数据的变化关系，因此误差较大。这种方法主要适用于生产经营活动比较正常，混合成本增减变动趋势平缓的企业。

二、散布图法

散布图法就是在以横轴代表业务量、纵轴代表混合成本的直角坐标系中，将过去一定时期内的业务量及其成本资料分别在图中标出，通过目测画出一条尽可能反映所有坐标点的趋势直线，据此推算出固定成本和单位变动成本的一种方法。

【例7－4】承【例7－3】的历史资料，采用散布图法进行成本估计。

首先，将历史成本资料标入直角坐标系中，成为散布图，如图7－9所示。

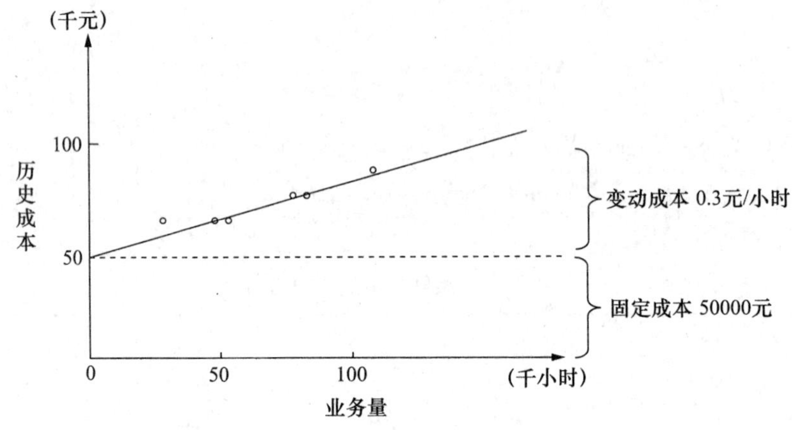

图7－9　历史资料散布图

其次，根据离散的历史成本点目测成本随产量变动的趋势，并画出一条能反映平均变动趋势的直线。在画此线时，力求直线两边的散布点个数相同，并使点到直线的距离之和尽可能最小。此直线即为平均成本线。

再次，根据画出的直线和纵轴的交点，确定直线的截距，本例为50000元，它就是固定成本的平均值。

最后，在直线上任取一点，例如取业务量 $x=100000$ 小时，在图上量得对应的成本为 $y=81000$ 元，据此计算单位变动成本：

$$b=\frac{y-a}{x}=\frac{81000-50000}{100000}=0.31(\text{元})$$

所以，维修成本 $y=50000+0.31x$

散布图法简便易行，但由于通过目测来确定成本变动趋势的直线，容易造成主观性太强导致误差，而影响准确度。

三、回归直线法

回归直线法又称最小二乘法，是根据一定期间业务量及其对应的混合成本之间的历史资料，运用最小二乘法的原理计算能代表平均水平的直线截距和斜率，以确定一条与全部观察值误差平方和最小的直线。回归直线法的具体步骤如下：

（1）对已知资料进行加工，计算 $\sum x$、$\sum y$、$\sum xy$、$\sum x^2$、$\sum y^2$ 的值。

（2）计算相关系数 r 来判断 y 与 x 之间是否存在相关性。

$$r=\frac{n\sum xy-\sum x\sum y}{\sqrt{[n\sum x^2-(\sum x)^2][n\sum y^2-(\sum y)^2]}}$$

相关系数 r 的取值范围为 $-1\sim+1$。当 $r=-1$ 时，说明 x 与 y 完全负相关；当 $r=+1$ 时，说明 x 与 y 完全正相关；当 $r=0$ 时，说明 x 与 y 之间不存在线性关系。一般来说，只要 r 接近 1，就说明 x 与 y 基本正相关，可以运用回归直线法。

（3）回归直线方程中 a、b 的值可以用公式求出：

$$a=\frac{\sum y-b\sum x}{n}$$

$$b=\frac{n\sum xy-\sum x\sum y}{n\sum x^2-(\sum x)^2}$$

（4）将 a、b 的值代入公式 $y=a+bx$，即可得出混合成本模型。

【例 7-5】承【例 7-3】的资料，采用回归直线法估计成本。

（1）列表计算，如表 7-4 所示。

表 7-4　相关数值计算表

月份	直接人工（千小时）x	实际成本（千元）y	xy	x^2	y^2
1	120	90	10800	14400	8100
2	130	91	11830	16900	8281
3	115	84	9660	13225	7056
4	105	87	9135	11025	7569
5	90	82	7380	8100	6724
6	79	73	5767	6241	5329
7	70	72	5040	4900	5184
8	80	78	6240	6400	6084
9	95	75	7125	9025	5625
10	111	89	9879	12321	7921
11	125	95	11875	15625	9025
12	140	93	13020	19600	8649
$n=12$	$\sum x=1260$	$\sum y=1009$	$\sum xy=107751$	$\sum x^2=137762$	$\sum y^2=85547$

（2）计算相关系数。

$$r=\frac{12\times107751-1260\times1009}{\sqrt{(12\times137762-1260^2)(12\times85547-1009^2)}}=0.99$$

r 接近于 1，说明 x 和 y 存在线性关系。

（3）计算 a、b 的值。

$$b = \frac{12 \times 107751 - 1260 \times 1009}{12 \times 137762 - 1260^2} = 0.3306(\text{元})$$

$$a = \frac{1009 - 0.3306 \times 1260}{12} = 49.37(\text{千元})$$

（4）把 a、b 值代入，得到混合成本模型。

$y = 49370 + 0.3306x$

从以上分析过程中可以看出，回归直线法计算比较精准，能够充分揭示历史成本中的成本性态信息。

回归分析的计算过程比较烦琐，通常可以使用 Excel 等软件来简化计算。

第三节　变动成本法

一、完全成本法与变动成本法的概念

1. 完全成本法

完全成本法又称吸收成本法，是指将全部成本按照经济用途分为生产成本和非生产成本两部分。其中：生产成本包含直接材料、直接人工和制造费用，生产成本作为产品成本核算；非生产成本包含销售费用、管理费用等作为期间成本直接计入当前损益。通常的成本核算方法如分步法、分批法等都属于完全成本法。完全成本法是符合一般公认会计准则的成本计算方法，被广泛地应用于财务会计的存货和成本核算之中。

2. 变动成本法

变动成本法又称边际成本法，是根据成本性态把企业全部成本划分为变动成本和固定成本两大类，在计算产品成本和存货成本时，只包括在生产过程中所消耗的直接材料、直接人工、变动制造费用，不包括固定制造费用，将固定制造费用列为期间费用的一种成本计算方法。变动成本法可以提供产品的变动成本数据，为本量利分析以及短期经营决策提供良好的数据基础。

二、完全成本法的局限性

完全成本法即我国目前采用的制造成本法，要求把全部成本按经济用途分为生产成本和非生产成本两大部分，在计算产品成本时，把生产过程中所消耗的直接材料、直接人工和全部制造费用都包含在内的一种成本计算方法。在完全成本法下，产品成本构成如图 7－10 所示。

完全成本法下确定的利润受存货变动的影响，往往出现每年销量相同，但利润却明显不同的现象，甚至出现销售多利润反而少，或者销售少利润反而多的现象。这些违反常识的

结果，不仅让人难以理解，而且不利于决策和管理。为说明这点，通过下面的【例7－6】来分析。

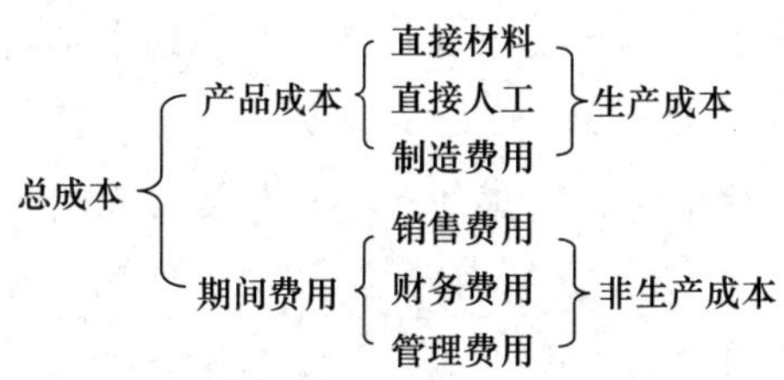

图7－10　完全成本法下的产品成本构成示意图

【例7－6】某企业全年只生产一种产品，销售单价为10元，单位变动成本为4元，固定制造成本为24000元/年。最近连续三年的销售量均为6000件，最近三年的产量分别为6000件、8000件和4000件。销售和管理费用为5000元/年。

采用完全成本法，固定制造成本要分摊到产品中去，因各年产量不同，单位产品分摊的固定成本数额不同，由此引起产品单位成本不同。

$$单位产品成本 = 单位变动成本 + \frac{固定制造成本}{产量}$$

第一年产品单位成本＝4＋24000÷6000＝8（元）

第二年产品单位成本＝4＋24000÷8000＝7（元）

第三年产品单位成本＝4＋24000÷4000＝10（元）

完全成本法下三年的利润如表7－5所示。

表7－5　完全成本法下三年的利润表　　单位：元

项目	第一年	第二年	第三年	合计
产量（件）	6000	8000	4000	18000
生产成本（固定成本＋单位变动成本×产量）	48000	56000	40000	144000
单位产品成本	8	7	10	
期初存货（件）	0	0	2000	
期初存货成本	0	0	14000	
期末存货（件）	0	2000	0	
期末存货成本	0	14000	0	
销售数量	6000	6000	6000	18000
销售收入	60000	60000	60000	180000
减：销售成本（期初存货＋本期生产成本－期末存货成本）	48000	42000	54000	144000
毛利	12000	18000	6000	36000
减：销售与管理费用	5000	5000	5000	15000
利润	7000	13000	1000	21000

从表7-5可以看出，该企业连续三年销量相同，利润却不同。在各期单价未变动的情况下，收入肯定相同，因此利润的波动显然是由于各期成本不同造成的。在成本支出水平稳定的情况下，各年的变动成本总额也应相同，不同的只是已销产品所负担的固定成本。按照完全成本法，固定制造成本要计入产品成本，期中已销产品的成本，转为当期费用从销售收入中抵扣，未销产品的成本作为存货成本列为资产。本例中，第一年，产量等于销量，发生的24000元固定成本，全部随产品销售转为期间费用。第二年，产量大于销量，形成期末2000件存货，当期发生的固定成本有6000元滞留在存货中，随销售转为当期费用的只有18000元。第三年，产量小于销量，不仅当年生产的产品全部销售，而且销售了年初的2000件存货。也就是说，不仅当年进入产品成本的24000元固定成本全部转为当期费用，而且年初存货成本中6000元固定成本也转为了当期费用，从本期销售收入中抵减固定成本30000元。结论：尽管三年销量相同，单价相同，单位变动成本相同，但是每年从销售收入中抵减的固定成本不同，造成各年利润不同。

完全成本法下可能出现更让人难以理解的现象：销量增加，单价不变，利润却在下降。

【例7-7】承【例7-6】，如果第一年生产6000件产品，销售4000件，第二年生产4000件，销售6000件，其他条件不变。连续两年实现销售收入和利润的情况如表7-6所示。

表7-6　连续两年实现销售收入和利润的情况　　单位：元

项目	第一年	第二年
产量（件）	6000	4000
生产成本（固定成本+单位变动成本×产量）	48000	40000
单位产品成本	8	10
期初存货（件）	0	2000
期末存货成本	16000	0
销售数量（件）	4000	6000
销售收入	40000	60000
减：销售成本（期初存货+本期生产成本-期末存货成本）	32000	56000
毛利	8000	4000
减：销售与管理费用	5000	5000
利润	3000	-1000

从表7-6中可以看到，第二年销售量增加了2000件，但是利润却比第一年降低了4000元。

为什么会出现这种情况？这是因为第一年生产6000件，当年销售掉4000件，形成期末存货2000件。当年发生的24000元固定成本，只有16000元随产品销售转为当期费用，

另外的8000元作为期末存货成本的一部分转为资产了。第二年生产4000件，销售6000件，除当年24000元的固定成本转为当期费用外，销售掉的期初存货的8000元固定成本也转为当期费用从销售收入中抵减了。结果造成销售增加，利润不增反减。

由于完全成本法确定的利润不仅受销量和成本水平的影响，而且受产量的影响，所以往往不能真实反映经营者的业绩，既不符合经济学原理，不易被人理解，也不利于企业管理。解决这种不合理现象的办法是，放弃固定成本在存货和销售之间的分配，让固定成本作为期间成本，全部在当年转为费用，即采用变动成本法。

三、变动成本法的特点

变动成本法的特点可通过与完全成本法的对比充分体现出来。

1. 产品成本内容的区别

完全成本法按照经济用途将成本分为制造成本（包括直接材料、直接人工和制造费用）和非制造成本（包括销售费用和管理费用）两大类，然后将制造成本计入产品成本，依次进入在产品和产成品存货，最后随产品的销售转入销售成本，进入利润表。非制造成本则直接转入利润表，计入当期损益。

变动成本法产品成本的内容只包括变动生产成本中的直接材料、直接人工和变动制造费用三个项目。固定制造费用则作为期间成本处理，非生产领域的推销费用、管理费用也要区分为变动和固定两部分，并在损益表内分开列示。在变动成本法下，产品成本的构成如图7－11所示。

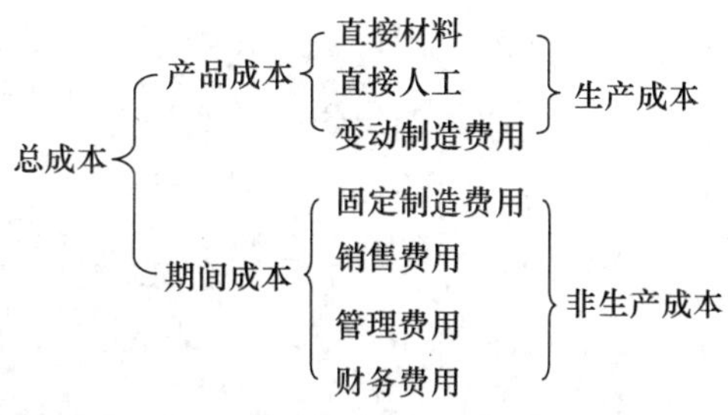

图7－11　变动成本法下的产品成本构成示意图

两种方法主要的区别在于对固定制造费用的处理不同，完全成本法将固定制造费用计入产品成本，随产品的流动而流动。当产品销售出去以后，转入本期销售成本，计入当期损益；未销售部分的产品应分摊的固定制造费用则包含在存货中。变动成本法将固定制造费用视为期间费用处理，直接列入利润表，计入当期损益。

【例7－8】假定某公司全年只产销甲产品，年产量10000件，每件产品的直接材料费用15元，直接人工费用12元，变动制造费用10元，全年固定制造费用80000元。要求：

根据上面的资料，按变动成本法和完全成本法计算产品成本。

根据所给的资料，对产品成本进行计算并编制产品成本计算单，如表7－7所示。

表7－7 产品成本计算单 单位：元

成本项目	变动成本法		完全成本法	
	总成本	单位成本	总成本	单位成本
直接材料	150000	15	150000	15
直接人工	120000	12	120000	12
变动制造费用	100000	10	100000	10
固定制造费用			80000	8
全部生产成本	370000	37	450000	45

完全成本法将“产品成本”界定为生产制造过程中发生的全部生产成本，固定制造费用是在生产过程中发生的，是维持生产正常进行所必须承担的成本，因此应该作为产品成本的一部分，随产品的流动而流动。变动成本法则更关注成本性态变化，认为只有随产量的变动而变动的那部分生产成本才应计入产品成本。固定制造费用只是为提供一定的生产经营条件而发生的，企业的生产经营条件一经形成，在短期内不会发生变化。这些经营条件与产品的生产量没有直接关系，无论实际产量是多少，固定制造费用都会照常发生。因此，固定制造费用随时间的推移而逐渐消失，不应计入产品成本，更适合于按期间费用处理。

2. 产品与在产品存货计价的区别

采用完全成本法，各期发生的全部生产成本要在完工产品和在产品之间进行分配。通过销售，已销售的产品中包含的固定成本随销售转为当期费用；而在产品和库存产品中的固定成本，仍作为存货成本的一部分。

采用变动成本法由于只将变动成本计入产品成本，无论在产品、库存产品还是已销售的产品成本中只包含变动成本，所以期末在产品和库存产品存货在计价时不包含固定成本。固定成本全部作为期间成本，在当期转为费用。显然，采用变动成本法下的期末存货计价金额会低于采用完全成本法下的计价金额。

【例7－9】承接【例7－8】某公司的资料，假设年销售量9000件，期初存货为零，编制变动成本法计价的产成品存货计算单，如表7－8所示。

表7－8 期末存货计算单 单位：元

摘要	变动成本法	完全成本法
单位产品成本	37	45
期末存货数量	1000	1000
期末存货成本	37000	45000

在本例中，完全成本法计算的产成品存货成本8000元（8×1000）比变动成本法多了8000元，是因为完全成本法计算的期末存货成本吸收了8000元（8×1000）的固定制造费用。

3. 计算盈亏的区别

由于两种成本计算方法对固定成本的处理不同，所以计算出的盈亏也不同。变动成本法下当期的固定制造费用全部计入当期费用。完全成本法下固定制造费用并不完全计入利润表，一部分会被期末存货所吸收，期初存货如果本期销售出去，那么期初存货所吸收的前期固定制造费用也会在本期释放，计入本期的销售成本。

另外，两种方法下的利润报告方式也有所区别。完全成本法下的利润表为职能式利润表，将成本分为销售成本和期间费用，按照收入、毛利、利润的顺序呈报。变动成本法下的利润表呈报格式为贡献式利润表，利润表中的成本分为变动成本和固定成本。按照收入、贡献毛益、利润的顺序呈报。

两种方法下盈亏的计算用公式表示如下：

（1）采用完全成本法。

销售毛利＝销售收入－已销产品的生产成本

税前利润＝销售毛利－销售及管理费用

其中：

已销产品的生产成本＝期初产品存货成本＋本期生产成本－期末存货成本

（2）采用变动成本法。

贡献毛益总额＝销售收入总额－变动成本总额

税前利润＝贡献毛益总额－期间成本总额

这里的变动成本总额包括变动生产成本和变动推销及管理成本。至于变动生产成本的计算，无须考虑期初、期末存货的增减变动，只需以单位成本乘以销售量即可求得。

这里的期间成本总额包括全部固定成本，即固定制造费用和固定推销及管理费用。

【例7－10】仍承接【例7－9】某公司的资料，若产品销售单价60元，全年推销与管理费用总额为10000元，其中变动推销与管理费用总额为6000元，固定推销与管理费用总额为4000元，现采用变动成本法、完全成本法来计算盈亏，其结果分别如表7－9、表7－10所示。

表7－9　利润计算表（完全成本法）

项目	金额（元）
销售收入（60元/件×9000件）	540000
减：销售成本（45元/件×9000件）	405000
毛利	135000
减：销售及管理费用	10000
利润	125000

表 7－10　利润计算表（变动成本法）

项目	金额（元）
销售收入（60 元/件 ×9000 件）	540000
减：变动生产成本（37 元/件 ×9000 件）	333000
变动销售及管理费用	6000
贡献毛益	201000
减：期间成本	
其中：固定制造费用	80000
固定销售及管理费用	4000
利润	117000

从【例 7－10】可以看出，两种方法确定的利润有差异。造成这种利润差异的原因在于：两种成本计算方法下存货的成本不同。相对于变动成本法而言，完全成本法下的期末存货吸收了一部分固定制造费用，从而当期费用下降，利润上升。同理，完全成本法下的期初存货所吸收的一部分固定制造费用会在当期释放出来，造成当期费用上升，利润下降。两种成本计算方法形成的利润差异用公式可以表示如下：

营业利润差额＝完全成本法的营业利润－变动成本法的营业利润

＝完全成本法期末存货吸收的固定制造费用－

完全成本法期初存货吸收的固定制造费用

从上述公式可以看出：①当完全成本法期末存货吸收的固定制造费用等于期初存货吸收的固定制造费用时，完全成本法与变动成本法的当前营业利润相等；②当完全成本法期末存货吸收的固定制造费用大于期初存货吸收的固定制造费用时，完全成本法下的营业利润大于变动成本法下的营业利润；③当完全成本法期末存货吸收的固定制造费用小于期初存货吸收的固定制造费用时，完全成本法下的营业利润小于变动成本法营业利润。

四、变动成本法的优缺点

1. 变动成本法的优点

（1）从理论上说，变动成本法最符合“费用与收益相配合”这一公认会计原则（GAAP）的要求。变动成本法按照成本性态分为两部分。一部分是直接与产品制造有联系的成本，即变动成本，如直接材料、直接人工，以及变动的制造费用。它们需要按产品销售量的比例，将其中已销售的部分转作销售成本，同本期销售收入相配合；将未销售的产品成本转作存货成本，以便与未来预期获得的收益相配合。另一部分是同产品制造没有直接联系的成本，即固定成本。它们是为了保持生产能力并使其处于准备状态而引起的各种费用。这类成本与生产能力的利用程度无关，既不会因产量的提高而增加，也不会因产量的下降而减少；它们只联系期间，并随着时间的消逝而逐渐丧失，应全部列作期间成本，同本期的收益相配合，由当期的净利来负担。这样的处理充分证明变动成本法完全符合这一公认会计原则的要求。

（2）能提供有用的管理信息，为预测前景、参与决策和规划未来服务。采用变动成本法求得的单位变动成本、贡献毛益总额以及其他有关信息（如贡献毛益率、变动成本率、经营杠杆率等），对管理当局十分有用。因为它们能揭示业务量与成本变动的内在规律，找出生产、销售、成本和利润之间的依存关系，提供各种产品的盈利能力、经营风险等重要信息。

（3）便于分清各部门的经营责任，有利于进行成本控制和业绩评价。一般说来，变动生产成本的高低最能反映出企业生产部门和供应部门的工作实绩，完成得好坏应由它们负责。例如，在直接材料、直接人工和变动制造费用方面，如有所节约或超支，就会立即从产品的变动生产成本指标上反映出来，它们可以通过事前制定标准成本和建立弹性预算进行日常控制。至于固定生产成本的高低，责任一般不在生产部门，通常应由管理部门负责，可通过事先制定费用预算的办法进行控制。

（4）促使企业管理当局重视销售环节，防止盲目生产。采用变动成本法以后，产量的高低与存货的增减对税前净利都没有影响。在销售单价、单位变动成本、销售组合不变的情况下，企业的税前净利将随销售量同方向变动（尽管不成比例）。这样一来，就会促使管理当局十分重视销售环节，千方百计加强促销活动，并把主要精力集中在研究市场动态、了解消费者的需求、搞好销售预测和以销定产等方面，力求做到适销对路、薄利多销，防止盲目生产。

（5）简化成本计算，便于加强日常管理。采用变动成本法，把固定制造费用列作期间成本，从贡献毛益总额中一笔减除，可以省掉许多间接费用的分摊手续。这不仅大大简化了产品成本的计算过程，避免间接费用分摊中的一些主观随意性（特别是在生产多品种的企业内），而且可以使会计人员从繁重的计算工作中解脱出来，集中精力向日常管理的广度和深度进军。

2. 变动成本法的缺点

（1）不符合传统的成本概念的要求。“成本是为了达到一个特定的目的而已经发生或可能发生的以货币计量的牺牲”。按照这个传统观念，产品的成本就应该既包括变动成本也包括固定成本，而按变动成本法算出来的产品成本，显然不能满足这个要求。

（2）不能满足长期经济决策和定价决策的需要。尽管变动成本法所提供的信息在短期经营决策中能作为确定最优方案的重要根据，但不能解决诸如增加或减少生产能力，以及扩大或缩小经营规模的长期决策问题。因为从长期来看，由于技术进步和通货膨胀等因素的影响，销售单价、单位变动成本和固定成本总额很难固定不变。

（3）从传统的完全成本法过渡到变动成本法时，会影响有关方面的利益。在实际工作中，如由原来的全部成本法过渡到变动成本法时，一般要降低期末存货的计价（即在存货成本中要减去固定生产成本)。因为要等这些存货售出时才能实现利润，所以会减少当期的税前净利。这就会使企业延迟支付当期的所得税和股利，从而暂时影响当期的税务机关的所得税收入和投资者的股利利益。

如前所述，尽管变动成本法有一定的局限性，但西方企业几十年来的实践经验证明：变动成本法在强化企业内部经营管理、提高经济效益方面确实起着非常巨大的作用。目前，西方企业最流行的做法是：在期末对产品成本和存货成本的计价、税前净利的计算以及基本财务报表的编制均采用完全成本法，而日常在对内强化经营管理方面则采用变动成本法。

本章小结

本章主要介绍成本性态和变动成本法的基本内容。

成本性态是指成本总额与特定业务量之间的依存关系，依据成本性态，成本可以分为变动成本、固定成本和混合成本，其中混合成本可以进一步分解为变动成本和固定成本。

固定成本和变动成本的划分是针对“相关范围”而言的，所谓相关范围，是指在一定时期和一定生产规模范围内。固定成本按照管理层控制程度的高低又可以分为酌量性固定成本和约束性固定成本。

完全成本法是将全部成本按照经济用途分为生产成本和非生产成本两部分。变动成本法是将变动制造生产成本计入产品成本，而将固定制造成本和非制造成本计入期间费用的一种成本计算方法。变动成本法和完全成本法的主要区别体现在三个方面：①产品成本的组成不同；②期末存货的计价方法不同；③损益计算结果及利润表格式不同。但根本原因都在于两种方法对固定制造费用的处理思想不同。

名词与术语

成本性态　变动成本　固定成本　混合成本　混合成本分解　高低点法　回归直线法　散布图法　变动成本法　完全成本法　贡献毛益

思考题

1. 什么是成本性态？依据成本性态可以对成本进行哪些划分？
2. 混合成本的分解方法有哪些？各自的使用条件是什么？
3. 什么是完全成本法？什么是变动成本法？

4. 完全成本法和变动成本法有什么不同?
5. 如何理解两种方法下的税前利润区别?
6. 变动成本法有哪些优缺点?

自测题

自测题 7－1

【目的】练习成本分别按经济职能和成本性态进行合理划分。

【资料】以下是石林工厂历史上发生的各种费用项目名称：直接材料；间接材料；直接人工；间接人工；工厂的公用事业费；工厂的财产税；销售用的汽车租金；销售的招待费；机器用的润滑剂；坏账；全体职工的奖金税；广告费；机器维修费；生产设备折旧费；全厂资产保险费；产品运出费用；停工工资。

【要求】

（1）分别说明上述各项目，哪些属于制造成本？哪些属于非制造成本?

（2）分别说明上述各项目，哪些属于变动成本？哪些属于固定成本？哪些属于混合成本?

自测题 7－2

【目的】练习混合成本的分解。

【资料】已知某企业 2016 年上半年某项混合成本资料如表 7－11 所示，要求用高低点法进行混合成本分解。

表 7－11　某企业 2016 年上半年某项混合成本资料表

月　份	产量 x（件）	混合成本 y（元）
1	6	110
2	8	115
3	4	85
4	7	105
5	9	120
6	5	100

【要求】用高低点法、散布图法和回归直线法分别对该混合成本进行分解。

自测题 7－3

【目的】练习连续三年销量不变，生产量改变的情况下完全成本法和变动成本法成本及损益的计算。

【资料】通济公司只生产甲产品，期初存货为零，最近三个会计年度的资料如表 7－12 所示。

表 7－12　通济公司最近三个会计年度的资料表

项目	第一年	第二年	第三年
生产量（件）	3000	4000	2000
销售量（件）	3000	3000	3000
单位产品售价（元）	10	10	10
单位变动生产成本（元）	4	4	4
固定生产成本总额（元）	12000	12000	12000
摊销管理费用（元）	2500	2500	2500

【要求】根据上述资料：

（1）按完全成本法和变动成本法编制连续三年的单位产品成本计算单。

（2）按完全成本法和变动成本法分别编制连续三年的损益表。

自测题 7－4

【目的】练习连续三年生产量不变销量变动情况下完全成本法和变动成本法成本及利润的计算。

【资料】通济公司只生产甲产品，期初存货为零，最近三个会计年度的资料如表 7－13 所示。

表 7－13　通济公司最近三个会计年度的资料表

项目	第一年	第二年	第三年
生产量（件）	3000	3000	3000
销售量（件）	2000	4000	3000
单位产品售价（元）	10	10	10
单位变动生产成本（元）	4	4	4
固定生产成本总额（元）	12000	12000	12000
摊销管理费用（元）	2500	2500	2500

【要求】根据上述资料：

（1）按完全成本法和变动成本法编制连续三年的单位产品成本计算单。

（2）按完全成本法和变动成本法分别编制连续三年的损益表。

第八章

本量利分析

学习目标

1. 了解本量利分析的基本假定。
2. 掌握本量利分析的指标计算。
3. 掌握目标利润分析的方法。
4. 掌握利润因素的敏感性分析。

☞ 导入案例

美国伊玛公司 2016 年的计划利润如表 8－1 所示。

表 8－1　美国伊玛公司 2016 年的计划利润数据资料　　单位：美元

销售收入	200000	单价	20
减：变动成本	120000	减：单位变动成本	12
贡献毛益	80000	单位贡献毛益	8
减：固定成本	64000	减：单位固定成本	6.40
营业利润	16000	单位产品营业利润	1.60

请问：①盈亏临界点销售量为多少？②为了实现 30000 美元的目标利润，必须销售多少产品？由以上案例可知，企业的成本、业务量和利润之间存在着密切的内在关系，一般称为本量利分析，它是在成本性态分析和变动成本法的基础上的进一步扩展。本量利分析所提供的基本原理和方法在企业预测分析中有着广泛的用途，同时又是企业决策、规划和控制的重要工具。

资料来源：http：//www.xnjd.cn/upload/resource/teacher/2016－2017－2/qzzhou/1177119094998.doc。

第一节　成本、数量和利润的关系

本量利分析是成本、业务量和利润分析的简称，是研究企业在一定期间内成本、业务量、利润三者之间的变量关系的一种专门方法，也称 CVP 分析（Cost – Volume – Profit Analysis）。它是在成本性态分析和变动成本法的基础上进一步展开的一种分析方法，也是成本管理会计的基本内容之一。通过本量利分析的进一步拓展，企业可以更好地了解其成本结构、经营风险以及不同的销售策略等对企业经营业绩的影响，为自身提供有力的决策支持。

一、本量利分析的基本假定

本量利分析理论是建立在一定的假设基础之上的，这些假设限定了本量利分析的应用范围，而且由于各种因素的影响，往往与实际情况不相符。如果忽视了这一点，特别是当假定不能成立时，就会造成本量利分析不当，导致做出错误的预测和决策。本量利分析一般有以下几方面假定：

1. 成本性态分析假定

假定企业的全部成本已按性态合理地划分为固定成本和变动成本两部分。由于变动成本的产生只与相应的业务量的变化有关，在本量利分析模型中，为了简便起见，先假定变动成本只与企业生产业务水平呈正相关。对于那些存在复杂的成本结构的企业，也假定由多种不同种类业务量而产生的变动成本都能转化为同生产水平相关。而由于固定成本不随业务量的变化而变化，企业必须要弥补这部分成本才可能获利。

2. 线性关系假定

线性关系假定包括两方面内容：一是假定销售单价为常数，即销售收入与销售量成正比例关系，销售收入函数表现为线性方程。该假定的前提条件是产品处于成熟期，售价比较稳定；二是假定在相关范围内，单位变动成本为常数，变动成本与产销量成正比例关系，即变动成本函数表现为线性方程。

3. 固定成本不变假定

本量利分析的线性关系假设，首先是指固定成本与产量无关，但这个假设也只有在一定的相关范围内才能成立。如果超出这个范围，由于新增设备或加开班次等原因，固定成本会突然增加，并非无条件地保持不变。

4. 产销平衡假定

从第七章可以看出，在实际情况下，企业存货水平的变化会导致会计上计算的存货成本发生变动。这里在假定线性关系的基础上假定生产出来的产品总是可以找到市场，即产量和销售量相等，可以实现产销平衡。

5. 品种结构稳定假定

在企业存在多种产品的情况下，产品的生产组合和销售结构都是经常变动的，这使得企业的综合变动成本经常变动。因此，假定在一个生产多品种产品的企业，产销总量发生变化时，原来各种产品的产销量占全部产品产销总量的比重不发生变化。这样就为本量利分析在多产品的企业中展开讨论提供了可靠保证。

有了上述假定，就可以方便地使用简单的数学模型或图形来揭示成本、业务量和利润之间的联系，并指导企业在实际工作中合理运用本量利分析方法。

二、本量利分析的基本公式

1. 基本的本量利公式

利润 = 销售收入总额 - 总成本

= 销售收入总额 -（变动成本总额 + 固定成本总额）

= 单价 × 销售量 -（单位变动成本 × 销售量 + 固定成本总额）

=（单价 - 单位变动成本）× 销售量 - 固定成本总额

上述公式中的利润，在我国管理会计中是指未扣除利息和所得税以前的“营业利润”，也就是西方财务会计中所谓的“息税前利润”（EBIT）。

2. 本量利公式的变换形式

单价 =（固定成本总额 + 利润）/ 销量 + 单位变动成本

单位变动成本 = 单价 -（固定成本总额 + 利润）/ 销量

固定成本 = 单价 × 销量 - 单位变动成本 × 销量 - 利润

销量 =（固定成本总额 + 利润）/（单价 - 单位变动成本）

3. 贡献毛益方程式

（1）贡献毛益。

贡献毛益总额 = 销售收入总额 - 变动成本总额

单位贡献毛益 = 单价 - 单位变动成本

由以上两式可知：

贡献毛益总额 = 单位贡献毛益 × 销量

根据本量利关系的基本公式：

利润 = 贡献毛益总额 - 固定成本总额

由此可见，尽管贡献毛益并不等于企业利润，但它的大小却在一定程度上决定企业的盈利能力。只有贡献毛益在补偿了企业的固定成本之后仍有剩余，才能形成利润。

根据上述公式，还可得：

贡献毛益总额 = 固定成本总额 + 利润

固定成本总额 = 贡献毛益总额 − 利润

由于变动成本既包括生产制造过程的变动成本即产品变动成本，还包括销售、管理费用中的变动成本即期间变动成本，所以贡献毛益就可以具体分为制造贡献毛益和产品贡献毛益。

制造贡献毛益 = 销售收入总额 − 产品变动成本

产品贡献毛益 = 制造贡献毛益 − 销售和管理变动成本

（2）贡献毛益率。

贡献毛益率 = 贡献毛益总额/销售收入总额 = 单位贡献毛益/单价

于是，利润公式可表达为：

利润 = 销售收入总额 × 贡献毛益率 − 固定成本

贡献毛益率可以理解为每 1 元销售收入中贡献毛益所占的比重，它反映的是产品给企业做出贡献的能力。

（3）变动成本率。

变动成本率 = 变动成本总额/销售收入总额 = 单位变动成本/单价

销售收入被分为变动成本和贡献毛益两部分，前者反映产品自身的耗费，后者是给企业做的贡献，两者百分率之和应当为 1。

变动成本率 + 贡献毛益率 = 变动成本总额 ÷ 销售收入总额 + [（销售收入总额 − 变动成本总额）÷ 销售收入]

= 1

【例 8 −1】 某企业只生产甲产品，单位变动成本为 300 元，本期实现销售 1000 件，单价为 500 元，发生固定成本 190000 元，要求：

（1）计算本期甲产品的单位贡献毛益、贡献毛益总额、贡献毛益率、变动成本率。

（2）利用贡献毛益指标计算该企业的本期实际利润。

解：

（1）单位贡献毛益 = 单价 − 单位变动成本 = 500 − 300 = 200（元）

贡献毛益总额 = 单位贡献毛益 × 销量 = 200 × 1000 = 200000（元）

贡献毛益率 = 单位贡献毛益/单价 = 200/500 = 40%

或

贡献毛益率 = 贡献毛益总额/销售收入 = 200000/500000 = 40%

变动成本率 = 单位变动成本/单价 = 变动成本总额/销售收入

= 300/500 = 300000/500000 = 60%

（2）本期实现的利润 = 贡献毛益总额 − 固定成本 = 200000 − 190000 = 10000（元）

三、本量利分析图

将成本、销量、利润的关系反映在直角坐标系中，即为本量利图。因其能直观地反映企业不盈利或亏损时应达到的产销量，故又称为盈亏临界图或损益平衡图。

根据资料的多少和目的的不同，本量利图有多种形式。

1. 基本式本量利图

这是本量利图最传统的形式，其特点是将固定成本置于变动成本之下，从而清晰地表明固定成本不随业务量变动的成本特性；变动成本线与固定成本线之间的距离为变动成本，它随产量的增加而成正比例增加；变动成本与横轴之间的距离为总成本；销售收入线和总成本线的交点是盈亏临界点，表明企业在总收入与总成本相等时，既没有利润，也不发生亏损。在此基础上销售收入超过总成本，形成利润区；反之，形成亏损区。

基本式本量利图的绘制程序如下：

第一步，在直角坐标系中，以横轴表示销售量，以纵轴表示金额。

第二步，绘制固定成本线。在纵轴上确定固定成本的数额，并以此为起点，绘制一条平行于横轴的直线，即为固定成本线。

第三步，绘制销售收入线。根据销售收入 = 单价 × 销售量的函数关系式绘制销售收入线。

第四步，绘制总成本线。根据总成本 = 单位变动成本 × 销售量 + 固定成本的函数关系式绘制总成本线。图 8 – 1 是基本式本量利图的示例。

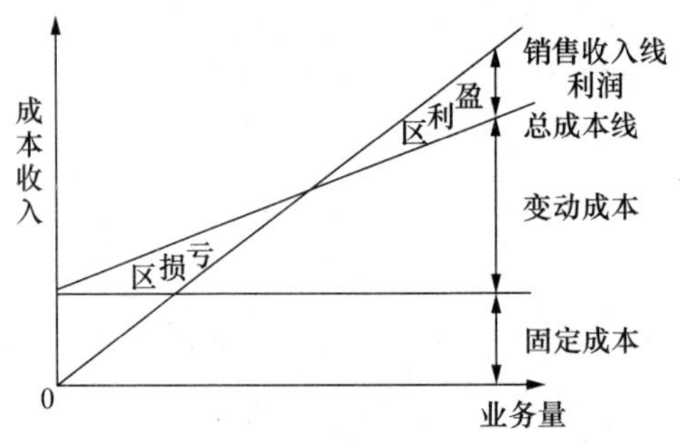

图 8 – 1　基本式本量利图

2. 贡献毛益式本量利图

贡献毛益式本量利图的特点是将固定成本置于变动成本之上。其基本绘制程序如下：

第一步，先确定销售收入线和变动成本。

第二步，在纵轴上确定固定成本值并以此为起点画一条与变动成本线平行的直线，也就是总成本线。这条线与销售收入线的交点即为本量利点。其他部分的绘制方法和基本式本量利图相同。图 8 – 2 是贡献毛益式本量利图的示例。

图 8 – 2 的主要优点是可以表示贡献毛益的数值。企业的销售收入随销量成正比例增长。这些销售收入首先用于弥补产品自身的变动成本，剩余的是贡献毛益。贡献毛益随销量的增加而扩大，当其达到固定成本值时，企业处于盈亏临界，当贡献毛益超过固定成本后，企业进入盈利状态。

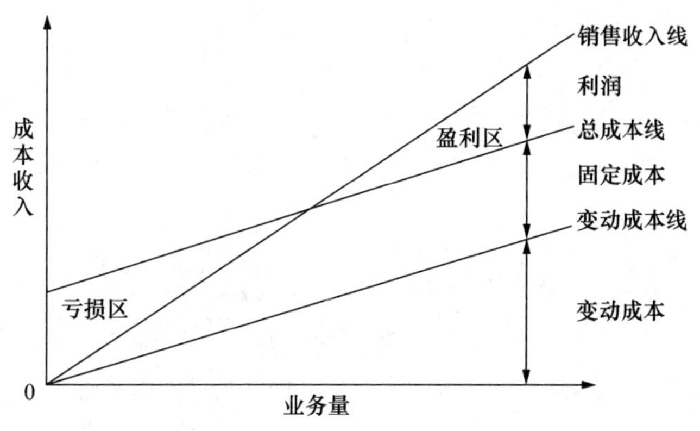

图 8－2　贡献毛益式本量利图

3. 利量式本量利图

利量式本量利图是反映利润与销售量之间依存关系的图形。该图绘制的程序是，首先在平面直角坐标系中，以横轴代表销售量，以纵轴代表利润（或亏损）；其次在纵轴原点以下部分找到与固定成本总额相等的点（0，固定成本数值），该点表示业务量等于零时，亏损额等于固定成本；最后从点（0，固定成本数值）出发画出利润线，该线的斜率是单位贡献毛益。利润线与横轴的交点即为盈亏临界点。

图 8－3 能直观反映业务量与利润、贡献毛益和固定成本之间的关系。当销售量为零时，企业的亏损就等于固定成本，随着销售量的增长，亏损越来越少；当销售量超过盈亏临界点时，企业开始出现利润，而且销售量越大，利润越多。可见，这种简单明了的图形更容易为企业管理人员理解。

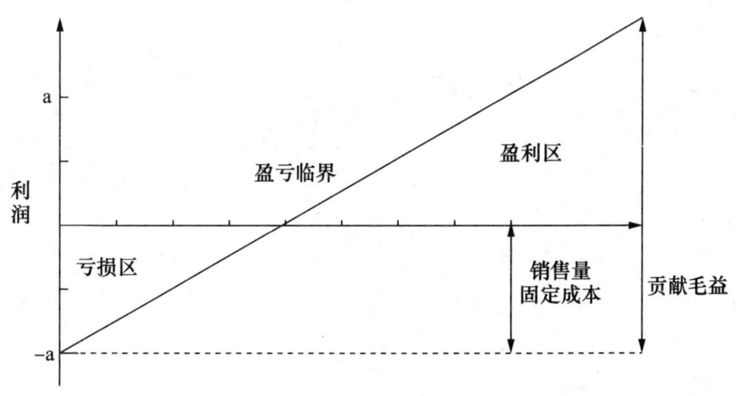

图 8－3　利量式本量利图

第二节 盈亏临界分析

企业的管理者，无论是大型的跨国公司还是小型的个体工商户，都会考虑这样一个问题：销售状况达到什么样的水平才能保证经营不亏损。盈亏临界点就是指当企业净利润为零时的销售水平，即恰好弥补全部成本时企业的销售量或销售额。当销售水平低于盈亏临界点的情况下，企业处于亏损状态，随着销售水平的提高，企业亏损逐渐得到弥补，最终达到盈亏平衡；当销售水平高于盈亏平衡点时，企业处于盈利状态，并随着销售水平的不断提高，企业的获利不断增加。

盈亏临界分析就是以盈亏临界点为基础，对成本、销售量和利润三者之间关系所进行的盈亏平衡分析，是本量利分析的一项重要内容。它主要研究如何确定盈亏临界点、有关因素变动对盈亏临界点的影响等问题。进行盈亏临界分析，不仅可以为企业管理当局提供未来防止亏损应完成的最低业务量信息，而且为审视企业未来经营的安全程度，确定达到盈亏平衡状态的开工率以及开展相应的目标利润分析创造条件。

一、单一产品盈亏临界点的确定与分析

1. 盈亏临界点销售量

对本量利分析的基本公式进行推导，可以得出单一品种盈亏临界点对应的业务量。本量利分析的基本公式如下：

利润 = 销售数量 ×（销售单价 - 单位变动成本）- 固定成本总额

令利润等于零，再对基本公式进行推导，得出下列公式：

$$盈亏临界点销售量 = \frac{固定成本总额}{销售单价 - 单位变动成本}$$

因为，

销售单价 - 单位变动成本 = 单位贡献毛益

所以，上述公式又可表示为：

$$盈亏临界点销售量 = \frac{固定成本总额}{单位贡献毛益}$$

2. 盈亏临界点销售额

盈亏临界点销售额 = 盈亏临界点销售量 × 单价

或者，依据利润计算的公式：

利润 = 销售额 × 贡献毛益率 - 固定成本总额

令利润等于零，此时的销售额为盈亏临界点销售额：

$$盈亏临界点销售额=\frac{固定成本总额}{贡献毛益率}$$

【例8-2】某公司生产销售乙产品，销售单价80元/件，单位变动成本50元/件，固定成本总额60000元，试计算乙产品处在盈亏临界点的销售量及销售额。

$$盈亏临界点销售量=\frac{60000}{80-50}=2000（件）$$

$$盈亏临界点销售额=2000\times80=160000（元）$$

或

$$盈亏临界点销售额=\frac{60000}{(80-50)\div80}=160000（元）$$

3. 盈亏临界点作业率

盈亏临界点作业率，是指盈亏临界点销售量（额）占企业正常销售量（额）的比重。所谓正常销售量（额），是指正常市场和正常开工情况下企业的销售量（额）。

$$盈亏临界点作业率=\frac{盈亏临界点销售量（额）}{正常销售量（额）}$$

由于多数企业的生产经营能力是按正常销售量来规划的，生产经营能力与正常销售量基本相同，所以盈亏临界点作业率还表明保本状态下的生产经营能力的利用程度。

【例8-3】某企业的正常销售额为5000元，盈亏临界点销售额为4000元，则：

$$盈亏临界点作业率=\frac{4000}{5000}\times100\%=80\%$$

计算表明，该企业的作业率必须达到正常作业的80%以上才能取得盈利，否则就会发生亏损。

4. 安全边际和安全边际率

（1）安全边际。安全边际是指正常销售量（额）超过盈亏临界点销售量（额）的差额，它表明企业销售量（额）下降多少仍不至于亏损。

安全边际量（额）=正常销售量（额）-盈亏临界销售量（额）

根据上例中的有关数据得出：安全边际=5000-4000=1000（元）

（2）安全边际率。企业生产经营的安全性，还可以用安全边际率来表示，即安全边际量（额）与正常销售量（额）或当年实际订货量（额）的比值。

$$安全边际率=\frac{安全边际量（额）}{正常销售量（额）}$$

根据上例的资料计算如下：

$$安全边际率=\frac{1000}{5000}\times100\%=20\%$$

安全边际和安全边际率的数值越大，企业发生亏损的可能性就越小，企业就越安全。安全边际率是相对指标，便于不同企业和不同行业的比较。企业安全性的经验数据如表8-2所示。

表 8－2　安全性检验标准

安全边际率	40%	30% ~40%	20% ~30%	10% ~20%	10% 以下
安全等级	很安全	安全	较安全	值得注意	危险

盈亏临界点作业率和安全边际率可用图 8－4 直观地表示。

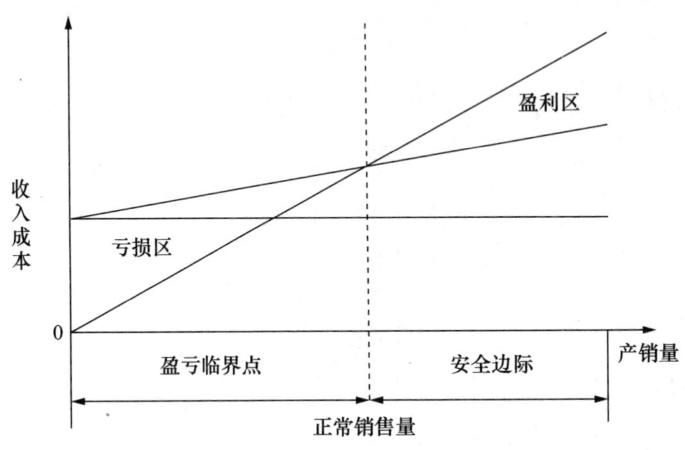

图 8－4　盈亏临界点作业率和安全边际率图

从图 8－4 可以看出，盈亏临界点把正常销售分为两部分：一是盈亏临界点销售额；二是安全边际。即，正常销售额＝盈亏临界点销售额＋安全边际销售额。

上式两边同除以正常销售额可以得到：

1＝盈亏临界点作业率＋安全边际率

根据上例的资料可以验证：

盈亏临界点作业率＋安全边际率＝80% ＋20% ＝1

二、多品种盈亏临界点的确定与分析

很少有企业只经营一种产品，在企业同时生产并销售多种产品的情况下，盈亏临界点的计算，由于不同产品的实物量无法相加，所以只能以价值形式来反映。在实际工作中，多种产品盈亏临界点的计算方法主要有综合贡献毛益率法和分算法等。

1. 综合贡献毛益率法

综合贡献毛益率法是根据企业的综合贡献毛益率计算多种产品盈亏临界点的方法。这种方法对各种产品同等看待，不要求分配企业的固定成本，将各产品创造的综合贡献毛益视为补偿企业全部固定成本的收益来源。其具体计算步骤如下：

（1）确定各产品的贡献毛益率。

贡献毛益率＝单位贡献毛益/单价＝贡献毛益总额/销售收入总额

（2）确定各产品的销售额比重。

某种产品的销售额比重 = 该产品销售额/全部产品销售额之和

（3）计算加权平均贡献毛益率（综合贡献毛益率）。

加权平均贡献毛益率 = ∑（某种产品的贡献毛益率 ×
该产品的销售额占销售总额的比重）

（4）计算综合盈亏临界点销售额。

综合盈亏临界点销售额 = 固定成本总额/加权贡献毛益率

（5）计算各种产品盈亏临界点的销售额、销售量。

某种产品盈亏临界点的销售额 = 综合盈亏临界点销售额 ×
该产品的销售额占销售总额的比重

某种产品盈亏临界点的销售量 = 该产品盈亏临界点销售额/销售单价

【例 8-4】 某公司生产和销售 A、B、C 三种产品，固定成本总额为 111750 元，其有关资料如表 8-3 所示。

表 8-3　A、B、C 三种产品的资料

项目	A 产品	B 产品	C 产品
计划销售量（件）	6000	5000	4000
销售单价（元）	150	120	125
单位变动成本（元）	90	75	85
单位贡献毛益（元）	60	45	40

要求：用综合贡献毛益率法计算 A、B、C 各产品的盈亏临界点。

解：

（1）计算 A、B、C 产品的贡献毛益率。

A 产品贡献毛益率 = 60/150 × 100% = 40%

B 产品贡献毛益率 = 45/120 × 100% = 37.5%

C 产品贡献毛益率 = 40/125 × 100% = 32%

（2）计算 A、B、C 产品的销售额比重。

$$A\text{ 产品的销售额比重} = \frac{6000 \times 150}{6000 \times 150 + 5000 \times 120 + 4000 \times 125} = 45\%$$

$$B\text{ 产品的销售额比重} = \frac{5000 \times 120}{6000 \times 150 + 5000 \times 120 + 4000 \times 125} = 30\%$$

$$C\text{ 产品的销售额比重} = \frac{4000 \times 150}{6000 \times 150 + 5000 \times 120 + 4000 \times 125} = 25\%$$

（3）计算加权平均贡献毛益率。

加权平均贡献毛益率 = 40% × 45% + 37.5% × 30% + 32% × 25% = 37.25%

（4）计算综合盈亏临界点销售额。

综合盈亏临界点销售额 = 111750/37.25% = 300000（元）

计算 A、B、C 产品盈亏临界点的销售额、销售量：

A 产品盈亏临界点销售额 = 300000 × 45% = 135000（元）

A 产品盈亏临界点销售量 = 135000 ÷ 150 = 900（件）

B 产品盈亏临界点销售额 = 300000 × 30% = 90000（元）

B 产品盈亏临界点销售量 = 90000 ÷ 120 = 750（件）

C 产品盈亏临界点销售额 = 300000 × 25% = 75000（元）

C 产品盈亏临界点销售量 = 75000 ÷ 125 = 600（件）

2. 分算法

分算法是将企业多种产品共同发生的固定成本总额，按一定的方法分摊给每一种产品，然后就每一种产品分别运用单一产品的盈亏临界点分析公式计算盈亏临界点销售量、盈亏临界点销售额，并进行相关的分析。由于固定成本需要由贡献毛益来补偿，一般采用贡献毛益作为共同性固定成本的分配标准较为合理。

【例 8-5】 承【例 8-4】的资料，假定按贡献毛益进行固定成本的分摊，要求用分算法计算 A、B、C 各产品的盈亏临界点。

解：

（1）计算各产品应分摊的固定成本数额。

$$固定成本分配率 = \frac{111750}{6000 \times 60 + 5000 \times 45 + 4000 \times 40} = 0.15$$

A 产品应分摊的固定成本 = 6000 × 60 × 0.15 = 54000（元）

B 产品应分摊的固定成本 = 5000 × 45 × 0.15 = 33750（元）

C 产品应分摊的固定成本 = 4000 × 40 × 0.15 = 24000（元）

（2）计算各产品盈亏临界点销售量。

$$A 产品盈亏临界点销售量 = \frac{540000}{60} = 9000（件）$$

$$B 产品盈亏临界点销售量 = \frac{33750}{45} = 750（件）$$

$$C 产品盈亏临界点销售量 = \frac{240000}{40} = 6000（件）$$

三、基本因素变动对盈亏临界点的影响

前述盈亏临界点分析，不论是单一产品还是多种产品，都是在有关产品的销售单价、单位变动成本、固定成本总额、产品销售结构等基本因素不变的条件下进行的。然而，在实际工作中，产品的销售单价、单位变动成本、固定成本总额、产品销售结构等基本因素会发生变动，有时是一个因素发生变动，有时是多个因素同时发生变动，这都会对前述的盈亏临界点的计算结果产生影响。为了借助盈亏临界分析给企业管理者提供有用的信息，

有必要对有关因素发生变动对盈亏临界点产生的影响加以说明。

1. 产品销售单价的变动

在单位变动成本、固定成本总额、产品销售结构等因素不变的情况下，产品销售单价提高，企业的单位贡献毛益和贡献毛益率都将增大，企业获得的利润增多，盈亏临界点降低；反之，盈亏临界点升高。因此，在其他因素不变的情况下，盈亏临界点与销售单价呈反方向变动。

【例8-6】某公司生产销售丙产品，预计单位售价100元每件，单位变动成本60元每件，固定成本总额150000元，盈亏临界点为3750件。现假定丙产品销售单价因故提高10%，其余资料保持不变。则：

$$销售单价提高后盈亏临界点=\frac{15000}{100\times(1+10\%)-60}=3000（件）$$

计算结果表明，当丙产品销售单价提高10%时，盈亏临界点由3750件降到3000件。

2. 产品单位变动成本的变动

在销售单价、固定成本总额、产品销售结构等因素不变的情况下，产品单位变动成本上升，企业的单位贡献毛益和贡献毛益率都将降低，企业获得的利润减少，盈亏临界点升高；反之，盈亏临界点降低。因此，在其他因素不变的情况下，盈亏临界点与产品单位变动成本呈同方向变动。

【例8-7】承【例8-6】，假设丙产品单位变动成本因故上升10%，其他因素保持不变。则：

$$单位变动成本上升后盈亏临界点=\frac{15000}{100\times(1+10\%)-60}\approx4412（件）$$

计算结果表明，当丙产品单位变动成本上升10%时，盈亏临界点由3750件上升到4412件。

3. 固定成本总额的变动

在销售单价、单位变动成本、产品销售结构等因素不变的情况下，固定成本总额上升，企业获得的利润减少，盈亏临界点升高；反之，盈亏临界点降低。因此，在其他因素不变的情况下，盈亏临界点与固定成本总额呈同方向变动。

【例8-8】承【例8-7】，假设丙产品固定成本总额因故上升10%，其他因素保持不变。则：

$$固定成本总额上升后盈亏临界点=\frac{15000\times(1+10\%)}{100-60}=4125（件）$$

计算结果表明，当丙产品固定成本总额上升10%时，盈亏临界点由3750件上升到4125件。

4. 产品销售结构的变动

在同时销售多品种的企业中，有关产品之间的销售结构不同，企业的综合利润也不同。如果多生产贡献毛益大的产品，少生产贡献毛益小的产品，企业加权平均贡献毛益率就大，企业盈亏临界点就低；反之，多生产贡献毛益小的产品，少生产贡献毛益大的产品，企业加权平均贡献毛益率就小，企业盈亏临界点就高。

【例8-9】某公司同时生产销售甲、乙、丙三种产品，有关资料如表8-4所示。

表8-4 甲、乙、丙产品资料表

项目	甲产品	乙产品	丙产品
产销数量（件）	50000	100000	150000
销售单价（件）	80	60	100
单位变动成本（元）	50	30	60
单位贡献毛益（元）	30	30	40
贡献毛益率（%）	37.5	50	40
产销结构（%）	16	24	60
固定成本总额（元）	21000		

要求：

（1）根据以上资料，计算该公司现有条件下的盈亏临界点。

（2）假定乙产品的产销结构上升为34%，甲产品的产销结构下降为6%，丙产品的产销结构保持不变。试计算在其他因素不变的条件下，产销结构变动后企业的盈亏临界点。

解：

计算现有条件下及产销结构变动后的盈亏临界点如下：

（1）计算该公司现有条件下的盈亏临界点。

综合贡献毛益率 = 37.5% ×16% +50% ×24% +40% ×60% =42%

盈亏临界点销售额 =210000 ÷42% =500000（元）

（2）计算产销结构变动后企业的盈亏临界点。

综合贡献毛益率 = 37.5% ×6% +50% ×34% +40% ×60% =43.25%

盈亏临界点销售额 =210000/43.25% =485549.13（元）

计算结果表明，该公司由于三种产品产销结构发生了变化，即由贡献毛益高的乙产品的产销比重提高，贡献毛益率低的甲产品产销比重降低，由此致使企业综合贡献毛益率上升，盈亏临界点相应下降。

第三节 目标利润及利润敏感性分析

一、目标利润分析

企业在一定期间所获得的利润是其经营的有关产品产销数量、销售价格、单位产品变动成本、固定成本、产品产销结构等各种因素综合作用的结果。目标利润分析是指企业在明确了本、量、利之间的内在关系后，确定为实现目标利润而应采取的一系列综合措施分析。

1. 根据各因素确定目标利润

这里所说的目标利润，一般是指税前利润。根据各因素确定目标利润，是指按照企业经营目标的要求，通过对影响企业利润高低的业务量（产销数量）、成本、价格等因素的综合分析与计算，对企业未来一定期间可能达到的利润水平所进行的预计和测算。确定目标利润的一般公式如下：

目标利润 = 预计销售量 × 预计销售单价 －（预计销售量 × 预计单位变动成本 + 预计固定成本总额）

或

目标利润 = 预计销售量 × 预计单位贡献毛益 － 预计固定成本总额
= 预计销售收入总额 × 预计贡献毛益率 － 预计固定成本总额
= 预计安全边际量 × 预计单位贡献毛益
= 预计安全边际额 × 预计贡献毛益率

采用本量利分析法预测目标利润时，应根据企业计划期间的实际生产能力及产品的市场需求、生产技术条件、物流保障情况及生产经营情况等，分别确定各影响因素的数据，进而计算出计划期可能达到的利润水平。

【例 8－10】 某企业经营丙产品，计划期预计销售量为 36000 件，预计销售单价 60 元，预计单位变动成本 36 元，固定成本总额为 540000 元，该企业计划期的目标利润应为：

目标利润 = 36000 × 60 －（36000 × 36 + 540000）= 324000（元）

或

目标利润 = 36000 ×（60 － 36）－ 540000 = 324000（元）

2. 根据目标利润进行单个因素的规划

在大多数情况下，企业为确保经营业绩的稳定发展，总是先确定目标利润，在此基础上再确定为实现目标利润而应达到的目标销售量或者目标销售额、目标单价、目标单位变动成本及目标固定成本等。

为实现目标利润，对于各因素的安排可以通过本量利分析进行，如前所述，本量利分析的基本公式是：

利润 = 销量 × 单价 －（销量 × 单位变动成本 + 固定成本总额）

通过公式变形就可求得影响利润的各因素，如销售单价、单位变动成本、固定成本等。

【例 8－11】 某企业预计在计划期生产和销售甲产品 8000 件，单位售价为 250 元，单位变动成本为 150 元，固定成本总额为 480000 元，原预计利润为 320000 元。现根据利润市场预测情况和企业董事会的要求，将目标利润提高为 350000 元。试分析影响目标利润的各有关因素如何变动才能保证目标利润的实现。

(1) 目标销售量。由于目标利润是既定的，其他因素确定的情况下，这时的目标销售量的计算可以参考以下公式：

$$目标销售量=\frac{固定成本总额+目标利润}{单位贡献毛益}=\frac{480000+350000}{250-150}=8300（件）$$

为实现目标利润，销售量要提高300件（8300－8000）。

(2) 目标销售单价。由于目标利润是既定的，其他因素确定的情况下，这时的目标单价的计算可以参考以下公式：

$$目标销售单价=\frac{固定成本总额+目标利润}{销售量}+单位变动成本$$

$$=\frac{480000+350000}{8000}+150=253.75（件）$$

为实现目标利润，销售单价要提高3.75元（253.75－250）。

(3) 目标单位变动成本。由于目标利润是既定的，其他因素确定的情况下，这时的目标单位变动成本的计算可以参考以下公式：

$$目标单位变动成本=单价-\frac{固定成本总额+目标利润}{销售量}$$

$$=250-\frac{480000+350000}{8000}=146.25（元）$$

为实现目标利润，目标单位变动成本要降低3.75元（150－146.25）。

(4) 目标固定成本。由于目标利润是既定的，其他因素确定的情况下，这时的目标固定成本的计算可以参考以下公式：

$$目标固定成本=销售量\times单价-销售量\times单位变动成本-目标利润$$

$$=8000\times250-8000\times150-350000=450000（元）$$

为实现目标利润，目标固定成本要降低30000元（480000－450000）。

3. 根据目标利润进行综合因素规划

以上是为了实现目标利润，分别从各个有关因素的不同角度所进行的测算。但是在实际工作中，各有关因素并非孤立存在，而是相互联系、相互制约的。例如，进行一项技术改造，不仅能增加产量，而且能降低单位变动成本，但固定成本总额却要有所增加；当销售某种产品达到一定限度时，根据市场均衡的原理，要继续扩大销售量，就必须适当降低销售单价。因此，需要综合计算各有关因素同时变动对利润的影响。

【例8－12】 某公司产销A产品，单价为10元，单位变动成本为4元，固定成本总额为4000元，目前的产销量为2000件，当前的预计利润是8000元。如果设定目标利润是10000元，根据下列综合规划考虑如何实现？

(1) 假设现在企业为充分利用闲置生产能力，准备将产品降价出售，为占领有限的市场空间，企业拟采取“薄利多销”的措施，将价格下调10%。为此，销售量必须达到多少？

$$目标销售量=\frac{固定成本总额+目标利润}{单位-单位变动成本}=\frac{4000+10000}{10\times(1-10\%)-4}=2800（件）$$

（2）经与销售部门协商，对方认为尽最大努力也仅能销售2500件，并鼓励生产部门共同参与，为实现目标的完成，单位变动成本应控制为多少？

$$目标单位变动成本=单价-\frac{固定成本总额+目标利润}{销量}=9-\frac{4000+10000}{25400}=3.4（元）$$

（3）生产部门经过初步分析后认为，以现有的生产技术，目前只能将单位变动成本控制在3.6元，欲完成10000元的目标利润，固定成本还需要降低多少？

$$目标固定成本=新销量\times（新单价-新单位变动成本）-目标利润$$

$$=2500\times（9-3.6）-10000=3500（件）$$

如果降价是必需的，要想完成10000元的目标利润，销售量至少要达到2500件，单位变动成本必须控制在3.6元，同时减少3500元的固定成本，否则需要各部门再次协商，进一步增加销售量或降低成本费用，经多轮反复后，如果确实难以完成既定目标，应对目标利润进行实事求是的修正，以保证目标利润的实现。

需要注意的是，当目标利润为税后利润时，需要将税后利润换算为税前利润，代入各因素计算式即可。以目标销售量和目标销售额为例计算如下：

因为：

$$税后目标利润=税前目标利润\times(1-所得税税率)$$

$$税前目标利润=\frac{税后目标利润}{1-所得税税率}$$

则有：

$$目标销售量=\frac{固定成本总额+税后目标利润\div（1-所得税税率）}{单位贡献毛益}$$

$$目标销售额=\frac{固定成本总额+税后目标利润\div（1-所得税税率）}{贡献毛益率}$$

【例8-13】承【例8-12】的资料，假定企业承担的所得税税率是30%，要求实现的税后目标利润是7000元，则有：

$$目标销售量=\frac{4000+\frac{7000}{1-30\%}}{25-15}=1400（件）$$

$$目标销售额=\frac{4000+\frac{7000}{1-30\%}}{\frac{(25-15)}{15}}=3500（件）$$

二、利润的敏感性分析

由本量利分析的基本方程式可知，影响利润的因素有单价、销售量、单位变动成本和固定成本等，它们从不同的方面，以不同的程度影响着利润。在市场经济条件下，应研究各种经济因素如何影响利润，以达到事半功倍的效果。为此，需要进行利润的敏感性分析。

所谓敏感性，是指研究和分析一个系统因周围环境和条件发生变化，而引起的状态或输出结果改变的程度。利润的敏感性分析就是研究每个参数值以相同的方向和幅度改变后，在其他因素不变的情况下，利润会发生多大程度的变化，或每个指标各自变化到什么程度，仍然能够使利润达到最优解。

单价、销售量、单位变动成本和固定成本的变化都会影响到利润，但每个因素独自变化时，对利润的影响程度各不相同。有些参数小幅度变化，利润就明显变化，此为敏感要素；有些参数即使自身变化很大，但对利润的影响微乎其微，此为不敏感系数。进行敏感性分析，意在管理实践中抓住主要矛盾。参数变量的敏感程度可以用敏感系数表示如下：

敏感系数 = 目标值变动百分比/参数值变动百分比

【例 8－14】 某企业产销 A 产品，单价为 5 元，单位变动成本为 4 元，固定成本为 40000 元，当前产销量为 100000 件。计算当前利润水平，并分析每个因素提高 10% 的情况下对利润的影响，确定各参数的敏感系数。

当前利润 = 100000 ×（5 − 4）− 40000 = 60000（元）

（1）单价变动的敏感程度。

单价提高 10% 后的利润 = 100000 × [5 × (1 + 10%) − 4] − 40000 = 11000（元）

$$目标(利润)的变化百分比 = \frac{110000 - 60000}{60000} \times 100\% = 83.3\%(件)$$

$$单价的系数 = \frac{83.3\%}{10\%} = 8.33$$

单价与利润同方向变化，单价上涨 1%，利润会增加 8.33%；反之，单价下降，利润则下降。

（2）单位变动成本的敏感程度。

单位变动成本提高 10% 后的利润 = 100000 × [5 − 4 × (1 + 10%)] − 40000 = 20000（元）

$$目标（利润）的变化百分比 = \frac{20000 - 60000}{60000} \times 100\% = -66.7\%（件）$$

$$单位变动成本敏感系数 = \frac{-66.7\%}{+10\%} = -6.67$$

单位变动成本与利润呈反向变动，单位变动成本上涨 1%，利润就会下降 6.67%；反之，单位变动成本下降，利润则上升。

（3）销售量的敏感程度。

销售量提高 10% 后的利润 = 100000 × (1 + 10%) × (5 − 4) − 40000 = 70000（元）

$$目标（利润）的变化百分比 = \frac{70000 - 60000}{60000} \times 100\% = 16.7\%（件）$$

销售量敏感系数 $=\frac{+16.67\%}{+10\%}=1.67$

销售量与利润呈同方向变化，销售量上涨 1%，利润会增加 1.67%；反之，销售量下降，利润则会下降。

(4) 固定成本的敏感程度。

固定成本提高 10% 后的利润 = 100000 × (5 − 4) − 40000 × (1 + 10%) = 56000(元)

目标（利润）的变化百分比 $=\frac{56000-60000}{60000}\times100\%=-6.7\%$

固定成本敏感系数 $=\frac{-6.7\%}{+10\%}=-0.67$

在其他条件不变的情况下，固定成本每增加 1%，利润会下降 0.67%；反之，固定成本减少，利润会提高。

以上确定各参数敏感系数的方法比较烦琐，需要两期的数据才可以算出，也可以用一种只需要利用基期数据就可以计算各因素敏感系数的简单方法来确定敏感系数。其思路如下：由于在确定敏感系数时，假设各参数值单独变化，即只改变某一参数值，其他因素维持现有的水平，因此每个参数值变化都会直接影响中间变量，利润会通过中间变量间接受到影响，所以各因素的敏感系数可以通过参数值与目标值关系得出，如表 8－5 所示。

表 8－5　参数值与目标值关系

参数值	中间变量	目标值
单价	销售收入总额	利润
单位变动成本	变动成本总额	
销售量	贡献毛益总额	
固定成本总额	固定成本总额	

根据表 8－5 可知敏感系数与参数值及目标值的关系，即各因素单独变化时，参数值与中间变量同方向同比例变化，中间变量与目标值数额发生变化，因此可以借助基期资料计算报告期的敏感系数。

某参数的敏感系数 = 该因素中间变量的基期数/目标值基期数

利润依单价变动的敏感系数 = 销售收入总额/基期利润

利润依单位变动成本变动的敏感系数 = －变动成本总额/基期利润

利润依固定成本变动的敏感系数 = －固定成本总额/基期利润

利润依销售量变动的敏感系数 = 贡献毛益总额/基期利润

根据上例中的资料利用简便方法计算：

单价的敏感系数 $=\frac{500000}{60000}=+8.33$

单位的变动成本敏感系数 $=\frac{-400000}{60000}=-6.67$

销量的敏感系数 $=\frac{100000}{60000}=+1.67$

固定成本的敏感系数 $=\frac{-40000}{60000}=-0.67$

通过计算各因素的敏感系数，企业管理者可以了解在影响利润的诸多因素中，哪个因素的敏感程度较强，哪个因素的敏感程度较弱，以便分清主次，及时采取调整措施，使利润尽可能大。

第四节　本量利分析的拓展

一、有约束条件下的多种产品的本量利分析

在实际的生产经营过程中，管理者往往希望通过增加贡献毛益高的产品的销售量，使企业的贡献毛益总额达到最大，以抵偿固定成本，创造最高利润。但是，在多数情况下，由于生产产品所需资源如机器小时数、原材料供应、动力、运输力等有限，不可能使贡献毛益高的产品产销量最大，否则将导致某些资源供不应求，其他资源却出现闲置浪费。因此，在这种存在生产资源受限制的情况下，企业管理者面临的主要问题是如何科学地安排各种产品的生产和销售，以使利润达到最大化。此时，不仅需要利用本量利分析的基本数学模型，还需要使用运筹学中的线性规划方面的知识。以下通过举例来说明。

【例8－15】某企业生产两种产品A和B，需要在一台机器上加工，每天可供使用的机器小时数为600机器小时，两种产品有关成本和售价资料如表8－6所示。

表8－6　产品基本资料

产品	销售价格（元/件）	单位变动成本（元/件）	单位产品所需机器小时（小时/件）
A	12	4	1
B	32	20	3

解：

第一步，计算两种产品单位贡献毛益。

产品A的单位贡献毛益＝12－4＝8（元）

产品B的单位贡献毛益＝32－20＝12（元）

第二步，计算两种产品单位资源所创造的贡献毛益。

产品A单位资源贡献毛益 =8 ÷1 =8（元/机器小时）

产品B单位资源贡献毛益 =12 ÷3 =4（元/机器小时）

第三步，安排两种产品的生产量。

从第二步的计算可以看出，A产品对资源的利用效率相对B产品更高，因此应尽量安排A产品生产，如有剩余再安排B产品生产。本例中600机器小时可以全部安排生产A产品。

【例8 –16】 承【例8 –15】资料，若考虑企业生产A、B两种产品不仅受机器小时数的限制，并且受到生产产品所需的原材料的限制，每天可供使用的原材料数量为800千克，生产单位产品A、B都需要2千克的原材料，则企业为了达到利润最大化，对其应该怎样进行生产计划的安排？

解：

设计划安排A、B的产量分别为Q_A和Q_B，则问题转化为求解如下的线性规划问题：

$$\text{Max}\ (\Pi) = 8Q_A + 12Q_B$$

$$\text{s. t.} \begin{cases} Q_A + 3Q_B \leqslant 600 \\ 2Q_A + 2Q_B \leqslant 800 \\ Q_A,\ Q_B \geqslant 0 \end{cases}$$

解此线性规划问题得最优解$Q_A = 150$件、$Q_B = 200$件，其总贡献毛益是3600元。与只有一种资源约束的情况不同的是，在两种资源约束时，有可能两种产品都生产。

可以想到，在企业生产的品种增加、约束资源增加的条件下，线性规划求解的过程比较复杂，甚至会出现没有最优解的情况。这时的管理者面临的决策压力就更大，就要依靠他们自身的经验来判断。

二、非线性本量利分析

前面本量利分析中假设收入和成本都呈线性关系，在现实经济生活中，用非线性方程取代线性方程来描述成本、收入与产销量之间的依存关系，可能更符合客观实际情况。

在非线性条件下，总收入或总成本随业务量的增长而呈曲线增长时，就可能应用非线性回归。非线性回归分析中最常用的方程式是：$y = a + bx + cx^2$。

以非线性方程描述成本、收入与产销量之间的依存关系，需将原始的数据进行加工，方能取得反映各有关因素之间依存关系的函数表达式。

1. 销售收入曲线

表达式：$\text{TR} = a + bx + cx^2$

求解方法：非线性回归法。

2. 总成本曲线

表达式：$\text{TC} = a + bx + cx^2$

求解方法：其方程系数可采用一种简易的方法确定，先列出成本函数的二次方程TC

$(x) = a + bx + cx^2$，然后根据所收集的历史成本数据中的产量、固定成本和总成本的数值，解上述联立方程，即可求得 a、b、c 的值。

当销售收入、成本均表现为曲线时，需分别确定其各自的函数表达式，然后建立利润函数式，并据以计算盈亏临界点、最大利润和最大销量等，其具体计算步骤如下：

第一步，计算盈亏临界点。

如以 P 代表利润，则 P = TR - TC。

由于利润等于零的销售量即为盈亏临界点的销售量，令 P = 0，再解该二次方程，即可求得 x 的两个解，也就是两个盈亏临界点。

第二步，计算最大利润的销售量。

使达到最大值的条件是 $\frac{dm}{dx} = 0$，$\frac{d^2m}{dx^2} = 0$，同时，$x \geqslant 0$。

将 m = TR - TC = 0 的二次方程式求导后，即可得出 x 的数值，即利润最大时的销售量。

第三步，计算利润的最大值。

将利润最大时的销售量 x 的值代入上述二次方程，即可求得利润的最大值。

第四步，计算最优售价。

第五步，先求出销售收入 TR 的值，然后根据单价 P = TR/x 的公式计算出最优售价。

【例 8-17】 某公司只生产和销售单一产品，而且产销平衡。会计人员通过对过去销售量、销售额和成本数据的分析，发现总成本和销售量、总收入和销售量均为非线性关系，进行回归分析后，确定了总成本和总收入的非线性回归方程，分别如下：

总成本方程：$TC = 0.005x^2 - 4x + 2400$

总收入方程：$TR = 8x - 0.007x^2$

式中，TC 为总收入；TR 为总成本；x 为产销量。用本量利分析，求该公司的盈亏临界点，利润最大化下的销售量和最大利润，最优售价。

解：利润(P) = TR - TC

$$= (8x - 0.007x^2) - (0.005x^2 - 4x + 2400)$$

$$= -0.012x^2 + 12x - 2400$$

（1）求盈亏临界点。

令 P = 0，即 $-0.012x^2 + 12x - 2400 = 0$

可以得到盈亏临界点：$x = 723$（台），$x_2 = 276$（台）

也就是说，总收入线和总成本线有两交点，即两个盈亏临界点，分别对应的销售量是 723 件和 276 件。

这一现象可以通过图 8-5 表示。

（2）求利润最大化的销售量和最大利润。

由于 $P = -0.012x^2 + 12x - 2400$，所以可以求出 x 的一阶导数 Px'，当 $Px' = 0$ 时，可

实现利润最大化，即 $Px' = (-0.012x^2 + 12x - 2400)' = -0.024x + 12$。

令 $Px' = 0$，则有 $x = 500$（台）

也就是说，产量达到 500 台时，企业实现最大利润，此时的利润 = 600（万元）。

（3）最优售价。

在 $x = 750$ 台时，企业的总收入(TR) $= 8x - 0.007x^2 = 8 \times 500 - 0.007 \times 500^2 = 2250$(万元)

此时的产品售价 $= TR/x = 2250 \div 500 = 4.5$（万元/台）

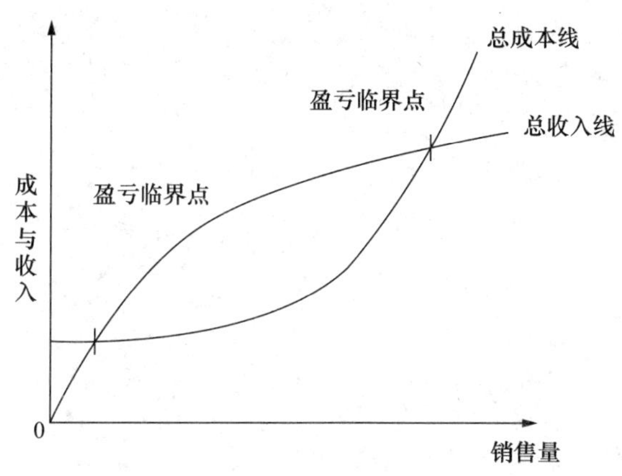

图 8－5　非线性关系下的盈亏临界图

在成本与销售量、收入与销售量呈非线性的条件下，企业制定生产计划和营销政策时，不能以产销量最大化为目标，而应以利润最大化作为经营目标，以此来确定最优产销售量和最优售价。

本章小结

本量利分析是一种重要的管理会计分析工具，集中考虑成本、业务量和利润之间的综合关系，为企业的经营管理提供决策支持。在本量利分析的过程中，涉及的影响因素包括产品的售价、单位变动成本、销售数量和销售水平、总的固定成本和产品销售结构等。

本量利分析还需要满足一些基本的假设，其中在相关范围内，可将成本按性态划分为变动成本和固定成本两类，这是本量利分析的基本前提条件，前提条件可以在一定情况下放宽以便接近实际的经营状况。

本量利分析中，为了更加符合企业的实际经营情况，介绍了相关因素变动对盈亏临界点和目标利润的影响，并从敏感性分析的角度，考虑了各因素对利润的敏感系数的计算问题。

本量利分析一个重要的应用就是目标利润分析，通过影响利润各因素的内在关系预测利润，或在明确目标利润的前提下合理规划各因素的发生水平，以此为基础给予企业管理人员科学的参考。

 名词与术语

本量利分析　贡献毛益　安全边际　贡献毛益率　安全边际率　盈亏临界点　盈亏临界点销售量　盈亏临界点销售额　盈亏临界点作业率　敏感性分析　敏感系数　中间变量　目标利润　因素规划

思考题

1. 什么是本量利分析?
2. 什么是贡献毛益? 什么是安全边际?
3. 什么是盈亏临界点? 如何计算?
4. 什么是敏感性分析? 如何计算影响利润的各因素的敏感系数?
5. 如何进行因素规划以实现目标利润?
6. 在存在约束条件下，如何进行多种产品的本量利分析?

 自测题

自测题 8－1

【目的】练习有关指标的计算。

【资料】假设有甲、乙、丙、丁四家工厂，各产销一种产品，有关资料如表 8－7 所示。

表 8－7　甲、乙、丙、丁四家工厂各产销一种产品的相关资料

工厂	销量（件）	销售收入（元）	变动成本总额（元）	单位贡献毛益（元）	固定成本总额（元）	利润或亏损（元）
甲	8000	82000	42000	？①	18000	？②
乙	2000	42000	？③	？④	15000	5000
丙	7000	？⑤	50000	4	？⑥	8000
丁	？⑦	60000	？⑧	3	15000	15000

【要求】根据贡献毛益与成本性态的关系，通过计算将表中“?”求出来填列表中，并写出计算过程。

自测题 8－2

【目的】练习有关指标计算。

【资料】假设有甲、乙、丙、丁四家工厂，各产销一种产品，有关资料如表 8－8 所示。

表 8－8　甲、乙、丙、丁四家工厂各产销一种产品的有关资料

工厂	销售收入（元）	变动成本总额（元）	贡献毛益率	固定成本总额（元）	利润或亏损（元）
甲	450000	270000	? ①	? ②	40000
乙	? ③	? ④	0.4	86000	－6000
丙	350000	210000	? ⑤	80000	? ⑥
丁	? ⑦	190000	0.4	? ⑧	13000

【要求】根据贡献毛益率与成本性态的关系，通过计算将表中“?”求出来填列表中，并写出计算过程。

自测题 8－3

【目的】练习有关盈亏临界指标计算和综合分析。

【资料】某企业生产和销售甲、乙两种产品，产品的单位售价分别是 5 元和 10 元，贡献毛益率分别是 40% 和 20%，全年固定成本为 50000 元。

【要求】

（1）假设全年甲、乙两种产品分别销售了 20000 件和 40000 件，试计算下列指标：①用金额表示的盈亏临界点；②用实物单位表示的甲、乙两种产品盈亏临界点销售量；③用数量表示的安全边际；④预计利润。

（2）如果增加促销费 10000 元，可使甲产品销售量增至 40000 件，而乙产品销售量会减少至 20000 件。试计算此时的盈亏临界点销售额和安全边际，并说明采取这一促销措施是否划算。

自测题 8－4

【目的】练习敏感系数的计算。

【资料】假设某企业某公司生产甲产品一种产品，单价是 200 元，单位变动成本是 120 元，全年固定成本估计为 1000 万元，销售量估计是 15 万件。

【要求】根据上述资料确定各因素的敏感系数。

自测题 8 – 5

【目的】练习目标利润的规划。

【资料】某企业预计在计划期生产和销售甲产品 8000 件，单位售价为 250 元，单位变动成本为 150 元，固定成本总额为 480000 元，原预计利润为 320000 元。现根据利润市场预测情况和企业董事会的要求，将目标利润提高为 350000 元。假设有管理人员提出以下措施：

（1）为提高产品质量，需追加 4% 的单位变动成本，可使销售价格提高 3%，那么销售量应为多少？

（2）在第一问的基础上，假定该产品目前的市场容量最多可以再增加 100 件，而企业的生产能力也尚有潜力。管理人员考虑降低固定成本，那么为实现目标利润固定成本应为多少？

自测题 8 – 6

【目的】练习多品种的盈亏临界点的计算。

【资料】某企业生产 A、B、C 三种产品，有关资料如表 8 – 9 所示。

表 8 – 9　A、B、C 三种产品的资料

项目	销售量（件）	单价	单位变动成本	销售收入	单位贡献毛益	贡献毛益率	固定成本
A 产品	100000	10	8.5	1000000			—
B 产品	25000	20	16	500000			—
C 产品	10000	50	25	500000			—
合计	—	—	—	2000000	—	—	300000

【要求】

（1）计算每一种产品的贡献毛益率。

（2）计算加权平均贡献毛益率。

（3）计算盈亏临界点综合销售额。

（4）计算每一种产品的盈亏临界点销售额。

第九章

预测分析

学习目标

1. 了解预测的概念、分类。
2. 了解预测的程序、方法。
3. 掌握销售预测的方法。
4. 掌握成本预测的方法。
5. 掌握资金需要量预测的方法。

☞ 导入案例

某市春花童装厂年初设计了一批童装新品种，男童的有香槟衫、迎春衫，女童的有飞燕衫、如意衫，等等。借鉴成人服装的镶、拼、滚、切等工艺，在色彩和式样上体现了儿童的特点，活泼、雅致、漂亮。由于工艺比原来复杂，成本较高，价格比普通童装高出了80%以上，比如一件香槟衫的售价在160元左右。为了摸清这批新产品的市场吸引力，在春节前夕厂里与百货商店联合举办了"新颖童装迎春展销"，小批量投放市场十分成功，柜台边顾客拥挤，购买踊跃，一片赞誉声，许多商家主动上门订货。连续几天亲临柜台观察消费者反映的李厂长，看在眼里，喜在心上。

为了确定计划生产量，以便安排以后的生产，李厂长根据去年的月销售统计数，运用加权移动平均法，计算出以后月份预测数，考虑到这次展销会的热销场面，他决定生产能力的70%安排新品种，30%为老品种。二月份的产品很快就被订购完了。然而，现在已是四月初了，三月份的产品还没有落实销路。询问了几家老客商，他们反映有难处，原以为新品种童装十分好销，谁知二月份订购的那批货，卖了一个多月还未卖出1/3，他们现在既没有能力也不愿意继续订购这类童装了。

对市场上出现的近180度的需求变化，李厂长感到十分纳闷。他弄不明白，这些新品种都经过试销，自己亲自参加市场查和预测，为什么会事与愿违呢？

资料来源：http：//www.jlrtvu.jl.cn/wlkc/course/180001510－1/205－02.html。

第一节 预测分析概述

所谓预测，就是根据过去的历史资料和现在所能取得的信息，运用所掌握的科学知识和实践经验，按照事物的发展规律，有目的地预计和推测未来。

正确的决策来自于科学的预测。企业的经营在管理，管理的重心在决策，而有效决策的前提是预测。预测是为决策服务的，它是决策的基础。这是因为不论何种类型的决策都会面临信息量不足、不确定性较大、随机因素较多的情况，只有靠预测才能把握未来，提供未来的可靠信息，控制和降低不确定性。因此，可以把预测看成是决策的先导，是决策科学化的前提。

一、预测的分类

预测可以从各个不同的角度进行分类。

1. 按预测的时间分类，可分为短期预测、中期预测和长期预测

（1）短期预测一般为一年以内的预测，如年度预测、季度预测或月度预测，是指对计划年度、季度或月度经济发展前景的预测。短期预测是制定月度计划、季度计划、年度计划，明确规定一年以内经济活动具体任务的依据。

（2）中期预测是指对一年以上、五年以下经济活动的预测，常见的是三年预测。中期预测主要是检查中长期计划的执行情况以及检查中长期决策的经济效果，以便及时发现问题，纠正偏差。

（3）长期预测是指对五年以上时间的经济发展前景的预测。当企业考虑远期规划时，它为制定重大的经营管理决策提供依据。

2. 按预测的内容分类，可分为销售预测、成本预测、资金预测和利润预测

（1）销售预测是关于企业未来销售产品的数量、价格和销售结构等因素的预测。

（2）成本预测是关于企业未来面对激烈的市场竞争，其单位成本和总成本变动趋势的预测。

（3）资金预测是关于企业短期和长期资金的供应和需求情况的预测，也包括社会资金供求趋势及资金供求变动情况的预测。

（4）利润预测是关于企业未来某一时期可实现利润的预计和测算。它是按影响企业利润变动的各种因素，预测企业将来所能达到的利润水平，或按实现目标利润的要求，预测需要达到的销售量或销售额。因第八章已讲，本章不再重复。

二、预测分析的基本程序

预测一般可按下列几个步骤进行：

1. 确定预测对象

要进行预测，首先必须确定预测对象。只有明确预测对象，才能做到有的放矢，以便进一步根据对象的具体内容确定预测范围、预测时间和预测的可靠性等。

2. 收集、整理资料

在确定预测对象的基础上，围绕预测对象收集从过去到现在的必要的与预测目标密切相关的信息资料，充分占有真实、全面的资料是预测分析的基本前提；同时，必须对所收集到的各种资料进行鉴别、加工、整理、归纳、分析，找出经济过程中有规律性的东西，作为预测的依据。

3. 选择预测方法

根据分析整理后的信息资料以及预测对象与影响因素之间的关系，选择最恰当的预测方法，建立正确的数学模型，并注意把定性分析与定量分析结合起来。

4. 做出预测结论

利用所选定的预测方法对影响预测对象的各个方面进行具体的计算、分析、比较，根据定量分析或定性分析的预测结果，做出实事求是的预测结论。

5. 定期检查验证

对过去做出的预测结论必须定期进行验证，即以实际发生情况与预测结果进行比较，检查过去的预测结论是否正确，并找出误差原因，以便及时修订根据原来预测所制定的计划，并为以后的预测的准确性提供资料积累。

三、预测分析的方法

经济规律的客观性及其可认识性是预测分析的基础，系统、准确的会计信息及其他有关资料，是开展预测工作的必要条件。预测所采用的方法种类繁多，随预测对象和预测期限的不同而不同。但总体来讲，其基本方法可分为定量分析法和定性分析法两类。

1. 定量分析法

定量分析法又称数量预测分析方法，它主要是运用现代数学方法和计算机预测软件等工具对会计资料、统计资料和业务核算资料等各种经济信息进行科学的加工处理，并建立经济预测的数学模型，充分揭示各有关变量之间的规律性联系，作为预测分析的依据。定量分析法按照具体方式的不同，又可分为因果分析法和趋势分析法。

（1）因果分析法是根据某项指标与其他有关指标之间的相互依存、相互制约的规律性的联系，建立相应的因果数学模型进行预测的方法。它的实质就是通过事物发展的因果关系来推测事物发展的趋势。因果分析法主要有回归分析法、本量利分析法等。

（2）趋势分析法又称外推分析法，是根据某项指标过去的按时间顺序排列的数据，运用一定的数学方法进行加工、计算，借以预测未来发展趋势的预测方法。它的实质就是把未来看作是历史的延伸，应用事物发展的连续性原理和数理统计的方法来预测事物发展的未来趋势。趋势分析法主要有算术平均法、移动加权平均法、指数平滑法等。

2. 定性分析法

定性分析法又称非数量分析法，主要是用直观或判断的方法对未来事物所作的估计和推测。这种方法一般是在企业缺乏完备的历史资料的情况下，主要由熟悉该企业情况和业务的专家或管理人员应用自己的专业知识和经验，对过去和现在发生的经济现象进行分析，从中找出规律，以此作为预测未来的依据。

定性分析法又可分为判断法和调查法。判断法包括主观判断法、客观判断法；调查法包括关联指标推测法、抽样分析法等。

在实践工作中，定量分析法与定性分析法并不相互排斥，而是相互补充、相辅相成的。即使在具有完备历史资料的企业，尽管可以运用定量分析法建立数学模型，进行数学推导，但如果对于计划期间的各种外部条件的变化，诸如国家方针、政策、市场供需、信贷利率等情况不加考虑，也必然会影响预测结果的准确性。因此，管理人员只有根据企业的实际情况，把定量分析法和定性分析法很好地结合起来应用，才能取得良好的预测效果。

第二节　销售预测

一、销售预测的意义

销售预测是以所搜集到的历史资料和能够获得的各种信息为基础，运用科学的预测方法和管理人员的实际经验，预计市场对本企业产品在未来时期的需求趋势。在市场经济的“以需定销”“以销定产”的条件下，企业销售预测处于先导地位，对于指导成本预测和资金预测，安排经营计划，组织生产和进行短期和长期决策都起着重要作用。

二、销售预测的定性分析法

1. 判断分析法

它主要是指企业通过邀请一些熟知市场行情、经验丰富的专家和专业销售人员，根据企业过去的销售情况和市场行情来对企业未来的销售趋势作出推测的一种方法。这种方法简便易行，省时省力，但是容易受到人为的主观因素的影响，容易发生疏忽和失误，其结果在准确性方面有所欠缺。其一般适用于不具备完整、可靠的历史资料，且无法进行定量分析的预测。

判断分析法按具体方式不同，可以分为专家意见法、销售人员意见判断法和经理人员意见判断法三种。其中，专家意见法是指聘请理论知识和实践经验丰富的专家，运用他们的专业知识和能力对企业的销售情况作出相关的预测。这种方法在实际运用中主要有以下三种形式：

（1）个人意见法。先要求各位专家、学者以及相关的经理和销售经验丰富的营销人员根据自己的判断，对企业的销售情况做出个人的预测，然后企业派专人将这些意见进行归纳总结，从而得出企业销售情况的预测。

（2）会议判断法。让各位专家组成几个小组，通过分别召开会议或各种座谈会的形式不断对企业的销售情况进行讨论，共同探讨，最后将各种不同意见进行综合归纳，得出企业的销售预测情况。

（3）德尔菲法。德尔菲法是20世纪40年代美国兰德公司设计提出的著名的定性分析法，它实质上是会议判断法的发展。它不同于专家会议法把一组专家召集在一起对预测对象发表意见，而是通过函询征求每个专家的意见。各个专家在匿名方式下进行预测，以消除专家间在个性、情感等方面的相互影响。经过几轮反复调查和总结，最后取得专家们一致意见的预测。

2. 调查分析法

调查分析法是通过对某种产品的市场供需状况和消费者购买意向的详细调查，来预测其销售量（或销售额）的一种分析方法。调查分析从以下四个方面进行：

（1）调查产品本身目前所处寿命周期的阶段。任何企业生产的产品，都有其产生、发展与衰亡的过程，即“产品寿命周期”。它一般可分为引进与开发（或试销）、成长、成熟、饱和、衰退五个阶段。不同的阶段的销售量（销售额）是不相同的。

（2）调查消费者的情况。摸清消费者的经济情况和经营发展的前景，了解消费者的消费心理、个人的爱好、习惯和购买力的变化，以及对商品的要求等因素对商品销售量（销售额）所产生的影响。

（3）调查市场竞争力的情况。了解同行业中同类产品在花色品种、质量、包装、价格、运输等方面所采取的改进措施对销售量（销售额）的影响。

（4）调查国内外和本地区经济发展的趋势。了解国内外政治经济形势及本地区经济发展的变动对产品销售量（销售额）的影响。

最后，将上述四个方面的调查分析资料进行综合、整理、加工、计算，就可对产品的销售状态做出预测。

【例9-1】假定某市有居民100万户，通过市场调查六种耐用消费品目前所处的市场阶段，以及已拥有的户数的资料如表9-1所示。

表9-1 六种耐用消费品的市场阶段划分

寿命周期	试销	成长	成熟	饱和	衰退
年数	1~5	1~5	1~3	1~3	1~5
估计使用户数（%）	0.1~5	6~50	51~75	76~90	—

三、销售预测的定量分析法

定量分析法主要是根据有关的历史资料，运用现代数学方法对历史资料进行分析，加工处理，并通过建立预测模型，对产品的市场销售趋势进行研究，并做出预测的方法。它主要包括趋势分析法和因果分析法。

1. 趋势分析法

趋势分析法又称时间序列分析法，是将历史数据按时间的顺序来排列，通过运用数理统计知识来预计推断计划期间的销售量（销售额）的方法。其具体应用形式包括算术平均法、移动加权平均法和指数平滑法。

（1）算术平均法。以过去若干时期的销售量或销售额的算术平均数作为计划期的销售量（销售额）。计算公式如下：

$$计划期销售量（销售量）（\bar{x}）=\frac{各期销售量（销售量）之和}{期数}$$

【例9－2】 某公司2016年上半年乙产品销售额的资料如表9－2。要求预测7月乙产品的销售额。

表9－2　乙产品销售额的资料表

月份	1	2	3	4	5	6
乙产品（万元）	138	136	142	134	146	144

7月乙产品的销售额（$\bar{x}$）＝（138＋136＋142＋134＋146＋144）/6＝140（万元）

这种方法的优点是计算简便，但它使各个月份的销售差异平均化，特别是没有考虑到近期的变动趋势，因而测出的预计数与实际数可能发生较大误差。

算术平均法适用于销售量（销售额）比较稳定的商品，如没有季节性变化的食品、文具、日常用品等。

（2）移动加权平均法。根据过去若干时期的销售量或销售额，按其距计划期的远近分别进行加权，然后计算其加权平均数，据以作为计划期的销售预测数。

所取的观察值应随时间的推移而顺延。预测7月，则以4月、5月、6月三个月的历史资料为依据。接近计划期的实际销售情况对计划期预计数的影响较大，因而近期确定的加权数大，远期确定的权数小。加权平均法的计算公期式如下：

计划期销售量（销售额）（$\bar{x}$）＝各期销售量（销售额）分别乘其权数之和（$\sum wx$）

【例9－3】 承【例9－2】资料，要求预测7月乙产品的销售额。

预测7月乙产品的销售额，选取4月、5月、6月三个月的历史资料来计算。

令 $w4=0.2$；$w5=0.3$；$w6=0.5$。

预测7月乙产品的销售额（$\bar{x}$）＝134×0.2＋146×0.3＋144×0.5＝142.6（万元）

这种方法克服了算术平均法的主要缺点，比较而言，预测数较为接近实际。但是这种方法存在着明显的滞后偏差。

（3）指数平滑法。指数平滑法实质上也是一种加权平均法。导入平滑系数 α，前期实际销售量（销售额）乘以 α，前期预测的销售量（销售额）乘以（$1-\alpha$），这两个乘积相加得到本期预测销售量（销售额）。选取 α 值大于0，小于1，一般取值为0.3～0.7。选取的平滑系数越大，则近期实际数对预测结果的影响越大；选取的平滑系数越小，则近期实际数对预测结果的影响越小。选取较小的平滑系数计算的结果能反映观察值变动的长期趋势；选取较大的平滑系数计算的结果能反映观察值变动的最近趋势。指数平滑法计算公式如下：

计划期销售量（销售额）（$\bar{x}$）＝平滑系数×上期实际销售数＋（1－平滑系数）×上期预测销售数

【例9－4】 承【例9－2】资料，6月的实际销售额为144万元，原来6月预测的销售额为148万元，平滑系数采用0.7。要求按指数平滑法预测7月乙产品的销售额。

预测7月乙产品的销售额（$\bar{x}$）＝0.7×144＋（1－0.7）×148＝145.2（万元）

指数平滑法考虑到了近期和远期的实际销售量对预测未来的影响程度的不同，从而克服了算术平均法、移动加权平均法存在的缺点。这种方法比较灵活，适用范围较广，但在选择平滑系数时存在一定的随意性。

2. 因果分析法

因果分析法是根据已掌握的历史资料，找出预测对象的变量与其相关事物的变量之间的依存关系，建立相应的因果预测的数学模型，据此预测计划期的销售量或销售额。

因果分析所采用的具体方法较多，最常用而且比较简单的是最小平方法，即回归分析法。这种方法的优点是简便易行。

回归分析法是根据直线方程式 $y=a+bx$，按照数学上最小平方法的原理来确定一条能正确反映自变量 x 与因变量 y 之间具有误差的平方和最小的直线，这条直线为回归直线。

直线方程式 $y=a+bx$ 中常数项 a 与系数 b 的值可按下列公式计算：

$$a=\frac{\sum y-b\sum x}{n},b=\frac{n\sum xy-\sum x\sum y}{n\sum x^2-(\sum x)^2}$$

回归分析法应用到销售预测，可用 y 代表销售量（销售额），x 代表间隔期（观察期）。

由于观察期是按时间顺序排列的，间隔期相等，故可以采用简捷的办法，令 $\sum x=0$ 来求回归线。具体说，如果实际观察的期数为奇数，则取 x 的间隔期为1，将0置于所有观察期的中央，其余上下均以绝对值1为等差递增（按－3、－2、－1、0、1、2、3排列）；如果实际观察的期数为偶数，则取 x 的间隔期为2，将－1与1置于观察期当中的上下两期，其余上下均以绝对值为2为等差递增（按－5、－3、－1、1、3、5排列）。确定间隔期的具体做法如下：

当实际观察的期数为奇数时，取 x 的间隔期为 1，如表 9－3 所示。

当实际观察的期数为偶数时，取 x 的间隔期为 2，如表 9－4 所示。

表 9－3　x 的间隔期计算表

观察期	间隔期（x）
1	－2
2	－1
3	0
4	1
5	2
$n=5$	$\sum x = 0$

表 9－4　x 的间隔期计算表

观察期	间隔期（x）
1	－5
2	－3
3	－1
4	1
5	3
6	5
$n=6$	$\sum x = 0$

根据上述 $\sum x = 0$ 确定，a 与 b 的值的公式可做如下简化：

$$a = \frac{\sum y}{n}, b = \frac{\sum xy}{\sum x^2}$$

【例 9－5】 承【例 9－2】资料，要求预测 7 月的销售额。

表 9－5　预测销售额计算表

月份	间隔期（x）	销售额（y）	xy	x^2
1	－5	138	－690	25
2	－3	136	－408	9
3	－1	142	－142	1
4	1	134	134	1
5	3	146	438	9
6	5	144	720	25
$n=6$	$\sum x = 0$	$\sum y = 840$	$\sum xy = 52$	$\sum x^2 = 70$

$$a = \frac{\sum y}{n} = \frac{840}{6} = 140,\ b = \frac{\sum xy}{\sum x^2} = \frac{52}{70} = 0.74$$

$\therefore y = 140 + 0.74x = 140 + 0.74 \times 7 = 145.18$（万元）

（注意：这里的间隔期确定为7。）

【例9-6】 承【例9-2】资料，如果不考虑1月的基本资料，要求根据2~6月的基本资料预测7月的销售量。

表9-6　预测销售额计算表

月份	间隔期（x）	销售额（y）	xy	x^2
2	-2	136	-272	4
3	-1	142	-142	1
4	0	134	0	0
5	1	146	146	1
6	2	144	288	4
$n=5$	$\sum x = 0$	$\sum y = 702$	$\sum xy = 20$	$\sum x^2 = 10$

$$a = \frac{\sum y}{n} = \frac{702}{5} = 140.4,\ b = \frac{\sum xy}{\sum x^2} = \frac{20}{10} = 2$$

$\therefore y = 140.4 + 2x = 140.4 + 2 \times 3 = 146.4$（万元）

（注意：这里的间隔期确定为3）

第三节　成本预测

一、成本预测的意义

成本预测就是根据企业未来的发展目标和现实条件，参考其他资料，利用专门方法对企业未来成本水平及其发展趋势所进行的推测和估算。

通过成本预测，掌握未来的成本水平和变动趋势，将有助于提高经营管理工作中的预见性，减少盲目性，有利于控制和降低成本，提高企业生产经营的经济效益，同时也为进行科学决策提供依据。

二、成本预测的定性分析法

定性分析法是指成本管理人员，根据其实践经验和专业知识对产品成本的发展趋势以及可能达到的水平所作的分析和推断。定性分析法对成本的预测主要依靠的是成本管理人员的素质和判断力，所以使用这种方法必须要建立在对企业成本耗费的历史资料、现状及影响因素深刻了解的基础之上。

常用的定性分析有判断分析法和调查分析法。

1. 判断分析法

所谓判断分析法是指根据几个有关经济指标之间的内在联系，通过一个或几个因素的变动来测算所需预测指标数值的方法。在企业成本管理中普遍应用这种方法来进行成本预测。例如，采用比例法或分析计算法测算定额流动资金需用量；利用有关资料，试算可比产品成本降低指标等。

2. 调查分析法

所谓调查分析法是指通过对事物历史与现状的调查了解，查询有关资料和咨询专业人员，结合经验教训，对今后事物发展的方向及可能的程度做出推断的方法。这种方法主要是由熟悉情况和业务的专家根据过去的经验进行分析、判断，提出预测意见，或是通过实地调查的形式来了解成本耗用的实际情况，然后通过一定的形式（如座谈会、函询调查征集意见等）进行综合，作为预测未来的主要依据。

三、成本预测的定量分析法

定量分析一般是根据本企业产品成本的历史数据，按照成本习性的原理，运用数学分析的方法建立成本数学模型（$y=a+bx$），利用它来预测一定产量下的产品总成本。通常的方法有高低点法、加权平均法和回归分析法三种。

1. 高低点法

高低点法是根据一定时期的历史资料中的最高业务量与最低业务量的总成本之差（Δy）与两者业务量之差（Δx）进行对比，先求出 a、b 的值，然后据此预测计划期成本。其计算公式如下：

$$b=\frac{y_{高}-y_{低}}{x_{高}-x_{低}}=\frac{\Delta y}{\Delta x}$$

$$a=y_{高}-bx_{高} \quad 或 \ a=y_{低}-bx_{低}$$

【例9-7】 某公司甲产品产量和总成本的历史资料如表9-7所示。

表9-7 历史资料表

年份	产量（件）	总成本（元）
2012	40	50
2013	50	55
2014	80	65
2015	70	70
2016	90	100

若计划年度2017年产量为100件，要求采用高低点法预测计划年度产品成本总额。

依据表9-7可以得出：

$$b=\frac{y_{高}-y_{低}}{x_{高}-x_{低}}=\frac{100-50}{90-40}=1$$

$$a=y_{高}-bx_{低}=100-1\times 90=10 \text{ 或 } a=y_{低}-bx_{低}=50-1\times 40=10$$

$$y=a+bx=10+x$$

$$x=100,\ y=10+100=110(\text{元})$$

$$\text{单位成本}=\frac{y}{x}=110/100=1.1(\text{元})$$

可知产量为100件时，产品成本总额为110元，单位成本1.1元。

高低点法是一种简便易行的预测方法。若企业产品成本的变动趋势比较稳定，采用此法比较适宜。如果企业产品的各期成本变动幅度较大，采用该法则会造成较大的误差。

2. 加权平均法

加权平均法是根据过去若干期的固定成本总额及单位变动成本的历史资料，分别计算加权平均数的方法。距计划期越近，权数就大些；反之，权数就小些。其计算公式如下：

$$y=\frac{\sum aw}{\sum w}+\left(\frac{\sum bw}{\sum w}\right)x \quad \left(\sum w=1\right)$$

$$=\sum aw+\sum bw\cdot x$$

$$\text{单位成本预测值}=\frac{y}{x}$$

【例9-8】某公司最近三年的固定成本与单位变动成本的数据如表9-8所示。试采用加权平均法，预测2017年生产10000件产品的总成本及单位产品成本。

表9-8 成本资料表

单位：元

年份	固定成本总额（a）	单位变动成本（b）
2014	50000	40
2015	60000	35
2016	70000	30

根据上述资料，按距离计划期远近分别给加权数为0.2、0.3、0.5。

预计产品总成本如下：

$$\begin{aligned}y=\sum aw+\sum bw\cdot x&=(50000\times 0.2+60000\times 0.3+70000\times 0.5)+\\&(40\times 0.2+35\times 0.3+30\times 0.5)\times\\&10000=63000+335000=398000(\text{元})\end{aligned}$$

计划期单位成本预测值 $=\frac{y}{x}=\frac{398000}{10000}=39.8$（元）

加权平均法适用于有详尽的固定成本和变动成本历史资料的企业进行成本预测。

3. 回归分析法

回归分析法是利用最小平方法的原理预测成本，其基本公式为 $y=a+bx$。

式中，$a=\frac{\sum y-b\sum x}{n}$；$b=\frac{n\sum xy-\sum x\sum y}{n\sum x^2-(\sum x)^2}$。

求得 a、b 的值后，代入 $y=a+bx$ 方程式，即可预测未来时期的成本。

【例 9-9】 承【例 9-7】的数据，用回归分析法预测该公司计划年度（2017）生产 100 件产品的总成本和单位成本。

首先，将该公司产量及成本资料进行加工，如表 9-9 所示。

表 9-9　对产量及成本资料的加工

年份	产量（x）	总成本（y）	xy	x^2
2012	40	50	2000	1600
2013	50	55	2750	2500
2014	80	65	5200	6400
2015	70	70	4900	4900
2016	90	100	9000	8100
$n=5$	$\sum x=330$	$\sum y=340$	$\sum xy=23850$	$\sum x^2=235000$

其次，计算回归系数 a、b。

$$b=\frac{n\sum xy-\sum x\sum y}{n\sum x^2-(\sum x)^2}=\frac{5\times 23850-330\times 340}{5\times 23500-(330)^2}=\frac{7050}{8600}=0.82$$

$$a=\frac{\sum y-b\sum x}{n}=\frac{340-0.82\times 330}{5}=13.88$$

$$y=a+bx=13.88+0.82\times 100=95.88(\text{元})$$

计划期单位成本预测值 $=\frac{y}{x}=\frac{95.88}{100}=0.96$（元）

当企业的历史成本资料中，单位产品成本忽高忽低，变动幅度较大时，采用此法较为适宜。

第四节　资金需要量预测

一、概述

资金需要量预测的目的，就是既保证企业各项经济活动所需资金供应，又要使生产经营活动以最少的资金占用取得最佳的经济效益。企业生产经营活动所需的资金通常分为两类：一是用于固定资产方面的，称为“固定资金”；二是用于流动资产方面的，称为“流动资金”。这里所提的资金需要量的预测是指包括流动资金和固定资金在内的资金需要总量的预测。在一般情况下，影响资金需要量程度最大的就是计划期间的预计销售金额。所以，良好的销售预测是资金需要量预测的主要依据。资金需要量预测最常用的方法有销售百分比法和回归分析法。

二、销售百分比法

销售百分比法，就是根据资金各个项目与销售收入总额之间的依存关系，按照计划期销售额的增长情况来预测需要相应地追加多少资金的方法。这种方法在西方国家颇为盛行。销售百分比法一般按以下三个步骤进行：

1. 分析基期资产负债表中各个项目与销售收入总额之间的依存关系

（1）资产类项目。周转中的货币资金、正常的应收账款和存货等流动资产项目，一般都会因销售额的增长而相应地增加。固定资产是否要增加需视基期的固定资产是否已被充分利用而定。如尚未充分利用，可通过进一步挖掘其利用潜力，即可产销更多的产品；如基期对固定资产的利用已达饱和状态，则增加销售就需要扩充固定设备，引起资金需求量的增加。至于长期投资和无形资产等项目，一般不随销售额的增长而增加。

（2）权益类项目。应付账款、应付票据、应交税金和其他应付款等流动负债项目，通常会因销售的增长而增加。如果企业实行计件工资，则应付工资项目随销售的增长而相应增长。至于长期负债和股东权益等项目则不随销售的增长而增加。

2. 计算基期的销售百分比

根据基期资产负债表，将与销售额有依存关系的项目按基期销售收入计算其金额占销售总额的百分比。

3. 计算计划期内所需追加资金量

计划期内所需追加资金量包含以下几方面内容：

（1）由于计划期销售增加而追加的资金量。它是根据增长的销售额按销售百分比计算的。计算公式如下：

增长销售额所需追加资金 =（随销售额增加而增加的资产项目金额占销售总额的百分比 - 随销售额增加而增加的负债项目金额占销售总额的百分比）×（计划期销售总额 - 基期销售总额）= $\left(\frac{A}{S_0} - \frac{L}{S_0}\right) \cdot (S - S_0)$

（2）计划期内需要追加资金的内部资金来源。它包括计划期所提取的折旧准备（应减除计划期用于更新改造的金额）和留存收益两个项目。

计划期内部资金来源 =（计划期提取折旧 - 计划期用于更新改造的资金）+ 计划期销售总额 × 销售利润率 ×（1 - 计划期股利发放率）= $Dep + S \cdot R_0(1-d)$

（3）计划期的零星资金需要量（M）。

最后按下列公式计算出计划期间预计需要追加的资金数量：

$$计划期预计追加的资金数量 = \left(\frac{A}{S_0} - \frac{L}{S_0}\right) \cdot (S - S_0) - [Dep + S \cdot R_0(1-d)] + M$$

【例 9-10】 某公司基期销售收入总额为 500000 元，获得税后净利 20000 元，发放股利 10000 元。基期的厂房设备利用率已达饱和状态。该公司基期末的简略资产负债表如表 9-10 所示。若该公司计划年度销售收入总额将达到 850000 元，并仍按基期股利发放率支付股利，折旧提取数为 20000 元，其中 60% 用于更新改造现有的厂房设备。又假设零星资金需要量为 15000 元，试预测计划期间需追加的资金数量。

表 9-10　××公司资产负债表　　单位：元

资产		负债及所有者权益	
项目	金额	项目	金额
现金	10000	应付账款	55000
应收账款	80000	应交税金	25000
存货	100000	长期负债	110000
固定资产（净值）	150000	普通股股本	200000
无形资产	60000	留存收益	10000
合计	400000	合计	400000

根据基期末的资产负债表各项目与销售总额的依存关系，计算填制用销售百分比形式反映的资产负债表，如表 9-11 所示。

表 9-11　按销售百分比计算的资产负债表

资产		负债及所有者权益	
项目	各项目金额占销售总额的百分比	项目	各项目金额占销售总额的百分比
现金	2%	应付账款	11%
应收账款	16%	应交税金	5%

续表

资产		负债及所有者权益	
项目	各项目金额占销售总额的百分比	项目	各项目金额占销售总额的百分比
存货	20%	长期负债	—
固定资产（净值）	30%	普通股股本	—
无形资产	—	留存收益	—
合计（A/S_0）	68%	合计（L/S_0）	16%

$$\begin{aligned}\text{计划期预计追加的资金数量} &= \left(\frac{A}{S_0}-\frac{L}{S_0}\right)\cdot(S-S_0)-[\mathrm{Dep}+S\cdot R_0(1-d)]+M \\ &= (68\%-16\%)\times(850000-500000)-[20000\times(1-60\%)+ \\ &\quad 850000\times 20000/500000\times(1-10000/20000)]+15000 \\ &= 172000(\text{元})\end{aligned}$$

三、回归分析法

回归分析法就是运用最小平方原理，对过去若干期间的销售额及资金总量（即资金占用额）的历史资料进行分析，按照 $y=a+bx$ 的公式来确定反映销售收入总额（x）和资金总量（y）之间的回归直线，并据以预测计划期间资金需要量的一种方法。其具体计算方法与成本预测相同，在此不再赘述。

本章小结

本章主要讲述了预测分析方法。

预测分析是企业做出正确决策的基础和前提，是为了适应企业内部管理需要而产生的，并且在企业内部管理中有着重要的地位。预测分析常用的方法有定量分析法和定性分析法两种。在实践工作中，定量分析法与定性分析法并不相互排斥，而是相互补充、相辅相成的。预测分析主要包括销售、成本和资金预测三方面内容。

销售预测具体应用形式包括算术平均法、移动加权平均法、指数平滑法、回归分析法、判断分析法和调查分析法。成本预测通常的方法有高低点法、加权平均法和回归分析法三种。资金需要量预测最常用的方法有销售百分比法和回归分析法。

名词与术语

预测　短期预测　中期预测　长期预测　销售预测　成本预测　资金预测　定量分析

法　定性分析法　因果分析法　趋势分析法　德尔菲法　算术平均法　加权平均法　移动加权平均法　指数平滑法　回归分析法　高低点法　销售百分比法

思考题

1. 什么是预测？其意义怎样？
2. 预测分析的基本程序是什么？
3. 预测分析的方法是什么？
4. 销售预测可采用哪些方法？
5. 成本预测常用的方法有哪几种？
6. 资金需要量预测采用什么方法？

自测题

自测题 9－1

【目的】练习销售预测。

【资料】假定某公司 2016 年上半年的实际销售收入如表 9－12 所示。

表 9－12　某公司今年上半年的实际销售收入

月份	1	2	3	4	5	6
实际销售额（元）	24000	23600	28000	25400	26000	27000

又假定 6 月的预测销售收入为 27900 元。

【要求】

（1）采用算术平均法预测 7 月的销售额。

（2）采用移动加权平均法预测 7 月的销售额（选取 4 月、5 月、6 月三个月的历史资料计算，$w4=0.2$，$w5=0.3$，$w6=0.5$）。

（3）采用指数平滑法预测 7 月的销售额（平滑系数 $\alpha=0.6$）。

（4）采用回归分析法预测 7 月的销售额。

自测题 9－2

【目的】练习成本预测。

【资料】假定某公司 A 产品 2012～2016 年有关成本及产量情况如表 9－13 所示。

表 9－13　A 产品 2012～2016 年有关成本及产量情况

项目	2012 年	2013 年	2014 年	2015 年	2016 年
产量（台）	250	200	300	360	400
总成本（元）	275000	240000	315000	350000	388000
其中：固定成本（元）	86000	88000	90000	89000	92000
单位变动成本（元）	756	760	750	725	740

若计划 2017 年的预计产量为 480 台。

【要求】分别采用以下方法预测 2017 年 A 产品的总成本和单位成本：

（1）高低点法。

（2）加权平均法（$w_1=0.03$，$w_2=0.07$，$w_3=0.15$，$w_4=0.25$，$w_5=0.5$）。

（3）回归分析法。

自测题 9－3

【目的】练习资金需要量预测。

【资料】某公司 2016 年销售收入总额实际数为 200 万元，获得税后净利 10 万元，并发放了股利 5 万元。假定 2016 年的厂房设备利用率已达饱和状态。该公司 2016 年期末的简略资产负债表如表 9－14 所示。

表 9－14　资产负债表　　单位：元

资产		负债及所有者权益	
项目	金额	项目	金额
现金	40000	应付账款	240000
应收账款	300000	应交税金	120000
存货	380000	长期负债	460000
固定资产（净值）	600000	普通股股本	740000
无形资产	280000	留存收益	40000
合计	1600000	合计	1600000

假定该公司在计划期间 2017 年销售收入总额增加到 250 万元，销售利润率维持不变，并仍按基期股利发放率支付股利，计划期预计提取折旧总额为 6 万元，其中 70% 用于更新改造现有的厂房设备；又假定 2017 年零星资金需要量为 3.05 万元。

【要求】预测 2017 年需追加资金的数额。

第十章

短期经营决策

学习目标

1. 了解短期经营决策相关的收入和成本概念。
2. 掌握生产决策的分析方法。
3. 掌握产品的定价方法。

☞ 导入案例

苹果公司的 iPod 产品是近年来最成功的消费类数码产品之一。第一款 iPod 零售价高达 399 美元，即使对于美国人来说，也属于高价位产品，但是有很多“苹果迷”既有钱又愿意花钱，所以纷纷购买；苹果公司认为还可以“撇到更多的脂”，于是不到半年又推出了一款容量更大的 iPod，定价为 499 美元，销路仍然很好。

苹果 iPod 在最初采取撇脂定价法取得成功后，就根据外部环境的变化，主动改变了定价方法，2004 年，苹果推出了 iPod shuffle，这是一款大众化产品，价格降低到 99 美元一台。之所以在这个时候推出大众化产品，一方面市场容量已经很大，占据低端市场也能获得大量利润；另一方面竞争对手也推出了类似产品，苹果急需推出低价格产品来抗衡，但是原来的高价格产品并没有退出市场，而是略微降低了价格而已，苹果公司只是在产品线的结构上形成了“高低搭配”的良好结构，改变了原来只有高端产品的格局。苹果公司的 iPod 产品在几年中的价格变化就是撇脂定价和渗透式定价交互运用的典范。

资料来源：http：//wenku. baidu. com/view/41157f8502d276a200292e2f. html？re = view###。

第一节　短期经营决策概述

一、决策的含义及分类

1. 决策的含义

决策是指为了实现某一特定目标，借助于一定的科学理论和方法，从两个或两个以上备选方案中选择最优方案，并组织方案实施的过程。

成本管理会计中的决策分析并不是对方案进行选择的简单行动，而是指企业管理者针对未来经营活动所面临的问题，做出的有关未来经营战略、方针、目标措施与方法的决策过程。它是一个提出问题—分析问题—决策问题的系统分析过程，具有目的性、科学性、可选择性和决断性的特点。决策的正确与否直接影响企业的经济效益，关系到企业未来发展的兴衰成败。

2. 决策的分类

决策的分类标志有很多种，主要的分类方法包括以下四种：

（1）按投资项目的相互关系不同，可分为独立方案决策和互斥方案决策。独立方案决策。独立方案是指与其他投资方案完全互相独立、互不排斥的一个或一组方案。在方案决策过程中，选择或拒绝某一独立方案都不会影响其他方案的选择。对于独立方案的决策，只需评价方案的可行性。只要具有可行性，多个项目可以同时实施。互斥方案决策。互斥方案决策是指在决策时，若选择某个投资方案进行投资，就必须放弃其他可行方案。决策时，只有最优的方案才是企业应选择的投资方案。

（2）按决策的可靠程度分类，可分为确定型投资决策、风险型投资决策和不确定型投资决策。确定型投资决策是指决策者准确无误地掌握了投资方案有关变量的取值，因而事先可以确定决策后果的各种决策。风险型投资决策是指决策者掌握了投资方案有关变量的概率分布，因而事先知道决策所有可能的后果，以及每一种后果出现概率的各种决策。不确定型投资决策是指决策者无法掌握投资方案有关变量的数值或其概率分布，因而事先不知道决策的所有可能后果，或者虽然知道所有可能的后果但并不知道这些后果出现概率的各种决策。

（3）决策按规划时期的长短，可分为短期决策和长期决策。短期决策又称短期经营决策，通常不涉及大量的资金投入，见效较快；长期决策又称长期投资决策或资本性支出决策，其特点是投资支出金额大，见效慢，在较长时期内会对企业的盈亏产生影响。

（4）决策按其经营的范围，可分为战略性决策和战术性决策。战略性决策是指对整个企业的业务、经营产生重大影响的决策。战术性决策是指对整个企业的业务、经营方面并不产生重大影响的决策。

二、决策的基本程序

决策是一个复杂的过程，一般要遵循以下几个步骤：

1. 提出决策问题，确定决策目标

决策时首先要明确生产经营过程中存在的问题，其次针对存在的问题确定决策目标。决策目标应尽可能具体化、定量化和系统化。

2. 拟定备选方案

在明确决策目标的前提下，充分考虑现实与可能，在分析和预测的基础上，设计各种可能实现决策目标的备选方案。

3. 评价和选择备选方案

在综合比较各备选方案优缺点的基础上，全面权衡利弊得失，按照事先确定的择优标准及有关方法筛选较为理想的、相对最优的方案。

4. 组织监督方案的实施与反馈

在方案的实施过程中，要建立信息反馈系统。决策者应根据反馈的信息，随时调整目标或方案，以尽可能防止或减少失误，保证决策目标的顺利实现，使决策过程处于“决策—实施—反馈—再决策—再实施”的动态良性循环中。

三、短期经营决策的含义及内容

1. 短期经营决策的含义

短期经营决策，是指侧重于从资金、成本、利润等方面对如何充分利用企业现有资源和经营环境，以取得尽可能大的经济效益而实施的决策，其决策结果只会影响或决定企业近期（一年或一个运营周期）运营实践的方向、方法和策略。

2. 短期经营决策的内容

短期经营决策主要包括生产决策和定价决策。生产决策是指短期内，在生产领域中围绕是否生产、生产什么、如何生产以及生产多少等问题而进行的决策。定价决策是指短期内，在流通领域中，围绕如何确定产品的销售价格水平这一问题而进行的决策。

四、短期经营决策的相关概念

1. 相关收入

相关收入又称有关收入，是指与特定决策方案相联系的、能对决策产生重大影响的、在短期经营决策中必须予以充分考虑的收入。

对于特定方案，如果该方案存在，相应地会发生某项收入；如果该方案不存在，该项收入就不会发生，这说明该项收入只属于该经营决策方案，该项收入就是相关收入。

2. 无关收入

一项收入的发生与某决策方案的存在与否无关，即该方案无论是否存在，该项收入都会发生，那么该项收入就是该方案的无关收入。在短期经营决策中不考虑无关收入。

3. 相关成本

相关成本又称有关成本或特定成本是指与特定决策方案相联系的、能对决策产生重大影响的、在短期经营决策中必须予以充分考虑的成本。

对于特定方案，如果该方案存在，相应地会发生某项成本；如果该方案不存在，该项成本就不会发生。这说明该项成本只属于该经营决策方案，该项成本就是相关成本。

短期经营决策中需要考虑的相关成本主要有以下九种：

（1）差别成本。差别成本又称差量成本或差异成本，它有广义和狭义之分。广义的差别成本，是指不同方案之间预计成本的差额。狭义的差别成本，是指由于生产能力利用程度的不同而形成的成本差别。经营决策中所指的差别成本多指广义的差别成本。例如，企业需要零件 800 件，如果外购，单价为 90 元，而自制的成本为 85000 元，那么 13000 元（85000 - 800 ×90）即是零件自制和外购方案的差别成本。

（2）边际成本。从经济学角度来说，边际成本是指产量（业务量）向无限小变化时，成本的变动数额。短期经营决策中所指的边际成本是产量每增加或减少 1 个单位所引起的成本变动数额。实际上，边际成本就是狭义差别成本的特殊表现形式。

（3）机会成本。企业在进行经营决策时，由于选择了最优方案而放弃了次优方案，次优方案可能获得的潜在收益就称为已选方案的机会成本。例如，企业尚有一定的生产能力，如果用来生产产品，可以获得 60000 元的收益，但是如果用于承揽零星加工业务，可以获利 45000 元。若将剩余生产能力用来生产产品，则承揽零星加工业务可以获得的 45000 元收益就应视作其机会成本。

机会成本仅仅只是被放弃方案的潜在收益，而非实际支出，不能据以登记入账。但是，在经营决策中必须考虑机会成本这一现实因素。

（4）重置成本。重置成本又称现行成本，是指企业重新取得与其所拥有的某项资产相同或与其功能相当的资产需要支付的现金或现金等价物。

（5）付现成本。付现成本是指因选定和实施某项决策而需要以现金支付的成本，它是由现在或将来的任何决策所能够改变其支出数额的成本。例如，某企业因生产需要急需购置一台设备，现有两家公司销售这种设备。A 公司报价 250000 元，货款分期偿付，先付款 100000 元，以后分 12 个月偿付，每月付款 12500 元；B 公司报价 200000 元，货款必须立即支付。如果企业此时资金周转困难，银行存款余额只有 150000 元，尽管 B 方案的总金额较小，也应选择 A 方案，原因在于 A 方案的付现成本（100000 元）低于 B 方案的付现成本（200000 元）。

在经营决策中，当企业资金紧张，资金来源受到限制的情况下，往往选择用付现成本最小的方案代替总成本最小的方案。

（6）专属成本。专属成本是指可以明确归属于企业生产的某种产品，或为企业设置的某个部门而发生的固定成本。没有这些产品或部门，就不会发生这些成本，所以专属成本是与特定的产品或部门相联系的特定的成本。例如，专门生产某种产品的专用设备折旧费、保险费等就属于专属成本。

（7）可避免成本。可避免成本是指通过某项决策的改变可以免予发生的成本。例如，在多种方案可供选择的情况下，选定的某个方案若被采用，可以避免支出其他方案所必须支付的成本，这种成本就是可避免成本。例如，在机械化生产情况下，产品零部件的传送需要人工来搬运，而改用自动流水线进行生产时，就可自动传送，这样对于自动流水线生产方案来说，机械化生产情况下搬运零部件所需的人工费用、设备费用就是该方案的可避免成本。

（8）可延缓成本。可延缓成本又称可递延成本，是指企业在筹措资金存在困难的情况下，可以暂时推迟某项方案的执行，而对目前经营活动仅有轻微影响，或者不发生任何影响，与这一方案有关的成本就是可延缓成本。

（9）可分成本。可分成本是指联产品在分离后不立即出售，而继续加工成为另一种产品所需追加的变动成本和固定成本。

4. 无关成本

无关成本是指过去已经发生，或者虽未发生但对未来经营没有影响的成本。无关成本主要包括以下四种：

（1）沉没成本。沉没成本是指对现在或将来的任何决策都无影响的成本。企业大多数固定成本，如固定资产折旧费、无形资产摊销费等都属于沉没成本。但并非所有的固定成本或折旧费都是沉没成本，如与决策相关的新增固定资产的折旧费就属于相关成本。

（2）联合成本。联合成本是指为多种产品的生产或为多个部门的设置而发生的，应由这些产品或这些部门共同负担的成本，一般是联产品或半成品在进一步加工前所发生的变动成本和固定成本。例如，在企业生产过程中，几种产品共用的设备折旧费、辅助车间成本等，都是联合成本。

（3）不可避免成本。不可避免成本是指管理当局的决策行为不能改变其数额的成本。例如，在产品生产过程中，无论是机械化生产方案还是自动化生产方案，都需要占用厂房，厂房的折旧费用对任何方案来说都需要发生，因而就是不可避免成本。

（4）不可延缓成本。不可延缓成本又称不可递延成本。当不可推迟或推迟某项方案后会对目前的经营活动有较大的影响时，与该方案有关的成本就是不可延缓成本。

五、短期经营决策的常用分析方法

短期经营决策常用的分析方法主要有以下五种：

1. 差别损益分析法

差别损益分析法，是短期经营决策中最常用的方法，该方法将差别损益作为最终评价方案优劣的标准。差别损益与差别收入、差别成本两个概念紧密联系。差别收入是指不同方案相关收入的差异额，差别成本是指不同方案相关成本的差异额。差别损益则是差别收入减去差别成本的差额。比如对于 A、B 方案而言，当 A 方案相比 B 方案的差别损益大于零时，表明差别收入大于差别成本，应选择 A 方案；相反则应选择 B 方案。

2. 相关损益分析法

相关损益分析法是指在进行经营决策时，以相关损益作为决策评价指标的方法。相关损益是指相关收入与相关成本的差额。

相关损益分析法的判断标准是：相关损益越大，方案越好。该方法可用于两个或两个以上方案的决策。

3. 相关成本分析法

相关成本分析法是指在进行经营决策时，当各备选方案的相关收入都为零时，以相关成本作为决策评价指标的方法。它实际上是相关损益分析法的特殊形式。

相关成本分析法的判断标准是：相关成本越小，方案越好。该方法可用于两个或两个以上方案的决策，如业务量确定时零部件自制或外购的决策。

4. 贡献毛益分析法

贡献毛益分析法是指在经营决策中，在固定成本比较稳定的前提下，对产品创造的贡献毛益进行比较分析，从而确定最优方案的决策方法。根据所用贡献毛益指标的不同又分为单位资源贡献毛益分析法和贡献毛益总额分析法两类。

5. 成本无差别点分析法

成本无差别点分析法又称成本平衡点分析法，是指在各备选方案的相关收入均为零，相关的业务量为不确定因素时，通过判断不同水平上的业务量与无差别点业务量之间的关系，来做出互斥方案决策的一种方法。该方法决策的标准是备选方案的相关总成本最低时即为最优方案。

第二节　生产决策

一、品种决策

1. 不追加专属成本条件下的品种决策

当企业有剩余的生产能力时，如果生产新产品不需要增加专属固定成本，可以采用贡献毛益总额分析法，选择贡献毛益大的方案，或者采用单位资源贡献毛益分析法，选择单位资源贡献毛益大的方案。

【例 10 -1】 某企业尚有剩余生产能力 7500 机器小时，可以用来开发 A、B 两种新产品，但是由于现有条件的限制，只能生产其中一种产品。企业原有的固定成本为20000元，生产新产品不需要追加专属成本。A、B两种产品的相关资料如表10－1所示。

表10－1 产品相关资料表 单位：元

项目＼产品	A	B
销售量（件）	2500	3000
销售单价	54	48
单位变动成本	42	40
每件定额机器小时	3	2.5

要求：就A、B品种进行决策。

解：

若剩余生产能力7500机器小时全部用来生产A产品，可以生产2500件；全部用来生产B产品，可以生产3000件。

A产品的贡献毛益＝（54－42）×2500＝30000（元）

B产品的贡献毛益＝（48－40）×3000＝24000（元）

根据贡献总额分析法的计算结果，该企业应生产A产品。

本题也可采用单位资源贡献毛益分析法。当企业生产只受到某一项资源（如原材料、人工工时或机器台时等）的约束，并已知备选方案中各种产品的单位贡献毛益和单位产品资源消耗定额（如材料消耗定额、工时定额等）时，可以采用此方法。

其中，$单位资源贡献毛益=\frac{单位贡献毛益}{单位产品资源消耗定额}$

生产A产品可获得的单位资源贡献毛益＝（54－42）÷3＝4（元/小时）

生产B产品可获得的单位资源贡献毛益＝（48－40）÷2.5＝3.2（元/小时）

根据单位资源贡献毛益分析法，得到相同的结论，即该企业应生产A产品。

2. 追加专属成本条件下的品种决策

当品种决策中涉及追加专属固定成本，在决策时应以各种产品的剩余贡献毛益作为选择产品的标准。剩余贡献毛益等于贡献毛益总额减去专属固定成本的差额。决策时应选择生产剩余贡献毛益大的产品。

【例10－2】承【例10－1】的产品相关资料，但是生产A、B两种产品需要分别追加专属固定成本8500元、2200元。

A产品的贡献毛益＝30000－8500＝21500（元）

B产品的贡献毛益＝24000－2200＝21800（元）

所以该企业应生产B产品。

二、亏损产品应否停产的决策分析

某种产品发生亏损是企业常常遇到的问题。亏损产品按其亏损情况分为两类：一类是实亏产品，即销售收入低于变动成本，这种产品生产越多，亏损越多，必须停止生产，但如果是国计民生急需的产品，应从宏观角度出发，即使亏损仍应继续生产；另一类是虚亏产品，即销售收入高于变动成本，这种产品对企业还是有贡献的，应区分不同情况进行决策。

【例 10－3】某企业生产 A、B、C 三种产品，有关资料如表 10－2 所示。

表 10－2　产品相关资料表　　单位：元

项目＼产品	A	B	C
销售量（件）	3000	2000	3000
销售单价	33	56	50
单位变动成本	22	40	45
固定成本总额	70250（固定成本按产品的变动成本总额分配）		

根据资料，编制企业的利润表，如表 10－3 所示。

表 10－3　产品利润表　　单位：元

项目＼产品	A	B	C	合计
销售收入	99000	112000	150000	361000
减：变动成本	66000	80000	135000	281000
贡献毛益	33000	32000	15000	80000
减：固定成本	16500	20000	33750	70250
利润	16500	12000	－18750	9750

可以看到 A、B 产品是盈利产品，C 产品是亏损产品。

要求做出以下决策：

(1) 若 C 产品停产后，闲置的生产能力不能用于其他方面，该产品应否停产？

(2) 若 C 产品停产后，闲置的生产能力可以用于对外出租，预计可获取租金收入 9000 元，该产品应否停产？

解：

(1) 如果 C 产品停产，那么原来由它负担的固定成本将由 A、B 产品负担。此时：

固定成本分配率 = 70250 ÷ （22 × 3000 + 40 × 2000） = 0.48（元）

A 产品应负担的固定成本 = 0.48 × 66000 = 31680（元）

B 产品应负担的固定成本 = 70250 − 31680 = 38570（元）

停产 C 产品后的利润情况如表 10 − 4 所示。

表 10 − 4　停产 C 产品利润分析表　　单位：元

项目＼产品	A	B	合计
销售收入	99000	112000	211000
减：变动成本	66000	80000	146000
贡献毛益	33000	32000	65000
减：固定成本	31680	38570	70250
利润	1320	−6570	−5250

如果亏损产品停产后，闲置的能力不能用于其他方面，在这种情况下，C 产品负担的固定成本无论是否停产都将发生，是一项沉没成本，相关成本只有变动成本。

生产 C 产品将获得贡献毛益 = 150000 − 135000 = 15000 > 0 元

如果停产，贡献毛益将变为零，从表 10 − 3 和表 10 − 4 可以看到，利润的差额刚好就是 C 产品的贡献毛益额，因此应继续生产 C 产品。

（2）C 产品停产后，获得的租金收入应视作继续生产亏损产品的机会成本，是在决策中必须考虑的相关成本。用差别损益法进行分析，如表 10 − 5 所示。

表 10 − 5　差别损益分析表　　单位：元

项目	继续生产	停止生产	差异额
相关收入	150000	0	+150000
相关成本	144000	0	+144000
其中：变动成本	135000	0	
机会成本	9000	0	
差别损益			+6000

从表 10 − 5 可以看到，继续生产 C 产品将比停产生产 C 产品多获得 6000 元的收益，所以应继续生产 C 产品。

亏损产品是否停产的决策原则：如果闲置生产能力无法转移，只要亏损产品的贡献毛益大于零就应该继续生产；如果闲置生产能力可以转移，只要亏损产品创造的贡献毛益大于与生产能力转移有关的机会成本，就不应停产；亏损产品停产后，闲置生产能力用于转产其他产品，如果转产后获得的贡献毛益大于继续生产亏损产品的贡献毛益，则应该转产其他产品；如果转产其他产品需要追加专属固定成本，只要剩余贡献毛益大于原亏损产品的贡献毛益，就应该转产其他产品。

三、零件自制或外购的决策分析

1. 零件需要量确定时的决策分析

在这种情况下，可以采用相关成本分析法进行决策。

【例 10－4】 某企业第一车间每月需要零件 5000 件，该零件既可以自制又可以外购。外购时单价为 42 元/件，自制每件耗用直接材料 20 元，直接人工 12 元，变动性制造费用 4 元，固定性制造费用 8 元。

要求做出以下决策：

（1）如果自制和外购对固定成本总额都没有影响，那么该企业应该自制还是外购？

（2）自制零件将增加专属固定成本 12000 元。该零件外购后，闲置的能力可以承揽零星加工业务，预计获销售收入 12000 元，发生变动成本 5000 元，每件分配固定成本 2 元。做出自制或外购的决策。

解：

（1）自制时的固定制造费用属于无关成本，在决策时不予考虑。由于自制单位变动成本 36 元小于外购单价 42 元，所以应选择自制。

（2）相关成本分析如表 10－6 所示。

表 10－6 相关成本分析表 单位：元

相关成本	自制	外购
直接材料	5000 × 20 = 100000	
直接人工	5000 × 12 = 60000	
变动制造费用	5000 × 4 = 20000	
机会成本	12000 － 5000 = 7000	
专属成本	12000	
外购成本		5000 × 42 = 210000
合计	199000	210000

可以看到自制零件，可以节约成本 11000 元，因此应选择自制方案。

2. 零件需要量不确定时的决策分析

在这种情况下，可以采用成本无差别点法进行决策。

【例 10－5】承【例 10－4】的基本资料，该企业第一车间每月零件量不确定。该零件外购时单价为 42 元/件，自制每件耗用直接材料 20 元，直接人工 12 元，变动性制造费用 4 元，固定性制造费用 8 元，同时需增加专属固定成本 12000 元。那么该企业应该自制还是外购？

解：

设 x 为零件需要量，则：

自制增量成本 $y_1 = 36x + 12000$

外购增量成本 $y_2 = 42x$

成本分界点 = 12000 ÷ （42－36） = 2000（件）

其成本无差别点分析的示意图如图 10－1 所示。

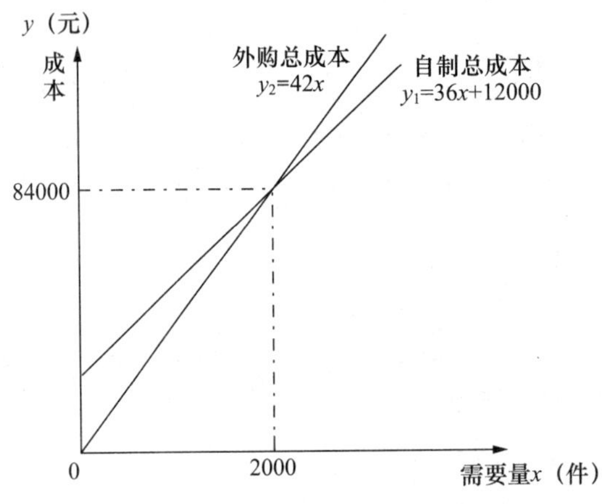

图 10－1 零件自制或外购的成本无差别点分析图

从图 10－1 可以看到，在 2000 件以内外购有利，在 2000 件以上自制有利。

四、半成品出售或加工为产品出售的决策分析

企业在生产经营中经常会面临半成品直接出售或者加工为产品再出售的决策问题。下面通过举例说明决策分析方法。

【例 10－6】假定某企业每年生产 A 产品 5000 件，单位变动成本为 32.25 元，固定成本总额为 60000 元，售价为每件 42 元。若把 A 产品进一步加工为 B 产品，售价可提高到 58 元，但需追加单位加工成本 11.85 元，购置专门加工设备 10500 元。试问决策应否进一步加工？

解：见表 10－7。

从表 10－7 可以看到，半成品加工后可以多获得 10250 元的利润，所以应继续加工 A 产品。

表 10－7　差别损益分析表　　单位：元

项目＼方案	直接出售 A 产品	进一步加工为 B 产品后再出售	差异额
相关收入	42×5000＝210000	58×5000＝290000	－80000
相关成本		69750	－69750
其中：变动成本		59250	
专属成本		10500	
差别损益			－10250

五、联产品应否深加工的决策分析

在某些石油化工企业中，经常会出现在同一生产过程中同时生产出若干种经济价值较大的联产品。这些联产品有的可以在分离后立即销售，也可以在分离后经过继续加工再行出售。究竟哪种方案经济效益较大，是生产联产品企业经常会碰到的问题。

【例 10－7】 某企业在生产过程中同时生产甲、乙、丙、丁四种联产品，其中甲、乙两种产品可在分离后立即出售，亦可继续加工后再行出售。其有关产量、售价及成本的资料列示如表 10－8 所示。

要求做出甲、乙两种联产品是否进一步加工的决策分析。

表 10－8　联产品产量、售价及成本的资料

联产品名称		甲产品	乙产品
产量		10000 千克	4000 千克
销售单价	分离后	2 元	6 元
	加工后	5 元	10 元
联合成本		14000 元	20000 元
可分成本	单位变动成本	2 元	5 元
	专属固定成本	5000 元	1000 元

解：根据上述有关资料，对甲、乙两种联产品分别进行差量分析如下：

1. 甲联产品

差量收入＝加工(5×10000)－不加工(2×10000)＝30000(元)

差量成本＝加工[2×10000＋5000]－不加工 0＝25000(元)

差量利润＝30000－25000＝5000(元)

2. 乙联产品

差量收入＝加工(10×4000)－不加工(6×4000)＝16000(元)

差量成本 = 加工[(5×4000)+1000] - 不加工 0 = 21000(元)

差量利润 = 16000 - 21000 = -5000(元)

从以上的差量分析的结果可知，甲联产品以分离后继续加工再行出售的方案可获得较多盈利(5000 元)；而乙联产品则以分离后立即出售的方案为佳。

最后还应指出，在同一生产过程中生产出来的经济价值很低，甚至没有什么价值的产品，叫作副产品。它们是否需要继续进行加工的决策分析与联产品大致相同。但也有它的特点，那就是副产品如不继续加工作为废料时，还需要支付一些处理费；若继续加工，就可节约这笔处理费，其性质就等于增加了收入。故在决策时，只要分析研究副产品进一步加工后的销售收入与节约废料处理费之和是否超过可分成本。如前者大于后者，则宜进一步加工；反之，若前者小于后者，则以作废料处理为宜。

六、采取不同生产工艺方案的决策分析

企业在生产过程中，常常面临着不同生产工艺方案的选择问题。在进行此类决策时，应充分考虑市场情况、未来销量的变动趋势，根据生产规模选择合适的生产工艺方案。一般可以采用成本无差别点法进行决策。

【例 10-8】 某企业生产产品时有甲、乙、丙三种工艺方案。甲方案(半自动化机床)的固定性工艺成本为 14000 元，单位变动生产成本为 100 元；乙方案(普通机床)的固定性工艺成本为 12000 元，单位变动生产成本为 120 元；丙方案(自动化机床)的固定性工艺成本为 16000 元，单位变动生产成本为 40 元，则该企业应选择何种工艺方案进行生产？

解：

设 x 为产品产量，则：

甲生产工艺方案的成本 $y_1 = 100x_1 + 14000$

乙生产工艺方案的成本 $y_2 = 120x_2 + 12000$

丙生产工艺方案的成本 $y_3 = 40x_3 + 16000$

根据已知条件，可以绘制成图，如图 10-2 所示。

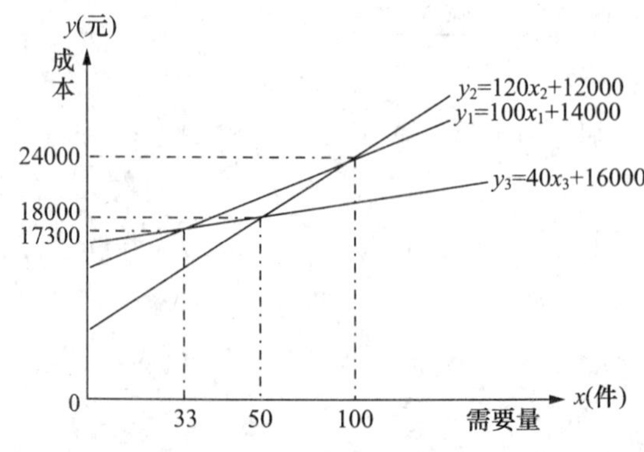

图 10-2　不同生产工艺方案的成本无差别点分析图

三个成本无差别点的计算如下：

$100x_1+14000=120x_1+12000$，$100x_2+14000=40x_2+16000$，$120x_3+12000=40x_3+16000$

得到 $x_1=100$（件），$x_2=33$（件），$x_3=50$（件）

可以看到：当产量区域在 0 ~ 50 件（包括 0 ~ 33 件以及在 33 ~ 50 件两个区域）时，乙工艺方案的成本较低，应选择乙工艺方案；当产量区域在 50 件以上（包括 50 ~ 100 件以及 100 件以上两个区域）时，丙工艺方案的成本较低，应选择丙工艺方案。

七、应否接受特殊订货的决策分析

企业在完成当前生产任务后，生产能力往往还有一定剩余，这时可能会接到顾客追加的特殊订货。与正常订货相比，这种特殊订货的出价往往较低，同时还可能在产品功能、外观或送货条件等方面有特殊要求。此时，通常采用差别损益分析法或贡献毛益分析法进行决策。

【例 10 -9】 某企业生产 A 产品，全年生产能力为 15000 件，正常产销量为 12000 件。该产品市场销售价为每件 160 元，单位产品耗用直接材料 38 元，直接人工 22 元，变动制造费用 28 元，固定制造费用总额为 396000 元。

（1）现有新客户前来订货 2000 件，只愿出价 120 元，应否接受该订货？

（2）新客户订货 6000 件，每件出价 130 元。接受该订货后会减少正常产销量 2000 件，应否接受该订货？

解：

（1）正常情况下，A 产品的成本资料如表 10 -9 所示。

表 10 -9 A 产品的单位生产成本 单位：元

项目	金额
直接材料	38
直接人工	22
变动性制造费用	28
固定性制造费用	396000/12000 = 33
合计	121

从表 10 -9 可以看出，特殊订货出价 120 元，不仅低于售价，而且低于单位成本，企业似乎不应该接受此项订货。但对成本进行分析后发现，由于固定性制造费用与产销量无关，是企业原有生产能力上发生的，接受新订货与否其数额照常发生，是无关成本，在做决策时可以不予考虑。相关差别损益分析如表 10 -10 所示。

表 10－10　差别损益分析表　　单位：元

项目	接受特殊订货	拒绝特殊订货	差异额
相关收入	120×2000＝240000	0	240000
相关成本	176000	0	176000
其中：变动成本	88×2000＝176000	0	
差别损益			64000

由此可知，接受该订货后，利润将增加 64000 元，该订货可以接受。

（2）此种情况下，相关差别损益分析如表 10－11 所示。

表 10－11　差别损益分析表　　单位：元

项目	接受特殊订货	拒绝特殊订货	差异额
相关收入	130×6000＝780000	0	780000
相关成本	672000	0	672000
其中：变动成本	88×6000＝528000	0	
机会成本	（160－88）×2000＝144000	0	
差别损益			108000

此种情况下，由于接受追加订货后产生的利润比减少原正常产销量产生的损失多 108000 元，故应接受订货。

第三节　定价决策

一、成本加成定价法

成本加成定价法是一种成本导向的定价策略。简单来说就是：先计算出产品的“成本基数”，再在此基础上加上一定的“加成”，得到目标销售价格。即：

价格＝成本基数×（1＋加成率）

这里的成本基数可以是完全成本，也可以是变动成本。其依据是，产品的销售价格必须足以补偿成本费用支出，并提供合理利润，以维持企业的生存和发展。

【例 10－10】 某企业正在研究其新产品的定价问题，该产品预计全年产销量为 20000 件。预计其成本资料如下：直接材料 9 元/件，直接人工 8 元/件，变动制造费用 4 元/件，固定制造费用总额为 200000 元，变动销售及管理费用 3 元/件，固定销售及管理费用总额为 12000 元。

（1）假设该企业在制造成本的基础上，加成 40% 作为该产品的目标销售价格，确定该新产品的价格。

（2）假设该企业在变动成本的基础上，加成 80% 作为该产品的目标销售价格，确定该新产品的价格。

解：

（1）该新产品价格 =（9 + 8 + 4 + 200000 ÷ 20000）×（1 + 40%）= 43.4（元）

（2）该新产品价格 =（9 + 8 + 4 + 3）×（1 + 80%）= 43.2（元）

二、保本加成定价法

保本加成定价法是根据损益平衡原理建立起来的一种以保本、保利为目标的定价方法。运用这种方法，可以确定不同销售量下企业为实现保本或一定的目标利润时的销售价格。这个价格是企业在一定的销售量基础上所能接受的最低价格。具体公式如下：

$$保本价格 = \frac{固定成本 + 变动成本}{销售量 \times (1 - 销售税率)}$$

$$保利价格 = \frac{目标利润 + 固定成本 + 变动成本}{销售量 \times (1 - 销售税率)}$$

【例 10 - 11】 某企业只生产一种产品，该产品的单位变动成本为 300 元，固定成本总额为 80000 元。企业管理当局定价的步骤如下：

首先，销售产品征收的增值税为价外税，在定价时不予考虑；而且在销售时不存在其他价内税。因而，只要按给定销售量，就可以得出相应销售量下的保本价格，如表 10 - 12 所示。

表 10 - 12　保本价格计算表

销量（件）	100	150	200	250	300
售价（元/件）	1100	833	700	620	567

其次，确定目标利润。假设期望在该产品上获得的目标利润为 20000 元。

最后，计算目标销售价格，如表 10 - 13 所示。

表 10 - 13　保利价格计算表

销量（件）	100	150	200	250	300
售价（元/件）	1300	967	800	700	634

结论：企业管理当局可以根据上述两张表确定产品售价，表 10 - 12 是保本价格表，

产品价格高于保本价格时，才可以出售；表 10－13 表明为达到目标利润的保利价格。

三、边际成本定价法

根据经济学原理，产品的边际收入等于边际成本，即边际利润等于零时，企业的总利润最大，此时的销售单价和销售数量就是最优价格和最优销量。确定最优价格应考虑价格、成本、销量之间的关系。由于收入及成本函数有连续型和离散型之分，所以最优价格的确定有公式法和列表法两种方法。

（1）公式法。当收入函数和成本函数为连续函数时，直接对收入和成本函数求导，采用公式法确定最优售价。

【例 10－12】 某企业通过产品测试和市场预测分析，得知其生产的产品的售价与销量的关系为 $p=10.5-0.0125x$，总成本函数为 $TC=300+4x$。分析该企业的最优售价和最优销售量。

解：$TR=(10.5-0.0125x)\ x=10.5x-0.0125x^2$

则：边际收入 $MR=10.5-0.025x$

由 $TC=300+4x$ 可得边际成本 $MC=4$

令 $MR=MC$，即 $10.5-0.025x=4$，得到 $x_0=260$ 即为最优销售量

把 $x_0=260$ 代入 $p=10.5-0.0125x$，得到最优售价 $p=7.25$（元）

公式法的优点是计算比较准确，缺点是有关函数的表达式不易确定，而其只对连续函数有效，对于离散函数则无法应用。

（2）列表法。列表法适用于收入函数和成本函数为离散函数的情形，这时可以通过列表判断边际收入与边际成本的关系或利用边际利润数额来确定最优价格。

【例 10－13】 某企业生产 A 产品，最大生产能力 350 台，该产品单位变动成本为 4 万元，固定成本总额为 300 万元。如果销售单价逐步下降，预计在不同价格下的销售量、单位变动成本和固定成本总额如表 10－14 所示。

表 10－14　单价、销售量、单位变动成本及固定成本总额表　　单位：万元

销售单价（p）	销售量（x）台	单位变动成本（b）	固定成本总额（a）	销售单价（p）	销售量（x）台	单位变动成本（b）	固定成本总额（a）
8.25	180	4	300	7.25	260	4	300
8	200	4	300	7	280	4	300
7.75	220	4	300	6.75	300	4	300
7.5	240	4	300	6.5	320	4	300

要求：做出能使企业获得最高利润的最优售价的决策。

解：根据上述资料，可编制边际利润计算分析表，如表 10－15 所示。

表 10－15　边际利润计算表

单位：万元

销售单价 (p)	销售量 (x) 台	销售收入 (TR)	边际收入 (MR)	总成本 (TC)	边际成本 (MC)	边际利润 (MP)	总利润 (p)
8.25	180	1485	—	1020	—	—	465
8.00	200	1600	115	1100	80	35	500
7.75	220	1705	105	1180	80	25	525
7.50	240	1800	95	1260	80	15	540
7.25	260	1885	85	1340	80	5	545
7.00	280	1960	75	1420	80	-5	540
6.75	300	2025	65	1500	80	-15	525
6.50	320	2080	55	1580	80	-25	500
6.25	340	2125	45	1660	80	-35	465
6.00	360	2160	35	1740	80	-45	420

由表 10－15 可以看到，最优售价为 7.25 万元，最优销量为 260 台，此时的利润最大。

在离散条件下，当边际收入等于边际成本（边际利润等于零）时，可以直接找到最优售价；当无法找到 $MP=0$（如【例 10－13】），最优价格在边际利润不小于零的最小值处。

此外，产品定价还有需求导向定价法、竞争导向定价法、非标准产品的定价法、极限定价法等方法。企业在生产经营中应根据实际情况，采用合适的方法，制定产品的价格。

本章小结

本章涉及的决策分析内容主要是短期经营决策，分别就短期经营决策概述、生产决策、定价决策等内容进行了阐述。

短期经营决策一般是在一个经营年度或周期内能够实现其目标的决策，必须考虑相关收入、相关成本及相关业务量三大因素，特别要注意相关成本和无关成本的区别。其常用的决策分析方法有差别损益分析法、相关损益分析法、相关成本分析法、贡献毛益分析法、成本无差别点分析法。

生产决策的内容包括品种决策、亏损产品应否停产的决策、零件自制或外购的决策、半成品出售或加工为产品出售的决策、采取不同工艺方案的决策、应否接受特殊订货的决策等。

定价决策常用的方法有成本加成定价法、保本加成定价法、边际成本定价法等。

名词与术语

决策　短期决策　长期决策　差别成本　边际成本　机会成本　重置成本　付现成本　专属成本　可避免成本　可延缓成本　可分成本　沉没成本　联合成本　不可避免成本　不可延缓成本　差别损益分析法　相关损益分析法　相关成本分析法　贡献毛益分析法　成本无差别点分析法　成本加成定价法　保本加成定价法　边际成本定价法

思考题

1. 在短期经营决策中需要考虑哪些成本？
2. 如何进行品种决策？
3. 亏损产品是不是一定要停产，停产和转产的标准是什么？
4. 零件自制或外购是如何决策的？
5. 半成品出售或加工为产品出售的决策是如何进行的？
6. 特殊订货接受与否的标准是什么？
7. 如何进行新产品定价？
8. 边际成本定价法是如何确定最优价格和最优销售量的？

自测题

自测题 10－1

【目的】练习新产品开发与否的决策分析方法。

【资料】某企业生产能量为 150000 机器小时，但目前实际利用率只有 80%，现准备用剩余生产能力开发新产品 A 或新产品 B，有关资料如表 10－16 所示。

表 10－16　新产品 A、B 有关资料

项目	A	B
每件定额机器小时	100	80
单位售价（元）	112	102
单位变动成本（元）	98	92

【要求】

（1）计算分析剩余生产能力应用来开发新产品 A 还是新产品 B。

（2）若开发新产品 A 需支付专属固定成本 2120 元，开发新产品 B 需支付专属固定成本460元，剩余生产能力用来开发哪种新产品？

自测题10－2

【目的】练习亏损产品应否停产的决策分析方法。

【资料】某企业生产A、B、C三种产品，有关资料如表10－17所示。

表10－17　A、B、C三种产品有关资料　　单位：元

项目＼产品	A	B	C	合计
销售收入	400000	500000	300000	1200000
减：变动成本	230000	290000	190000	710000
贡献毛益	170000	210000	110000	490000
减：固定成本	100000	120000	130000	350000
利润	70000	90000	－20000	140000

【要求】

（1）若亏损产品停产后，闲置的能力不能用于其他方面，C产品应否停产？

（2）若亏损产品停产后，闲置的能力可以用于承揽零星加工业务，预计获贡献毛益150000元，C产品应否停产？

自测题10－3

【目的】练习零件自制或外购的决策分析方法。

【资料】某企业生产A产品第四季度需要5600个零件。零件外购单价为96元/个，如果利用车间生产能力进行生产，每个零件的直接材料费50元，直接人工费30元，变动制造费用10元，固定制造费用8元，合计98元。同时，还需要增加三台专用设备，每台80000元，使用期限5年，假定期末没有残值，按直线法进行折旧。该车间的设备如果不接受自制任务，也不做其他安排。

【要求】决策下年零件是自制还是外购？

自测题10－4

【目的】练习半成品出售或进一步加工为产品出售的决策分析方法。

【资料】某企业生产的A产品如果直接出售，单价为30元，单位成本为22元（其中单位固定成本4元）；如果进一步加工成B产品后再出售，单价可以提高到45元，但是单位变动成本需要提高到36元，另外需要追加专属固定成本5000元。假设A产品的产量为6000件。

【要求】决策是否应对半成品进一步加工?

自测题 10－5

【目的】练习应否接受特殊订货的决策分析方法。

【资料】某企业只生产一种产品，全年最大生产能力为1800件。年初已按120元/件的价格接受正常任务1500件，该产品的单位完全生产成本为100元/件（其中单位固定生产成本为40元）。现有一客户要求以100元/件的价格追加订货。

【要求】请考虑以下不相关的情况，用差别损益分析法为企业做出是否接受低价追加订货的决策，并说明理由。

（1）剩余生产能力无法转移，追加订货量为300件，但有特殊要求，企业需追加10000元专属成本。

（2）追加订货量为300件，不增加专属成本。但剩余生产能力可用于对外出租，可获得租金收入13000元。

（3）剩余生产能力无法转移，追加订货量为300件，但会使原来的销量减少100件，企业同时需追加10000元专属成本。

自测题 10－6

【目的】练习成本加成定价法。

【资料】某企业准备生产设备2000台，预期单位成本资料如表10－18所示。

表 10－18　生产设备的预期单位成本资料　　单位：元

项目	金额
制造成本：	
直接材料	100
直接人工	80
变动制造费用	40
固定制造费用	15
非制造成本：	
变动销售及管理费用	12
固定销售及管理费用	8

【要求】若该企业希望计划年度内在该产品上获利总额不低于其变动成本总额的30%，则采用成本加成法确定的该设备的单位售价为多少元?

自测题 10－7

【目的】练习边际成本定价法。

【资料】某企业销售 A 产品，其售价（万元）与销售量（台）存在以下关系：$p=200-10x$，总成本函数为 $TC=250+10x^2$。

【要求】分别用列表法和公式法计算确定该企业的最优售价和最优销售量。

自测题 10－8

【目的】练习联产品应否深加工的决策分析方法。

【资料】某企业在生产过程中同时生产甲、乙两种联产品，这两种产品可在分离后立即出售，亦可继续加工后再行出售。其有关产量、售价及成本的资料列示如表 10－19 所示。

表 10－19 联产品产量、售价及成本的资料

联产品名称		甲产品	乙产品
产量		500 千克	200 千克
销售单价	分离后	2 元	6 元
	加工后	5 元	10 元
联合成本		700 元	1000 元
可分成本	单位变动成本	2 元	5 元
	专属固定成本	250 元	50 元

要求：做出甲、乙两种联产品是否进一步加工的决策分析。

自测题 10－9

【目的】练习采取不同生产工艺方案决策分析方法。

【资料】某企业生产一定规格的轴套，可以用普通车床、六角车床或自动化专用车床进行加工，不同类型的车床一次调整所需的调整准备费和加工一件轴套所需的加工费各不相同，如表 10－20 所示。

表 10－20 车床调整准备费和加工费 单位：元

加工设备	一次调整的调整准备费	一件轴套的加工费
普通车床	2.50	0.45
六角车床	5.00	0.20
自动化专用车床	15.00	0.04

【要求】做出生产何种机床的决策。

第十一章

长期投资决策

学习目标

1. 了解长期投资决策的概念及分类。
2. 掌握长期投资决策中货币时间价值的相关计算。
3. 掌握长期投资决策中现金流量的估算方法。
4. 掌握长期投资决策各投资评价指标的计算。
5. 掌握典型长期投资决策的分析方法。

☞ 导入案例

当年，在拍立得公司（Polaroid Corporation）的创始人兰德（Edwin Land）发明了立即显像照相机时，由于这项产品的需求潜能非常庞大，故兰德根本不必应用任何投资决策方法就可以决定：应该马上投入资本兴建厂房，并开始生产。然而，并非每一个投资决策都可以如此轻易地制定。例如，很多公司通常为增加新生产线或维持现有生产线，使用新设备或继续使用旧设备，以及购买价格昂贵但耐用的设备或购买价廉但不耐用的设备等投资方案作困难的抉择，而这些为了维持公司经营所需制定的决策对公司的生存和发展往往能够产生相当大的影响。

在分析了大量倒闭的公司后，我们发现，这些公司的投资决策程序和制度都不健全。例如，这些公司在采用某投资方案前，大多没有详细分析并比较其他可行的投资方案，而且在进行投资决策时，没有合理估计投资方案的风险；更有甚者，投资方案的预计现金流量、投资回收期都没有得到有效评估。

资料来源：http：//www. 360doc. com/content/06/0410/11/5999_ 95796. shtml。

第一节　长期投资决策概述

一、长期投资决策的含义及特点

1. 长期投资决策的含义

长期投资决策，又称资本支出决策，是指拟定长期投资方案，用科学的方法对长期投资方案进行分析、评价、选择最佳长期投资方案的过程。成本管理会计中所指的长期投资决策是指企业增加固定资产，对现有固定资产的改建、扩建和更新等规划企业未来发展方向和经营规模的决策。

长期投资决策是涉及企业生产经营全面性和战略性问题的决策，其最终目的是提高企业的总体经营能力和获利能力。因此，正确地进行长期投资决策，有助于企业生产经营长远规划的实现。

2. 长期投资决策的特点

长期投资占用资金庞大，相应的风险也比较大。

从内容方面来看，长期投资决策主要是对企业固定资产方面进行的投资决策。

长期投资效用是长期的，如果投资正确，形成的优势可以在较长时期内保持。

二、货币时间价值

1. 货币时间价值的含义

在商品经济中，有这样一种现象：即使不存在通货膨胀，今天的 10 元钱，要比一年后的 10 元钱价值大。为什么会这样呢？假设将 10 元钱存入银行，银行存款年利息率为 10%，则一年后连本带利可得到 11 元。这 10 元钱经过一年时间的投资增加了 1 元。这种增值的报酬就是货币时间价值，即货币在周转使用中随着时间的推移发生的价值增值。

货币时间价值又称资金时间价值，是指货币经历一定时间的投资和再投资所增加的价值。货币时间价值来源于资金进入社会再生产过程中的价值增量，它通常相当于既没有风险，也没有通货膨胀情况下的社会平均资金利润率。

货币时间价值有两种表现形式：一种是绝对数，即利息；另一种是相对数，即利率。在实际中人们经常用相对数表示货币的时间价值，如国债利率 10% 就是相对数，即用增加的价值与投入资金的百分比表示。

2. 货币时间价值的计算

由于货币存在时间价值，货币在不同时点上的价值并不相等。因此，在比较不同时点上的货币金额时，需将它们折算到同一时点上才能比较，由此引出了现值和终值概念。

现值是指未来某一时点上一定金额的货币在现在的价值，即通常所说的本金。终值是指现在一定金额的货币在未来某一时点上的价值，即本利和。

（1）单利终值与现值。单利制，是指在进行货币时间价值计算时，只就本金计息，而不对以前积存的利息计息。

1）单利终值。单利终值是指在单利计息下，本金在某期期末的本利和，其计算公式为：

$F=P\times(1+i\times n)$

式中，F 为终值；P 为现值；i 为利率或者折现率；n 为计息期数。

【例 11－1】现在将 1000 元现金存入银行，年利率是 10%，按单利计算其第三年末的终值是多少？

$F=P\times(1+i\times n)=1000\times(1+10\%\times3)=1300$(元)

2）单利现值。单利现值是指在单利计息下，以后某期收到或付出资金的现在价值。单利现值与单利终值的计算互为逆运算，由终值求现值的过程又称折现。其计算公式为：

$P=F/(1+i\times n)$

【例 11－2】某人希望在 3 年后取得本利和 2000 元用于偿还一笔债务，单利计息，年利率为 2%，则现在需要存入银行多少钱？

$P=F/(1+i\times n)=2000/(1+2\%\times3)=1886.79$(元)

（2）复利终值与现值。复利制，是指在进行货币时间价值计算时，不但就本金计息，而且对以前积存的利息计息，即俗称的“利滚利”。这里计息期是指相邻两次计息的时间间隔，除非特别说明，计息期一般为 1 年。

1）复利终值。复利终值是指一定量的本金按复利计算若干期后的本利和。其计算公式如下：

$F=P\times(1+i)^n$

式中 $(1+i)^n$ 称为复利终值系数，用（F/P，i，n）表示，其数值可以直接查阅附表中的“复利终值系数”表得出。

【例 11－3】某人现在存入银行 10000 元，银行按每年复利率 10% 计息，30 年后在银行存款的本利和是多少？

$F=P\times(F/P,\ i,\ n)=10000\times(F/P,\ 10\%,\ 30)=10000\times17.4494=174494$(元)

2）复利现值。复利现值是指未来一定时点的特定资金按复利计算的现在价值。由复利终值的计算公式可以得到复利现值的计算公式如下：

$P=F\times(1+i)^{-n}$

式中，$(1+i)^{-n}$称为复利现值系数，用（P/F，i，n）表示，其数值可以直接查阅附表中的“复利现值系数”表得出。

【例 11－4】某企业打算在 5 年后偿还借款 100000 元，已知借款复利率为 10%，问现在从银行需要借入多少资金？

$P = F \times (P/F, i, n) = 100000 \times (P/F, 10\%, 5) = 100000 \times 0.6209 = 62090$（元）

（3）年金的终值与现值。年金是指在一定时期内等额收付的系列款项，通常记作 A。在企业日常的财务活动中，分期付款赊购、分期支付租金、发放养老金等表现为年金的形式。年金按照收付的次数和支付的时间划分，可分为普通年金、预付年金、递延年金和永续年金。各种年金时间价值的计算都是以普通年金时间价值计算为基础的。

1）普通年金。普通年金又称后付年金，是指在一定时期内，从第一期起每期期末等额收付的款项。

普通年金终值的计算。普通年金终值是指一定时期内每期期末等额收付款项的复利终值之和。普通年金终值的计算公式，如图 11－1 所示。

第 n 期末普通年金终值的计算公式如下：

$$F = A + A \times (1+i) + A \times (1+i)^2 + \cdots + A \times (1+i)^{n-1}$$

整理可得：

$$F = A \times \frac{(1+i)^n - 1}{i}$$

式中，$\frac{(1+i)^n - 1}{i}$称为年金终值系数，记作（F/A，i，n），其数值可以直接查阅附表中的“年金终值系数表”得出。

图 11－1　普通年金终值计算示意图

【例 11－5】某企业打算在未来 30 年中，每年年末存入银行 10000 元，假定银行年存款复利率为 10%，计算 30 年后这些银行存款的本利和是多少？

$F = A \times (F/A, i, n) = 10000 \times (F/A, 10\%, 30) = 10000 \times 164.4940 = 1644940$（元）

偿债基金的计算。偿债基金是指为了在约定的未来某一时点清偿某笔债务或者积聚一定数额的资金而必须分次等额形成的存款准备金。

由 $F = A \times (F/A, i, n)$ 得到：$A = F/(F/A, i, n)$

式中，$1/(F/A, i, n)$ 称为偿债基金系数，记作（A/F，i，n）。

【例 11－6】某企业 5 年后有一笔 1000 万元的到期债务要偿还，企业为准备偿债，需在未来 5 年中于每年年末存入银行一笔款项。假如银行年存款复利率为 10%，问：该企业需每年年末存入银行多少钱，才能偿还 5 年后到期的 1000 万元债务？

$A=F\times(A/F,\ i,\ n)=F/(F/A,\ i,\ n)=1000\div(F/A,\ 10\%,\ 5)=1000/6.1051$

$=163.7975$(万元)

普通年金现值的计算。普通年金现值是指一定时期内每期期末等额收付款项的复利现值之和。普通年金现值的计算如图 11－2 所示。

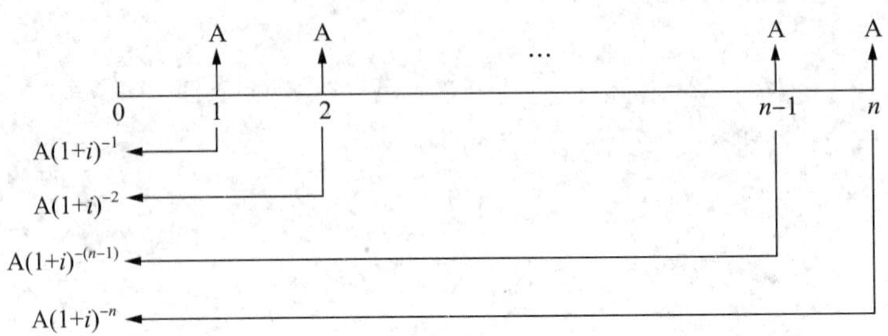

图 11－2 普通年金现值计算示意图

普通年金现值的计算公式如下：

$F=A\times(1+i)^{-1}+A\times(1+i)^{-2}+A\times(1+i)^{-3}+\cdots+A\times(1+i)^{-(n-1)}+A\times(1+i)^{-n}$

整理可得：

$$P=A\times\frac{1-(1+i)^{-n}}{i}$$

式中，$\frac{1-(1+i)^{-n}}{i}$称为年金现值系数，记作（P/A，i，n），其数值可以直接查阅附表中的“年金现值系数表”得出。

【例 11－7】 某汽车公司预计在 36 个月中，每月从其一名顾客处收取 2000 元的汽车贷款还款。第一笔还款在借款后 1 个月，贷款利率为每月 1%，问该顾客借了多少钱？

$P=A\times(P/A,\ i,\ n)=2000\times(P/A,\ 1\%,\ 36)=2000\times30.1075=60215$(元)

资本回收额的计算。资本回收额是指在约定的期限内等额回收初始投入资本或清偿所欠债务的金额。

由 $P=A\times(P/A,\ i,\ n)$ 得到

$A=P/(P/A,\ i,\ n)$

式中，$1/(P/A,\ i,\ n)$ 称为资本回收系数，记作（A/P，i，n）。

【例 11－8】 某企业现从银行取得借款 100000 元，在 10 年内以年复利率 10% 每年年末等额偿还，则每年年末应付金额为多少？

$A=P\times(A/P,\ i,\ n)=P/(P/A,\ i,\ n)=100000/(P/A,\ 10\%,\ 10)=100000/6.1446$

$=16274.45$(元)

2）预付年金。预付年金又称先付年金、即付年金，是指在一定时期内，从第一期起

每期期初等额收付的款项。

预付年金终值的计算。预付年金终值是指一定时期内每期期初等额收付款项的复利终值之和。根据图 11－3 计算预付年金终值。计算公式如下：

$$F = A \times (1+i)^1 + A \times (1+i)^2 + \cdots + A \times (1+i)^{n-1} + A \times (1+i)^n$$

整理可得：

$$F = A \times \left[\frac{(1+i)^{n+1}-1}{i} - 1\right]$$

式中，$\left[\frac{(1+i)^{n+1}-1}{i} - 1\right]$称为预付年金终值系数。

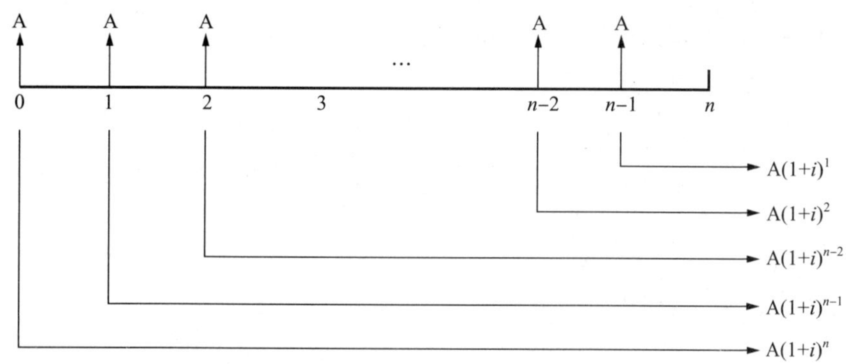

图 11－3　预付年金终值计算示意图

由于 n 期预付年金与 $n+1$ 期普通年金的计息期数相同，但比 $n+1$ 期普通年金少一次收付款次数，所以只要将 $n+1$ 期普通年金减去 A，就可以求出 n 期预付年金终值。计算公式为：

$$F = A \times [(F/A, i, n+1) - 1]$$

相应地，预付年金终值系数可以在普通年金终值系数的基础上，期数加 1，系数减 1 得到，记作［$(F/A, i, n+1) - 1$］，其数值可以查阅附表中的“年金终值系数”表得出 $(n+1)$ 期的值，然后减去 1 可得到对应的预付年金终值系数的值。

此外，还可以根据图 11－4 计算预付年金终值。n 期预付年金终值和 n 期普通年金终值之间的关系如图 11－4 所示。

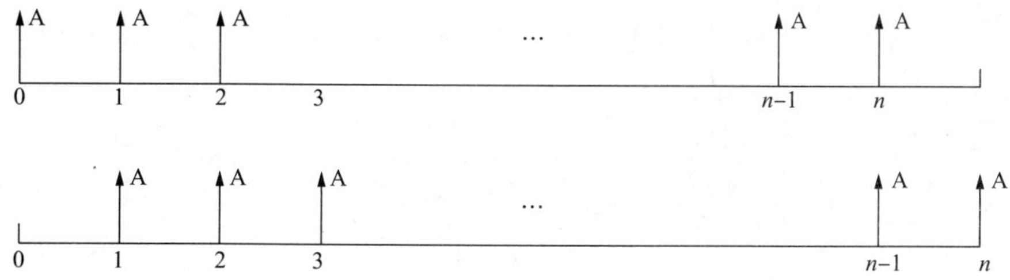

图 11－4　预付年金与普通年金比较示意图

由图 11－4 可知，预付年金与普通年金的收付款的次数相同，但由于收付款的时间不同，预付年金终值比普通年金终值多计算一期利息，所以可以先求出 n 期普通年金终值，再乘以（$1+i$）就可以求出 n 期预付年金终值。计算公式如下：

$$F=A\times(F/A,\ i,\ n)\times(1+i)$$

【例 11－9】 某企业决定连续 5 年于每年年初存入 100 万元为住房基金，银行存款复利率为 10%，则该公司在第 5 年年末能一次取出多少本利和？

$$F=A\times[(F/A,\ i,\ n+1)-1]=100\times[(F/A,\ 10\%,\ 5+1)-1]=100\times(7.7156-1)$$
$$=671.56(\text{万元})$$

预付年金现值的计算。预付年金现值是指一定时期内每期期初等额收付款项的复利现值之和。根据图 11－5 可以计算预付年金现值。

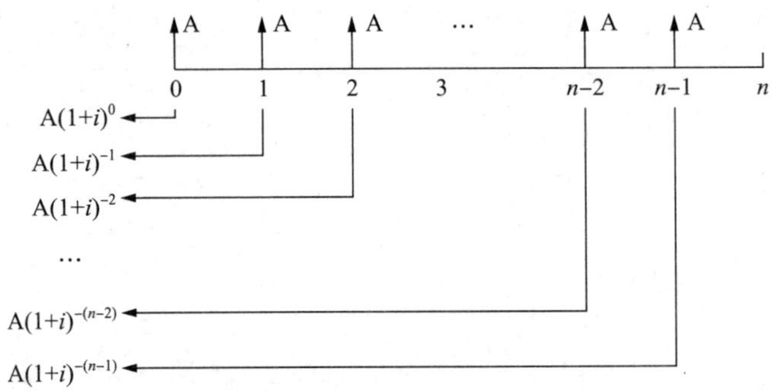

图 11－5　预付年金现值计算示意图

计算公式：

$$P=A+A\times(1+i)^{-1}+A\times(1+i)^{-2}+\cdots+A\times(1+i)^{-(n-2)}+A\times(1+i)^{-(n-1)}$$

整理可得：

$$P=A\times\left[\frac{1-(1+i)^{-(n-1)}}{i}+1\right]$$

式中，$\left[\frac{1-(1+i)^{-(n-1)}}{i}+1\right]$称为预付年金现值系数。

n 期预付年金现值与 $n-1$ 期普通年金现值的贴现期相同，而 n 期预付年金比 $n-1$ 期普通年金多一期不用贴现的收付款 A，因此可以先计算 $n-1$ 期普通年金的现值，再加上 A，就可以求出 n 期预付年金的现值。计算公式：

$$P=A\times[(P/A,\ i,\ n-1)+1]$$

相应地，预付年金现值系数可以在普通年金现值系数的基础上，期数减 1，系数加 1 得到，记作 $[(P/A,\ i,\ n-1)+1]$，其数值可以查阅附表中的“年金终值系数”表得出（$n-1$）期的值，然后加上 1 可得到对应的预付年金现值系数的值。

此外，还可以根据图 11－4 计算预付年金现值。

由图 11－4 可知，预付年金与普通年金的收付款的次数相同，但由于 n 期普通年金是期末付款，n 期预付年金是期初付款，在计算现值时，n 期普通年金比 n 期预付年金现值多贴现一期。所以，可以先求出 n 期普通年金现值，再乘以（$1+i$）就可以求出 n 期预付年金现值。计算公式：

$$P=A\times(P/A,\ i,\ n)\times(1+i)$$

【例 11－10】 某企业租用一台设备，每年年初支付租金 20000 元，期限为 6 年，年复利率为 10%，则该设备租金的现值是多少？

$$P=A\times[(P/A,\ i,\ n-1)+1]=20000\times[(P/A,\ 10\%,\ 6-1)+1]$$

$$=20000\times(3.7908+1)=95816(\text{元})$$

3）递延年金。递延年金又称延付年金，是指在整个收付款的期间，在最初的若干期（如 m 期）没有年金收付，而后面若干期都有年金收付，即第一期收付发生在第二期或者第二期以后的年金。具体形式如图 11－6 所示。从图 11－6 可以看出，前 m 期没有发生支付，一般用 m 期表示递延期数，第一次支付在第 $m+1$ 期期末，连续支付 n 次。

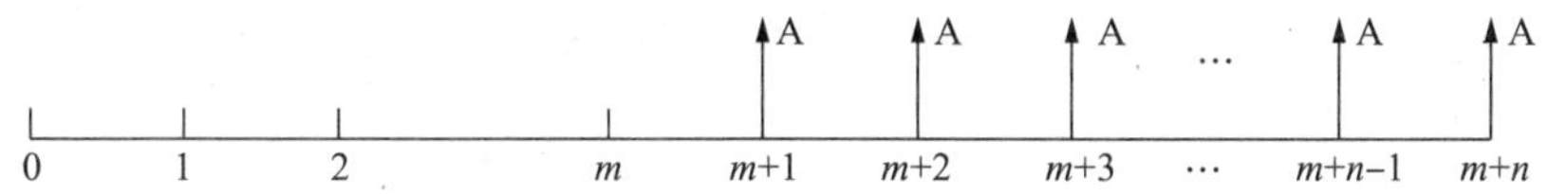

图 11－6　递延年金示意图

递延年金终值的计算。递延年金终值与递延期无关，其计算方法与普通年金终值相同，即：

$$F=A\times(F/A,\ i,\ n)$$

递延年金现值的计算。递延年金现值的计算方法有三种。

其一，先将收付期 n 期间的年金计算至收付期期末的终值，再将它作为终值，利用复利现值计算公式把它贴现至递延期 m 期的第一期期初，就可以求出递延年金现值。其计算公式为：

$$P=A\times(F/A,\ i,\ n)\times(P/F,\ i,\ m+n)$$

其二，先将收付期 n 期间的年金折现计算至收付期期初（递延期 m 期期末）的现值，再将它作为终值，利用复利现值计算公式把它贴现至递延期 m 期的第一期期初，就可以求出递延年金现值。其计算公式为：

$$P=A\times(P/A,\ i,\ n)\times(P/F,\ i,\ m)$$

其三，假设整个期间（$m+n$）都发生了年金收付，先计算出（$m+n$）期间的年金现值，然后再扣除递延期 m 期间未发生的年金现值。其计算公式为：

$$P=A\times[(P/A,\ i,\ m+n)-(P/A,\ i,\ m)]$$

【例 11－11】 某人在年初存入一笔款项，存满 5 年后每年取出 10000 元，到第 10 年年末取完，银行存款复利率为10%，则此人需在最初一次性存入银行多少钱？

方法一：$P=A\times(F/A,\ 10\%,\ 5)\times(P/F,\ 10\%,\ 10)=10000\times6.1051\times0.3855$
$=23537$（元）

方法二：$P=A\times(P/A,\ 10\%,\ 5)\times(P/F,\ 10\%,\ 5)=10000\times3.7908\times0.6209$
$=23537$（元）

方法三：$P=A\times[(P/A,\ 10\%,\ 10)-(P/A,\ 10\%,\ 5)]=10000\times(6.1446-3.7908)$
$=23537$（元）

4）永续年金。永续年金是指无限期支付的年金，也称终身年金。现实中的存本取息，可视为永续年金的例子。由于永续年金没有确切的期限，也就没有终止的时间，因此永续年金没有终值。永续年金可视为期限趋于无穷的普通年金。永续年金如图11－7所示。

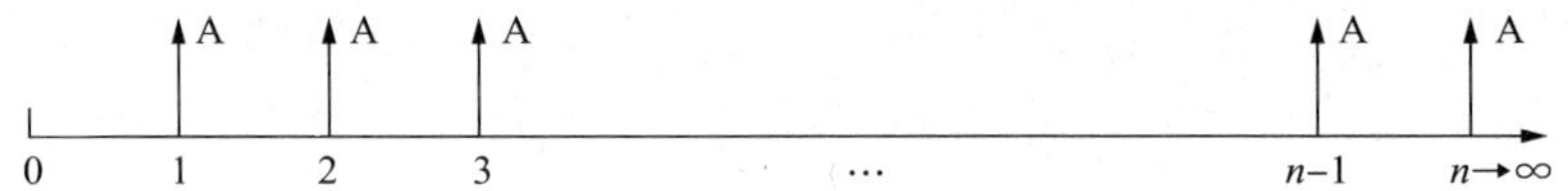

图11－7　永续年金示意图

永续年金的计算公式可由普通年金现值公式推出，即$P=A\times\frac{1-(1+i)^{-n}}{i}$。

当$n\rightarrow\infty$时，$(1+i)^{-n}$极限为0，故上式可写成$P=\frac{A}{i}$。

【例11－12】某企业家拟建立一项永久性的奖学金，每年计划颁发10000元奖学金。若同期银行存款复利率为4%，问现在应存入多少钱？

$P=A/i=10000\div4\%=250000$（元）

三、现金流量

1. 现金流量的含义

长期投资决策就是在对投资项目各方案的投资支出和投资后的收入进行对比分析后，选择最佳的方案。方案的投资支出和投资后收入均是以现金的实际收支为计算基础的，这就引出了现金流量的概念。

现金流量是指在投资决策中，投资项目从筹建、设计、施工、正式投产使用直到报废为止的有效持续期间内形成的现金流出量与现金流入量的统称。此处的现金指的是广义的现金，既包括各种货币资金，也包括项目需要投入的企业拥有的非货币资源的变现价值。例如，一个投资项目需要使用原有的厂房、机器设备和原材料等，与之相关的现金流量是指它们的变现价值，而不是其账面价值。

2. 现金流量的构成

（1）初始现金流量。初始现金流量是指投资项目开始时发生的现金流量。主要包括固定资产投资、流动资产投资、其他投资费用以及固定资产的变价收入。

（2）营业现金流量。营业现金流量是指投资项目完成投入生产后，在寿命期内从正常的生产经营活动中取得的现金流量，一般以年为单位进行计算。

营业现金流量 = 营业收入 - 付现成本 - 所得税

由于：付现成本 = 营业成本 - 折旧

所以：营业现金流量 = 营业收入 - 付现成本 - 所得税

= 营业收入 -（营业成本 - 折旧）- 所得税

= 营业利润 + 折旧 - 所得税

= 税后净利 + 折旧

（3）终结现金流量。终结现金流量是投资项目终结（报废或转让）时发生的各种现金流量。它主要包括固定资产变价净收入或残值净收入、收回垫支的营运资金。

3. 现金流量的估算

为了正确评价投资项目的优劣，必须正确计算现金流量。在项目计算期中，0 表示第一年年初，1 代表第一年年末，又代表第二年的年初，以下依次类推。

【例 11-13】 某企业因业务发展的需要准备购入一台设备以扩充生产能力。现有甲、乙两个方案可供选择，甲方案需投资 20000 元，使用寿命为 5 年，采用直线法计提折旧，5 年后设备无残值。5 年中每年销售收入为 8000 元，每年的付现成本为 3000 元。乙方案需投资 24000 元，采用直线法计提折旧，使用寿命也为 5 年，5 年后有残值收入 4000 元，5 年中每年的销售收入为 10000 元，付现成本第一年为 4000 元，以后逐年将增加修理费 200 元，另需垫支营运资金 3000 元。假设所得税率为 40%。

要求：计算两个方案的现金净流量。

解：

甲方案：

每年折旧额 = 20000 ÷ 5 = 4000（元）

每年的所得税 =（销售收入 - 付现成本 - 折旧）× 所得税税率

=（8000 - 3000 - 4000）× 40% = 400（元）

每年的营业现金流量 = 销售收入 - 付现成本 - 所得税

= 8000 - 3000 - 400 = 4600（元）

各年的净现金流：$NCF_0 = -20000$（元）；$NCF_{1-5} = 4600$（元）

乙方案：

每年折旧额 =（24000 - 4000）÷ 5 = 4000（元）

第一年的所得税 =（10000 - 4000 - 4000）× 40% = 800（元）

第二年的所得税 =（10000 - 4200 - 4000）× 40% = 720（元）

第三年的所得税 =（10000 - 4400 - 4000）× 40% = 640（元）

第四年的所得税 =（10000 - 4600 - 4000）× 40% = 560（元）

第五年的所得税 =(10000 - 4800 - 4000)×40% =480(元)

各年的净现金流:

NCF_0 = -24000(元)

NCF_1 =10000 -4000 -800 =5200(元)

NCF_2 =10000 -4200 -720 =5080(元)

NCF_3 =10000 -4400 -640 =4960(元)

NCF_4 =10000 -4600 -560 =4840(元)

NCF_5 =10000 -4800 -480 +4000 +3000 =11720(元)

第二节　长期投资决策的基本方法

长期投资决策的基本方法主要有非贴现方法和贴现方法。非贴现方法又称静态分析法，不考虑货币时间价值因素，主要有投资利润率法和静态投资回收期法。贴现方法又称动态分析法，考虑货币时间价值因素，主要有净现值法、净现值率法、获利指数法和内含报酬率法。

一、非贴现方法

1. 投资利润率法

投资利润率（ARR）是指项目达到设计生产能力后，正常年份内年平均利润与项目总投资的比率。这种方法依据的仍是会计上的收益和成本概念，在计算时使用的是会计报表上的数据，所以这种方法计算简便，应用范围很广。其计算公式：

$$投资利润率 = \frac{年平均利润}{原始投资额}$$

【例 11 -14】 设折现率为 10%，某企业有三个投资方案，有关数据如表 11 -1 所示。

表 11 -1　投资方案数据表　　单位：元

期间	A 方案		B 方案		C 方案	
	净利润	现金净流量	净利润	现金净流量	净利润	现金净流量
0		-50000		-50000		-50000
1	4000	12000	6000	10000	8000	20000
2	4000	12000	7000	15000	9000	25000
3	4000	12000	6000	18000	9000	18000
4	4000	12000	5000	20000	—	—
5	4000	12000	6000	15000	—	—
合计	20000	10000	30000	28000	26000	13000

ARR(A) = (20000 ÷ 5) ÷ 50000 = 8%

ARR(B) = (30000 ÷ 5) ÷ 50000 = 12%

ARR(C) = (26000 ÷ 3) ÷ 50000 = 17.33%

由上述计算可知，C 方案具有最高的投资利润率，因此 C 方案优于 A 方案和 B 方案。

投资利润率法的优点是简明、易算、易懂。其主要缺点是没有考虑货币的时间价值，该方法认为第一年的现金流量与最后一年的现金流量具有相同的价值，所以利用投资利润率指标有时会做出错误的决策。

2. 静态投资回收期法

如果每年的营业现金流量相等，则静态投资回收期 = 原始投资额/年现金净流量。

【例 11 – 15】 承【例 11 – 14】的资料，计算静态投资回收期。

根据公式，得到：A 方案静态投资回收期 = 50000 ÷ 12000 = 4.17（年）

如果每年的营业现金流量不相等，则需根据每年年末尚未收回的投资额加以确定。计算公式如下：

$$静态投资回收期 = \frac{[\ (n-1)\ + 第\ (n-1)\ 年末尚未收回的投资额]}{第\ n\ 年的现金净流量}$$

根据公式，可以计算 B 方案和 C 方案的静态投资回收期。

表 11 – 2　B 方案静态投资回收期计算表　　单位：元

期间	0	1	2	3	4	5
现金净流量	– 50000	10000	15000	18000	20000	15000
累计净现金流量	– 50000	– 40000	– 25000	– 7000	13000	28000

B 方案静态投资回收期 = 3 + 7000 ÷ 20000 = 3.35（年）

表 11 – 3　C 方案静态投资回收期计算表　　单位：元

期间	0	1	2	3
现金净流量	– 50000	20000	25000	18000
累计净现金流量	– 50000	– 30000	– 5000	13000

C 方案静态投资回收期 = 2 + 5000 ÷ 18000 = 2.28（年）

由上述计算可知，C 方案的静态投资回收期最短，其次是 B 方案，最后是 A 方案。C 方案是最优方案。

静态投资回收期法的概念容易理解，计算也比较简便，但这一指标没有考虑货币的时间价值，没有考虑回收期满后的现金流量状况。在实际工作中，它通常与净现值法、内含报酬率法结合起来使用。

二、贴现方法

1. 净现值法

净现值（NPV），是指特定方案未来现金流入量的现值与未来现金流入量的现值之间的差额。如果项目的净现值大于零，表明未来现金流入量的现值大于未来现金流入量的现值，该项目的投资报酬率大于预定的折现率，则该方案可行；而且净现值越大，项目的可行性越好，投资效益也越好。相反地，如果净现值小于零，则该方案不可行。净现值的计算公式：

$$NPV = \sum_{k=1}^{n} \frac{I_k}{(1+i)^k} - \sum_{k=1}^{n} \frac{O_k}{(1+i)^k} (k \text{ 为期数})$$

利用净现值进行决策时，当项目的净现值大于零时，则意味着该项目能为公司创造财富，该项目具有财务可行性。如果存在多个互斥方案，应选择净现值最大的项目。

【例11－16】 承【例11－14】的资料，A、B、C三个投资方案的净现值计算：

NPV(A)＝12000×(P/A，10%，5)－50000＝12000×3.7908－50000

＝－4510.4(元)

NPV(B)＝10000×(P/F，10%，1)＋15000×(P/F，10%，2)＋

18000×(P/F，10%，3)＋20000×(P/F，10%，4)＋

15000×(P/F，10%，5)－50000

＝10000×0.9091＋15000×0.8264＋18000×0.7513＋20000×

0.6830＋15000×0.6209－50000

＝7983.9(元)

NPV(C)＝20000×(P/F，10%，1)＋25000×(P/F，10%，2)＋

18000×(P/F，10%，3)－50000

＝20000×0.9091＋25000×0.8264＋18000×0.7513－50000

＝2365.4(元)

B方案和C方案的净现值大于零，说明该方案的报酬率超过10%，因此B、C方案是可行的。A方案的净现值小于零，说明该方案的报酬率小于10%，则应放弃该方案。由于三种方案的初始投资额相等，由于B方案的净现值最大，所以投资报酬率最高，为最优方案。

净现值法考虑了货币时间价值和投资风险，系统考虑项目计算期内全部现金流量，增强了投资经济评价下的实用性。但是不能从动态的角度直接反映投资项目的实际收益率进行互斥性投资决策。

2. 净现值率法

净现值率（NPVR）是项目净现值与总投资的现值之比。计算公式为：

$$净现值率 = \frac{项目净现值}{总投资的现值}$$

利用净现值率进行决策时，当项目的净现值率大于零时，则意味着该项目能为公司创造财富，该项目具有财务可行性。如果存在多个互斥方案，应选择正的净现值率最大的项目。

【例 11－17】 承【例 11－14】的资料，A、B、C 三个投资方案的净现值率计算为：

NPVR(A) = －4510.4 ÷ 50000 = －9.02%

NPVR(B) = 7983.9 ÷ 50000 = 15.97%

NPVR(C) = 2365.4 ÷ 50000 = 4.73%

由上述计算可知，B 方案的净现值率最大，因此应选择 B 方案。

净现值率法的优点是可以从动态角度反映项目投资的资金投入与净产出之间的关系，计算过程比较简单；缺点是无法直接反映投资项目本身的实际收益率。

3. 获利指数法

获利指数（PI）又称现值指数，是投产后各年净现金流量的现值合计数与原始投资的现值合计数的比率。其计算公式：

$$获利指数 = \frac{投产后各年净现金流量的现值合计数}{原始投资的现值合计数}$$

利用获利指数进行决策时，当项目的获利指数大于 1 时，则意味着该项目能为公司创造财富，该项目具有财务可行性。如果存在多个互斥方案，应选择获利指数超过 1 最多的项目。

【例 11－18】 承【例 11－14】的资料，A、B、C 三个投资方案的获利指数计算如下：

PI(A) = 45489.6 ÷ 50000 = 0.91

PI(B) = 57983.9 ÷ 50000 = 1.16

PI(C) = 52365.4 ÷ 50000 = 1.05

由上述计算可知，A 方案的获利指数小于 1，说明其投资报酬率没有达到预定的折现率，因此该方案是不可行的。B 方案和 C 方案的获利指数大于 1，说明其投资报酬率大于预定的折现率，这两个方案都可行。B 方案的获利指数最大，为最优方案。

获利指数法的优点是考虑了货币时间价值，能够真实地反映投资项目的盈亏程度。由于获利指数是用相对数表示的，所以有利于在初始投资额不同的投资方案之间进行对比。获利指数法的缺点是无法直接反映投资项目的实际收益率，计算相对复杂。

4. 内含报酬率法

内含报酬率（IRR），又称内部收益率，是指项目本身的收益率。它是使未来现金流入量现值等于未来现金流出量现值的折现率，即使投资方案净现值为零的折现率。

内含报酬率的计算视各年净现金流量是否相等而有所不同。

（1）每期净现金流量相等时，表现为年金形式，直接用下面的方法进行计算。首先，年金现值系数 = 原始投资额/每年净现金净流量；其次，从年金现值系数表中找出在相同期数里与上述现值系数相邻的折现率；最后，采用内插法计算内含报酬率。

【例 11－19】承【例 11－14】的资料，A 方案的内含报酬率计算为：

(P/A，IRR，5)＝50000÷12000＝4.1667

(P/A，6%，5)＝4.2124，(P/A，7%，5)＝4.1002

A 方案的内含报酬率介于6%与7%之间，可用内插法计算出其近似值：

IRR（A）＝6%＋（4.2124－4.1667）÷（4.2124－4.1002）×1%＝6.41%

（2）每期净现金流量不相等时，通过“逐步测试法”来测定内含报酬率。首先，估计一个折现率来计算方案的净现值。如果净现值大于零，说明内含报酬率超过估计的折现率，应提高折现率再进一步测试；如果净现值小于零，说明内含报酬率低于估计的折现率，应降低折现率再进一步测试。如此经过逐次测算，即可求出由正到负的两个相邻的折现率。其次，依据正负相邻的折现率，采用内插法计算内含报酬率。其计算公式：

$$IRR = r_2 + (r_2 - r_1) \times \frac{|NPV_1|}{|NPV_1| + |NPV_2|}$$

【例 11－20】承【例 11－14】的资料，B 投资方案内含报酬率的具体测试过程如表 11－4 所示。

表 11－4　B 方案内含报酬率的测试

期间	现金净流量	折现率＝16%		折现率＝15%	
		折现系数	现值	折现系数	现值
0	－50000	1	－50000	1	－50000
1	10000	0.8621	8621.00	0.8696	8696.00
2	15000	0.7432	11148.00	0.7561	11341.50
3	18000	0.6407	11532.60	0.6575	11835.00
4	20000	0.5523	11046.00	0.5718	11436.00
5	15000	0.4761	7141.50	0.4972	7458.00
净现值			－510.90		766.50

第一次测试的结果，净现值为－510.90，说明应降低折现率进行第二次测试。当采用15%进行测试时，净现值为766.50元。由此可以得出，B 投资方案内含报酬率介于15%与16%之间。接着可以用内插法计算B投资方案内含报酬率。

B 方案内含报酬率 IRR(B)＝15%＋766.50÷(766.50＋510.90)×1%＝15.60%

用同样的方法，可以计算出 C 方案的内含报酬率为12.72%。

内含报酬率法的优点是考虑了货币的时间价值，既从动态角度反映投资项目的真实报酬率，又不受基准收益率的影响，比较客观，其概念也易于理解。但这种方法的计算过程比较复杂，特别是每年净现金流量不相等的投资项目，一般要经过多次测算才能算出。

第三节　几种典型的长期投资决策

一、互斥方案的决策

一般来说，对于互斥方案，当项目各方案的投资总额、寿命期相等时，用投资回收期、投资报酬率、净现值、内含报酬率及获利指数等方法就可以做出正确的决策。

然而，当方案的投资总额或寿命期不等时，就需要用差额投资内含报酬率和年均净回收额法进行决策。

1. 差额投资内含报酬率法

差额投资内含报酬率就是使差额现金流量的净现值为零的折现率。该方法适用于寿命期相同，但原始投资额不同的情形。在比较计算出不同方案的差量现金净流量的基础上，再计算出差额内含报酬率，并据以判断方案优劣的方法。当差额内含报酬率指标大于或等于基准报酬率或设定的折现率时，原始投资额大的方案较优；反之，则投资额小的方案较优。

【例 11－21】某企业现在有 A、B 两个互斥投资方案，企业所要求的投资报酬率为 10%，现金净流量如表 11－5 所示，选择最佳的投资方案。

表 11－5　两方个案现金流量表　　单位：元

项目年份	方案 A	方案 B	差量
0	－40000	－50000	－10000
1	60000	72000	12000

通过计算，可以确定方案 A 和方案 B 的净现值和内含报酬率如下：

$NPV_A = 14546$（元）

$IRR_A = 50\%$

$NPV_B = 15455.2$（元）

$IRR_B = 44\%$

增量投资的净现值 $NPV_{增} = 12000 \times 0.9091 - 10000 = 909.2$（元）

得到 $IRR_{增} = 20\%$

从净现值来看，增量分析得到的净现值 909.2 元大于 0，投资额大的方案 B 较优；反之，如果增量分析得到的净现值小于 0，投资额小的方案 A 较优。

从差额内含报酬率指标来看，差额内含报酬率 20% 大于企业所要求的投资报酬率

10%，投资大的方案B较优；反之，如果差额内含报酬率小于企业所要求的投资报酬率10%时，投资小的方案A较优。

2. 年均净回收额法

年均净回收额法是指根据所有投资方案的年均净现值大小来选择最优方案的决策方法，适用于项目寿命期不同的互斥方案决策。年均净回收额的计算公式为：

年均净回收额 = NPV/(P/A, i, n)

所有方案中年均净回收额最大的方案即为最优方案。

【例11－22】 某企业现决定新购置一台设备，现在市面上有甲、乙两种设备可供选择，相比之下，乙设备比较便宜，但寿命较短。两种设备的现金净流量预测如表11－6所示。

表11－6　两种设备现金流量表　　单位：元

项目	0	1	2	3	4	5	6
甲	-40000	8000	14000	13000	12000	11000	10000
乙	-20000	7000	13000	12000			

要求：该公司的最低投资报酬率为12%，要求选择合适的设备。

解：

(1) 甲、乙设备的净现值。

$$\begin{aligned}NPV_{甲} = & -40000 + 8000 \times (P/F, 12\%, 1) + 14000 \times (P/F, 12\%, 2) + \\ & 13000 \times (P/F, 12\%, 3) + 12000(P/F, 12\%, 4) + \\ & 11000 \times (P/F, 12\%, 5) + 10000 \times (P/F, 12\%, 6) \\ = & 6490.80(元)\end{aligned}$$

$$\begin{aligned}NPV_{乙} = & -20000 + 7000 \times (P/F, 12\%, 1) + 13000 \times (P/F, 12\%, 2) + \\ & 12000 \times (P/F, 12\%, 3) = 5155.50(元)\end{aligned}$$

(2) 甲、乙设备的年均净回收额。

$$\begin{aligned}甲设备的年均净回收额 & = NPV_{甲} \div (P/A, 12\%, 6) \\ & = 6490.80 \div 4.1114 = 1580.73(元)\end{aligned}$$

$$\begin{aligned}乙设备的年均净回收额 & = NPV_{乙} \div (P/A, 12\%, 3) \\ & = 5155.50 \div 2.4018 = 2146.52(元)\end{aligned}$$

可见，乙设备的年均净回收额2146.52元大于甲设备的年均净回收额1580.73元。所以，应选择购买乙设备。

二、固定资产更新决策

固定资产更新是对技术上或经济上不宜继续使用的旧资产，用新的资产更换或用先进

的技术对原有设备进行局部改造。固定资产更新决策主要研究两个问题：一是决定是否更新；二是决定选择什么样的资产来更新。

固定资产更新时，设备更换并不改变企业的生产能力，不会增加企业的现金流入，主要是现金流出。固定资产更新的决策要考虑新旧设备的投资寿命期是否相同。

1. 如果新旧设备的投资寿命期相等——差额分析法

如果新旧设备的投资寿命期相等，可采用差额分析法，先计算两个方案（出售旧设备购置新设备和继续使用旧设备）的现金流量之差以及净现值差额。如果净现值差额大于零，则购置新设备，否则继续使用旧设备。

【例 11－23】 某企业考虑用一台新设备来代替旧设备，以减少成本，增加收益。旧设备原购置成本为 80000 元，使用 6 年，估计还可以使用 4 年，已提折旧 48000 元，期末无残值，如果现在出售可获得价款 32000 元，使用该设备每年可获收入 80000 元，每年的付现成本为 40000 元。新设备的购置成本为 90000 元，估计可使用 4 年，期满有残值 10000 元，使用新设备后每年收入可达 120000 元，每年付现成本为 50000 元。假设该公司的资本成本为 10%，所得税税率为 40%，新旧设备均采用直线法折旧。试问该公司是应该继续使用旧设备还是应该更新设备？

解：在本例中，从新设备的角度，采用差额分析法分析固定资产是否应更新。

（1）分别计算初始投资与折旧的现金流量差额。

Δ 初始投资＝90000－32000＝56000（元）

Δ 年折旧额＝（90000－10000）÷4－（80000－48000）÷4＝12000（元）

（2）利用表 11－7 来计算各年营业现金流量的差额。

表 11－7　各年营业现金流量的差额　　单位：元

项目	第 1～4 年
Δ 营业收入（1）	40000
Δ 付现成本（2）	10000
Δ 折旧额（3）	12000
Δ 税前利润（4）＝（1）－（2）－（3）	18000
Δ 所得税（5）＝（4）×40%	7200
Δ 税后利润（6）＝（4）－（5）	10800
Δ 营业现金流量（7）＝（6）＋（3）	22800

（3）利用表 11－8 来计算两个方案净现金流量的差额。

表 11－8　两个方案净现金流量的差额　　单位：元

期间	0	1	2	3	4
Δ初始投资	－56000				
Δ营业现金流量		22800	22800	22800	22800
Δ营业累计现金流量					10000
Δ现金流量	－56000	22800	22800	22800	32800

（4）计算差量净现值。

ΔNPV ＝－56000＋22800×（P/A，10%，3）＋32800×（P/F，10%，4）

＝23103.72（元）＞0

所以，该公司应更新设备。

2. 如果新旧设备的投资寿命期不相等——平均年成本法

（1）固定资产平均年成本的含义。固定资产的平均年成本是指该资产引起的现金流出的年平均值，即平均每年的现金流出。如果不考虑时间价值，它是未来使用年限内的现金流出总额与使用年限的比值；如果考虑资金的时间价值，它是未来使用年限内现金流出总现值与年金现值系数的比值。

（2）在使用平均年成本法时的注意事项。

其一，平均成本法是把继续使用旧设备和购置新设备看成是两个互斥的方案，而不是一个更换设备的特定方案。因此，不能将旧设备的变现价值作为购置新设备的一项现金流入。

其二，平均年成本法的假设前提是将来设备再更换时，可以按原来的平均年成本找到可代替的设备。

在这种方法下，以平均年成本较低的方案作为较优方案。

【例 11－24】 某企业拟购买一套新设备代替原有的旧设备。旧设备原值 15000 元，已经使用 4 年，估计还可以继续使用 4 年，每年的操作成本为 2000 元，残值 2000 元，目前市场的变现价值估计为 8000 元；新设备采购价为 13000 元，预计使用寿命为 6 年，每年的操作成本为 800 元，残值预计为 2500 元。该企业所得税税率为 30%，预期报酬率为 12%。税法规定新旧设备折旧年限都为 6 年，残值率为 10%，并按直线法计提折旧。

要求：分析该企业是否应进行该项设备更新。

解：因新旧设备的使用年限不同，应采用平均年成本法比较两者的优劣。

（1）继续使用旧设备的平均年成本。

每年付现操作成本的现值＝2000×（1－30%）×（P/A，12%，4）

＝1400×3.0373＝4252.22（元）

年折旧额＝15000×（1－10%）÷6＝2250（元）

每年折旧抵税现值＝2250×30%×（P/A，12%，2）＝675×1.6901＝1140.82（元）

残值收益抵税＝［2000－（2000－15000×10%）×30%］×

$(P/F, 12\%, 4) = 1850 \times 0.6355$

$= 1175.68$(元)

旧设备变现收益 $= 8000 - [8000 - (15000 - 2250 \times 4)] \times 30\% = 7400$(元)

继续使用旧设备的现金流出总现值 $= 4251.22 + 7400 - 1140.82 - 1175.68$

$= 9334.72$(元)

继续使用旧设备的平均年成本 $= 9334.72 \div (P/A, 12\%, 4) = 3073.36$(元)

(2)更换新设备的平均年成本。

购置成本 $= 13000$(元)

每年付现操作成本的现值 $= 800 \times (1 - 30\%) \times (P/A, 12\%, 6)$

$= 560 \times 4.1114 = 2302.38$(元)

年折旧额 $= 13000 \times (1 - 10\%) \div 6 = 1950$(元)

每年折旧抵税现值 $= 1950 \times 30\% \times (P/A, 12\%, 6) = 585 \times 4.1114 = 2405.17$(元)

残值收益抵税 $= [2500 - (2500 - 13000 \times 10\%) \times 30\%] \times (P/F, 12\%, 6)$

$= 2140 \times 0.5066 = 1084.12$(元)

更换新设备的现金流出总现值 $= 13000 + 2302.38 - 2405.17 - 1084.12$

$= 11813.09$(元)

更换新设备的平均年成本 $= 11812.09 \div (P/A, 12\%, 6) = 2873.25$(元)

由于更换新设备的平均年成本低于继续使用旧设备，因此应进行该设备更新。

三、固定资产租赁或购买的决策

在进行固定资产租赁或购买的决策时，由于所用设备相同，即设备的生产能力与产品的销售价格相同，同时设备的运行费用也相同，因此只需比较两种方案的成本差异及成本对企业所得税所产生的影响差异即可。

【例 11－25】某企业在生产中需要一种设备，如果购买，需支付设备买入价 300000 元，该设备的使用寿命为 10 年，预计净残值率为 2%；若采用租赁形式进行生产，每年将支付 50000 元的租赁费用，租赁期也为 10 年。假设折现率为 8%，所得税税率为 25%。

要求：做出固定资产租赁或购买的决策。

解：

(1) 购买设备。

设备净残值 $= 300000 \times 2\% = 6000$(元)

年折旧额 $= (300000 - 6000)/10 = 29400$(元)

购买设备支出：	300000.00
因折旧税负减少现值：$29400 \times 25\% \times (P/A, 8\%, 10)$	49319.24
设备净残值变现价值：$6000 \times (P/F, 8\%, 10)$	2779.20

合计：　253459.96

（2）租赁设备。

租赁费支出：50000×（P/A，8%，10）　335505.00

因租赁费税负减少现值：50000×25%×（P/A，8%，10）　83876.25

合计：　251628.75

由以上计算结果可知，购买设备的总支出大于租赁的总支出，所以该企业应采取租赁的方式。

本章小结

本章主要介绍了长期投资决策中涉及的主要概念和基本方法。长期投资决策需要考虑的两个重要因素是货币时间价值和现金流量。长期投资决策的分析方法包括静态投资回收期法和投资利润率法两种非贴现评价方法及净现值法、现值指数法、内含报酬率法等贴现评价方法。

长期投资决策的分析方法的具体应用体现在互斥方案决策、固定资产更新决策以及固定资产购买或租赁的决策中。互斥方案决策方法有差额投资内含报酬率法和年均净回收额法。固定资产更新方法决策有差额分析法和平均年成本法。

名词与术语

长期投资决策　货币时间价值　终值　现值　普通年金　预付年金　递延年金　永续年金　现金流量　初始现金流量　营业现金流量　终结现金流量　投资利润率　静态投资回收期　净现值　净现值率　获利指数　内含报酬率　差额投资内含报酬率　年均净回收额　差额分析法　平均年成本

思考题

1. 在长期投资决策中需要考虑哪些因素？
2. 什么是货币时间价值？为什么在长期投资决策中要考虑货币时间价值？
3. 什么是现金流量？它包括哪些内容？
4. 静态投资决策指标与动态投资决策指标之间有何区别？如何计算这些指标？
5. 比较投资决策中的净现值法和内部收益率法。

自测题

自测题 11－1

【目的】掌握长期投资决策中货币时间价值的计算方法。

【资料】某企业分期付款购买一台设备，供应商提供了两种付款方式：

（1）从现在起，每年年初支付20万元，连续支付10次，共200万元。

（2）从第5年开始，每年年初支付25万元，连续支付10次，共250万元。

【要求】假设该企业的资本成本率为10%，请选择最佳方案。

自测题 11－2

【目的】掌握长期投资决策中的净现值法。

【资料】某企业投资10万元兴建一个工程项目，建设期为2年，从第三年起，每年净现金流量为2万元，设备的使用期限为15年。设企业要求的报酬率为10%。

【要求】分析该项目是否值得投资。

自测题 11－3

【目的】掌握长期投资决策中的净现值法。

【资料】某企业计划进行某项投资活动，备选方案的有关资料为：方案需原始投资210万元，其中固定资产投资120万元，无形资产投资25万元，流动资产投资65万元，全部资金于建设期初一次性投入。该项目建设期2年，经营期5年，到期残值收入8万元，无形资产自投产年份起5年摊销完毕。该项目投产后，预计年收入170万元，年经营成本80万元。该企业按直线折旧法折旧，全部流动资金于终结点一次性收回，所得税率为33%，折现率为10%。

【要求】用净现值法评价该方案是否可行。

自测题 11－4

【目的】掌握长期投资决策中的静态投资回收期法和净现金流量的估算。

【资料】某投资方案的固定资产总额为20万元，两年建成投产，预计可使用5年。第一年年初投资12万元；第二年年初投资8万元，并且为第三年（即第二年年底）准备投产而对流动资产投资10万元。预计投产后能获税后净利4万元，期末有固定资产残值2万元，按直线法计提折旧。

【要求】计算该方案的静态投资回收期和各年的净现金流量。

自测题 11 -5

【目的】掌握长期投资决策中固定资产更新决策中的平均年成本法。

【资料】某企业正考虑用一台效率更高的新机器取代现有的旧机器。旧机器的账面净值为 10 万元，市场价值为 6 万元；预计尚可使用 4 年，预计 4 年后净残值为 0；税法规定的折旧年限尚有 4 年，税法规定无残值。购买和安装新机器需要 50 万元，预计可以使用 5 年，预计清理净残值为 2 万元。按税法规定可分 4 年折旧，并采用双倍余额递减法计算应纳税所得额，法定残值为原值的 1/10。使用该机器每年可以节约付现成本 16 万元。企业的所得税率为 25%。如果该项目在任何一年出现亏损，企业将会得到按亏损额的 25% 计算的所得税抵免。假设企业的必要报酬率为 10%。

【要求】为该企业是否更新设备进行决策。

自测题 11 -6

【目的】综合运用长期投资决策的分析方法。

【资料】某公司是一家造纸及生产纸制品的公司。目前，由于市场对公司产品需求的增长以及政府对环境污染治理的要求，公司正在考虑购置新设备。公司适用的所得税税率为 30%，折现率为 10%。现有 A、B 两个方案可供选择。

A 方案预计需投资 200 万元，安装成本 40 万元。新设备预计使用期限为 20 年，预计净残值为 0。A 方案将取代一台已经使用了 16 年的旧设备。旧设备的初始成本为 180 万元，按 20 年计提折旧，净残值为 0，该设备目前的市价为 40 万元。使用新设备预计所带来的税前折旧前的净现金流量在 1 ~ 10 年内为每年 56 万元，在 11 ~ 20 年内为每年 62 万元。

B 方案预计需投资 120 万元，安装成本 80 万元。新设备预计使用期限为 20 年，预计期末无残值。A 方案将取代一台已经使用了 18 年的旧设备。旧设备的初始成本为 140 万元，按 20 年计提折旧，净残值为 0，该设备目前的市价为 50 万元。使用新设备预计所带来的税前折旧前的净现金流量在 1 ~ 20 年内为每年 35 万元。

【要求】

（1）计算每一方案的初始净现金流量和经营净现金流量。

（2）计算每一方案的静态投资回收期和净现值。

（3）应采用哪一方案？为什么？

自测题 11 -7

【资料】设折现率为 10%，某企业有两个投资方案，有关数据如表 11 -9 所示。

【要求】分别用投资利润率法、静态投资回收期法、净现值法、净现值率法、获利指数和内含报酬率法等六种方法进行决策。

表 11-9　投资方案数据表　　单位：元

期间	甲方案		乙方案	
	净利润	现金净流量	净利润	现金净流量
0		-1000000		-1000000
1	80000	240000	120000	200000
2	80000	240000	140000	300000
3	80000	240000	120000	360000
4	80000	240000	100000	400000
5	80000	240000	120000	300000
合计	400000	200000	600000	560000

第四篇

控制与业绩评价

第十二章

全面预算

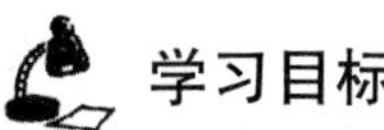

学习目标

1. 了解全面预算体系的构成。
2. 掌握日常业务预算的编制方法。
3. 掌握财务预算的编制方法。
4. 掌握弹性预算的编制方法。

☞ 导入案例

目前，某省移动用户规模已经扩展到1300万户左右。但该公司认识到，随着竞争格局发生变化，像前几年凭借经验型管理和运作的做法已经无法保持企业的可持续发展了，为此，近年来该公司致力于打造以“全面优质管理”为核心的战略管理体系，推行全面预算管理，使企业从“定性管理”转向“定量管理”，从“事后核算”转向“年前控制”。

该公司在实施全面预算管理中推出的新举措，企业管理部门要定期提交一份特殊的“成绩单”，这份“成绩单”记载了主营业务收入、利润目标等，它就是以资金流量、成本费用控制为重点的全面预算责任报告书。全面预算管理的作用是显而易见的，该公司业务收入和净利润逐年上升，资金使用效率明显提高，资产负债率则呈明显下降趋势。

更关键的是，全面预算管理培养了该公司员工的成本效益观念，养成了工作中对经济数据进行“平衡”思维的习惯，倡导“用数据说话”的公司文化。在该公司，全面预算管理就好像一个秤的“准星”，它平衡着公司经营的重心，统揽了全面优质管理体系的全局，引导企业走向内涵式精细管理模式。

资料来源：http：//wenku. baidu. com/view/1e553024a5e9856a56126068. html = view。

第一节　全面预算概述

预算，是指企业或个人未来在一定时期内经营、资本、财务等各方面的收入、支出、现金流的总体计划。它将各种经济活动用货币的形式表现出来，是“使企业的资源获得最佳生产率和获利率的一种方法”。

一、全面预算

1. 全面预算的含义和特征

（1）全面预算的含义。全面预算是指在预测与决策的基础上按照企业既定的经营目标及程序，以货币为主要计量单位，通过一系列预计的财务报表及附表，展示其资源配置情况的有关企业总体计划的数量说明。

（2）全面预算的特征。全面预算主要具有以下四个特征：①以战略规划和经营目标为导向；②以业务活动环节及部门为依托；③以人、财、物等资源要素为基础；④与管理控制相衔接。

2. 全面预算的分类

（1）全面预算按其涉及预算期的长短分为长期预算和短期预算。长期预算包括长期销售预算、资本支出预算、长期资金筹措预算以及研究与开发预算；短期预算是指年度预算，或者时间更短的季度或月度预算，如直接材料预算、现金预算等。通常长期和短期的划分以 1 年为界限，有时把 2～3 年的预算称为中期预算。

（2）全面预算按其涉及的内容分为日常业务预算、专门决策预算、财务预算。日常业务预算又称经营预算，是关于企业日常经营业务的预算，包括销售预算、生产预算、直接材料预算、直接人工预算、制造费用预算、产品成本预算、销售费用预算、管理费用预算。日常业务预算属于短期预算。

专门决策预算是指针对企业重大决策所编制的预算，如购建固定资产预算、改建扩建预算等。专门决策预算又可分为资本支出预算（长期投资预算）和一次性专门业务预算（增资预算和负债预算），属于长期预算。

日常业务预算和专门决策预算统称为分预算。

财务预算又称总预算，是对企业财务状况、经营成果和现金流量的预算，包括现金预算、预计利润表和预计资产负债表等，属于短期预算。

全面预算是一个完整的体系，各种预算之间的关系如图 12－1 所示。

二、全面预算的作用

全面预算规定了企业一定时期内的总目标以及各级各部门的子目标，可以动员全体职

工为此而奋斗。

全面预算运用货币度量来表达，具有高度的综合性，经过综合平衡以后可以体现各级、各部门冲突的最佳解决办法。它代表企业整体的最优方案，可以使各级各部门的工作在此基础上协调起来。

全面预算是控制经济活动的依据，是衡量其合理性的标准，当实际状态和预算有较大差异时，要查明原因并采取措施。

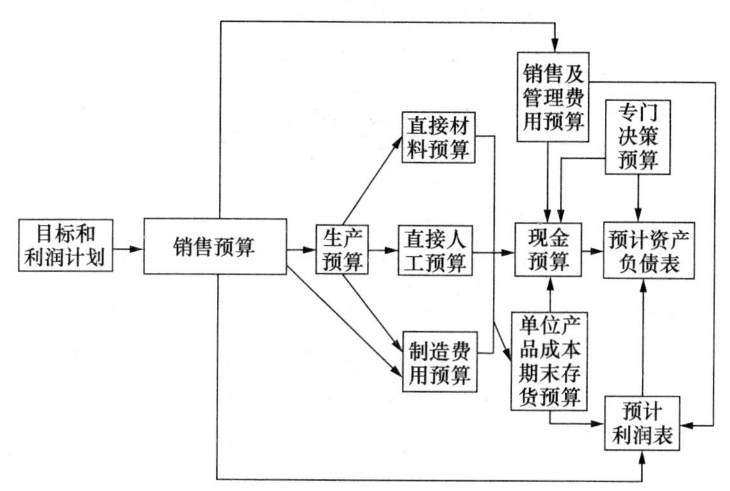

图 12－1　全面预算体系

三、全面预算的编制程序

具体来说，全面预算的编制程序有如下七个步骤：

1. 明确经营目标

企业最高管理部门根据长期规划，利用本量利分析等工具，提出企业一定时期的总目标，并由预算委员会下达规划指标。

2. 草拟分项预算

由最基层成本控制人员根据企业经营的总体情况及本部门应完成的具体任务，自行草编预算，使预算较为可靠、较为符合实际。

3. 汇总上报预算草案

各部门汇总部门预算，并初步协调本部门预算，编出销售、生产、财务等业务预算。

4. 确定全面预算

预算委员会审查、平衡业务预算，汇总出公司的总预算。

5. 审议批准

企业财务管理部门在经有关预算执行单位对全面预算进行修正调整的基础上，编制出企业预算的最终方案，报预算委员会讨论。对于不符合企业发展战略的事项，企业预算管理委员会应反馈给有关预算单位，以便进一步修订、调整。

6. 下达执行

预算委员会将经最高管理部门批准后的全面预算下达给各职能部门组织实施。

7. 定期对预算执行情况进行分析

企业各级管理层利用管理报告期对预算执行情况进行分析、监控，并通过高效的管理评估机制迅速采取相应的行动方案，及时解决出现的问题。

第二节 全面预算的编制方法

全面预算一般包括日常业务预算、专门决策预算、财务预算三大部分。其中，日常业务预算具体包括销售预算、生产预算、直接材料预算、直接人工预算、制造费用预算、产品成本预算、销售及管理费用预算；专门决策预算具体包括资本支出预算和一次性专门业务预算；财务预算具体包括现金预算、预计利润表及预计资产负债表。

专门决策预算的内容在第十一章“长期投资决策”中进行了讨论，本节主要讨论日常业务预算和财务预算的编制方法。

一、销售预算

销售预算是指为规划一定预算期内组织销售活动而引起的预计销售收入编制的一种日常业务预算。销售预算是整个预算的编制起点，其他预算的编制要以销售预算为基础。

销售预算一般分别列示全年和各季度的预计销售量和预计销售收入。销售预算中通常还包括预计现金收入的计算，其目的是为编制现金预算提供必要的资料。预计销售收入的计算公式为：

预计销售收入 = 预计销售量 × 预计销售单价

由于在销售过程中存在分期、延期付款等情况，当期现金收入并不一定就是当期的销售收入。当期现金收入实际上包括当期销售产品收取的现金和当期收回的因前期赊销商品形成的应收账款两部分。

【例 12 –1】某企业在预算年度 2016 年生产销售一种 A 产品，预算年度内四个季度的销售量分别为 100 件、200 件、180 件、150 件，平均售价预计为 300 元/件。根据以往经验，销货款在当季可收到 50%，其余部分在下一季度收到。预算年度第一季度可收回上年第四季度的应收账款 7800 元。根据所给资料，编制销售预算表，如表 12 –1 所示。

表 12－1　销售预算表

2016 年

项　目	第一季度	第二季度	第三季度	第四季度	全年
预计销售量（件）	100	200	180	150	630
预计单价（元/件）	300	300	300	300	300
销售收入（元）	30000	60000	54000	45000	189000
预计现金收入（元）					
上年应收账款	7800				7800
第一季度销售	15000	15000			30000
第二季度销售		30000	30000		60000
第三季度销售			27000	27000	54000
第四季度销售				22500	22500
现金收入合计	22800	45000	57000	49500	174300

第四季度末应收账款余额＝45000×50%＝22500（元）

二、生产预算

生产预算是指为规划一定预算期内预计生产量水平编制的一种日常业务预算，它是在销售预算的基础上编制的。编制生产预算的关键是确定计划期内的生产量。为了避免存货过多导致资金积压、浪费，或者由于存货过少影响下一期销售计划的正常执行的情况，生产预算的编制应以预计销售量和预计产成品存货为基础进行调整。计算公式：

预计生产量＝预计销售量＋预计期末存货量－预计期初存货量

式中，预计销售量是根据销售预算得到的，预计期末存货量一般按下期销售量的一定比例确定，预计期初存货量等于上期期末存货量。

【例 12－2】 承【例 12－1】，假定该企业各季度末 A 产品存货均占下季度预计销售量的 20%，预算期初存货为 20 件，预算期末存货为 25 件，各季度预计的期初存货与上季度末预计的期末存货量相等。根据所给资料编制该企业预算年度分季度生产预算表，如表 12－2所示。

表 12－2　生产预算表

2016 年　　单位：件

项　目	第一季度	第二季度	第三季度	第四季度	全年
预计销售量	100	200	180	150	630
加：预计期末存货量	40	36	30	25	25
预计需要量合计	140	236	210	175	655
减：期初存货量	20	40	36	30	20
预计生产量	120	196	174	145	635

三、直接材料预算

直接材料预算是指为规划一定预算期内因组织生产活动和材料采购活动预计发生的直接材料需用量、采购数量和采购成本而编制的一种经营预算。

它是以生产预算、材料消耗定额和预计材料采购单价等信息为基础，同时考虑期初、期末原材料存货水平。

预计材料采购量的计算公式为：

预计直接材料采购量 = 预计直接材料耗用量 + 预计期末材料存量 − 预计期初材料存量

式中：预计直接材料耗用量 = 预计生产量 × 单位产品材料耗用量

为了便于编制现金预算，在直接材料预算中，还应编制现金支出计算表，以反映当期材料采购支出的现金数额，其中包括前期应付购料款的偿还和本期应以现款支付的购料款项。

【例 12－3】承【例 12－1】，假设生产单位 A 产品材料消耗量为 15 千克，每千克材料单价为 10 元，各季度末预计材料存货占下季度生产需用量的 20%，年末预计材料存货为 500 千克，年初材料存货为 400 千克，各季度预计的期初材料存货等于上季度末预计的期末材料存货。各季度材料采购款中当期支付 60%，剩余 40% 下季度全部付清，年初应付材料款为 4500 元。根据所给资料编制该企业预算年度直接材料预算表，如表 12－3 所示。

表 12－3　直接材料预算表

2016 年

项　目		第一季度	第二季度	第三季度	第四季度	全　年
预计生产量（件）		120	196	174	145	635
单位产品材料用量（千克）		15	15	15	15	15
预计生产需要量（千克）		1800	2940	2610	2175	9525
加：预计期末存量（千克）		588	522	435	500	500
预计需要量合计（千克）		2388	3462	3045	2675	10025
减：预计期初存量（千克）		400	588	522	435	400
预计材料采购量（千克）		1988	2874	2523	2240	9625
预计单价（元/千克）		10	10	10	10	10
预计采购金额（元）		19880	28740	25230	22400	96250
预计现金支出	上年应付账款（元）	4500				4500
	第一季度购料支出（元）	11928	7952			19880
	第二季度购料支出（元）		17244	11496		28740
	第三季度购料支出（元）			15138	10092	25230
	第四季度购料支出（元）				13440	13440
	现金支出合计（元）	16428	25196	26634	23532	91790

第四季度末应付账款余额 = 22400 × 40% = 8960（元）

四、直接人工预算

直接人工预算是指为规划一定预算期内人工工时的消耗水平和人工成本水平而编制的一种经营预算，它是以生产预算为基础编制的。预计直接人工成本的计算公式：

预计直接人工成本 = 预计生产量 × 小时工资率 × 单位产品定额工时

由于人工工资都需要使用现金支付，所以不需另外预计现金支出，可直接参加现金预算的汇总。

【例 12 - 4】 承【例 12 - 3】，假设生产单位 A 产品直接人工工时消耗 10 小时，每小时直接人工成本为 1.5 元。假设直接人工费用于当期支付。根据所给资料编制该企业年度直接人工成本预算表，如表 12 - 4 所示。

表 12 - 4　直接人工预算表

2016 年

项　目	第一季度	第二季度	第三季度	第四季度	全　年
预计生产量（件）	120	196	174	145	635
单位产品工时（小时）	10	10	10	10	10
人工总工时（小时）	1200	1960	1740	1450	6350
每小时人工成本（元）	1.5	1.5	1.5	1.5	1.5
人工总成本（元）	1800	2940	2610	2175	9525

五、制造费用预算

制造费用预算是指为规划一定预算期内除直接材料和直接人工预算以外预计发生的其他生产费用而编制的一种日常业务预算。

制造费用预算应将制造费用按成本性态划分为变动制造费用和固定制造费用两部分。变动制造费用以生产预算为基础来编制，变动制造费用分配率的计算公式：

$$变动制造费用分配率 = \frac{变动制造费用预算总额}{预算分配标准总数}$$

固定制造费用需要逐项进行预计，通常与本期产量无关，按每季实际需要的支付额预计，然后求出全年数。

预计制造费用总额 = 预计直接人工工时 × 预计变动制造费用分配率 + 预计固定制造费用

在编制制造费用预算的同时，也需要编制预计现金支出计算表。由于制造费用中包括一些以前年度已经支付、需要分摊到本预算期内的非付现成本，如折旧费，在计算现金支出时需要予以剔除。

【例 12－5】 承【例 12－4】，假设该企业在预算编制中采用变动成本法，每小时需要变动制造费用 2 元（在间接材料、间接人工和其他变动费用三个项目之间以 1∶1∶2 的比例分配）；固定制造费用中，每季度折旧费 1500 元、管理人员工资 1000 元、保险费 999 元、其他固定费用 1200 元。折旧费以外的各项制造费用均于当期付现。根据所给资料编制该企业预算年度制造费用预算表，如表 12－5 所示。

表 12－5　制造费用预算表

2016 年　　　　单位：元

项　目	第一季度	第二季度	第三季度	第四季度	全　年
预计生产需要工时（小时）	1200	1960	1740	1450	6350
每小时变动制造费用	2	2	2	2	2
变动制造费用总额	2400	3920	3480	2900	12700
其中：间接材料	600	980	870	725	3175
间接人工	600	980	870	725	3175
其他变动费用	1200	1960	1740	1450	6350
固定制造费用总额	4699	4699	4699	4699	18796
其中：折旧费	1500	1500	1500	1500	6000
管理人员工资	1000	1000	1000	1000	4000
保险费	999	999	999	999	3996
其他固定费用	1200	1200	1200	1200	4800
制造费用合计	7099	8619	8179	7599	31496
减：折旧费	1500	1500	1500	1500	6000
现金支出的费用	5599	7119	6679	6099	25496

六、产品成本预算

产品成本预算是指为规划一定预算期内每种产品的单位产品成本、生产成本、销售成本等内容而编制的一种日常业务预算。

产品成本预算是在生产预算、直接材料预算、直接人工预算和制造费用预算的基础上编制的，同时也为编制预计利润表和预计资产负债表提供依据。

【例 12－6】 承【例 12－5】，假设该企业期初、期末在产品成本为 0，A 产品期初和期末的单位成本保持不变，根据以上资料编制该企业预算年度产品成本预算表，如表 12－6 所示。

表 12－6　产品成本预算表

2016 年　　单位：元

项　目	单位成本			生产成本（635 件）	期末存货成本（25 件）	预计销售成本（630 件）
	单价	单位用量	单位成本			
直接材料	10	15 千克/件	150	95250	3750	94500
直接人工	1.5	10 小时	15	9525	375	9450
变动制造费用	2	10 小时	20	12700	500	12600
固定制造费用	2.96	10 小时	29.6	18796	740	18648
合　计			214.6	136271	5365	135198

注：为便于产品成本计算，计算固定制造费用每小时费用率。固定制造费用分配率 = 18796/6350 = 2.96 元/小时。

七、销售及管理费用预算

销售及管理费用预算是用来确定企业在预算期内为销售商品和维持一般管理业务而发生的各项费用的预算。与制造费用预算的编制方法类似，需要将销售及管理费用按成本性态划分为变动费用和固定费用两部分。

在编制销售及管理费用预算表的同时，也应编制预计现金支出计算表。非付现成本，如折旧费，在计算现金支出时需要予以剔除。

【例 12－7】 承【例 12－6】，该企业预算期销售及管理费用有关资料如下：变动性费用中各季度销售人员工资为当期销售额的 1%，包装费、运输费及保管费为当期销售额的 0.5%。固定性费用各季度管理人员工资 2000 元、广告费 300 元、保险费 200 元、办公费 150 元、折旧费 200 元。根据以上资料编制销售及管理费用预算表，如表 12－7 所示。

表 12－7　销售及管理费用预算表

2016 年　　单位：元

项　目	第一季度	第二季度	第三季度	第四季度	全　年
变动销售及管理费用					
销售人员工资	300	600	540	450	1890
包装费	150	300	270	225	945
运输费	150	300	270	225	945
保管费	150	300	270	225	945
合　计	750	1500	1350	1125	4725
固定销售及管理费用					
管理人员工资	2000	2000	2000	2000	8000
广告费	300	300	300	300	1200
保险费	200	200	200	200	800

续表

项　目	第一季度	第二季度	第三季度	第四季度	全　年
办公费	150	150	150	150	600
折旧费	200	200	200	200	800
合　计	2850	2850	2850	2850	11400
预计销售及管理费用	3600	4350	4200	3975	16125
减：折旧	200	200	200	200	800
预计现金支付的销售及管理费用	3400	4150	4000	3775	15325

八、现金预算

现金预算的内容包括现金收入、现金支出、现金多余或不足、现金的筹措和运用四部分。因此，现金预算实际上是其他预算有关现金收支部分的汇总，编制时要以事先编制的其他各项预算为基础。

1. 现金收入

现金收入包括期初现金余额和预算期现金收入，销货取得的现金是其主要来源。

2. 现金支出

现金支出包括预算期内的各项现金支出。它主要包括直接材料、直接人工、各项费用等方面的支出，还包括购置设备、所得税、销售税金以及分配股利等方面的现金支出。

3. 现金多余或不足

它表示预算期内现金收入金额合计数与现金支出合计数的差额。如果此差额为正，则说明收入大于支出，现金有多余。如果此差额为负，则说明收入小于支出，现金有短缺。

4. 现金筹集和运用

根据预算期内现金收支的差额和企业资金管理的有关政策，确定筹集和运用资金的数额。现金多余时，一般是归还借款的本金和利息或者进行短期投资等。现金短缺时，一般是以向银行借款或者出售短期证券方式筹资。

现金预算要根据前面日常业务预算现金收入和现金支出的数额进行编制，同时还要考虑企业设定的最低现金余额等因素的限制。编制现金预算需要注意以下两个重要关系式：

某期现金余缺 = 该期可动用现金合计 − 该期现金支出

期末现金余额 = 现金余缺 ± 现金的筹集与运用

【例 12 −8】假定该企业期初现金余额为 10000 元，拟于预算期内第二季度、第四季度分别购置价值 8000 元的设备，每季度缴纳所得税 1050 元，第三季度、第四季度分别支付股利 6000 元，其他有关资料见以上各项预算。该公司现金余额最低应保持 4000 元。当现金不足时向银行借款，多余时归还借款。假设银行借款年利息率为 10%，每年付息，到期还本。同时，借款、还款都需是 5000 元的整数倍。假定资金在期初借入，期末归还。根据以下资料，编制现金预算，如表 12 −8 所示。

表 12-8 现金预算

2016 年 单位：元

项 目	第一季度	第二季度	第三季度	第四季度	全 年
期初现金余额	10000	4523	6068	10845	10000
加：销货现金收入（表 12-1）	22800	45000	57000	49500	174300
可供使用现金	32800	49523	63068	60345	184300
减：现金支出					
直接材料（表 12-3）	16428	25196	26634	23532	91790
直接人工（表 12-4）	1800	2940	2610	2175	9525
制造费用（表 12-5）	5599	7119	6679	6099	25496
销售及管理费用（表 12-7）	3400	4150	4000	3775	15325
所得税	1050	1050	1050	1050	4200
购买设备		8000		8000	16000
支付股利			6000	6000	12000
支出合计	28277	48455	46973	50631	174336
资金的筹集和运用					
现金多余或不足	4523	1068	16095	9714	9964
向银行借款		5000			5000
归还银行借款			-5000		-5000
借款利息			-250		-250
筹集、运用资金合计		5000	-5250		-250
期末现金余额	4523	6068	10845	9714	9714

注：第三季度末归还 5000 元本金应负担的利息 = 5000 × 10% × 2 ÷ 4 = 250（元）。

九、预算财务报表

预算财务报表是财务管理的重要工具，是从整体上反映企业在预算期内一定期间的经营成果和一定时点财务状况的预算报表。预算财务报表主要包括预计利润表和预计资产负债表。

1. 预计利润表

预计利润表是反映和控制企业在预算期内损益情况和盈利水平的预算。它是在汇总预算期内销售预算、产品成本预算、各项费用预算、现金预算等资料的基础上编制的。

预计利润表与实际利润表的内容、格式相同，但是数据是面向预算期的，比如所得税的金额是预计的，并不等于应税所得额乘以相应的所得税税率。

【例 12-9】根据该企业以上的各种预算结果，假设预算期内所得税税率为 25%，要求编制该企业 2016 年预计利润表。

表 12－9　预计利润表

2016 年　　单位：元

项　目	金　额
营业收入（表 12－1）	189000
减：营业成本（表 12－6）	135198
减：销售及管理费用（表 12－7）	16125
减：财务费用（表 12－8）	250
营业利润	37427
利润总额	37427
减：所得税（表 12－8）	4200
净利润	33227

2. 预计资产负债表

预计资产负债表是指用于总括反映企业预算期末财务状况的一种财务预算。该表中除上年期末数一致外，其余项目均应在前述各项预算的基础上分析填列。

【例 12－10】 假定该企业期初资产负债表如表 12－10（年初数）所示，要求根据该企业以上的各种预算结果，编制该企业 2016 年度预算资产负债表。

表 12－10　预计资产负债表

2016 年 12 月 31 日　　单位：元

资产	年初	年末	负债及所有者权益	年初	年末
库存现金	10000	9714	应付账款	4500	8960
应收账款	7800	22500	长期借款	9000	9000
原材料	4000	5000	负债合计	13500	17960
库存商品	4292	5365	所有者权益		
固定资产	20000	36000	股本	20000	20000
累计折旧	4000	10800	未分配利润	23592	44819
固定资产净值	16000	25200	所有者权益合计	43592	64819
无形资产	15000	15000			
资产合计	57092	82779	负债及所有者权益合计	57092	82779

表 12－10 中各项目“年末数”填列说明：

库存现金。根据现金预算（表 12－8）第四季度期末现金余额填列。

应收账款。根据销售预算（表 12－1）第四季度销售收入的 50% 填列，即 45000 × 50% = 22500（元）。

存货。存货包括原材料和库存商品。

原材料。根据直接材料预算（表 12－3）填列，即第四季度期末材料存货量＝500 千克×10 元/千克＝5000（元）。

库存商品。根据产品成本预算（表 12－6）填列。

固定资产。根据预计资产负债表中年初数 20000＋现金预算（表 12－8）中购置设备 16000＝36000（元）填列。

累计折旧。根据预计资产负债表中年初数 4000＋制造费用预算（表 12－5）6000＋销售及管理费用预算（表 12－7）800＝10800（元）填列。

应付账款。根据直接材料预算（表 12－3）第四季度购料款的 40% 填列，即 22400×40%＝8960（元）。

长期借款。根据预计资产负债表中年初数 9000＋现金预算（表 12－8）向银行借款 5000－现金预算（表 12－8）归还银行借款 5000＝9000（元）填列。

未分配利润。根据预计资产负债表中年初数 23592＋预计利润表（表 12－9）中净利润 33227－现金预算（表 12－8）支付股利 12000＝44819（元）填列。

第三节　预算控制的几种形式

预算编制的方法，按与业务量的关系分为固定预算和弹性预算；按编制预算的基础分为增量预算和零基预算；按编制预算期间的固定性和滚动性分为定期预算和滚动预算。

一、固定预算与弹性预算

1. 固定预算

（1）固定预算的含义。固定预算又称静态预算，是指在编制预算时，以预算期内正常的、可实现的某一固定业务量水平作为唯一基础编制的预算。前面所述的销售预算、生产预算、成本预算等都是以某一业务量水平为基础编制的，都属于固定预算。

（2）固定预算的特点。不考虑预算期内业务量水平可能发生的变动，只按某一确定的业务量水平为基础预计其相应的数额；将预算的实际执行结果按预算期内计划规定的某一业务量水平所确定的预算数进行比较分析，并据以进行业绩评价考核。

固定预算方法一般适用于业务量较为稳定的企业或非营利组织，但存在适应性和可比性差的缺点。

2. 弹性预算

（1）弹性预算的含义。弹性预算又称动态预算，是指在编制预算时，以业务量、成本和利润之间的依存关系为依据，以预算期可预见的各种业务量水平为基础编制的预算。

（2）弹性预算的特点。弹性预算既可以按预算期内某一相关范围内的可预见的多种业务活动水平确定不同的预算额，也可以按实际业务活动水平调整其预算额；待实际业务量发生后，将实际指标与实际业务量相应的预算额进行对比，使预算执行情况的评价与考核建立在更加客观和可比的基础上，从而更好地发挥预算的控制作用。

弹性预算方法主要适用于成本弹性预算（制造费用、销售费用、管理费用预算）和利润弹性预算的编制，具有预算范围宽和可比性强等优点。

（3）弹性预算的编制方法。弹性预算的编制方法主要有公式法和列表法。

1）公式法。公式法是指通过确定成本公式 $y_i = a_i + b_i x_i$ 中的 a_i、b_i 来编制弹性预算的方法。

在成本性态分析的基础上，可以将成本项目近似地表示为 $y_i = a_i + b_i x_i$（$a_i = 0$ 时，$y_i = b_i x_i$ 为变动成本；$b_i = 0$ 时，$y_i = a_i$ 为固定成本；a_i、b_i 均不为 0 时，$y_i = a_i + b_i x_i$ 为混合成本）。

这种方法的优点是在一定范围内不受业务量波动影响，编制预算的工作量较小。其缺点是不能直接查出特定业务量下的总成本预算额，按细目分解成本比较麻烦，同时又有一定误差。

2）列表法。列表法是用列表的方式，在相关范围内每隔一定业务量范围计算相关数值预算的方法。这种方法的优点是可以克服公式法的缺点，直接从表中查出各种业务量下的成本预算，预算结果较为精确。其缺点是工作量较大，且不能包括所有业务量条件下的费用预算，适用面较窄。

【例 12－11】 某企业 2016 年 10 月的制造费用项目及单位变动费用和固定费用资料如表 12－11 所示，当月实际业务量 51000 小时。分别编制出业务量为 49000 工时、49500 工时、50000 工时、50500 工时、51000 工时的制造费用弹性预算表。

表 12－11　单位变动费用和固定费用资料　　单位：元

费用明细项目	单位变动费用	费用明细项目	固定费用
变动费用		固定费用	
直接人工	0.5	维护费用	10000
间接材料	0.6	折旧费用	40000
维护费用	0.4	管理费用	20000
水电费用	0.3	保险费	10000
机物料	0.2	财产税	5000
小计	2	小计	85000

解：

（1）根据公式法，由表 12－11 可以列出制造费用 $y = 85000 + 2x$，计算差距业务量在 49000～51000 任一业务量基础上的制造费用业务总额。

（2）根据列表法，可编制如表12－12所示的该企业制造费用弹性预算表，并与实际业务量51000小时的成本进行比较。

表12－12　制造费用弹性预算表　　单位：元

费用明细项目	弹性预算					实际水平	差异
	49000	49500	50000	50500	51000	51000	0
生产能力利用	98%	99%	100%	101%	102%	102%	
变动成本项目：							
直接人工	24500	24750	25000	25250	25500	25500	0
间接材料	29400	29700	30000	30300	30600	30050	－550
维护费用	19600	19800	20000	20200	20400	20100	－300
水电费用	14700	14850	15000	15150	15300	15050	－250
机物料	9800	9900	10000	10100	10200	10010	－190
小　计	98000	99000	100000	101000	102000	100710	－1290
固定成本项目：							
维护费用	10000	10000	10000	10000	10000	10000	0
折旧费用	40000	40000	40000	40000	40000	40000	0
管理费用	20000	20000	20000	20000	20000	20500	＋500
保险费	10000	10000	10000	10000	10000	10000	0
财产税	5000	5000	5000	5000	5000	5000	0
小　计	85000	85000	85000	85000	85000	85500	＋500
制造费用合计	183000	184000	185000	186000	187000	186210	－790

二、增量预算与零基预算

1. 增量预算

（1）增量预算的含义。增量预算，又称调整预算方法，是指以基期成本费用水平为基础，结合预算期业务量水平及有关影响成本因素的未来变动情况，通过调整有关原有项目而编制预算的一种方法。

（2）增量预算的优缺点。增量预算的优点是简便易行，但是也存在以下缺点：一是受原有费用项目限制，可能导致保护落后；二是滋长预算中的“平均主义”和“简单化”；三是不利于企业未来的发展。

2. 零基预算

（1）零基预算的含义。零基预算又称零底预算，是指在编制成本费用预算时，不考虑以往会计期间所发生的费用项目和费用数额，而是将所有的预算支出均以零为出发点，一切从实际需要与可能出发，逐项审议预算期内各项费用的内容及开支标准是否合理，在综合平衡的基础上编制费用预算的一种方法。该方法适用于产出较难辨认的服务性部门费用（销售费用、管理费用和财务费用）预算。

（2）零基预算的优缺点。零基预算有利于提高员工的“投入—产出”意识、合理分配资金、提高预算管理水平。但是由于一切工作从“零”做起，因此采用零基预算法编制工作量大、费用相对较高，而且可能导致有关人员只注重短期利益，过分强调当前的项目，忽视本单位作为一个整体的长远利益。

三、定期预算与滚动预算

1. 定期预算

（1）定期预算的含义。定期预算是指在编制预算时以不变的会计期间（如日历年度）作为预算期的一种编制预算的方法。

（2）定期预算的优缺点。定期预算的优点在于能够使预算期间与会计年度相配合，便于考核和评价预算的执行结果。但是定期预算也具有盲目性、滞后、间断性等缺点。

2. 滚动预算

（1）滚动预算的含义。滚动预算又称连续预算或永续预算，是指在编制预算时，将预算期与会计年度相脱离，随着预算的执行不断延伸补充预算，逐期向后滚动，使预算期永远保持一个固定期间的一种预算编制方法。

在预算编制过程中，以月份为预算的编制和滚动单位，每个月调整一次预算。如在2016 年 1 ~ 12 月的预算执行过程中，需要在 2016 年 1 月末根据当月预算的执行情况，修订 2016 年 2 ~ 12 月的预算，同时补充 2017 年 1 月的预算；到 2017 年 2 月末根据当月预算的执行情况，修订 2016 年 3 月至 2017 年 1 月的预算，同时补充 2017 年 2 月的预算；依次类推，逐月滚动。按照逐月滚动方式示意图如图 12－2 所示。

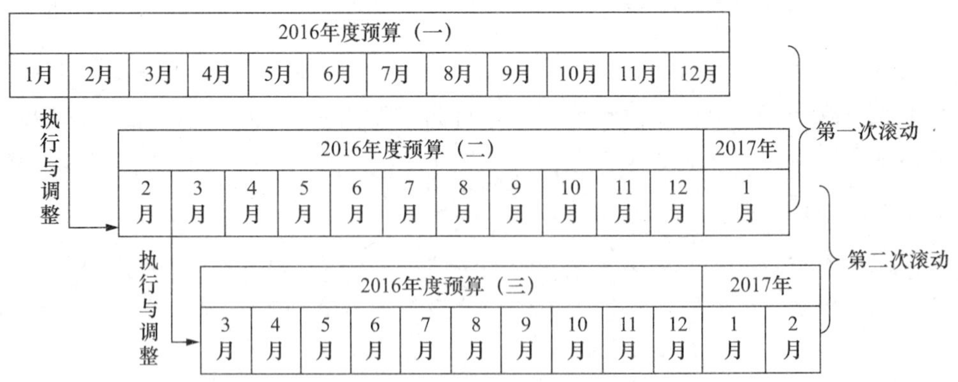

图 12－2　逐月滚动预算示意图

（2）滚动预算的优缺点。滚动预算的优点是能够保持预算的持续性、有利于考虑未来业务活动，结合企业近期目标和长期目标、能使预算与实际情况更相适应。缺点是编制预算的工作量较大。

本章小结

本章主要介绍了全面预算体系及编制方法、预算编制的具体方法。

一是全面预算体系及编制方法。全面预算一般包括日常业务预算、专门决策预算、财务预算三大部分。其中，日常业务预算具体包括销售预算、生产预算、直接材料预算、直接人工预算、制造费用预算、产品成本预算、销售及管理费用预算；专门决策预算具体包括资本支出预算和一次性专门业务预算；财务预算具体包括现金预算、预计利润表及预计资产负债表。

二是预算控制的几种形式。预算编制的方法，按与业务量的关系分为固定预算和弹性预算；按编制预算的基础分为增量预算和零基预算；按编制预算期间的固定性和滚动性分为定期预算和滚动预算。

名词与术语

全面预算　长期预算　短期预算　日常业务预算　资本预算　财务预算　销售预算　生产预算　直接材料预算　直接人工预算　制造费用预算　产品成本预算　销售及管理费用预算　现金预算　预计利润表　预计资产负债表　固定预算　弹性预算　增量预算　零基预算　定期预算　滚动预算

思考题

1. 什么是全面预算？为什么说全面预算是一个完整的体系？
2. 日常业务预算包括哪些内容？
3. 什么是财务预算？如何编制财务预算？
4. 预算控制有几种形式？
5. 什么是弹性预算？弹性预算怎样进行编制？

自测题

自测题 12 –1

【目的】练习现金预算的编制方法。

【资料】某企业 2016 年的现金预算如表 12 –13 所示，假定企业没有其他现金收支业务，也没有其他负债。预计 2016 年年末的现金余额为 7000 万元。

【要求】根据表中资料填写表中用字母表示的部分。

表 12 –13　现金预算

2016 年　　单位：万元

项　目	第一季度	第二季度	第三季度	第四季度
期初现金余额	6000			
本期现金流入	50000	48000	E	45000
本期现金支出	A	50000	42000	36000
现金余缺	8000	C	2400	G
资金筹措与运用	–3000	1600	3000	H
期末现金余额	B	D	F	I

自测题 12 –2

【目的】练习弹性预算的编制方法。

【资料】某企业 2016 年 8 月预计业务量为 1000 小时，根据历年同期市场变化及企业生产情况，估计业务量会在 900～1200 小时变动。选择直接人工工时作为业务量的计量单位，基本资料如表 12 –14 所示。

【要求】编制该企业制造费用的弹性预算（业务量的变动间距为 100 小时）。

表 12 –14　单位变动成本和固定成本资料　　单位：元

成本明细项目	单位变动费用	成本明细项目	固定费用
变动成本		固定成本	
运输费	0.2	折旧费用	700
电力费	1.0	管理人员工资	200
间接材料	0.1		
小计	1.3	小计	900

自测题 12 - 3

【目的】练习全面预算的编制方法。

【资料】某企业生产甲、乙两种产品。该企业 2015 年 12 月 31 日的简略式资产负债表如表 12 - 15 所示。

表 12 - 15　资产负债表

2015 年 12 月 31 日　　　　单位：元

资　产		负债及所有者权益	
库存现金	5000	短期借款	80000
应收账款	150000	应付账款	82800
原材料	28200	实收资本	200000
库存商品	138200	留存收益	78600
固定资产净值	120000		
资产合计	441400	负债及所有者权益合计	441400

2016 年有关预测资料如下：

（1）甲、乙产品预计销售量分别为 5000 件和 3000 件；预计单价分别为 120 元和 100 元；预计销售环节税金为销售收入的 5%，预计期初应收账款余额 150000 元，预算期已全部收回；预算期内销售情况为现销占 60%，赊销占 40%。

（2）甲、乙产品期初库存商品分别为 500 件和 1000 件，单位成本分别为 94.4 元和 91 元；预计期末库存商品分别为 400 件和 600 件。

（3）假定甲、乙产品只耗用 A 种原材料，单位产品 A 材料消耗定额分别为 5 千克和 4 千克；A 种材料期初结存量 2350 千克，预计期末结存量为 2000 千克；A 种材料单价为 12 元/千克。预算期初应付账款余额 82800 元，预算期内已全部偿还；预算期材料采购的货款有 50% 在本期内付清，另外 50% 在下期内支付。

（4）假定期初、期末在产品数量没有变动，其他直接支出已被并入直接人工成本统一核算。单位产品直接人工工时甲产品为 4 小时/件，乙产品为 5 小时/件，小时工资率为 5 元/小时。

（5）预计制造费用、销售费用及管理费用如下：2016 年全年变动制造费用为 52160 元；固定制造费用为 65200 元，其中固定资产折旧费用为 37360 元，其余均为发生的付现成本。销售费用及管理费用合计为 7600 元。制造费用按预计直接人工工时总额进行分配。

（6）其他资料如下：2016 年预计分配股利 15000 元，缴纳所得税 10000 元，期末现金余额 4300 元，现金余缺可以通过归还短期借款或取得借款解决。

【要求】编制该企业 2016 年的下列预算：

(1) 销售预算。

(2) 生产预算。

(3) 直接材料预算。

(4) 直接人工预算。

(5) 制造费用预算。

(6) 产品生产成本预算。

(7) 现金预算。

(8) 预计利润表。

(9) 2016 年 12 月 31 日的预计资产负债表。

第十三章

标准成本系统

学习目标

1. 了解标准成本系统的基本原理。

2. 掌握标准成本的制定方法，掌握各种成本差异的分析计算，了解成本差异在成本控制中的意义。

3. 掌握成本差异的账务处理方法。

☞ 导入案例

位于芝加哥的西屋空气制动器公司要求员工以固定的时间间隔将产成品送上传送带。只要按当天规定完成这些任务，该车间的工人就可以得到 1.5 美元/小时的奖金。这些奖金使工人相同时间内的工作收入提高了 12.5%，比正常收入 12 美元/小时有了显著的提高，有效地激励了工厂内大多数工人。传送带速度的变化反映了顾客需求的变化。需求下降，速度变慢；反之亦然。公司根据专业从事持续改进研究的专家和咨询人员的建议，实施了奖金计划。该项奖金计划使该公司的生产力比上年提高了 10 倍，对西屋公司及其工人来说似乎是一个双赢的措施。你看出存在什么问题了吗？

一个人打高尔夫球要多少杆才能完成一局？福特汽车公司花费多少费用制造一辆“探索者”型汽车？沃尔玛花费多少费用售出一台吹风机？纽约市政应花费多少费用向一名无家可归者提供一顿热餐？

一名高尔夫球员在局中用标准杆数作为业绩的计量尺度，标准杆数是高尔夫球员期望完成一局使用的击打数目，它是高尔夫球员努力达到的标准。福特汽车公司、沃尔玛及纽约市政为它们的活动预定的成本，都是标准成本。

资料来源：Edward J. Blocher. Cost Management：a strategic emphasis. Boston，Mass：Mcgraw - Hill/Irwin，2012.

第一节 标准成本系统概述

一、标准成本系统的内涵

标准成本系统是日常成本管理中应用非常普遍的一种成本控制手段。它是为了克服实际成本计算系统的缺陷，尤其是针对不能提供有助于成本控制确切信息的缺点而研究出来的一种会计信息系统和成本控制系统。其显著特点是成本控制与成本计算相结合。

在实际工作中，“标准成本”一词有两种含义：一是指成本标准，即单位产品的标准成本，是单位产品标准消耗量与标准单价的乘积；二是指标准成本，即实际产量的标准成本，是实际产量与单位产品标准成本的乘积。

标准成本制度的主要内容包括成本标准的制定、标准成本的控制、成本差异揭示及分析、成本差异的账务处理四部分内容。

二、标准成本系统的作用

1. 作为成本控制的依据，可以有效控制成本支出

标准成本可以为正确地进行经营决策提供有用数据。利用标准成本便于进行较客观、具有科学依据的对比分析。

2. 代替实际成本作为存货计价的依据，反映存货真实的价值

由于在标准成本中已剔除了各种不合理的成本因素，以此为基础，进行材料、在产品和产成品的计价，可以使之建立在健全的基础上，可以更真实地反映存货的价值，同时也便利了预算编制中的现金计划和存货计划。

3. 作为经营决策的成本信息，有利于做出合理的产品定价决策

由于标准成本代表了成本要素的合理近似值，因而可以作为定价依据，并可作为量本利分析的原始数据资料，估算产品的未来成本。将标准成本作为定价依据，有助于企业制定稳定的产品销售价格，从而有助于企业实现目标利润。

4. 作为登记账簿的计价标准，简化成本核算的账务处理工作

在标准成本系统下，使用标准成本来记录材料、在产品和产成品账户，这些账户按标准成本入账，使账务处理及时简单，减少了许多费用分配计算的工作量，可以简化日常的账务处理和报表的编制工作。

第二节　标准成本的制定

一、标准成本的种类

根据生产技术和经营管理水平不同划分为理想标准成本、正常标准成本和现实标准成本。

1. 理想标准成本

理想标准成本是指在最优条件下，利用现有的规模和设备能够达到的最低成本。它的主要作用在于揭示实际成本下降的潜力，给企业一个明确降低成本的方向。因其提出的要求太高，不能作为考核依据。

2. 正常标准成本

正常标准成本是指在效率良好的条件下，根据下期一般应该发生的生产要素消耗量、预计价格和预计生产经营能力利用程度制定出来的标准成本。从具体数量上来看，它应大于理想标准成本，但小于历史平均水平，是要经过努力才能达到的一种标准，因而可以调动职工的积极性。它是一种广泛使用的标准成本。

3. 现实标准成本

现实标准成本是根据适用期合理的耗费量、合理的耗费价格和生产能力可能的利用程度等条件制定的切合适用期实际情况的一种标准成本。它是在现有的生产条件下应该达到的成本水平。

二、标准成本的制定

制定标准成本，通常首先确定直接材料和直接人工的标准成本；其次确定制造费用的标准成本；最后确定单位产品的标准成本。

在制定标准成本时，首先要明确的是各成本项目的用量标准和价格标准。用量标准是指每单位产品应该投入资源的数量，包括单位产品材料消耗量、单位产品直接人工工时等；价格标准是指标准每单位投入应该支付的价格，包括原材料单价、小时工资率、小时制造费用分配率等。

1. 直接材料标准成本的制定

直接材料的用量标准即单位产品材料消耗量，是指现有技术条件下生产单位产品所需的材料数量，包括必不可少的消耗及各种难以避免的损失，可以用统计方法、工业工程法等分析方法确定。

直接材料的价格标准即进料单位成本，是指预计下年度所需支付的进料单位成本，含发票价格、运费、检验和正常损耗等，是对取得材料时的完全成本的标准化。

直接材料标准成本的计算公式如下：

单位产品耗用的第 i 种材料的标准成本 = 材料 i 的价格标准 × 材料 i 的用量标准

单位产品直接材料的标准成本 = Σ（材料 i 的价格标准 × 材料 i 的用量标准）

【例 13－1】 假定某企业 A 产品耗用甲、乙、丙三种直接材料，其直接材料标准成本的计算如表 13－1 所示。

表 13－1　A 产品直接材料标准成本

标　准	甲材料	乙材料	丙材料
用量标准（1）	5 千克/件	6 千克/件	8 千克/件
价格标准（2）	60 元/千克	30 元/千克	50 元/千克
成本标准(3) = (1) × (2)	300 元/件	180 元/件	400 元/件
A 产品直接材料标准成本(4) = Σ(3)	880 元		

2. 直接人工标准成本的制定

直接人工的用量标准，是指工时用量标准，也称工时消耗定额。它是指现有生产技术条件下，生产单位产品所需要的时间，含直接加工操作必不可少的时间以及必要的间歇和停工。

单位产品直接人工标准成本 = 标准工资率 × 工时用量标准

直接人工的价格标准是指标准工资率，等于标准工资总额与标准总工时的商：

标准工资率 = 标准工资总额 ÷ 标准总工时

【例 13－2】 承【例 13－1】中的企业，A 产品直接人工标准成本的计算如表 13－2 所示。

表 13－2　A 产品直接人工标准成本

项　目	标　准
月标准总工时（1）	15000 小时
月标准总工资（2）	300000 元
标准工资率(3) = (2) ÷ (1)	20 元/小时
单位产品工时用量标准(4)	1.5 小时/件
直接人工标准成本 = (5) = (4) × (3)	30 元/件

3. 制造费用标准成本的制定

成本按性态划分，可分为变动成本和固定成本。在相关范围内，变动成本总额随着产量的变动成正比例变动，而固定成本总额保持不变，不随产量的变动而变动。制造费用包括变动制造费用和固定制造费用，制造费用的价格标准是指制造费用的分配率标准。

变动制造费用分配率 = 变动制造费用 ÷ 标准总工时

固定制造费用分配率 = 固定制造费用 ÷ 标准总工时

制造费用的用量标准是指工时用量标准，含义与直接人工用量标准相同。

【例 13－3】 承【例 13－1】中的企业，A 产品制造费用标准成本的计算如表 13－3 所示。

表 13－3 A 产品制造费用标准成本

项 目	标 准
月标准总工时（1）	15000 小时
标准变动制造费用总额（2）	54000 元
标准变动制造费用分配率(3) = (2) ÷ (1)	3.6 元/小时
单位产品工时标准(4)	1.5 小时/件
变动制造费用标准成本(5) = (4) × (3)	5.4 元/件
标准固定制造费用总额(6)	180000 元
标准固定制造费用分配率(7) = (6) ÷ (1)	12 元/小时
固定制造费用成本(8) = (4) × (7)	18 元/件
单位产品制造费用标准成本(9) = (5) + (8)	23.4 元

4. 单位产品标准成本卡

将以上确定的直接材料、直接人工、制造费用的标准成本按成本加以汇总，就可以确定有关产品完整的标准成本。企业通常要为每一产品设置一张标准成本卡（如表 13－4 所示），该卡中分别列示各成本项目的用量标准和价格标准，以此来反映产成品标准成本的具体构成。

【例 13－4】 承【例 13－1】中的企业，根据【例 13－1】【例 13－2】【例 13－3】中的各种有关资料，A 产品的标准成本卡如表 13－4 所示。

表 13－4 A 产品标准成本卡

成本项目		用量标准	价格标准	单位标准成本
直接材料	甲材料	5 千克/件	60 元/千克	300 元
	乙材料	6 千克/件	30 元/千克	180 元
	丙材料	8 千克/件	50 元/千克	400 元
	小计	—	—	880 元
直接人工		1.5 小时/件	20 元/小时	30 元
变动制造费用		1.5 小时/件	3.60 元/小时	5.40 元
固定制造费用		1.5 小时/件	12 元/小时	18 元
A 产品单位标准成本		—	—	933.40 元

第三节 标准成本差异的计算及分析

一、标准成本差异的含义及类型

1. 标准成本差异的含义

在标准成本制度下，标准成本差异是指一定时期生产一定数量的产品所发生的实际成本与相关的标准成本之间的差额。

2. 标准成本差异的类型

标准成本差异按照不同标准分为以下两种类型：

（1）用量差异与价格差异。用量差异是反映由于直接材料、直接人工和变动性制造费用等要素实际用量消耗与标准用量消耗不一致而导致的成本差异。但是，此处所指的标准用量是总量概念，与标准成本制定过程中使用的“用量标准”不同，后者所指的是单位概念。计算公式如下：

用量差异 = 标准价格 ×（实际产量下的实际用量 - 实际产量下的标准用量）

价格差异是反映由于直接材料、直接人工和变动性制造费用等要素实际价格水平与标准价格不一致而导致的成本差异。此处所指的标准价格与标准成本制定过程中使用的“价格标准”相同，都指的是单位概念。计算公式如下：

价格差异 =（实际价格 - 标准价格）× 实际产量下的实际用量

（2）有利差异与不利差异。成本差异按数量特征可分为有利差异和不利差异。有利差异是指因实际成本低于标准成本而形成的节约差异。不利差异是指实际成本高于标准成本而形成的超支差异。有利和不利并不是绝对的，而是相对的。有利差异并非越大越好，不能以牺牲质量为代价盲目追求成本的有利差异。

二、标准成本差异的计算及分析

在标准成本系统下，标准成本差异计算与分析是实现成本反馈控制的主要手段。

1. 直接材料成本差异的计算分析

直接材料成本差异是指直接材料实际总成本与实际产量下标准总成本之间的差额。该项差异形成的基本原因有两个：一个是材料价格脱离标准（价差），另一个是材料数量脱离标准（量差）。它可以分解为直接材料价格差异和直接材料数量差异两部分。

（1）直接材料价格差异。直接材料价格差异是指在实际产量下，由于材料的实际价格与标准价格的不同导致的差异。计算公式如下：

直接材料价格差异 = （实际价格 - 标准价格） ×实际产量下实际用量

材料价格差异是在采购过程中形成的，采购部门未能按标准价格进货的原因如下：供应厂家价格变动、未按经济采购批量进货、未能及时订货造成的紧急订货、采购时舍近求远使运费和途耗增加、不必要的快速运输方式、违反合同被罚款、承接紧急订货造成额外采购等。

（2）直接材料数量差异。直接材料数量差异是指由于材料实际用量与标准用量不同导致的差异。计算公式如下：

直接材料数量差异 =（实际产量下实际用量 - 实际产量下标准用量）×标准价格

材料数量差异是在材料耗用过程中形成的，形成的具体原因有：操作疏忽造成废品和废料增加、工人用料不精心、操作技术改进而节省材料、新工人上岗造成多用料、机器或工具不适用造成用料增加等。有时多用料并非生产部门责任，如购入材料质量低劣、规格不符也会使用料超过标准；又如加工工艺变更、检验过严也会使数量差异加大。

【例 13 -5】某企业 2016 年 2 月生产甲产品 1500 件，领用 A 材料（实际用量）8000 千克，A 材料单价（实际价格）为 0.65 元/千克；单位产品的直接材料标准成本为 3 元，即每件产品耗用 A 材料 5 千克（标准用量），每千克 A 材料的标准价格为 0.6 元。

根据上述公式计算：

直接材料成本差异 = 实际成本（实际用量 × 实际价格） - 标准成本（标准用量 × 标准价格） = 8000 × 0.65 - 1500 × 5 × 0.6 = +700（元）

直接材料价格差异 = （0.65 - 0.6） × 8000 = +400（元）

直接材料数量差异 = （8000 - 1500 × 5） × 0.6 = +300（元）

直接材料价格差异与数量差异之和，应当等于直接材料成本的总差异：

直接材料成本差异 = 价格差异 + 数量差异 = 400 + 300 = +700（元）

通过以上计算，可以看出，甲产品本月耗用 A 材料发生 700 元超支差异。从数量差异上看，由于生产部门耗用材料超过标准，导致超支 300 元，应该查明材料用量超标的具体原因，节约材料的耗费。从材料价格上看，由于材料价格提高超支了 400 元，采购部门也应该查明原因，改进工作。

2. 直接人工成本差异的计算分析

直接人工成本差异，是指在实际产量下，直接人工实际成本与标准成本之间的差额。它也被区分为“价差”和“量差”两部分。价差是指实际工资率脱离标准工资率，其差额按实际工时计算确定的金额，又称为工资率差异。量差是指实际工时脱离标准工时，其差额按标准工资率计算确定的金额，又称人工效率差异。

（1）直接人工工资率差异。这是直接人工的价格差异。直接人工的差异为小时工资率。计算公式如下：

直接人工工资率差异 = （实际工资率 - 标准工资率） ×实际产量下实际人工工时

直接人工工资率差异形成的原因，包括直接生产工人升级或降级使用、奖励制度未产生实效、工资率调整、加班或使用临时工、出勤率变化等。

（2）直接人工效率差异。这是直接人工的用量差异。计算公式如下：

直接人工效率差异 =（实际产量下实际人工工时 − 实际产量下标准人工工时）×
标准工资率

直接人工效率差异形成的原因，包括工作环境不良、工人经验不足、劳动情绪不佳、新工人上岗太多、机器或工具选用不当、设备故障较多、作业计划安排不当、产量太少无法发挥批量节约优势等。

【例 13－6】 承【例 13－5】，该企业 2016 年 2 月生产产品 1500 件，实际使用工时 2980 小时，支付工资 15198 元；直接人工的标准成本是 10 元/件，即每件产品标准工时为 2 小时，标准工资率为 5 元/小时。

按上述公式计算：

工资率差异 = 2980 ×（15198 ÷ 2980 − 5）= 2980 ×（5.10 − 5）= 298（元）

效率差异 =（2980 − 1500 × 2）× 5 =（2980 − 3000）× 5 = −100（元）

直接人工成本差异 = 实际人工成本 − 标准人工成本 = 15198 − 1500 × 10 = 198（元）

工资率差异与效率差异之和，应等于直接人工成本总差异。

直接人工成本差异 = 工资率差异 + 效率差异 = 298 − 100 = 198（元）

通过以上计算可以看到，该产品的直接人工成本总体上超支 198 元。其中，工资率差异超支 298 元，人工效率差异节约 100 元。工资率差异超支的同时人工效率差异却节约，说明工资增加后一定程度上提高工作效率，可见生产部门在生产组织上取得了一些成绩。

3. 变动制造费用成本差异的计算分析

变动制造费用成本差异，是指实际产量下实际变动制造费用与实际产量下标准变动制造费用之间的差额。它也可以分解为“价差”和“量差”两部分，价差是指变动制造费用的实际小时分配率脱离标准，按实际工时计算的金额，称为耗费差异。量差是指实际工时脱离标准工时，按标准的小时费用率计算确定的金额，称为变动费用效率差异。

（1）耗费差异。这是变动制造费用的价格差异，它是因变动制造费用或工时的实际耗费脱离标准而导致的成本差异，也称变动制造费用分配率差异。变动制造费用的耗费差异主要是部门经理的责任，他们有责任将变动费用控制在弹性预算限额之内。计算公式如下：

变动制造费用耗费差异 =（变动制造费用实际分配率 − 变动制造费用标准分配率）×
实际产量下实际工时

（2）效率差异。这是变动制造费用的用量差异，它是因实际耗费工时脱离标准而导致的成本差异。变动制造费用效率差异形成原因与人工效率差异相同。计算公式如下：

变动制造费用效率差异 =（实际产量下实际工时 − 实际产量下标准工时）×
变动制造费用标准分配率

【例 13－7】 承【例 13－6】，该企业 2016 年 2 月生产产品 1500 件，实际使用工时 2980 小时，实际发生变动制造费用 6556 元；变动制造费用的标准成本是 4 元/件，即每件产品标准工时为 2 小时，标准的变动制造费用分配率为 2 元/小时。

按上述公式计算：

变动制造费用耗费差异＝2980×（6556÷2980－2）＝2980×（2.2－2）＝596（元）

变动制造费用效率差异＝（2980－1500×2）×2＝（2980－3000）×2＝－40（元）

变动制造费用成本差异＝实际变动制造费用－标准变动制造费用

＝6556－1500×4＝556（元）

耗费差异与效率差异之和，应等于变动制造费用总差异。

变动制造费用成本差异＝变动制造费用耗费差异＋变动制造费用效率差异

＝596－40＝556（元）

通过以上计算可以看出，变动制造费用超支 556 元，主要是由于费用分配率由 2 元提高为 2.2 元（6556/2980），使制造费用发生超支 596 元，大大高于由于效率提高，工时由 3000 小时（1500×2）降低到 2980 小时而节约的差异 40 元。应该查明费用超支的具体原因，降低变动制造费用的耗费。

4. 固定制造费用成本差异的计算分析

固定成本差异是指一定期间的实际固定制造费用与标准固定制造费用之间的差额。其中：

固定制造费用成本差异＝实际产量下实际固定制造费用－

实际产量下标准固定制造费用

实际产量下实际固定制造费用＝实际分配率×实际工时

实际产量下标准固定制造费用＝标准分配率×实际产量下标准工时

$$\text{固定制造费用标准分配率}=\frac{\text{预算固定制造费用总额}}{\text{预算产量下标准总工时}}$$

固定制造费用成本差异分析法主要有两差异法和三差异法。

（1）两差异法。两差异法是将固定制造费用差异分为耗费差异和能量差异。

耗费差异＝实际产量下实际固定制造费用－预算产量下标准固定制造费用

＝实际固定制造费用－预算产量×工时标准×标准分配率

＝实际固定制造费用－预算产量下标准工时×标准分配率

能量差异＝预算产量下标准固定制造费用－实际产量下标准固定制造费用

－（预算产量下标准工时－实际产量下标准工时）×标准分配率

【例 13－8】 承【例 13－7】，该企业 2016 年 2 月生产产品 1500 件，实际使用工时 2980 小时，实际发生固定制造费用 6322 元；企业生产能力为 2000 件，即 4000 小时；固定制造费用的标准成本是 3 元/件，即每件产品标准工时为 2 小时，标准的固定制造费用分配率为 1.50 元/小时。

用两差异法分析计算固定制造费用成本差异：

固定制造费用耗费差异 = 6322 - 4000 × 1.50 = 322（元）

固定制造费用能量差异 = 4000 × 1.50 - 1500 × 2 × 1.50 = 1500（元）

验算：

固定制造费用成本差异 = 6322 - 1500 × 3 = 1822（元）

固定制造费用成本差异 = 耗费差异 + 能量差异 = 322 + 1500 = 1822（元）

通过以上分析可以看出，一方面由于生产能力利用不足，实际产量小于预算产量而导致能量差异超支1500元；另一方面由于耗费差异超支322元，最终导致固定制造费用超支1822元。

（2）三差异法。三差异法是将固定制造费用的成本差异分为耗费差异、效率差异和闲置能量差异三部分。耗费差异的计算与两差异法相同。不同的是将两差异法中的“能量差异”进一步分解为两部分：一部分是实际工时未达到标准能量而形成的闲置能量差异；另一部分是实际工时脱离标准工时而形成的效率差异。有关计算公式如下：

耗费差异 = 实际产量下实际固定制造费用 - 预算产量下标准固定制造费用

= 实际固定制造费用 - 预算产量 × 工时标准 × 标准分配率

= 实际固定制造费用 - 预算产量下标准工时 × 标准分配率

闲置能量差异 =（预算产量下标准工时 - 实际产量下实际工时）× 标准分配率

效率差异 =（实际产量下实际工时 - 实际产量下标准工时）× 标准分配率

【例13-9】承【例13-8】的资料，用三差异法分析计算固定制造费用成本差异。

固定制造费用耗费差异 = 6322 - 4000 × 1.50 = 322（元）

固定制造费用闲置能量差异 =（4000 - 2980）× 1.50 = 1530（元）

固定制造费用效率差异 =（2980 - 1500 × 2）× 1.50 = -30（元）

三差异法的闲置能量差异（1530元）与效率差异（-30元）之和为1500元，与两差异法中的“能量差异”数额相同。

采用三差异法，能够更好地说明生产能力利用程度和生产效率高低导致的成本差异情况，便于分清责任。

第四节 标准成本系统的账务处理

一、标准成本系统下账户设置

在标准成本系统下，设置的账户主要有两大类：一是基本的财务会计账户，包括“原材料”“生产成本”和“库存商品”“变动性制造费用”和“固定性制造费用”等账户。

二是成本差异账户，包括“材料价格差异”“材料数量差异”“直接人工工资率差异”“直接人工效率差异”“变动性制造费用耗费差异”“变动性制造费用效率差异”“固定性制造费用闲置能量差异”“固定性制造费用效率差异”“固定性制造费用耗费差异”等成本差异账户。

二、标准成本系统账务处理的特点

（1）在标准成本系统下，“原材料”“生产成本”和“库存商品”账户的借贷均按照实际数量登记资产的标准成本，账户的余额也反映这些资产的标准成本。当产品完工从“生产成本”账户转入“库存商品”账户时，以及产成品销售时从“库存商品”账户结转“主营业务成本”时都要按标准成本结转。

（2）按照成本性态，将“制造费用”账户分解设置为“变动性制造费用”和“固定性制造费用”两个一级账户。

（3）各成本差异账户分别记录各种成本差异，各差异账户借方核算实际成本超过标准成本的数额，即发生的不利差异。贷方核算实际成本低于标准成本的数额，即发生的有利差异。

三、各会计期末对成本差异进行处理

各成本差异账户的累计发生额，反映了本期成本控制的业绩。在月末（或年末）对成本差异的处理方法主要有两种：

（1）结转本期损益法。这种方法也称成本差异即期处理法，是标准成本差异处理的主要方法。按照这种方法，本期发生和汇集的各项成本差异，全部直接计入当期损益。在会计期末可以将所有差异转入“本年利润”账户，或者先将差异转入“主营业务成本”账户，再随同已销产品的标准成本一起转至“本年利润”账户。

（2）按比例逐期分配法。按照这种方法，将本期发生和汇集的各项标准成本差异，在会计期末将成本差异按标准成本的比例在本期完工产品和期末在产品之间分摊。应由完工产品承担的成本差异计入相应账户中，应由期末在产品承担的成本差异仍保留在各成本差异账户的期末余额中。

四、标准成本系统账务处理应用举例

【例13－10】某工厂是一个生产某种零件的专业工厂，按照标准成本计算产品成本。其成本差异采用“结转本期损益法”，在每月末结转“主营业务成本”账户。

1. 2017年3月的有关资料

（1）单位产品标准成本（见表13－5）。

表 13－5　单位产品标准成本卡

成本项目	用量标准	价格标准	单位标准成本（元）
直接材料	100 千克/件	0.9 元/千克	90
直接人工	8 小时/件	5 元/小时	40
变动制造费用	8 小时/件	2 元/小时	16
固定制造费用	8 小时/件	1 元/小时	8
单位标准成本	—	—	154

（2）费用预算（见表 13－6）。

表 13－6　费用预算

项　目	预算值
生产能量	5000 小时
变动制造费用	10000 元
固定制造费用	5000 元
变动制造费用标准分配率	2 元/小时
固定制造费用标准分配率	1 元/小时
变动销售费用	1.5 元/件
固定销售费用	30000 元
管理费用	5000 元

（3）生产及销售情况。本月初在产品存货 100 件，其标准成本为 12200 元。由于原材料一次性投入，在产品存货中含原材料成本 9000 元（100 件 ×90 元/件）。其他成本项目采用约当产量法计算，在产品约当完工产品的系数为 0.5；100 件在产品的其他成本项目共 3200 元[100×0.5×(40+16+8)]。本月投产 500 件，完工入库 530 件，月末在产品 70 件。

本月初产成品存货 50 件，其标准成本为 7700 元（50 件 ×154 元/件）。本月完工入库 530 件，本月销售 500 件，月末产成品存货 80 件。销售单价 200 元/件。

2. 原材料的购入与领用

本月购入第一批原材料 30000 千克，实际成本每千克 0.82 元，共计 24600 元。

标准成本：30000×0.9＝27000（元）

实际成本：30000×0.82＝24600（元）

价格差异：30000×(0.82－0.9)＝－2400(元)

（1）借：原材料　　　　27000

　　贷：材料价格差异　　　　2400

　　　　应付账款　　　　24600

本月购入第二批原材料 20000 千克，实际成本每千克 0.92 元，共计 18400 元。

标准成本：20000 ×0.9 =18000（元）

实际成本：20000 ×0.92 =18400（元）

价格差异：20000 ×（0.92 −0.9）=400（元）

（2）借：原材料　　18000

　　材料价格差异　　400

　　贷：应付账款　　18400

本月投产 500 件，领用材料 52000 千克。

应耗材料标准成本：500 ×100 ×0.9 =45000（元）

实际领料标准成本：52000 ×0.9 =46800（元）

材料数量差异：（52000 −500 ×100）×0.9 =1800（元）

（3）借：生产成本　　45000

　　材料数量差异　　1800

　　贷：原材料　　46800

3. 直接人工

本月实际使用直接人工 4200 小时，支付 21840 元，平均每小时 5.20 元。

（1）借：应付职工薪酬　　21840

　　贷：银行存款　　21840

为了确定应计入“生产成本”账户的标准成本数额，需计算本月实际完成的约当产量。在产品约当完工产品的系数为 0.5，月初在产品 100 件，本月完工入库 530 件。月末在产品 70 件。

本月完成的约当产品：70 ×0.5 +530 −100 ×0.5 =515（件）

标准成本：515 ×8 ×5 =20600（元）

实际成本：4200 ×5.20 =21840（元）

直接人工效率差异：（4200 −515 ×8）×5 =400（元）

直接人工工资率差异：4200 ×（5.20 −5）=840（元）

（2）借：生产成本　　20600

　　直接人工工资率差异　　840

　　直接人工效率差异　　400

　　贷：应付职工薪酬　　21840

4. 变动制造费用

本月实际发生变动制造费用 10500 元，实际费用分配率为 2.5(10500/4200)元/小时。

（1）借：变动制造费用　　10500

　　贷：各有关账户　　10500

将其计入产品成本：

标准成本：515×8×2=8240（元）

实际成本：4200×2.5=10500（元）

变动制造费用效率差异：（4200－515×8）×2=160（元）

变动制造费用耗费差异：4200×（2.5－2）=2100（元）

（2）借：生产成本　8240

变动制造费用耗费差异　2100

变动制造费用效率差异　160

贷：变动制造费用　10500

5. 固定制造费用

本月实际发生固定制造费用4410元，实际费用分配率为1.05元/小时（4410/4200）。

（1）借：固定制造费用　4410

贷：各有关账户　4410

将其计入产品成本：

标准成本：515×8×1=4120（元）

实际成本：4200×1.05=4410（元）

固定制造费用耗费差异：4410－5000=－590（元）

闲置能量差异：（5000－4200）×1=800（元）

固定制造费用效率差异：（4200－515×8）×1=80（元）

（2）借：生产成本　4120

固定制造费用闲置能量差异　800

固定制造费用效率差异　80

贷：固定制造费用　4410

固定制造费用耗费差异　590

6. 完工产品入库

本月完工产品530件。

完工产品标准成本：530×154=81620（元）

借：库存商品　81620

贷：生产成本　81620

上述分录过账后，“生产成本”账户余额8540元，其中材料标准成本6300元（70×90），直接人工1400元（70×40×0.5），变动制造费用560元（70×16×0.5），固定制造费用280元（70×8×0.5）。

7. 产品销售

本月销售500件，单位价格200元，计100000元。

（1）借：应收账款　100000

贷：主营业务收入　100000

结转已销产品成本：500×154=77000（元）

（2）借：主营业务成本　　77000

　　　贷：库存商品　　77000

上述分录过账后，“库存商品”账户余额为12320元，它反映80件期末存货的标准成本12320元（80件×154元/件）。

8. 发生销售费用与管理费用

本月发生变动销售费用1068元，固定销售费用9800元，管理费用6200元。

借：变动销售费用　　1068

　　固定销售费用　　9800

　　管理费用　　6200

　　贷：各有关账户　　17068

9. 结转成本差异

假设本企业采用“结转本期损益法”处理成本差异：

借：主营业务成本　　3590

　　材料价格差异　　2000

　　固定制造费用耗费差异　　590

　　贷：材料数量差异　　1800

　　　　直接人工效率差异　　400

　　　　直接人工工资率差异　　840

　　　　变动制造费用效率差异　　160

　　　　变动制造费用耗费差异　　2100

　　　　固定制造费用效率差异　　80

　　　　固定制造费用闲置能量差异　　800

本章小结

标准成本系统是围绕标准成本的相关指标而设计的，将成本的前馈控制、反馈控制及核算功能有机结合而形成的一种成本控制系统。在标准成本制定过程中，在分别计算直接材料、直接人工、制造费用的标准成本后，建立单位产品标准成本卡。

在标准成本系统下成本反馈控制是通过成本差异计算与分析来进行的。变动成本差异包括直接人工、直接材料、变动制造费用成本差异，各种变动成本差异都由价格差异和用量差异构成。固定制造费用成本差异有两差异法和三差异法两种分析方法。

在标准成本系统下，成本差异需要单独设立账户进行反映，成本差异需要归集和处理，期末需要将各项成本差异摊销至产品实际成本中。

名词与术语

标准成本　理想标准成本　现实标准成本　正常标准成本　成本差异　价格差异　用量差异　直接材料价格差异　直接材料数量差异　直接人工效率差异　直接人工工资率差异　变动制造费用效率差异　变动制造费用耗费差异　固定制造费用效率差异　固定制造费用能量差异　固定制造费用耗费差异　固定制造费用闲置能量差异

思考题

1. 什么是标准成本制度？标准成本制度有何作用？
2. 在制定标准成本时，可采取的标准有哪几种？
3. 如何制定直接材料、直接人工和制造费用的标准成本？
4. 如何分析计算直接材料、直接人工和变动制造费用的成本差异？
5. 固定制造费用成本差异的特点是什么？如何进行固定制造费用差异的分析和计算？
6. 标准成本制度的账务处理有什么特点？应设置哪些成本差异核算账户？

自测题

自测题 13－1

【目的】练习标准成本法下成本差异的处理。

【资料】某企业运用标准成本系统控制甲产品的成本，甲产品每月正常生产量为 600 件，每件产品直接材料的标准用量为 5 千克，每千克的标准价格为 2 元；每件产品标准耗用工时为 5 小时，每小时标准工资率为 4 元；制造费用预算总额为 15000 元，其中变动制造费用为 12000 元，固定制造费用为 3000 元。

本月实际生产了 500 件，实际材料价格 1.8 元/千克，全月实际耗用 3450 千克；本期实际耗用直接人工 2300 小时，支付工资 9660 元，实际支付变动制造费用 10500 元，支付固定制造费用 4800 元。

【要求】

（1）编制甲产品标准成本卡。

（2）计算和分解直接材料、直接人工、制造费用的成本差异（固定制造费用成本差异分析采用三差异法）。

自测题 13－2

【目的】练习标准成本法的账务处理。

【资料】某工厂按照标准成本计算产品成本。具体情况如下：

（1）成本差异账户包括：材料价格差异、材料数量差异、直接人工效率差异、直接人工工资率差异、变动制造费用效率差异、变动制造费用耗费差异、固定制造费用能量差异、固定制造费用耗费差异。该工厂当月“固定性制造费用闲置能量差异”账户无发生额。

（2）原材料在生产开始时一次性投入，除直接材料外的其他费用陆续发生，其在产品约当产成品的系数为：月初在产品 0.6，月末在产品 0.4。

（3）成本差异采用“结转本期损益法”，在每月末结转“主营业务成本”账户。

（4）单位产品标准成本为 56 元，其中直接材料 30 元（10 千克 ×3 元/千克），直接人工 16 元（4 小时 ×4 元/小时），变动制造费用 6 元（4 小时 ×1.5 元/小时），固定制造费用 4 元（4 小时 ×1 元/小时）。

（5）本月生产能量 11000 小时，月初在产品数量 600 件，本月投产数量 2500 件，月末在产品数量 700 件，月初产品数量 100 件，月末产品数量 120 件。

（6）期初库存原材料 1000 千克，本月购入原材料 30000 千克，实际成本 88500 元（已用支票支付）；本月生产领用原材料 25500 千克。

实际耗用工时 9750 小时；应付生产工人工资 40000 元；实际发生变动制造费用 15000 元；实际发生固定制造费用 10000 元。

【要求】

（1）编制以下会计分录：①购入原材料；②领用原材料；③将生产工人工资计入有关成本账户；④结转本期变动制造费用；⑤结转本期固定制造费用；⑥完工产品入库；⑦期末结转本期成本差异。

（2）计算本月的主营业务成本。

自测题 13－3

【目的】练习直接材料成本差异的计算。

【资料】某企业生产甲产品，单位产品耗用的直接材料标准成本资料如表 13－7。

表 13－7　直接材料标准成本资料

成本项目	价格标准	用量标准	标准成本
直接材料	0.5 元/公斤	6 公斤/件	3 元/件

直接材料实际购进量是 4000 公斤，单价 0.55 元/公斤；本月生产产品 400 件，使用

材料2500公斤。

【要求】

(1) 计算该企业生产甲产品所耗用直接材料的实际成本与标准成本的差异。

(2) 将差异总额进行分解。

自测题13-4

【目的】练习直接人工成本差异的计算。

【资料】某企业实行计时工资制度。甲产品每台所耗工时数和每小时工资成本的计划数和实际数如表13-8所示。

表13-8 直接人工成本计划与实际成本对比表 单位：元

项目	单位产品所耗工时	每小时工资成本	直接人工成本
本年计划	15	100	1500
本月实际	11.84	125	1480
直接人工成本差异	-3.16	+25	-20

【要求】计算分解直接人工成本差异。

自测题13-5

【目的】练习变动制造费用成本差异的计算。

【资料】某企业2016年10月生产产品75件，实际使用工时149小时，实际发生变动制造费用327.8元；变动制造费用的标准成本是4元/件，即每件产品标准工时为2小时，标准的变动制造费用分配率为2元/小时。

【要求】计算分解变动制造费用成本差异。

自测题13-6

【目的】练习固定制造费用成本差异的计算。

【资料】某企业月固定制造费用预算总额为100000元，固定制造费用标准分配率为10元/小时，本月制造费用实际开支额为88000元，生产A产品4000个，其单位产品标准工时为2小时/个，实际用工7400小时。

【要求】用两差异分析法和三差异分析法进行固定制造费用差异分析。

第十四章

责任会计

学习目标

1. 了解分权管理的概念。
2. 了解责任会计的概念、内容、核算原则。
3. 掌握成本中心、利润中心、投资中心业绩评价方法。
4. 掌握内部转移价格的类型。

导入案例

美的电器董事局主席兼CEO、职业经理人方洪波曾说过，美的的核心竞争力是内部经营管理机制。美的集团的经营管理机制内容包括很多方面，例如公司治理机制、创新机制、激励机制、变革机制等，但其中更为核心、最具影响力的是其分权机制，美的分权机制最大化地激活了企业的前进动力。

美的集团《分权手册》分为十四大类共217次分类，对涉及经营、管理的各项工作决策权限划分的提议、提案、审核、裁决、备案等进行了详细规定。随着美的集团事业的迅猛发展，美的集团又派生出了二级集团，包括制冷集团、日电集团、机电集团及房产集团等，美的集团的分权规范随着集团组织的发展而不断修订、扩展、细化，从而形成了极为完善、丰富的分权管理体系。

在这样的分权体系下，美的集团的职业经理人拥有高度的经营管理权，例如一个事业部的总经理可以拥有几千万元乃至上亿元资金的审批权，而何享健先生让出了美的集团董事局主席的位置后，以方洪波为首的职业经理人团队拥有更大、更广泛的决策权力，这在中国民营企业的发展史上可谓是绝无仅有的。

资料来源：http：//www. docin. com/p－898352787. html。

第一节 责任会计概述

一、分权管理

分权管理是现代企业生产技术高速发展、竞争日趋激烈、经济业务日趋复杂和经营范围日趋扩大的必然结果。第二次世界大战以后，科技进步推动生产力迅速发展，企业经营规模不断扩大，管理层次繁多，组织机构日益复杂。这时，传统的集中管理模式已不能适应管理上的需要，这就要求企业高层管理当局下放决策权，实行分权管理，对整个企业“分而治之”，以提高工作效率，分权管理模式应运而生。

分权管理，是指企业管理当局将高度集中的管理权限随同相应的经济责任下放到它所控制的各独立职能部门，让各部门行使其进行生产经营活动所需的管理权力，并对本部门生产经营活动的成果向上级管理部门负责。它强调企业各基层单位是一个责权利相结合的经济实体。

二、责任会计

1. 责任会计的概念

责任会计概念的明确提出及其内容的恰当定位是成本管理会计由传统向现代演进的一个重要标志。责任会计最初来自于 David Solomons 对通用电气公司实践总结的《事业部业绩》，书中提出责任中心的三种类型是成本中心、利润中心和投资中心。会计学家 J. A. 希金斯在 1952 年出版的《责任会计》一书中指出责任会计是根据成本管理目标而设置的会计系统。

一般认为，责任会计是以企业内部各责任单位为主体，以责权利相统一的机制为基础，以责任为中心，以分权为前提，以利益为动力，通过信息的积累、加工和反馈，对生产经营活动过程和效果进行控制、考核和评价的一种内部控制会计制度。它是分权管理模式与会计的监督、反映职能相结合形成的一种会计制度。

2. 责任会计的基本内容

责任会计实质上是核算与控制企业内部各责任单位责任履行情况的会计，其基本内容包括以下几个方面：

（1）划分责任中心，规定权责范围。企业先应根据具体情况和管理工作的实际需要，将企业各职能部门和各单位划分为不同层次的若干责任领域，即责任中心。对于企业内部各责任中心，应根据权责统一的原则和生产经营活动的特点，明确规定他们各自应拥有的管理决策权限和相应承担的经济责任。

（2）编制责任预算，明确责任目标。责任目标是各责任中心在其所拥有权责范围内应当完成的生产经营任务，是企业总体经营目标的一部分。责任预算是落实和完成责任目标的具体形式，它是将全面预算确定的总目标层层分解，具体落实到每一个责任中心，并作为控制经济活动、评价和考核各责任中心业绩的依据。

（3）建立责任会计信息系统。完善的责任会计制度必须保证信息的畅通无阻，保证信息的及时性、可靠性和适用性，从而保证责任会计对经济活动的事前控制和事中控制。因此，必须建立一套完整严密的会计信息系统，即以责任中心为对象，围绕责任中心的成本、收入、利润、资金，进行信息的收集、整理、记录、计算，积累有关责任预算的执行情况，并定期编制责任中心的责任业绩报告，以便进行信息反馈、控制和调节经营活动，保证企业总体目标的实现。

（4）业绩考评和奖惩。根据责任会计信息系统所提供的责任会计信息资料，结合各责任中心的责任预算，对实际数和预算数进行差异分析，从而评价各责任中心工作业绩的优劣，并按实际业绩的好坏给予相应的奖惩，总结经验，及时发现问题，采取措施，改进工作，巩固成绩，不断提高经济效益。

3. 责任会计的核算原则

建立责任会计制度应遵循以下七个基本原则：

（1）责权利相结合原则。要明确各个责任中心应承担的责任，同时赋予它们相应的管理权力，还要根据其责任的履行情况给予适当的奖惩。

（2）总体优化原则。要求各责任中心目标的实现要有助于企业总体目标的实现，使两者的目标保持一致。

（3）公平性原则。各责任中心之间相互业务关系的处理应该公平合理，应有利于调动各责任中心的积极性。

（4）可控性原则。各责任中心只能对其可控制和管理的经济活动负责任。

（5）反馈性原则。各责任中心对其生产经营活动提供及时、准确的信息，提供信息的主要形式是编制责任报告。

（6）重要性原则。它也称例外管理原则，要求各责任中心对其生产经营过程中发生的重点差异进行分析、控制。

（7）激励原则。激励原则要求合理确定各责任中心的责任目标和责任预算。具体来说，一是目标合理、切实可行，二是经过努力完成目标后所得到的奖励与所付出的努力相适应。

第二节 责任中心及其业绩评价

一、责任中心

1. 责任中心的含义

责任中心（Responsibility Center）是根据企业内部的业务分工及责任和权限设立的业务控制和业绩考核的内部责任组织。设立责任中心是实施责任会计的前提和关键。如何设立责任中心，设立多少责任中心，取决于企业内部组织结构、职能分工、业务控制、业绩考核等具体情况。

2. 责任中心的特征和类型

责任中心通常具有以下特征：

其一，责任中心是一个责权利相结合的实体。每个责任中心都要对一定财务指标的完成情况负责；同时，责任中心被赋予与其所承担责任的范围与大小相适应的权力。

其二，责任中心具有承担经济责任的条件。责任中心必须具有履行经济责任中心条款的行为能力。

其三，责任中心承担的责任和行使的权力都是可控的。责任中心能够控制其职责范围内的收入、成本、利润和投资。相应地，责任中心在编制责任预算和进行业绩考核时也只能考核该中心所能控制的项目。一般来说，任何层次的责任中心都一定具备考核其责任实施的条件。

其四，责任中心具有相对独立的经营业务和财务收支活动。

其五，责任中心便于进行责任会计核算或单独核算。责任中心的独立核算是实施责权利相统一的基本条件。

责任中心按照其控制区域和权责范围的大小，一般可分为成本中心、利润中心和投资中心三种类型。

二、成本中心

1. 成本中心的含义

成本中心是指只发生成本或费用而不取得收入（或者有少量收入，不成为主要的责任指标）的责任中心。

这个中心往往没有收入，或者有少量收入，但不成为主要的考核内容。只要有成本费用发生，就可以建立成本中心，大的成本中心可能是一个分公司、分厂，小的成本中心可以是车间、工段、班组。这样就可以在企业形成逐级控制、层层负责的成本中心体系。

2. 成本中心的特点

成本中心相对于其他责任中心而言，其主要特点表现在：

第一，成本中心只考评成本费用而不考评收益。

第二，成本中心只对可控成本承担责任。可控成本是指责任中心能控制其发生及其数量的成本。与之相对，不可控成本是指责任中心不能控制其发生及其数量的成本。可控成本必须同时具备以下四个条件：①可以预计，即成本中心能够事先知道将发生哪些成本以及在何时发生；②可以计量，即成本中心能够对发生的成本进行计量；③可以施加影响，即成本中心能够通过自身的行为来调节成本；④可以落实责任，即成本中心能够将有关成本的控制责任分解落实，并进行考核评价。

属于某成本中心的各项可控成本之和，即构成该成本中心的责任成本。从考评的角度来看，成本中心工作成绩的好坏，应以可控成本作为主要依据，不可控成本只有参考意义。在确定责任中心成本责任时，应尽可能使责任中心发生的成本为可控成本。

第三，成本中心只对责任成本进行考核和控制。责任成本分为预算责任成本和实际责任成本。对成本费用进行控制时，应以各成本中心的预算责任成本为依据，确保实际责任成本不会超过预算责任成本。对成本中心进行考核，应通过各成本中心的实际责任成本与预算责任成本进行比较，确定其成本控制的绩效，并采取相应的奖惩措施。

3. 成本中心责任业绩考核

（1）成本中心责任业绩考核的指标。成本中心的考核指标包括成本（费用）变动额和成本（费用）变动率两项指标。

成本（费用）变动额 = 实际责任成本（费用） - 预算责任成本（费用）

成本（费用）变动率 = 成本（费用）变动额/预算责任成本（费用） ×100%

（2）成本中心责任业绩考核。成本中心没有收入来源，只对成本负责，因而也只考核其责任成本。由于不同层次成本费用控制的范围不同，计算和考评的成本费用指标也不尽相同，越往上一层次计算和考评的指标越多，考核的内容也越多。

成本中心业绩考核以责任报告为依据，将实际成本与预算成本或责任成本进行比较，确定两者差异的性质、数额以及形成的原因，并根据差异分析的结果，对各成本中心进行奖惩，以督促成本中心努力降低成本。

【例 14－1】 某责任中心为成本中心，生产 A 产品，2016 年预算产销量 2000 件，预算单位成本 60 元，实际产销量 2400 件，实际单位成本 56 元，其中，单位变动成本为 36 元。试计算其成本变动额、成本变动率。

成本变动额 = 2400 × 56 － 2400 × 60 = －9600（元）

成本变动率 = －9600 ÷（2400 × 60）× 100% = －6.67%

计算结果表明，该成本中心的成本降低额为 9600 元，降低率为 6.67%。

（3）成本中心的业绩报告。责任业绩报告，是指根据责任会计记录编制的反映责任预算实际执行情况，或者揭示责任预算与实际执行情况差异的内部会计报告。通过编制责任报告，可完成责任中心的业绩评价和考核。责任报告是自下而上逐级编报的，随着责任中心的层次由低到高，其报告的详略程度也由详细到总括。

表 14－1 给出了某企业一个成本中心的业绩报告。

表 14－1　成本中心业绩报告

部门名称：一分部　　　　2016 年 11 月　　　　单位：元

项目	预算数	实际数	差异
可控成本			
直接材料	22500	22000	－500（有利差异）
直接人工	20000	21000	1000（不利差异）
管理人员工资	5000	4000	－1000（有利差异）
维修费	4000	3800	－200（有利差异）
物料费	1900	1700	－200（有利差异）
其他	1000	900	－100（有利差异）
合计	54400	53400	－1000（有利差异）
不可控成本			
设备折旧	3200	3200	0
房屋部门费用	2800	2800	0
其他受分配费用	4280	4280	0
合计	10280	10280	0
总计	64680	63680	－1000（有利差异）

该成本中心的业绩报告表明，2016 年 11 月形成 1000 元的节约差异，在成本控制中取得了一定的成效。

三、利润中心

1. 利润中心的含义

利润中心是指既对成本负责又对收入和利润负责的区域，它有独立或相对独立的收入和生产经营决策权。

2. 利润中心的类型

利润中心的类型包括自然利润中心和人为利润中心两种。

第一种，自然利润中心具有独立的收入来源，能独立核算盈亏，对销售产品或提供劳务的数量、价格、成本具有控制能力。

第二种，人为利润中心是指在企业内部各部门之间供应产品或劳务，但并不对外直接销售的责任单位。

3. 利润中心的成本计算

在无法实现共同成本合理分摊的情况下，人为利润中心通常只计算可控成本，而不分担不可控成本；在共同成本能够合理分摊或无须共同分摊的情况下，自然利润中心不仅计算可控成本，也应计算不可控成本。

4. 利润中心责任业绩考核

（1）利润中心责任业绩考核的指标。

1）当利润中心不计算共同成本或不可控成本时，其考核指标是贡献毛益总额。

贡献毛益总额 = 利润中心销售收入总额 - 可控成本总额（或变动成本总额）

2）对利润中心评价的指标，应注意从销售收入减去有关成本费用的顺序性。

当利润中心计算共同成本或不可控成本，并采取变动成本法计算成本时，其考核指标包括：

利润中心贡献毛益总额 = 该利润中心销售收入总额 - 该利润中心变动成本总额

利润中心负责人可控利润总额 = 该利润中心贡献毛益总额 - 该利润中心负责人可控固定成本

利润中心可控利润总额 = 该利润中心负责人可控利润总额 - 该利润中心负责人不可控固定成本

公司利润总额 = 各利润中心可控利润总额之和 - 公司不可分摊的各种管理费用、财务费用等

（2）利润中心责任业绩考核。利润中心既对成本负责，又对收入和利润负责，在进行考核时应以销售收入、贡献毛益和息税前利润为重点进行分析评价。特别是应通过一定期间实际利润与预算利润进行对比，分析差异及其形成原因，明确责任，借以对责任中心的经营得失和有关人员的功过做出正确的评价和奖罚。

在考核利润中心业绩时，也只是计算和考评本利润中心责任范围内的收入和成本。凡不属于本利润中心责任范围内的收入与成本，尽管已由本利润中心实际收进或支付，仍应予以剔除，不能作为本利润中心的考核依据。

【例14-2】某企业有两个利润中心，A利润中心负责人可控利润总额15000元，中心可控利润总额10000元。B利润中心2016年的有关数据如下：销售收入40000元，已销产品变动成本和变动销售费用15000元，利润中心负责人可控固定间接费用4000元，利润中心不可控固定间接费用6000元。该公司不可分摊的管理费用、财务费用等总计5000元。

【要求】

1）计算B利润中心的贡献毛益、利润中心负责人可控利润总额、利润中心可控利润总额；

2）计算该公司利润总额。

解：

1）B 利润中心。

贡献毛益 = 40000 − 15000 = 25000（元）

利润中心负责人可控利润总额 = 25000 − 4000 = 21000（元）

利润中心可控利润总额 = 21000 − 6000 = 15000（元）

2）公司利润总额 = 10000 + 15000 − 5000 = 20000（元）

3）利润中心的业绩报告。表 14 − 2 给出了 A 公司一个利润中心的业绩报告。

表 14 − 2　利润中心业绩报告

部门名称：二分部　　　　2016 年 11 月　　　　单位：元

项目	预算数	实际数	差异
销售收入	500000	530000	30000（有利差异）
减：变动成本			
变动生产成本	250000	260000	10000（不利差异）
变动销售及管理费用	100000	100000	0
分部贡献毛益总额	150000	170000	20000（有利差异）
减：分部负责人可控固定成本	50000	45000	−5000（有利差异）
分部负责人可控利润总额	100000	125000	25000（有利差异）
减：分部负责人不可控固定成本	40000	38000	−2000（有利差异）
分部可控利润总额	60000	87000	27000（有利差异）
减：上级分配的共同固定成本	8000	7000	−1000（有利差异）
分部营业利润	52000	80000	28000（有利差异）

该利润中心的业绩报告表明，2016 年 11 月实际营业利润超出预算数 28000 元，该分部的经营业绩较好。

四、投资中心

1. 投资中心的含义

投资中心是指拥有对成本、收入、利润和投资决策的管理权限并承担相应责任的责任中心。投资中心是根据管理上控制成本、增加利润、提高投资效益的要求而建立的，一般适用于企业内部管理权限和业务规模较大的部门，如事业部、分公司、分厂等。投资中心是最高层次的责任中心，其经营权限既包括产品生产、销售自主权，还包括独立运用其所掌握的资金进行长期投资的决策权，并负有对固定资产、存货等行使调控的职能。投资中心也承担最大的责任，类似于独立的企业。它既要对成本、收入和利润负责，更重要的是对资金占用和投资效果负责。因此，投资中心包括成本中心和利润中心。建立投资中心，充分体现了分权管理的要求。

2. 投资中心责任业绩考核

（1）投资中心责任业绩的考核指标。除考核利润指标外，投资中心主要考核能集中反映利润与投资额之间关系的指标，包括投资利润率和剩余收益。

1）投资利润率。投资利润率又称投资收益率、投资报酬率，是指投资中心所获得的营业利润与经营资产（或投资额）之间的比率，可用来评价和考核由投资中心掌握、使用的全部净资产的获利能力。

投资利润率 = 营业利润 ÷ 经营资产（或投资额）×100%

投资利润率指标可以进一步扩展：

$$投资利润率 = \frac{销售收入}{经营资产} \times \frac{营业利润}{销售收入} = 经营资产周转率 \times 销售利润率$$

不同投资中心在使用投资利润率指标时，应注意可比性。投资报酬率指标是个相对数，也是一个正指标，数值越大越好。

【例 14－3】某投资中心投资额为 150000 元，年净利润为 30000 元，公司为该投资中心规定的最低投资报酬率为 15%。计算该投资中心的投资利润率。

投资利润率 = 利润/投资额 ×100% = 30000 ÷ 150000 ×100% = 20%

计算得出的投资利润率为 20%，大于该投资中心规定的最低报酬率 15%，所以该投资中心的经营业绩比较好。

投资利润率是被广泛采用的评价投资中心业绩的指标，优点主要体现在：投资利润率能反映投资中心的总体盈利能力，它以现有的会计资料为基础，计算比较简单，在不同部门之间具有横向可比性，有利于对投资中心的业绩做出客观的评价；投资利润率的应用有利于调整资产的存量，优化资源配置，可以作为选择投资机会的依据。

该指标最大的缺点在于可能会导致投资中心负责人盲目追求部门利益而忽视企业整体的利益。负责人可能只顾短期利益，放弃高于资本成本而低于目前部门投资报酬率的机会，或者减少现有的投资报酬率较低但高于资本成本的某些资产，这不利于投资中心开发新项目，将错过更好的投资机会。

2）剩余收益。剩余收益是一个绝对数指标，是指投资中心获得的利润扣减其最低投资收益后的余额。最低投资收益是投资中心的投资额（或资产占用额）按规定或预期的最低报酬率计算的收益。计算公式为：

剩余收益 = 利润 − 经营资产（或投资额）×预期最低投资报酬率

在采用剩余收益作为评价指标时，所采用的投资报酬率的高低对剩余收益的影响很大，通常应以整个企业的平均投资报酬率作为最低报酬率。

如果预期指标是总资产息税前利润率时，则公司应对剩余收益计算做相应调整。

剩余收益 = 息税前利润 − 总资产占用额 × 预期总资产息税前利润率

采用剩余收益指标进行投资决策的评价原则是：一项投资能否增加剩余收益，若剩余收益增加，该项投资便是可行的；若剩余收益减少，则该项投资不可行。

剩余收益指标的优点是：一方面体现投入产出关系，由于减少投资同样可以达到增加剩余收益的目的，因而与投资利润率一样，该指标也可以用于全面评价和考核投资中心的业绩；另一方面剩余收益指标避免了本位主义，避免了投资中心狭隘的本位倾向，即单纯追求投资利润率而放弃一些对企业整体有利的投资机会。

（2）投资中心业绩考核。投资中心不仅要对成本、收入和利润负责，还要对投资效果负责。因此，投资中心业绩考核，除收入、成本和利润外，考核重点放在投资利润率和剩余收益两项指标上。

从管理层次看，投资中心是最高一级的责任中心，业绩考核的内容或指标涉及各个方面，是一种较为全面的考核。考核时通过将实际数与预算数的比较，找出差异，进行差异分析，查明差异的成因和性质，并据以进行惩罚。由于投资中心层次高、涉及的管理控制范围广、内容复杂，考核时应力求深入分析原因、依据确凿、责任落实具体，这样才可以达到考核的效果。

【例 14－4】某企业下设 A、B 两个投资中心。A 投资中心的资产占用额为 2000 万元，投资报酬率为 15%；B 投资中心的投资报酬率 14%，剩余收益为 200 万元。设该公司平均资本成本为 10%。

【要求】

1）计算 A 中心的剩余收益。

2）计算 B 中心的资产占用额。

解：

1）A 投资中心的剩余收益＝2000×（15%－10%）＝100（万元）

2）B 投资中心的资产占用额＝200÷（14%－10%）＝5000（万元）

投资利润率与剩余收益两个指标的差别可用【例 14－5】说明。

【例 14－5】某企业下设投资中心 A 和投资中心 B，该公司加权平均最低投资利润率为 10%，现准备追加投资。有关资料如表 14－3 所示。

表 14－3　投资中心指标计算表　　单位：万元

项目		投资额	利润	投资利润率	剩余收益
追加投资前	A	40	2	5%	2－40×10%＝－2
	B	60	9	15%	9－60×10%＝＋3
	Σ	100	11	11%	11－100×10%＝＋1
向投资中心 A 追加投资 20 万	A	60	3.6	6%	3.6－60×10%＝－2.4
	B	60	9	15%	9－60×10%＝＋3
	Σ	120	12.6	10.5%	12.6－120×10%＝＋0.6
向投资中心 B 追加投资 40 万	A	40	2	5%	2－40×10%＝－2
	B	100	14.8	14.8%	14.8－100×10%＝＋4.8
	Σ	140	16.8	12%	16.8－140×10%＝＋2.8

根据表14-3资料评价A、B两个投资中心的经营业绩，可知：如以投资利润率作为考核指标，追加投资后A中心的利润率由5%提高到6%，B中心的利润率由15%下降到14.8%，按此指标向A中心投资比向B中心投资好。

但如果以剩余收益作为考核指标，A中心的剩余收益由原来的-2万元变成了-2.4万元，B中心的剩余收益由原来的3万元增加到了4.8万元，由此应当向B中心投资。

如果从整个公司进行评价，就会发现向A中心追加投资时，全公司总体投资利润率由11%下降到10.5%，剩余收益由1万元下降到0.6万元；而向B中心追加投资时，全公司总体投资利润率由11%上升到12%，剩余收益由1万元上升到2.8万元，这和剩余收益指标评价各投资中心的业绩的结果一致。所以，以剩余收益作为评价指标可以保持各投资中心获利目标与公司总的获利目标达成一致。

（3）投资中心的业绩报告。表14-4给出了某企业一个投资中心的业绩报告。

表14-4　投资中心业绩报告

部门名称：三分部　　　　2016年11月　　　　单位：元

项目	序号	预算数	实际数	差异
销售收入	（1）	1000000	980000	-20000（不利差异）
减：变动成本		620000	612000	-8000（有利差异）
贡献毛益总额		380000	368000	-12000（不利差异）
减：分部专属固定成本		180000	175000	-5000（有利差异）
分部贡献毛益总额		200000	193000	-7000（不利差异）
减：上级分配的共同成本		150000	152000	2000（不利差异）
部门营业利润	（2）	50000	41000	-9000（不利差异）
经营资产				
库存现金		28000	30000	2000（不利差异）
应收账款		40000	38000	-2000（有利差异）
存货		100000	98000	-2000（有利差异）
固定资产（净值）		200000	196000	-4000（有利差异）
经营资产合计	（3）	368000	362000	-6000（有利差异）
经营资产周转率（1）÷（3）	（4）	2.72	2.71	-0.01（不利差异）
销售利润率（2）÷（1）	（5）	5.00%	4.18%	-0.82%（不利差异）
投资利润率（4）×（5）	（6）	13.59%	11.33%	-2.26%（不利差异）
公司要求的最低报酬率	（7）	10%	10%	—
公司要求的最低投资报酬(3)×(7)	（8）	36800	36200	-600（有利差异）
剩余收益（2）-（8）	（9）	13200	4800	-8400（不利差异）

该投资中心的业绩报告表明，2016 年 11 月实际剩余收益低于预算数 8400 元，该分部在生产经营中存在一定的问题，必须查明原因予以改进。

第三节　内部转移价格

一、内部转移价格的含义

内部转移价格是企业内部相关责任中心之间相互结算或责任成本相互转账时所采用的价格标准。在实行责任会计制度的企业，利润中心或投资中心之间相互提供产品、半成品或劳务，应视同销售，按内部转移价格进行结算。成本中心之间，或成本中心接受其他责任中心提供的产品、半成品或劳务，应按内部转移价格办理成本转账。

二、内部转移价格的制定原则

内部转移价格的高低，会影响各责任中心的责任成本以及形成的责任利润，如内部转移价格的偏高或偏低，会导致部分责任中心责任成本降低或获得额外利润，而另一部分责任中心责任成本提高或遭受额外损失，从而影响各自的业绩评价。因此，必须按照科学合理的原则来制定内部转移价格。具体来说，应把握以下原则：

1. 一致性原则

在制定内部转移价格时，应从企业的全局出发，协调整体利益和局部利益。当两者出现矛盾时，必须保障企业整体利益的最大化。

2. 自主性原则

各责任中心是相对独立的核算单位，具有制定内部转移价格的自主权和维护自身利益的权利。制定内部转移价格，应考虑各责任中心的意愿，应有利于调动各责任中心的积极性和创造性。如果双方意见不一致，任何一方都无权强制对方执行自己的意见，而应通过协商方式加以解决。

3. 公平合理原则

内部转移价格的制定应公平合理，在制定中避免主观随意性，力求使内部转移价格有利于分清各责任中心的成绩和不足。

4. 突出重点和简便易行相结合的原则

企业在制定内部转移价格时，把握重点，对于品种少、价格高、数量大的对象，从严定价，科学计算；对于品种多、价格低、数量少的对象，从简定价。

5. 相对稳定、定期调整的原则

内部转移价格一经制定，就要在考核期内保持相对稳定。但是，不同的内部转移价格都有其一定的适用范围和条件，当市场环境变化，价格脱离价值时，会形成较大的价格差异，影响成本信息的准确程度，不能有效配置内部资源。所以，必须定期对内部转移价格进行调整和修订。

三、内部转移价格的类型

内部转移价格一般可分为四大类：成本价格、市场价格、协商价格、双重价格。

1. 成本价格

成本转移价格，即以成本为基础的内部转移价格，是指以产品或劳务的成本为基础而制定的内部转移价格。它主要包括完全成本、标准成本、标准成本加成和标准变动成本四种内部转移价格。

（1）完全成本。完全成本是以各中间产品的完全成本作为内部转移价格。采取这种方式定价所需的成本信息可以很容易地从企业的历史财务数据中获得，卖方获得的贡献毛益等于完全成本减去变动成本的差额，在一定程度上可以鼓励卖方进行内部转移。同时，这种方法也能合理计量转移产品的开发和设计成本。但是这种内部转移价格不一定能使企业的整体利益最大化。

（2）标准成本。标准成本是以各中间产品的标准成本作为内部转移价格，主要适用于成本中心之间相互提供产品或劳务，以及成本中心之间的责任转账。这种方法将管理和核算工作结合起来，能避免某一责任中心将其工作中的缺陷转嫁给另一责任中心，便于明确供需双方的责任，有利于责任中心的管理和考核。这种方法下内部转移手续比较简单，成本核算工作较少。

（3）标准成本加成。标准成本加成，是按各中间产品的标准成本加上一定的利润作为内部转移价格。使用这种内部转移价格不仅能避免上下游之间成绩不足的转嫁现象，便于分清双方责任，而且能够调动供应部门的积极性，但是在定价时忽略了产品需求和市场竞争，很难确定合理的利润。一般在产品的转移涉及利润中心或投资中心时采用这种内部转移价格。

（4）标准变动成本。标准变动成本，是以各中间产品的标准变动成本作为内部转移价格。这种方式能够明确揭示成本与产量的关系，便于考核各责任中心的业绩，有利于各责任中心调控可控的成本，也有利于经营决策。其不足之处是产品（半成品）或劳务中不包括固定成本，不能反映劳动生产率变化对固定成本的影响，不利于调动各责任中心提高产量的积极性。

2. 市场价格

市场价格是指以产品或劳务的市场供应价格作为计价基础制定内部转移价格。这种方法适用的前提是转移产品处于完全竞争市场的环境中。完全竞争市场是指不受任何阻碍和干扰的市场环境。在这种市场中，有大量的卖方与买方，任何一方都不能影响产品的价格。对于企业各部门而言，中间产品既可以向内部供应单位购买，也可以从外部市场购买。如果内部定价高于外部市场的报价，则各部门会放弃内部交易，而选择与外部供应商进行交易。因此，中间产品的市场价格是最佳的内部转让价格。

利润中心或投资中心之间相互提供产品或劳务时，以市场价格作为内部转移价格，比较客观，对供需双方无所偏袒，双方都能平等地参与市场活动，各部门无法将低效率因素转嫁出去，推卸责任。以市场价格定价，将市场机制引入企业内部，不仅能够客观评价各责任中心的经营业绩，而且能在企业内部营造出竞争性的市场态势，激励产品或劳务提供部门努力改善经营管理，不断降低成本。

3. 协商价格

如果中间产品的市场是不完全竞争性市场，或者中间产品没有适当的市价作参考，应使用协商价格作为内部转移价格。协商价格是指中间产品的供需双方以正常的市场价格为基础，共同协商，确定双方都愿意接受的价格作为计价基础而制定的内部转移价格。协商价格的优点在于它既能形成双方自愿的“公允市价”，又可以保留部门负责人在部门管理中的自主权。但是在双方协商的过程中，可能会花费大量的时间和资源，而衡量业绩的最终价格也许取决于各部门协商人员的谈判能力，而非从对企业最有利的角度考虑，违背内部转移价格制定中的“一致性”原则。而且，在协商价格的制订过程中，企业最高管理当局可能会直接干预转移价格的定价，此时的协商价格并不是供需双方都乐于接受的价格，不利于调动责任中心的生产和经营的积极性。

4. 双重价格

双重价格是指中间产品的供需双方分别按不同的计价标准制定内部转移价格。采用双重价格的原因在于内部转移价格主要应用于业绩评价和考核，因而供需双方采用的价格无须一致，双方可以选取最有利的价格作为计价依据。双重价格有两种形式。一是双重市场价格。由于中间产品在市场上的价格不同，中间产品的供应方倾向于采用最高的市价作为内部转移价格，而其使用方则倾向于采用最低的市价，这时供需双方各自选用对自己最为有利的市价，从而形成了双重市场价格。二是双重转移价格。中间产品的供应方按市场价格或协商价格计价，而使用方按供应方的单位变动成本计价。

采用双重价格作为内部转移价格，有利于激励供应方积极进行内部交易，避免因内部定价过高而导致出现企业生产能力闲置的现象；同时，也可以促使使用单位从全局出发，发挥其主动性和积极性，做出正确的经营决策。这种定价方式可以满足管理的不同需要，能够较好地解决“目标一致性”和“激励”等问题。

本章小结

责任会计是在分权管理的条件下，为适应经济责任制的要求，在企业内部建立若干个责任单位，并对其分工责任的经济活动进行规划、控制、考核及评价的会计制度。

责任中心包括成本中心、利润中心和投资中心。成本中心只对成本或费用负责；利润中心既对成本负责，又对收入和利润负责；投资中心既对成本、收入和利润负责，又对投资效果负责。投资中心是最高层的责任中心，它拥有最大的决策权，也承担最大的责任。各种责任中心都必须进行业绩考核。

内部转移价格是企业内部相关责任中心之间相互结算或责任成本相互转账时所采用的价格标准，主要有成本价格、市场价格、协商价格和双重价格四种类型。

名词与术语

分权管理 责任会计 责任中心 成本中心 利润中心 投资中心 成本（费用）变动额 成本（费用）变动率 利润中心贡献毛益总额 利润中心负责人可控利润总额 利润中心可控利润总额 投资利润率 剩余收益 业绩报告 内部转移价格 成本价格 市场价格 协商价格 双重价格

思考题

1. 分权管理与责任会计关系如何？
2. 什么是责任会计制度？责任会计的内容主要有哪些？
3. 什么是责任中心？责任中心的形式有哪些？它们之间的关系如何？
4. 什么是利润中心？它有哪两种形式？利润中心的考核有哪些指标？
5. 什么是投资中心？投资中心的考核指标主要有哪两种？它们各自的优缺点是什么？
6. 如何理解为什么要制定内部转移价格？内部转移价格的类型主要有哪些？

自测题

自测题 14－1

【目的】掌握投资利润率和剩余收益的计算方法。

【资料】某企业有三个业务类似的投资中心，使用相同的预算进行控制，其 2016 年的有关资料如表 14－5 所示。

表 14－5 某企业 2016 年的有关资料 单位：万元

项目	预算数	实际数		
		A 部门	B 部门	C 部门
销售收入	300	280	310	300
营业利润	27	28	29	27
经营资产	150	135	150	150

在年终进行业绩总评时，董事会对三个部门的评价发生分歧：有人认为C部门完全完成预算，业绩最佳；有人认为B部门销售收入和利润均超过预算，并且利润最大，应该是最好的；有人认为A部门的利润超过预算，但节约了资金，是最好的。

【要求】假设该公司的资金成本率是16%，请你对该公司3个投资中心的业绩进行评价，并排出优劣次序。

自测题14-2

【目的】掌握投资利润率和剩余收益的计算方法及其影响因素。

【资料】某企业下设A和B两个投资中心，本年度公司决定追加资金投入45万元，追加前A、B两投资中心的总资产额分别为30万元和40万元，息税前利润分别为1.5万元和6万元，该公司加权平均最低总资产息税前利润率为10%。

【要求】回答下列问题：

(1) 计算追加投资前的下列指标：①各投资中心的总资产息税前利润率；②各投资中心的剩余收益；③总公司的总资产息税前利润率；④总公司的剩余收益。

(2) 若公司决定分别向A、B两个投资中心追加资金投入15万元和30万元。追加投资后，A、B两个投资中心的息税前利润分别为2.7万元和11.1万元。计算追加投资后的下列指标：①各投资中心的总资产息税前利润率；②各投资中心的剩余收益；③总公司的总资产息税前利润率；④总公司的剩余收益。

(3) 如果现有一项可带来9%息税前资产利润率的投资机会，若A接受，A中心的息税前资产利润率和剩余收益将会怎样变化？

(4) 如果现有一项可带来14%息税前资产利润率的投资机会，若B接受，B中心的息税前资产利润率和剩余收益将会怎样变化？

(5) 如果按投资利润率替代息税前资产利润率，如果总投资不变，当投资利润率变化，剩余收益指标是否会发生变化？为什么？

(6) 投资利润率可进一步分解为哪些指标？它们之间的关系如何？

自测题14-3

【目的】掌握投资利润率和剩余收益的计算方法。

【资料】某企业下设投资中心甲和投资中心乙，该公司加权平均最低投资利润率为10%，现准备追加投资。有关资料如表14-6所示。

表14-6　投资中心指标计算表

项　目		投资额（万元）	利润（万元）	投资利润率（%）
追加投资前	甲	200	10	5
	乙	300	45	15
	Σ	500	55	11

续表

项　目		投资额（万元）	利润（万元）	投资利润率（%）
向投资中心甲追加投资 100 万元	甲	300	18	6
	乙	300	45	15
	Σ	600	63	10.5
向投资中心乙追加投资 200 万元	甲	200	10	5
	乙	500	74	14.8
	Σ	700	84	12

【要求】分别用投资利润率和剩余收益评价投资甲、乙两个投资中心的业绩，并做出评价。

第五篇

成本管理会计的新发展

第十五章

作业成本法

学习目标

1. 了解作业成本法产生的原因。
2. 了解作业成本法的相关概念。
3. 熟悉作业成本法的核算原理、特点和核算程序。
4. 掌握作业成本法与传统成本法的区别和联系。

☞ 导入案例

莫科公司是工程零件制造商，位于墨尔本，只有100多人，它的会计部门有6人，包括一名财务控制员，财务控制员的职责特定为把作业成本法（Activity - Based Costing，ABC）导入企业。

这一家公司以前采用传统成本核算系统，从未使用过作业成本法。财务控制员建立了一个包括他自己、一个制造部门的工程师和一个成本会计师的作业成本法项目小组，工程师和财务控制员都全职参与ABC实施工作，成本会计师大约把2/3的时间投入到这个项目上。该小组为公司建立了25个成本库，并用了大量的时间就成本动因达成一致。

实施作业成本法给公司带来了多方面的效益：获得了更准确的成本信息和定价信息；建立针对进口的有竞争力的产品的基准；把一些内部低效率的制造转向外包；做出了更好的资本投资决策；一些消耗成本较高的问题区域被明确且降下来了；建立了对改进状况进行评价的业绩评价标准；建立了详细而精确的年度预算。

尽管莫科公司实施作业成本法需要花费12个月时间，但是公司获得的效益明显超过投入。简单地说，作业成本法带来的效益在于管理层可以使用更精确和更具有相关性的信息，作业成本法为管理层的商业决策提供了一个好的工具。

资料来源：http：//www. easyfinance. com. cn/Finance/Html/Article/9949. htm。

第一节 作业成本法概述

当今社会已经进入高速发展的信息革命时代，这给人们的生活和生产都带来了巨大的影响和变化。经济的快速发展，离不开两个重要因素：第一是先进的制造技术的应用，第二是先进管理理念的推广和实施。作业成本法的产生正是满足了这两个因素，它顺应了时代的发展，而且越来越多地被运用到社会生产当中，成为当今会计学研究前沿的领域之一。

一、作业成本法的产生和发展

作业成本法（Activity – Based Costing，ABC）的产生，最早可以追溯到20世纪美国的会计大师埃里克·科勒（Eric Kohler）教授，他认为“作业”是一个组织、单位对一项工程、一个大型建设项目、一个计划及一项重要经营的各个具体活动所做出的贡献。在他1952年编著的《会计师词典》中，首次提出了“作业”“作业账户”“作业会计”等概念。1971年，美国的乔治·斯托布斯（George Staubus）教授在《作业成本计算和投入产出会计》一书中对“作业”“成本”“作业会计”“作业投入产出系统”等概念做了全面、系统的讨论。他认为会计是一个信息系统，“作业会计”是一种和决策有用性目标相联系的会计。这是一部从理论上和学术上探讨“作业会计”与“作业会计和投入产出会计相结合”的最宝贵的文献之一，但当时作业成本法还未能引起理论界和实业界足够的重视。

“作业成本”这一术语首先是由美国芝加哥大学的学者罗宾·库珀（Robin Cooper）和哈佛大学教授罗伯特·卡普兰（Robert S. Kaplan）在1986年提出的。1986年他们在《成本管理》杂志上发表了一系列论述作业成本计算的论文，对“什么是作业基础成本系统”“何时需要作业成本系统”“需要多少成本动因”等作业成本会计的基本问题做了较为系统的阐述，对作业成本法的现实需要、运行程序、成本动因的选择、成本库的建立等做了全方面的分析，从而使这些论文成为研究现代作业会计必须参考的重要文献。随后，欧美各国的会计界和公司共同开始在这一领域研究，作业成本法已成为人们广泛接受的一个概念或术语，作业成本法理论也日趋完善。

二、作业成本法的相关概念

作业成本法所涉及的概念主要包括：资源、作业、作业中心、作业成本库、作业链和价值链、成本动因（包括资源动因和作业动因）和成本对象。其内在关系如图 15 – 1 所示。

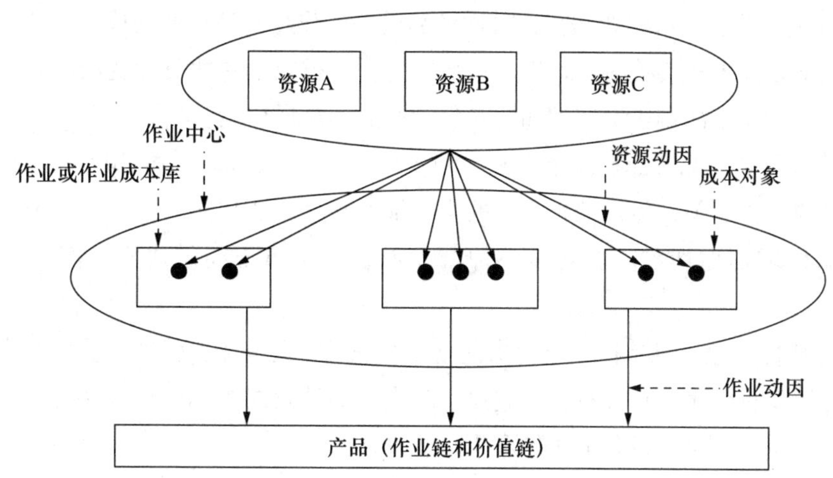

图 15－1　作业成本法中各概念的关系

注：资源按资源动因分配到作业中心，作业成本按作业动因分配到产品中。分配到作业的资源构成成本要素（图中的黑点），多个成本要素构成作业成本库（图中的方框），多个作业构成作业中心（图中的椭圆）。

1. 资源

在作业成本法中，资源是指企业生产耗费的最原始形态。一个企业的资源包括直接人工、直接材料、生产维持成本（如采购人员的工资）、间接制造费用以及生产环节以外所发生的成本（如广告费用）。在成本作业计算中，之所以把资源作为一个重要的范畴，主要是因为在成本计算方面要处理以下两个方面的问题：

第一，要反映作业都消耗了哪些资源以及资源被消耗的动因。寻找资源动因的目的是把资源耗费逐项地分配到吸纳这些资源的不同作业中去。

第二，区分有效耗用和无效耗用。真正的增值作业是有效耗用，它也是被分解到作业成本中的重点。

2. 作业

作业是指在一个组织内为了某一目的而进行的耗费资源的工作，是企业为提供产品或劳务所进行的各种工序和工作环节的总称。作业有三个基本特征：首先，作业是投入产出因果联动的实体；其次，作业贯穿于公司经营的全过程，构成包括企业内部和连接企业外部的作业链；最后，作业可以量化。作业是计算成本过程中的一个元素，必须具有可量化性，同时也是计算成本的客观依据。作业成本法对作业进行核算可以准确地反映作业所耗用的资源及其为产出提供的服务，并为成本计算提供条件。此外，这种核算还可以为管理提供详细的作业信息。为了进行详细的作业分析，根据服务的层次和范围，将作业分为五大类：

（1）单位作业。单位作业是指使单位产品受益的作业。该作业的成本与产品的产量相关，或属于以产品产量为基础的变动成本。例如，原材料的投入使用。

（2）批次作业。批次作业是指使批次产品受益的作业。该作业的成本与产品的批数有关，但与产量多少无直接关系。就生产批次而言，此类成本的性质为变动成本，但就某一批产品而言，它属于固定成本。例如，对每批产品的抽样检验。

（3）品种作业。品种作业是指使某一种产品的每个单位都受益的作业。该作业的成本与产品项目的多少有关，但与某种产品的生产批次和生产数量无关。也就是说，此类成本随产品的品种增加而增加。但就某一种产品而言，它属于固定成本。例如，调整工艺流程。

（4）维持性作业。维持性作业是指使整个组织而不是某个具体产品受益的作业。该作业的成本与提供良好生产环境有关。它属于各类产品的共同成本，与产品的项目、批次和产量都无关。例如，生产设备的维护和人事管理。

（5）顾客作业。顾客作业是指为特定顾客服务的作业。例如，为顾客提供的售后服务。

3. 作业中心

作业中心是指构成一个业务过程的相互联系的作业集合。它可以用来汇集业务过程及其产出的成本。利用作业中心可以更明晰地分析一组相关的作业，简化作业成本计算，便于进行成本管理和企业组织机构及责任中心的设计与考核。其设立方式与责任会计中成本中心的设立有相似之处，但是它们的设立原则不同：成本中心是建立在成本发生的权责范围基础之上，而作业中心的设立则以同质作业为原则。

4. 作业成本库

作业成本库是对作业中心成本归集形成的。它是与一项作业有关的所有成本要素的总和。作业成本库的总成本能指出作业作为资源耗费者的重要方面，因而有助于作业选择成本管理中的优选项目。在分配工作过程中，由于资源是逐渐地分配到作业中去的，于是就产生了作业成本要素，将每个作业成本要素相加合计就形成了作业成本库。在成本管理中，并不是每个成本降低的机会都是平等的，成本库最大的作业会提供最大的成本降低机会。

5. 作业链和价值链

企业的生产经营过程是由各种作业所组成的。这些作业相互联系、井然有序地形成有机整体。企业为了满足顾客的需要而建立起来的一系列前后有序、密切联系的作业集合就称为作业链。一个企业的作业链可以表示为：研究与开发—设计—生产—营销—配送—售后服务。

价值链是分析企业竞争优势的基础，它紧紧地与服务于顾客需求的作业链相联系。价值链是与作业链紧密关联的，按作业成本法的原理，产品消耗作业，作业消耗资源，随着作业的推移，价值在企业内部逐步产生了积累和转移，最后形成转移给顾客的总价值，这个总价值就是产品的总成本。因此，作业链的形成过程就是价值链的形成过程。从另一个角度分析，价值链是作业链的货币表现。依据是否会增加顾客价值，人们将作业分为增值

作业和不增值作业，前者是指能增加顾客价值的作业，即这种作业的增减变动会导致顾客价值的增减变动；后者是指不会增加顾客价值的作业，也就是说这种作业的增加或减少不会影响顾客价值的大小。

通过对作业链和价值链的分析，可以为企业改善成本管理指明方向、挖掘降低成本潜力和减少资源浪费。这也正是作业管理当中重要的一个方面。

6. 成本动因

成本动因是决定作业的工作负担和作业所需资源的因素，通俗地说就是引起成本发生的因素，它是作业成本法中一个极为重要的概念。成本动因是决定成本的结构及金额的根本因素，它可以揭示执行作业的原因及作业消耗资源的多少。按照不同的标准可将成本动因分成不同的类别。

（1）根据成本动因是否受作业单元外部的影响，可将其分为外部动因和内部动因。外部动因基本上是由作业单元外部决定的成本动因，如材料堆码作业，它受材料的种类和数量影响，种类和数量越多，堆码的难度越大，所需的时间越多。对材料堆码作业来说，材料的种类和数量就是外部成本的动因。而内部成本动因则无须外界参与便可由作业单元内部决定，如材料堆码作业的难度和时间耗费受到仓库内排列材料的形式、材料出库的方法影响。对材料堆码作业来说，材料的排列形式和出库方法便是其内部成本动因。

（2）根据成本动因是否有利于产品生产或劳务提供，可将其分为正成本动因和负成本动因。正成本动因在导致资源耗费的同时有利于促使产品或劳务的形成，进而产生收入，如客户订单。至于负成本动因，则无助于产品或劳务的价值增加，反而会导致资源的耗费，并对净收入产生不利影响，如将半成品运送到下一道工序所经过的“距离”。

（3）根据成本动因在资源流动中所处的位置可将其分为资源动因和作业动因。资源动因决定一项作业所耗费资源的种类及数量因素，它反映作业量与资源耗费间的因果关系，也是资源成本分配到作业中心的标准。例如，很多作业需要消耗电力，有时就可以根据作业小时数来分配这一资源消耗。通过对资源动因的分析，可以促使企业合理配置资源，寻求降低作业成本的途径。作业动因是决定成本对象所需作业种类和数量的因素，它反映成本对象使用作业的频率和强度。在将资源成本逐项归集、分配到作业，形成作业成本之后，还需将作业成本按一定的标准分配到产品中去，这一标准就是作业动因，如机器钻孔作业的多少取决于要钻孔的数量。它是将作业中心的成本分配到产品或劳务中的标准。通过对作业动因的分析，可以揭示哪些作业是多余的和应该减少的，整体成本应如何改善以及如何降低。

7. 成本对象

成本对象是指成本归集的对象，可分为最终成本对象和中间成本对象。最终成本对象即企业最终的产品或提供的劳务，它需归集所有权转移前的所有成本、费用，其归集的成本、费用要与收入配比。中间成本对象是指在企业内部分配和归集的成本、费用的对象，如企业内部的辅助生产部门、作业成本系统中的作业中心。

第二节　作业成本法的原理与运用

一、作业成本法的核算原理

现代企业是一个由一系列作业组成的作业链，企业每完成一项作业都要消耗一定的资源，产品成本实际上就是制造和运送产品所需全部作业所消耗的资源成本之和。作业成本法是一种以作业为中心，通过对作业及作业成本的确认、计量，最终计算出相对准确的产品成本的成本计算方法。基本原理是：作业消耗资源，产品消耗作业，生产是作业发生的动因，而作业是成本发生的动因。该方法认为，企业发生费用是由产品生产所需的作业引起的，作业是企业成本和价值的中介，每完成一项作业都要消耗一定的资源，作业的产出又形成一定的价值，并将其传递给下一个作业，以此类推，直到生产出最终的产品并交给客户。这一最终的产品便是经过企业内部的一系列作业而形成并转移给客户的价值，而每一项作业所耗费的资源的总和便形成了产品的成本。因此，应当把作业作为间接费用的分配基础，即按照对作业的消耗量进行分配。

根据这一原理，从资源耗费的因果关系出发，在进行成本计算时，就不能把资源的耗费直接分配给产品，而需先通过对作业链的分析，识别作业和作业链，寻找出作业与资源、产品与作业的关系，进而恰当地进行成本分摊。与传统成本计算方法相比，作业成本法从成本发生的根源入手，根据资源耗费的因果关系对间接成本进行分配，大大提高了分配的精确程度，从而改善了所提供的成本信息的准确性，也为成本管理打下了良好的基础。

二、作业成本法的特点

1. 以作业成本核算为中心

在作业成本法下，首先要确认有哪些作业，根据作业对资源的耗费归集各种作业所发生的成本，然后根据产品对作业的需求量，计算出耗费作业的产品成本。因此，作业成本法可以将成本管理与控制深入到作业层次。由于成本库的性质不同，成本动因不同，通过建立成本库，进行成本动因的分析，由此计算出各种产品在各个作业消耗的成本费用，会更加清晰、科学地反映产品生产过程中的费用消耗，也会为产品成本控制提供更为可靠的依据。

2. 设置成本库归集成本费用

不同性质的制造费用通过不同的成本库归集，有利于发现和分析成本升降的原因，有的放矢地进行成本控制。

3. 按多标准分配成本费用

按不同性质的费用在不同的成本库归集，有利于按成本动因进行分配。按多标准分配不同的成本费用能够为成本控制提供更准确的信息，如产品检验费用与检验数量有关，可按检验数量进行分配；准备调整费用与产品准备次数有关，可按准备次数进行分配。

三、作业成本法的核算程序

1. 确立成本计算对象，明确作业和作业中心

确认作业是作业成本法的起点，是对企业中与费用发生相关的活动进行划分的过程。对作业的确认和划分并非越细越好，同时还必须考虑成本效益，坚持重要性原则。划分出作业之后，应按同质性将一系列相关的作业归为一类，形成作业中心。通常企业的作业可分为五类：单位作业、批次作业、品种作业、维持性作业和顾客作业。前文已具体解释，这里不再赘述。

2. 建立作业成本库

这一步的主要工作是选择资源成本动因，并根据资源动因把资源的耗费分配给各个主要的作业，形成作业成本库。其关键在于资源动因的确认，为了更好地确认资源动因，应该遵循以下原则：

第一，若某项资源耗费可直接确认是为某一特定的产品所消耗，则直接将其计入该产品成本，此时资源成本动因也就是作业成本动因。该动因可以认为是最终耗费。例如，直接材料费用的分配适用于该原则。

第二，某项资源耗费可以被划分到各作业当中，则可计入各作业成本库。

第三，若某项资源耗费从最初消耗上呈混合性耗费状态，则需要选择合适的量化依据将资源消耗分解到各作业，这个量化的依据就是资源成本动因。

3. 选择作业成本动因

选择作业成本动因也就是要选择将各个作业成本中心的成本分配到产品上去的标准。需要指出的是，若一个作业中心与产品是直接相关的，则可以把该作业中心的成本直接分配到产品中；若一个作业中心与产品没有直接关系，那么需要经过一个初次分配阶段，即先把该中心的成本分配到与产品直接相关的作业中心，然后再进行进一步的分配。

4. 确定作业成本分配率

当各作业中心和作业成本库都已经建立，且作业动因也已经选定之后，就可以计算出各作业中心的成本分配率。计算公式为：

$$作业成本的分配率=\frac{各项作业成本}{预计成本动因单位数量}$$

5. 计算产品的单位成本

在以上步骤都顺利实施的情况下，产品单位成本的计算就变得十分简单。

某批产品的成本 = 该批产品耗用的成本动因数量 × 该作业中心的成本分配率

$$产品的单位成本=\frac{该批产品的总成本}{该批产品的产量}$$

四、作业成本法的应用举例

【例 15 -1】华龙公司生产 A、B 两种产品。这两种产品的生产工艺基本相同，主要的区别在于：A 产品的产量大、加工过程简单，而 B 产品属于高精度配件，产量小、复杂程度高。这两种产品都在同一生产线上制造。该公司采用作业成本法计算产品的成本。所涉及的作业主要有 7 项：①原料处理；②设备调整；③动力资源；④机器折旧；⑤成品检验；⑥设计改良；⑦管理工作。2016 年 5 月生产 A 产品 8000 件，B 产品 200 件。生产过程中耗用直接材料和直接人工的资料见表 15 -1。

表 15 -1 直接材料和直接人工资料 单位：元

项目	A 产品	B 产品	合计
直接材料	150000	50000	200000
直接人工	60000	65000	125000
合 计	210000	115000	325000

采用作业成本法计算上述两种产品成本的步骤如下：

第一步，明确成本计算的对象，明确作业中心，组织各部门的专业人员进行作业分析。

第二步，确认和计量企业本月所提供的各类资源价值，将资源耗费归集到各个资源库中，该公司本月提供的各类资源情况见表 15 -2。

表 15 -2 制造费用耗费资料 单位：元

作业项目	原料处理	设备调整	动力资源	机器折旧	成品检验	设计改良	管理工作	合计
资源耗费	40000	24000	76000	82000	44000	23000	83000	372000

第三步，选择各项作业成本动因，即对各作业项目进行成本动因分析。具体资料见表 15 -3。

表 15 -3 作业成本动因

作业项目	作业成本动因
原料处理	材料运输次数
设备调整	调整准备次数
动力资源	机器小时数
机器折旧	机器小时数
成品检验	检验次数
设计改良	计算机小时数
管理工作	机器小时数

其中：

（1）每单位A产品的加工工时为2小时；每单位B产品的加工工时为20小时。

（2）在对每批产品进行生产之后，要对机器设备进行调整和清理，这需要消耗一些时间，假设A产品每批生产8件、B产品每批生产1件。

（3）A产品每月购进原材料10批，每批原材料运输4次；B产品每月购进原材料2批，每批原材料运输5次。

（4）成品检验。两种产品的检验过程完全相同，其中，A产品每批检验2件；B产品每批检验1件。

（5）该公司进行设计改良作业是采用计算机辅助设计系统来完成的。本月用于A产品设计改良的计算机小时数为160，用于B产品设计改良的总耗时为240小时。

第四步，在确定成本动因分析的基础上，计算各作业成本的分配率并分配作业成本。

（1）原料处理成本。原料处理成本以材料运输次数为分配基础，其计算过程见表15－4。

表15－4　原料处理成本计算表

名称	作业成本动因			成本动因分配率（元/次）	分配额（元）
	批次（次）	每批运输次数（次/批）	合计（次）		
A产品	10	4	40	800	32000
B产品	2	5	10	800	8000
合计			50	800	40000

（2）设备调整。设备调整以机器清理和调试次数为基础进行分配，其计算过程见表15－5。

表15－5　设备调整成本计算表

名称	产量（件）	批量（件/次）	作业成本动因	成本动因分配率（元/次）	分配额（元）
			调试和清理次数（次）		
A产品	8000	8	1000	20	20000
B产品	200	1	200	20	4000
合计			1200	20	24000

（3）动力资源。产品生产所需动力消耗的费用以机器小时数为分配基础，其计算过程见表15－6。

表 15-6 动力资源成本计算表

名称	加工工时（小时）	产量（件）	作业成本动因	成本动因分配率（元/次）	分配额（元）
			机器小时数（小时）		
A 产品	2	8000	16000	3.8	60800
B 产品	20	200	4000	3.8	15200
合　计			20000	3.8	76000

(4) 机器折旧。机器设备的折旧费用同样与生产两种产品的机器小时数作为分配的基础，其计算过程见表 15-7。

表 15-7 机器折旧成本计算表

名称	加工工时（小时）	产量（件）	作业成本动因	成本动因分配率（元/次）	分配额（元）
			机器小时数（小时）		
A 产品	2	8000	16000	4.1	65600
B 产品	20	200	4000	4.1	16400
合　计			20000	4.1	82000

(5) 成品检验。两种产品的检验过程完全相同，其质量检验费用以检验次数为基础进行分配，其计算过程见表 15-8。

表 15-8 成品检验成本计算表

名称	产量（件）	批量（件/次）	批次（次）	作业成本动因	合计（次）	成本动因分配率（元/次）	分配额（元）
				检查次数（次）			
A 产品	8000	8	1000	2	2000	20	40000
B 产品	200	1	200	1	200	20	4000
合计					2200	20	44000

(6) 设计改良。产品生产工艺的改良作业所占的制造费用按照花费的计算机小时数为基准分配，其计算过程见表 15-9。

表 15-9 设计改良成本计算表

名称	作业成本动因	成本动因分配率（元/次）	分配额（元）
	计算机小时数（小时）		
A 产品	160	57.5	9200
B 产品	240	57.5	13800
合　计	400	57.5	23000

（7）管理工作。管理工作所发生的费用同样以机器小时数为分配基础，其计算过程见表15－10。

表15－10 管理工作成本计算表

名称	加工工时（小时）	产量（件）	作业成本动因	成本动因分配率（元/次）	分配额（元）
			机器小时数（小时）		
A产品	2	8000	16000	4.15	66400
B产品	20	200	4000	4.15	16600
合 计			20000	4.15	83000

第五步，计算产品的单位成本。将各作业成本表汇总之后，就可以计算出每种产品的单位成本，作业成本的汇总表见表15－11和表15－12。

表15－11 作业成本分配汇总表

单位：元

作业项目	A产品	B产品	合计
原料处理	32000	8000	40000
设备调整	20000	4000	24000
动力资源	60800	15200	76000
机器折旧	65600	16400	82000
成品检验	40000	4000	44000
设计改良	9200	13800	23000
管理工作	66400	16600	83000
合计	294000	78000	37200

表15－12 A、B两种产品成本计算汇总表

2016年5月

名称	产量（件）	直接材料（元）	直接人工（元）	制造费用（元）	总成本（元）	单位成本（元/件）
A产品	8000	150000	60000	294000	504000	63
B产品	200	50000	65000	78000	193000	965
合计		200000	125000	372000	697000	

第三节 作业成本法与传统成本法的比较

作业成本法是一种全新的成本计算方法。它与传统成本核算既有区别又有联系。

一、作业成本法与传统成本法的区别

1. 成本核算对象不同

传统产品成本核算对象是产品。作业成本法不仅关注产品的成本，更关注产品成本产生的原因及形成过程。在分层次成本计算过程中，作业成本法以“作业”为中心。

2. 成本计算程序不同

在传统成本核算制度下，制造费用通常是在全厂范围内采用一个分配率进行一次性分配，或者是先将制造费用按生产部门归集，再按各部门的费用分配率进行分配。也就是说，传统的制造费用分配方法满足的只是与生产数量有关的制造费用分配。其成本计算程序见图 15 - 2。与传统成本制度相比，作业成本制度要求首先要确认各部门从事了何种作业，计算每种作业所发生的成本。然后，以这种产品对作业的需求为基础，分析作业成本动因。最后计算出一系列作业成本动因分配率，将归集的成本分配给各种产品。作业成本计算程序见图 15 - 3。

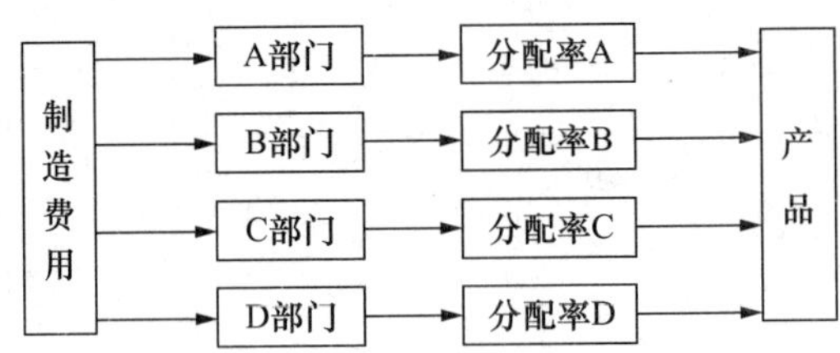

图 15 - 2　传统成本法制造费用分配图

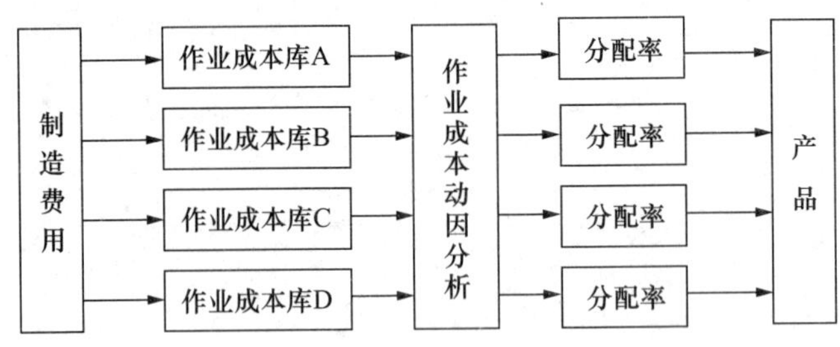

图 15 - 3　作业成本法制造费用分配图

3. 成本核算范围不同

在传统成本核算制度下，成本的核算范围是产品成本。在作业成本制度下，成本核算范围拓宽到了三维成本模式：第一维是产品成本，第二维是作业成本，第三维是动因成本。作业成本法的这三维成本信息，不仅消除了传统成本核算制度扭曲的成本信息缺陷，而且能帮助企业管理层改进作业和经营决策。

4. 费用分配标准不同

在传统成本核算制度下，制造费用是以数量动因为标准分配到产品里，如生产耗费的工时数或产量。作业成本法将成本核算深入到资源、作业层次，通过选择多样化的分配标准分配间接费用，从而使成本的归属性大大提高，并将按人为标准分配间接费用，计算产品成本的比重缩减到最低限度，从而提高了成本信息的准确性。

5. 适应环境不同

传统成本法适用于与传统推进式生产管理系统相结合的手工制造系统和固定自动制造系统的经验环境，它适用于大批量生产和产品品种少、寿命周期长、工艺简单、制造费用较低的企业。作业成本法则适用于适时生产系统与高度自动化制造系统相结合的环境，它适用于小批量、多品种、技术复杂、高度自动化生产、制造费用比重相对较高的现代企业。

二、作业成本法与传统成本法的联系

1. 作业成本是责任成本与传统成本核算的结合

责任成本按内部单位界定费用，处于相对静止状态，传统成本核算是按工艺过程进行归属，处于一种动态。两项内容性质不同，很难结合。在作业成本制度下，作业成本的实质是一种责任成本。准确地说，它是一种动态的责任成本，因为它与生产工艺流程和生产组织形式紧密结合。

2. 作业成本法与传统成本法性质相同

它们的最终目的是计算最终产出成本。在传统成本核算制度下，成本计算的目的是通过各种材料、费用的分配和再分配，最终计算出产品生产成本；在作业成本制度下，发生的间接费用或间接成本先在有关作业间进行分配，并建立成本库，然后再按各产品耗用作业的数量，把作业成本计入产品成本。

本章小结

本章主要介绍了作业成本法的理论概念及其运用。

在作业成本法下，首先要确认有哪些作业，并根据作业对资源的耗费归集各种作业所发生的成本；其次根据产品对作业的需求量，计算出耗费作业的产品成本。

名词与术语

作业成本 作业中心 作业成本库 作业链 价值链 成本动因 成本对象 作业分析

思考题

1. 作业成本法的相关概念有哪些？它们之间有何联系？
2. 作业成本法的核算原理是什么？
3. 作业成本法有何特点？
4. 作业成本法的核算程序如何？
5. 作业成本法与传统成本法有何区别和联系？

自测题

自测题 15－1

【目的】练习作业成本法。

【资料】某模具厂采用作业成本法核算产品成本。该企业某月发生直接材料成本32000元，其中甲产品耗用18000元，乙产品耗用14000元；直接人工成本19000元，其中甲产品应负担11000元，乙产品应负担8000元；制造费用56000元。经分析该企业的作业情况如表15－13所示。

表15－13 模具厂作业情况

作业中心	资源分配（元）	成本动因	作业成本动因量	
			甲产品	乙产品
材料整理	14000	处理材料批次	10	30
质量检验	10000	检验次数	10	15
机器调试	20000	调试次数	80	120
机器使用	12000	机器小时数	20	80

【要求】

（1）计算各作业中心的成本动因分配率。

（2）假定该企业的当月产量为甲产品500件、乙产品400件，期初期末在产品为零，计算这个月的完工产品总成本和完工产品单位成本。

自测题 15－2

【目的】练习作业成本法。

【资料】某厂生产甲、乙两种产品，这两种产品的生产工艺基本相同，甲产品的生产工艺比较简单，而乙产品的生产工艺较复杂。当采用作业成本法计算其成本时所涉及的主要作业有：①原料运输；②设备调整；③动力资源；④机器折旧；⑤成品检验；⑥设计改良；⑦管理工作。作业成本动因见表15－14，本期该厂生产甲产品10000件，生产乙产品2000件。该企业直接材料、直接人工及制造费用资料如表15－15、表15－16所示。

表15－14 作业成本动因

作业项目	作业成本动因
原料运输	材料运输次数
设备调整	调整准备次数
动力资源	机器小时数
机器折旧	机器小时数
成品检验	检验次数
设计改良	计算机小时数
管理工作	机器小时数

表15－15 直接材料和直接人工资料　　单位：元

项目	A产品	B产品	合计
直接材料	155000	25000	180000
直接人工	24500	45500	70000
合计	179500	70500	250000

表15－16 制造费用耗费资料　　单位：元

作业项目	原料运输	设备调整	动力资源	机器折旧	成品检验	设计改良	管理工作	合计
资源耗费	75000	135000	55000	45000	13500	12000	36000	371500

（1）每单位产品加工工时分别为：甲产品5小时、乙产品25小时。

（2）甲产品每批生产5件后，需要对机器设备进行调整和清理；而乙产品为2件。

（3）甲产品每月购进原材料15批，每批原材料运输2次；乙产品每月购进原材料5批，每批原材料运输4次。

（4）生产出的产成品按批次进行检验，其中甲产品每批抽检4件，乙产品每批抽检2件。

（5）计算机辅助系统对生产工艺进行改造和优化，其中用于甲产品的改良计算机小时数为120小时，乙产品的改良耗时为380小时。

【要求】根据以上资料采用作业成本法计算甲、乙两种产品的成本。

第十六章

战略管理会计

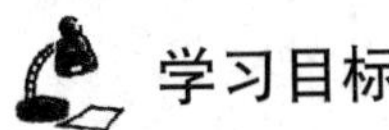

学习目标

1. 理解战略管理的意义。
2. 熟悉战略管理会计的特征和内容。
3. 掌握战略管理会计的主要方法。

☞ 导入案例

永辉超市成立于2004年，于2013年上市之后迎来飞速发展，重心开始转向大卖场，每年新开分店保持在一个稳定状态，大约有20家。

永辉超市的价值链非常短，从整个纵向流程来说只有采购、物流、门店销售这三个环节。从采购和物流上来说，永辉超市采用本地化采购策略。作为生鲜产品，新鲜是其生命线，也是吸引顾客的最大优势。为了达到这一目标，永辉超市提出了农超对接战略，让农民直接配送到门店，同时自建生产基地，从而保证采购成本的最优化，实现采购与物流成本的有效控制，为门店销售打下坚实的基础。在门店方面，几乎全部采用租赁形式，从基础设施到总部行政，严格实行成本控制策略。

生鲜产品非常难做，通常做生鲜的毛利能够达到10%就了不起了，很多超市在这方面是亏钱的。永辉超市通过有效的战略成本控制，突破了传统的毛利壁垒，实现了大卖场生鲜毛利12%的佳绩，可谓是超市生鲜行业最成功的案例。

综观永辉超市的成功，价值链和成本控制的作用不可小觑，战略管理会计的知识在这里发挥了重大作用。随着未来市场的风云变幻，企业的生存与发展越来越离不开这样的战略管理理念，战略管理会计必将成为一种流行，从而逐渐取代传统财务地位，登堂入室就在眼前！

资料来源：http：//www.gaodun.com/cma/815299.html。

第一节　战略管理

一、战略管理的概念

战略管理是1976年由美国学者安索夫（Ansoff）在《从战略计划走向战略管理》一书中首先提出的。其定义为：战略管理是企业为确定其使命，根据组织外部环境和内部条件设定企业的战略目标，为保证目标的正确落实和实现进行谋划，并依靠企业内部能力将这种谋划和决策付诸实施，以及在实施过程中进行控制的一个动态管理过程。现代管理理论对战略管理的主要描述如下：

战略管理的目标是建立企业的战略竞争力。企业能从战略竞争力中获得持久的竞争优势，并转化为超额回报，这种优势是难以被模仿的，即使被模仿，其成本也将是巨大的。

战略管理所面临的最大挑战是环境的变化。这要求企业具有较强的战略灵活性，并体现在战略管理的整个过程中。

战略管理的过程是战略管理的核心。战略管理过程一般包括战略的制定、战略的实施以及战略的评价与控制三个阶段。

在战略投入阶段，企业应平衡“以外部环境为基础”和“以自身资源为基础”这两种战略思想，以获得战略竞争力和超额回报。

在战略行动阶段，战略的形成及其表述与执行、补充不是相互割裂的两部分，而是相互交融、互为促进的。

二、战略管理的步骤

一般而言，企业的战略管理，是从企业外部环境分析入手，确定企业的战略目标、制定战略计划、实施战略、监控和评价战略业绩和必要时进行战略调整。

1. 确定企业当前的宗旨、目标和战略

定义企业的宗旨是为了促使决策者仔细确定公司的产品和服务范围，明确自身的发展方向与指导方针。当然，决策者还必须明确组织的目标以及当前所实施战略的性质，并对其进行全面而客观的评估。

2. SWOT 分析

在企业战略管理过程中，SWOT 分析具有重要作用，所谓 SWOT 分析，就是对企业外部环境中存在的机会与威胁和企业内部能力的优劣势进行综合分析，据此对备选的战略方案做出系统的评价，最终选出最佳的竞争战略。

SWOT 分析中的 S（Strengths）是指企业内部的优势，W（Weaknesses）是指企业内部的劣势，O（Opportunities）是指企业外部环境中的机会，T（Threats）是指企业外部环境中的威胁。

在进行优劣势分析时，一方面，企业要积极开发和利用其自身的特殊技能和资源，以获得生存和发展的竞争力；另一方面，企业也要明确抑制和约束企业目标实现的劣势所在。所以，决策者应结合市场、财务、产品、研究与发展等多方面因素评价组织的优势和劣势。

在分析机会与威胁时，如下因素是关键的：竞争者行为、消费者行为、供应商行为和劳动力供应。而技术进步、经济因素、法律和政治因素以及社会变迁等虽不对企业构成直接威胁，但作为一种长期计划，决策者在制定战略时也必须慎重考虑。分析机会和威胁还必须考虑压力集团、利益集团、债权人、自然资源以及有潜力的竞争领域。

3. 重新评价企业的宗旨和目标

按照SWOT分析的结果识别企业发展方向，决策者应重新评价公司的宗旨和目标。

4. 战略的制定

由于企业所处环境日益复杂多变，战略管理的关键就是要在不断审视企业内外环境变化的前提下，寻求一个能够利用优势，抓住机会，弱化劣势和避免、缓和威胁的战略。决策者根据SWOT分析，明确企业的宗旨，树立企业的目标，选择企业的战略，指定企业的政策，这就是企业战略管理阶段的主要内容。

5. 战略的实施

企业战略确定以后，首先要建立一个战略实施的计划体系，其中包括各种行动方案、预算、程序，目的是将企业战略具体化，使之在时间安排和资源分配上有所保障。然后要根据新战略来调整企业的组织结构、人员安排、领导方式、财务政策、生产管理制度、企业文化等，目的是通过这些战略措施使企业战略的实施更有效果。

6. 评价和控制

对企业战略管理的过程和结果要及时地进行评价，通过评价所得到的信息要及时、准确地反馈到企业战略管理的各个环节上去，以便使企业的决策者进行必要的修正。造成战略实施的进度和结果与原来计划不同的原因是多方面的，当出现偏差时，决策者首先应重新检查或调整战略实施的计划体系或实施措施；其次检查企业的政策、目标和战略是否正确；最后是重新考虑企业的宗旨。如果造成这种偏差的原因是企业内外环境中的关键因素发生了重大的变化，那么整个企业的战略就要重新制定。企业战略管理程序如图16－1所示。

三、战略管理的重要意义

战略管理可以为企业提出明确的发展方向和目标。企业管理者可以运用战略管理的理论和方法，确定企业经营的战略目标和发展方向，制定实施战略目标的战术计划，促使企业在全面了解预期的结果之后，采取准确的战术行动以确保短期业绩和长期战略目标的实现。

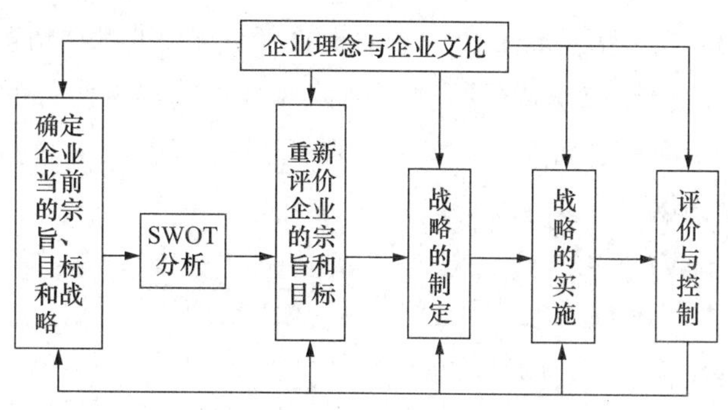

图 16-1　企业战略管理程序

战略管理为企业迎接一切机遇和挑战创造了良好的条件。现代企业面临的外部环境是变化无常的，由于环境的复杂化，任何企业都将采取相应的措施来应对。通过预测未来的环境，避免可能出现的不利影响，因此，对于企业来说，这种变化既给企业带来了生存压力，也同时给企业带来了发展的机遇。战略管理可以将企业的决策过程和外部环境联系起来，使决策更加科学化。

第二节　战略管理会计概述

一、战略管理会计的定义

战略管理会计（Strategic Management Accounting）兴起于 20 世纪 80 年代。该词的首创者是英国著名管理学家西蒙（Simmonds），他在 1981 年将战略管理会计定义为"对关于企业及其竞争者管理会计指标的准备和分析，用来建立和监督企业战略"。与传统会计理论相比，该理论不再从企业内部效率的角度看待利润的增长，而是从企业在其市场的竞争地位这一视角，重新看待这个问题。

战略管理会计是为企业战略管理服务的会计，它运用灵活多样的方法收集、加工、整理与战略管理相关的各种信息，并据此来协助管理层确立战略目标、进行战略规划、评价管理业绩。不同的企业战略所要求的战略管理会计的侧重点也有所不同，因此国际和国内的许多学者及业界人士对战略管理会计的认识也不统一。

二、战略管理会计的特征

与传统会计不同，配合企业战略管理的兴起而形成和发展起来的战略管理会计，是一种具有真正创新意义的新型管理会计，它从战略的高度收集、加工与企业具有战略相关性的顾客和竞争对手的外向型信息，从而对本企业的内部信息进行战略审视，进而据以进行竞争战略的制定和实施，以使企业保持并不断创新其长期竞争优势的决策支持系统。可见，它突破了传统管理会计的局限性，其形成的信息系统构成了企业战略管理的中枢神经系统，贯穿企业管理的始终。其主要特征如下：

1. 战略管理会计重视外部环境，重视市场，将管理会计视角从企业内部扩展到外部环境

从价值链角度来讲，成本动因可能影响价值链各个环节，包括公司外部环节。也就是说，对于某个因素的变化，从传统管理的角度往往很难看出其好处，但它可能在价值链的前端或后端创造价值。传统管理会计只着重服务于本企业内部的管理职能，基本上不涉及顾客和竞争对手的相关信息，因而当企业间的竞争尚处于较低层次的产品营销性竞争阶段，它提供的信息能帮助企业改善经营管理和指导经营决策。但随着现代市场经济体系全球化的迅速发展，企业之间的竞争已从低层次的产品营销性竞争发展到高层次的全球性战略竞争，竞争战略的成功与否成为企业在全球性激烈竞争中生存和发展的关键。

2. 战略管理会计注重整体长期利益

战略管理是制定、实施和评估跨部门决策的循环过程，要从整体上把握其过程，既要合理制定战略目标，又要求企业管理的各个环节密切合作，以保证目标实现。战略管理会计超越单一的时间限制，着眼于企业长期发展和整体利益的最大化，着重从长期竞争地位的变化中把握企业未来的发展方向，这就要求企业加强内部的协调工作，统一内部组织间的目标，避免为了某个成员企业的利益而失去整个集团的利益，以长远的大利取代近期的小利。

3. 战略管理会计的形成与发展提高了企业对管理会计人员的要求

传统管理会计所获得的信息范围狭小，数据处理方法有限，对管理会计人员的素质要求也较低。战略管理会计的形成和发展标志着企业管理会计人员的职能也大大地扩展了，已转变为跨企业的具有广博知识和敏锐洞察力的“管理顾问”，在企业战略决策方案的制定及其贯彻执行过程中，以其高智慧的谋略，为企业提供智力和信息支持，为促进其保持和创新长期的竞争优势服务。

4. 战略管理会计提供更多的非财务信息

传统管理会计侧重的是财务信息，而忽视了非财务信息对企业的影响。在如今激烈的国际竞争环境中，衡量竞争优势的指标除财务指标外，还有大量的非财务指标。战略管理会计克服了传统管理会计的缺点，大量提供诸如质量、需求量、市场占有份额等非财务信息，这为企业洞察先机、改善经营和竞争能力、保持和发展长期的竞争优势创造了有利条件。这样既能适应企业战略管理和决策的需要，也改变了传统会计比较单一的计量手段模式。

5. 战略管理会计改进了企业的业绩评价方法

传统管理会计绩效评价指标只重结果而不重过程，其业绩评价指标比较单一，忽视了

相对竞争指标在业绩评价中的作用。战略性绩效评价是指将评价指标与企业所实施的战略相结合，根据不同的战略采取不同的评价指标，而且战略管理会计的业绩评价贯穿战略管理应用的整个过程，强调业绩评价必须满足管理者的信息需求。

三、战略管理会计的内容

从战略管理会计的发展过程和特点来看，战略管理会计的基本内容是围绕着战略管理而展开的，目前西方国家对该方面的研究主要关注以下四个领域：战略成本分析、目标成本法、产品生命周期成本法和平衡财务与非财务绩效。我国学者对于战略管理会计的论述也很多，但涉及其内容体系的却很少，目前其主要内容包括以下四个方面：

1. 战略成本管理

战略成本管理是在考虑企业竞争地位的同时进行成本管理，使企业更有效地适应持续变化的外部环境，不仅考虑产品生产阶段发生的成本，而且将成本管理扩展到产品研制、生产、售后服务等所有环节。主要包括三方面的内容：

（1）事前的成本决策。大部分的产品成本在其设计阶段就已经决定了，因此加强对开发设计阶段的成本管理对企业生存发展就尤为重要。例如采用目标成本法就能够对企业的未来利润进行战略规划。其做法是首先根据对市场和顾客的调查确定能维护企业竞争地位的待开发产品的生命周期成本，然后企业在这个成本水平上开发和生产能够满足顾客需求的产品，并据以制定合理的市场价格，以实现盈利。这样传统的成本管理向产品的设计开发阶段延展，使企业在事前就能对生产成本进行有效的控制。

（2）事中的成本控制。随着生产自动化的不断发展，成本中的制造费用比例急剧增加，相比之下，直接人工所占的比例却在逐渐减少，这就对传统的分配制造费用的方法提出了挑战，一些新的成本核算方法应运而生。例如作业成本法，它是以作业为中心，而作业的划分是从产品设计开始到原料供应、生产工艺的各个环节、质量检测、组装再到发运销售的整个过程，通过对作业和作业成本的确认与计量，最后计算出相对真实的产品成本。另外，通过对所有产品相关联作业活动的追踪分析，尽可能消除“不增值作业”、改进“增值作业”和“价值链”、增加“顾客价值”，减少生产过程中的浪费和损失，提高计划、决策和控制的科学性和有效性，最终提升企业的盈利能力和市场竞争力，增加企业价值。

（3）产品的使用成本。在现代社会中，特别是对生产耐用消费品的企业来说，必须从顾客的角度来分析和研究使用成本的影响。因为用户的使用成本实际上是生产成本的一种必要补充，是为实现一定量的使用价值而发生的耗用，它直接影响了用户对产品的需求。通常，使用成本的高低能反映出产品的功能或质量的优劣。例如，功能全而且质量好的产品，其使用成本就低，或者其寿命周期就长；反之亦然。因此，在保证产品必要功能的前提下，使其使用成本最低就成为战略管理会计所研究的内容，即研究成本与质量之间的关系，而研究的重点就集中在研究延长产品使用周期、改进产品品质和优化产品功能三个方面上。

2. 以作业为基础的全面预算

预算的编制必须以企业的战略发展目标为基础，根据战略目标所确定的发展规划，以及市场和顾客需求的变化制订销售计划。包括项目预算、业务预算、责任预算和行动预算。对于业务预算和经营预算，应根据企业职能部门的划分确定责任中心，并采用不同的预算编制方法制定不同的预算。对于项目预算，应纳入企业的战略管理体系。任何项目的投产，都必须站在全局的角度考虑，且与主营业务互相支持，使之符合企业的长期发展战略。具体来说，企业可以通过预算的编制控制项目的支出、权限的划分和费用的严格审批加强管理，不同的作业由不同的部门负责，把投资方案分解到每一个环节和岗位，确保责任明确。

3. 人力资源管理

人力资源管理是企业战略管理的重要组成部分。企业的经营必须以人为本，通过激励员工来获取最大的人力资源价值，采用一定的方法来确认和计量人力资源的成本和价值。这里的成本主要包括取得成本、开发成本和离职成本；价值主要包括个人价值、群体价值和整体人员价值。企业采用什么样的方式进行剩余价值分配，对劳动者积极性的提高具有非常重要的影响，从而直接影响企业价值的实现。因此，战略管理会计必须将其纳入核算范畴，使企业能够在充分利用其所拥有的人力资源的基础上，不断增强在市场上的竞争力，取得最大的经济效益。

4. 战略性业绩评价体系

从战略的角度看，业绩评价是连接战略目标和日常经营活动的桥梁。良好的业绩评价体系可以将企业的战略目标具体化，并且有效地指导管理者的决策。战略管理会计将业绩评价贯穿于整个过程中，通过对竞争对手的分析，运用财务和非财务指标，利用战略业绩评价来保持企业长期的竞争优势。其中，财务绩效衡量着眼于收入增长、成本管理和资产使用等，例如净资产收益率、投资报酬率、销售利润率等，对企业的盈利能力、偿债能力和成本因素进行分析。非财务绩效评价主要体现在对顾客、内部经营过程、学习和成长三个方面进行考核。在顾客方面，主要通过调查顾客的满意度和对顾客意见是否及时反馈等各项指标进行考核；内部经营指标则主要侧重于生产经营过程，主要考核指标有产品制造周期、产品设计水平、工艺改造能力等；学习和成长则是确保企业实现其战略目标，在日益激烈的全球竞争中保持可持续发展的基础，其指标主要有员工满意程度、员工知识水平、培训次数和产品开发能力等。

第三节　战略管理会计的主要方法

战略管理会计在其长期的理论研究和实践探索中，形成了许多有别于传统管理会计的全新方法。下面主要介绍价值链分析法、战略成本动因分析法和产品生命周期成本分析法。

一、价值链分析法

1. 价值链的概念

价值链（Value Chain）是由哈佛商学院的波特教授（Michael E. Poter）在1985年所著的《竞争优势》一书中首次提出的，这一概念在此之后的几十年中获得了巨大发展，已经成为研究竞争优势的有效工具。

波特早期提出的价值链被认为是传统意义上的价值链，较偏重于单个企业的观点来分析企业的价值活动，以及企业与供应商、客户可能的连接，从中获得竞争优势，并且每一个企业都是用来进行设计、生产、营销、交货以及对产品起辅助作用的各种活动的集合。所有这些活动都可以用价值链表示出来。随着研究的深入，价值链已经从单个企业扩展到整个价值系统，包含了从最上游的供应商到最下游的终端用户的所有价值活动。

2. 价值链分析

（1）企业内部价值链分析。波特认为企业所创造的价值应以顾客所认定并愿意支付的货币数量来衡量。企业创造的价值产生于一系列的活动之中，而这些活动被称为价值活动。价值链是指企业为客户创造有价值的产品或劳务的一连串相互联系的“价值活动”。这些活动可以分为主要活动和辅助活动两大类。

主要活动又称基本活动，大致可以分为进料后勤、生产作业、发货后勤、市场营销和售后服务五项价值活动。

辅助活动又称支持性活动，大致可以分为采购与物料管理、研究与开发、人力资源管理和企业基础制度四项价值活动。

企业的价值链可以用图16－2来表示，图16－2列示了总价值、价值活动和利润。价值活动是企业所从事的物质上和技术上的界限分明的各项活动，这些活动是企业为顾客所创造的产品价值基石。利润是总价值与从事各种价值活动的总成本之差。需要指出的是，对各项价值活动的主要活动与辅助活动之下的特定活动的区分，会因产业特点与公司战略的不同而有所差异。

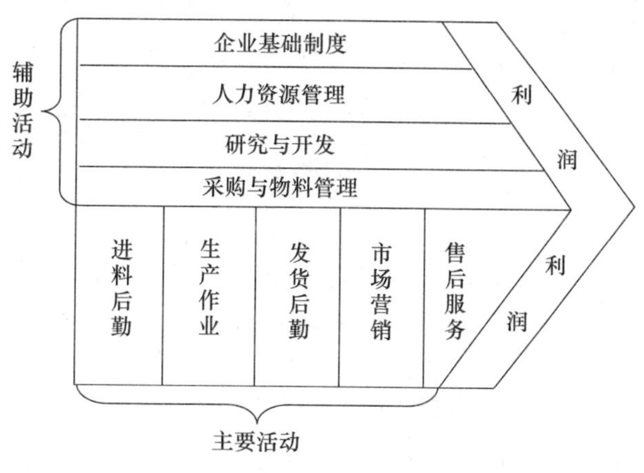

图16－2 企业价值链

（2）产业价值链分析。上面所述的企业价值链只局限于同企业直接相联系的供应者与顾客之间的关系，以便据此改善彼此的价值链，取得协作互利的效果。按照波特的逻辑，每个企业都处在产业链中的某一环节，一个企业要赢得和维持竞争优势不仅取决于其内部价值链，而且还取决于在一个更大的价值系统中，如原材料供应过程中与供应商之间的关系，企业经营过程中内部各单位或部门之间的关系，产品销售过程中与顾客之间的关系等。企业根据这种关系所反映的产业结构的价值链体系，被称为产业价值链。

下面我们通过一个典型的产业价值链实例来作具体说明。图16－3所描绘的是造纸业的价值链①。在图16－3中，造纸产业由许多经营范围各不相同的企业组成；经营范围相同的企业也为数众多。它们之间存在着业务上的关系，也存在相互间的竞争。A企业的生产过程几乎覆盖了整个产业价值链，其经营范围最广，既拥有自己的林场，也进行木材砍伐、纸浆生产，利用纸浆进行造纸，同时也进行纸制品的加工和销售，使产品最终到达用户手中。如果A企业对价值链中的阶段按该阶段市场价格计算收入，进而计算相应资产报酬率，就可以作出自制还是外购的战略决策。相比之下，D企业是一家高度专业化的造纸行业，在整个产业中居于中心地位。因此，企业可以根据不同的战略需要，沿价值链向前或向后进行整合。例如C是产业中的中心企业（造纸）向其上游延伸的企业，包括木材砍伐和纸浆生产；G则是产业中的中心企业向其下游延伸到纸张制品的加工和纸张制品销售的企业；而B、E、F等企业同样可以根据需要，形成独具特色的价值链。也就是说，中心企业的上游企业（包括中心企业本身）应以"产品"为中心，通过技术、组织、管理等方面的不断创新，力求在新工艺、新产品的开拓和现有产品的改进上不断取得突破，使企业不断创造优质的产品，以增强企业的核心竞争力。这样，就能不断扩大销售，牢固树立产品在顾客

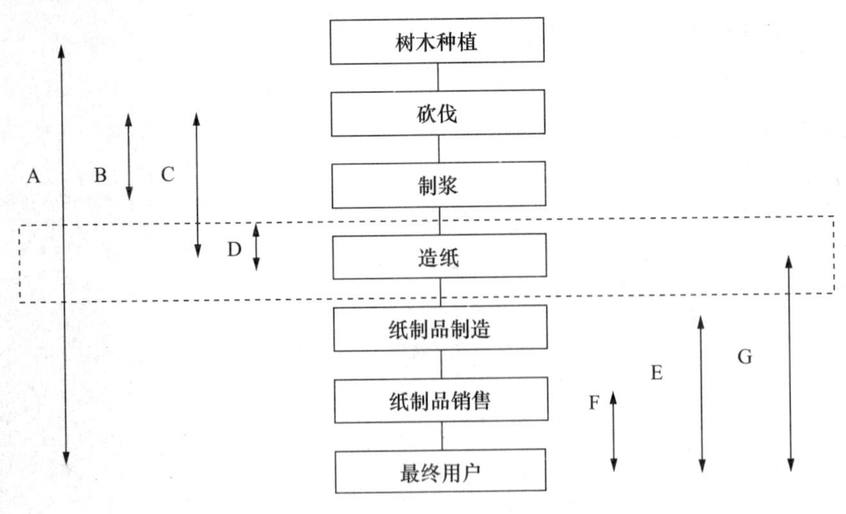

图16－3　造纸业价值链

① Shank，K. John and Vijay Govindarajan，Strategic Cost Management，New York，The Free Press，1993，p. 52.

中的地位，并赢得高于竞争对手的利润，从根本上促进“价值链”的改进与完善。与此同时，企业还应高度重视与相关企业的协作，并慎重地进行自制或外购的战略决策。

（3）竞争对手价值链分析。为了能辨别成本优势与差别化优势的潜在来源，并找到获取竞争优势的具体方法，企业必须分析其主要竞争对手的价值链。在特定产业中往往存在生产同类产品的竞争对手。竞争对手的价值链和本企业价值链在产业价值链中处于平行位置。通过对竞争对手的价值链分析，测算出竞争对手的成本并与之进行比较，根据企业不同的战略，确定扬长避短的策略，争取成本优势。系统分析每一价值活动，了解竞争对手的价值链情况，明确相互间的成本差异及根源，可以从六个方面着手：①在保持价值或收入一定时削减成本；②在保持成本一定时提升价值或收入；③在不降低价值和不提高成本的前提下减少一项价值活动所占用的资产；④寻找不同的方式进行该项价值活动；⑤开发与其他企业的关系；⑥将一组有关联的价值活动进行重新排序和组合。

二、战略成本动因分析法

1. 战略成本动因的概念

成本动因即成本发生和变动的原因与推动力或成本的驱动因素，是作业成本法的核心概念。成本动因可分为两个层次：一是微观层次上的与企业具体生产作业相关的成本动因，即生产经营成本动因；二是战略层次上的成本动因，即战略成本动因。战略成本动因与生产经营成本动因不同，它是从企业整体的、长远的宏观战略高度出发所考虑的成本动因。从战略的角度看，影响企业成本的态势主要来自企业经济结构和企业执行作业程序，因此战略成本动因又可分为结构性成本动因和执行性成本动因两大类。两大类成本动因的划分，为企业改变其成本地位提供了能动的选择，也为企业有效进行成本管理与控制，从战略意义上做出成本决策开辟了思路。

2. 战略成本动因分析

在战略成本管理方式下，成本动因的分析超出了传统成本分析的狭隘范围（企业内部、责任中心）和少量因素（产量、物耗），而代之以更宽广的与战略相结合的方式。战略成本管理所注重的无形的成本动因恰恰是传统成本管理所忽视的。战略成本动因分析站在更高的角度来管理成本，其对成本的影响更深远、更持久，且一经形成就难以改变，因此更应引起企业的注意。下面从结构性成本动因和执行性成本动因两方面进行分析。

（1）结构性成本动因分析。结构性成本动因是指决定企业经济结构的成本动因。它往往发生在生产开始之前，不仅决定了企业的产品成本，而且也会对企业的产品质量、人力资源、财务、生产经营等方面产生极其重要的影响。因此，对结构性成本动因的选择将决定企业的成本态势。结构性成本动因主要包括以下五个方面：

其一，规模。主要指对研究开发、制造、营销等活动投资的规模。规模是一个重要的结构性成本动因，它主要通过规模效应来对企业成本产生影响。当规模较大时可以提高作业效率，使固定成本分摊在较大规模的业务量之上，从而降低单位成本。但当企业规模扩张超过某一临界点时，固定成本的增加会超过业务规模的增加，并且生产复杂性的提高和管理成本的上升也会带来不利影响，最终导致单位成本升高、规模报酬递减以及规模的不经济。

其二，业务范围。它是指企业垂直一体化的程度，与企业价值链的纵向长度有关。企业为了提高竞争优势，可能会使自己所经营的业务范围更广泛、更直接，从企业现在的业务领域出发，向着行业价值链中的两端延伸，直到原材料供应和向顾客销售产品。企业纵向整合可以对成本造成正反两方面的影响。企业应通过成本动因分析对整合进行评价，并做出相应策略。如果整合后的市场体系僵化，破坏了与供应商和顾客的关系，导致成本上升或不利于企业的发展时，就应当降低市场的整合程度或取消整合。

其三，经验。它是一个重要的结构性成本动因，通常指熟练程度的积累，即企业是否有生产该种产品的经验。经验的积累不仅能提高熟练度，提高生产效率，降低人力成本，同时还可节省物耗、减少损失。经验的不断积累能够发挥“经验—成本”曲线的效果，也是形成持久竞争优势的动因。

其四，技术。它是指企业在每一项价值链活动中所采取的技术处理方式。运用现代科学知识不断进行技术创新是企业在日趋激烈的市场竞争中保持竞争优势的重要前提。从成本角度说，借助先进的技术手段对企业的产品设计、生产流程、管理方式等进行改造，可以有效地持续降低成本。

其五，厂址选择。众所周知，厂址选择将会对企业的成本造成重要的影响。企业必须根据自身特点选择合适的厂址，例如资源密集型企业的厂址远离原料产地，企业的运输成本必然增加。在这种条件下，难以形成企业的竞争优势，并且厂址一旦选定，许多成本便成了沉没成本，难以降低也无法改变。因此，厂址选择也是一项重要的结构性成本动因，在企业进行战略决策时必须给予足够重视。

由此可见，结构性成本动因可以归结为一个“选择”的问题。这种选择决定了企业的“成本定位”，在取舍与权衡之中也决定了企业的产品或特定产品群体的可接受成本额的高低及其分布。因此，结构性成本动因分析应该从工业组织的视角来确定成本定位，其属性无疑是企业在其基础经济结构层面的战略性选择。结构性成本动因分析所要求的战略性选择针对的是怎样才是“最优”的问题。选择当然意味着配置的优化，在配置优化上加大投入力度，但是“多”并不能直接引致成本业绩的“好”，因为投入与绩效不具有关联性。成本管理应立足于适当、合理的投入配置，而不是一味追求大的投入。

（2）执行性成本动因分析。执行性成本动因是指与企业执行作业程序相关的成本驱动因素，它是在结构性成本动因决定之后才存在的。这类成本动因多属非量化的成本动因，对成本的影响因企业而异。这些动因若能执行成功，则能降低成本，反之则会使成本升高。执行性成本动因反映出一个企业的业务和管理决策如何运用资源有效地达到企业的战略目标，从而确立其竞争优势。执行性成本动因主要包括以下四个方面：

其一，员工参与。人是执行各项作业活动的主体，企业的各项价值活动都要分摊成本，因此，人的思想和行为是企业成本降低改善的重要因素，在战略成本管理中起着至关重要的作用。员工参与的多少及责任感对企业成本管理的影响是显而易见的，如果企业全体员工都具备节约成本的思想，并以降低成本为己任，那么企业的成本管理效果会见效。反之，企业的成本管理则会彻底失去意义，变成无源之水。因此，在战略成本管理过程中应强调全员参与，通过建立各种激励制度，培养员工的荣辱感和归属感，在建立企业文化的同时培育企业的成本文化。

其二，全面质量管理。质量与成本密切相关，质量与成本的优化是实现质量成本最佳，产品质量最优这一管理宗旨的内在要求。全面质量管理的宗旨是以最低的质量成本获得最优的产品质量，并且最低的质量成本可以在缺点为零时达到。因为对错误纠正的成本是递减的，所以总成本会保持下降的趋势，直至最后的差错被消除，故全面质量管理的改进能够降低成本。这项成本动因要求企业大力推行全面质量管理，树立强烈的质量意识，从企业产品的设计、生产及销售等过程的各阶段着手来提高产品质量，降低产品成本，真正做到优质高效。

其三，生产能力利用。在企业规模既定的前提下，生产能力的利用程度是影响企业成本的一个重要动因。生产能力利用主要通过固定成本影响企业的成本水平，由于固定成本在相关的范围内不随产量的增加而改变，当企业的生产能力利用率提高时，单位产品所分担的固定成本减少，从而引起企业单位成本的降低。因此，寻求建立能够使企业充分利用其生产能力的经营模式，将会给企业带来成本竞争优势。

其四，联系。所谓联系，是指各种价值活动之间彼此相互关联。可分为两类：一类是企业内部联系，企业内部各种价值活动之间的联系遍布整个价值链，针对相互联系的活动，企业可以采取协调和最优化两种策略来提高效率或降低成本；另一类是企业与上游供应商以及下游顾客间的价值链关系，如供应商供料的频率和及时性会影响企业的库存、销售渠道推销或促销活动，可能会降低企业的销售成本。企业的所有价值活动都会互相产生影响，如果能够确保各企业以一种协调合作的方式开展生产，将会为总成本的降低创造机会。

执行性成本动因分析是在已有所选择的前提下试图进行功能强化，更确切地说，其属性应该定位为针对业绩目标的成本态势的战略性强化。执行性成本动因分析所要求的战略性强化则针对“最佳”的效果目标，强化意味着实施制度上的完善，在为完善制度及改善制度运作效率上加大投入力度，这里的“多”必然能带动成本业绩的“好”，也就是说投入与绩效是相关联的。

综上所述，结构性成本动因分析是解决配置优化问题的基础，而执行性成本动因分析则是解决绩效提高问题的实施与持续，两者相互连贯配合。一方面，倘若配置优化问题处理不当，那么针对绩效的持续执行就会出现方向性的错误，也是对企业资源的一种浪费；另一方面，即使结构的优化配置是基本合理的，但如果缺乏强有力的执行性投入，那么再完美的资源配置目标和方案也只是海市蜃楼。

三、产品生命周期成本分析法

生命周期成本分析被认为是一种评价、控制和降低成本的工具，用于比产品开发更广泛的领域，最初其分析主体是社会生产活动中任意形式的商品，之后随着企业管理理念的转变，生命周期成本分析扩大到商品在生命周期内的组织和管理以及生产和使用的实现等方面。它已成为一种协助企业管理活动的工具，被更广泛地用于各种规模的企业。

1. 产品生命周期成本分析的概念

产品生命周期成本被定义为一种产品直接或间接的经济资源消耗的总和。产品生命周期主要包括设计与开发阶段、生产阶段、使用阶段和报废阶段。从图 16－4 可以总结出以下三点。第一，在生命周期成本控制中，设计选择的有效性在产品开发的初级阶段是最大的，并且随着设计进程的发展而逐渐降低。通常认为，一件产品 85% 的成本在其设计阶段就已经被决定了，因此，在产品的设计阶段评估与控制成本的重要性，现在被认为是开发有效产品不可或缺的因素。第二，改变方案的可能性在设计的初期阶段是非常高的，并且随着设计方案的实施，其改变的可能性将显著降低。需要注意的是，图 16－4 中知识曲线比确定生命周期曲线的进度要晚一段时间，这是因为只有在设计阶段结束后才能获得足够的开发成果信息以及有关产品设计方面出现的问题，并制定相应的对策。第三，实际成本发生曲线的趋势根据企业的不同规模略有差别。具体来说，大规模生产企业（总成本非常高、使用寿命较长的耐用品）的成本主要发生在产品设计和生产阶段，而中等规模生产企业（总成本低、使用寿命短的日常用品）的成本都集中在使用（运行和维护）和报废阶段。

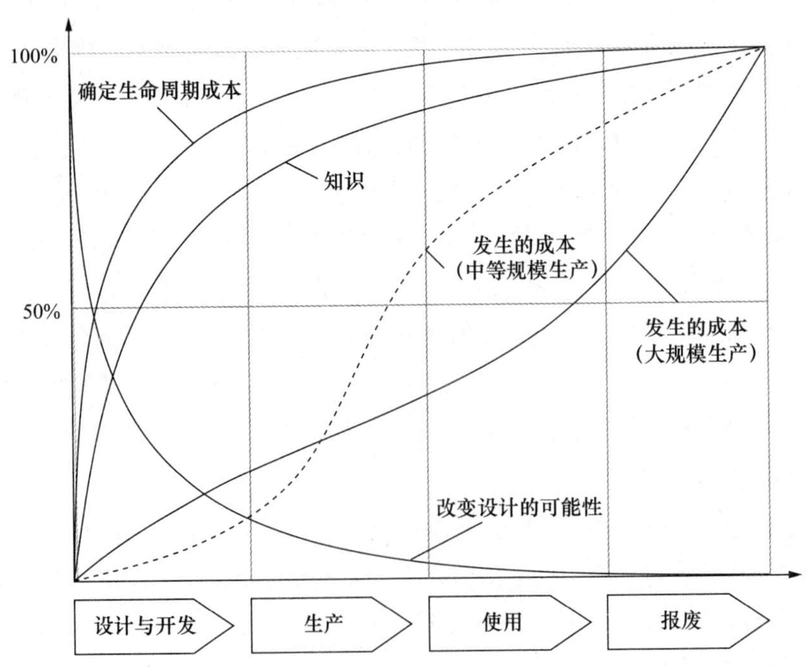

图 16－4　产品生命周期成本曲线

2. 产品生命周期成本分析

最初的生产周期成本分析主要使用在军事领域，其优势是能简单而快速地做出判断，但随着该方法不断被引用到经济领域，也发展出一些新的分析框架。如图 16－5 所示为产品生命周期分析的一般框架，主要由四个阶段组成。

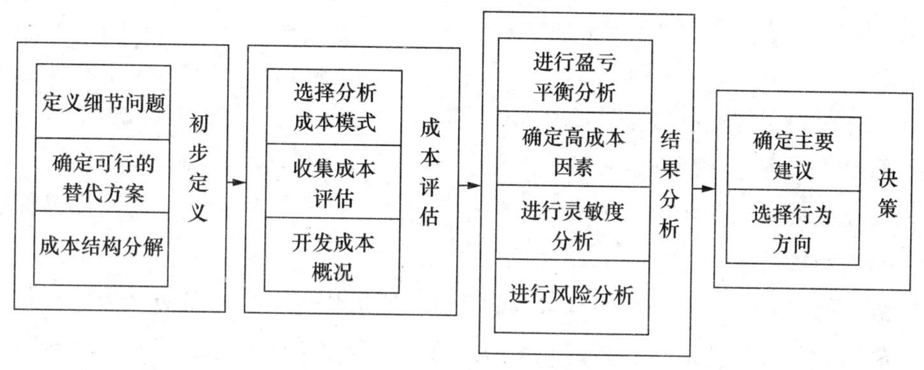

图 16－5　生命周期成本分析框架

（1）初步定义。主要包括定义生命周期成本分析的细节问题、确定可行的替代方案和成本结构分解三部分。首先，细节的定义对于正确的结构分析是非常必要的，企业的项目分析需要一个清晰的定义，例如方案中涉及的替代技术、运行和使用情况、维护与保养策略和不同生产方法等。其次，确定可行的替代方案。在保证企业按照主要的行动方案执行的同时，还必须预测可能的替代方案对整个生命周期造成的影响。最后，在确定替代方案及其相关活动之后，就应将其成本进行分解，分解必须与生命周期活动的流程和阶段相联系，区分不同类型的成本。

（2）成本评估。当企业根据被分解的各阶段成本选择相应的成本管理模式，并对整体概况进行考察之后，就应该选择具体的成本核算方法进行评估，这也是整个流程中最关键的一步，成本评估必须严格按照成本分解结构进行，并充分利用各种不同类型的评估方法。通过量化整个生命周期中替代方案所带来的影响，综合考虑各种方案整体开发成本概况。

（3）结果分析。成本评估阶段的结果必须用不同的方法进行评估，而第三阶段是收集评估的结果，并利用盈亏平衡分析、灵敏度分析和风险分析确定影响效果最显著的因素，即高成本因素。首先，以盈亏平衡分析可以比较不同时间不同替代方案的效果，并且在成本预测的基础上判断出较好的替代方案。高成本因素的确定，可以对每个替代方案进行客观评价，为企业提供改进的目标，以改善整体绩效。其次，在分析阶段还必须注意这些数据的有效性和可靠性。最后，风险分析能够确定和控制项目潜在的风险。需要注意的是，虽然结果分析能寻找到某些危险因素的来源，但却很难完全消除，因为它不可能完全消除方案中潜在的危机。

（4）决策。它是生命周期成本分析的最后阶段，即选择最佳的替代方案，并确定主要的行动目标和改进意见。

本章小结

本章主要介绍了战略管理会计的基本内容。

战略管理可以为企业管理者确定企业经营的战略目标和发展方向，并制定实施战略目标的战术计划，促使企业在全面了解预期的结果之后，采取准确的战术行动以确保短期业绩和长期战略目标的实现。

战略管理会计是为企业战略管理服务的会计，它运用灵活多样的方法收集、加工、整理与战略管理相关的各种信息，并据此来协助管理层确立战略目标、进行战略规划、评价管理业绩。战略管理会计的内容应包括六个方面：战略规划、战略决策、战略成本管理、全面预算、人力资源管理、战略性业绩评价。战略管理会计在其长期的理论研究和实践探索中形成了许多有别于传统管理会计的全新方法。主要有价值链分析法、战略成本动因分析法和产品生命周期成本分析法。

名词与术语

战略管理　战略管理会计　战略规划　战略决策　战略成本管理　价值链　企业内部价值链　产业价值链　价值链分析法　战略成本动因分析法　产品生命周期成本　产品生命周期成本分析法

思考题

1. 什么是战略管理？怎么理解其在现代企业管理中的地位？
2. 什么是战略管理会计？战略管理会计有何特点？
3. 战略管理会计的主要内容有哪些？
4. 什么是价值链？如何进行价值链分析？
5. 什么是战略成本动因分析？
6. 简述产品生命周期成本分析框架的构成。

附录　货币时间价值系数表

附表1　复利终值系数表

n	1%	2%	3%	4%	5%	6%	7%	8%	9%	10%	11%	12%	13%	14%	15%
1	1.0100	1.0200	1.0300	1.0400	1.0500	1.0600	1.0700	1.0800	1.0900	1.1000	1.1100	1.1200	1.1300	1.1400	1.1500
2	1.0201	1.0404	1.0609	1.0816	1.1025	1.1236	1.1449	1.1664	1.1881	1.2100	1.2321	1.2544	1.2769	1.2996	1.3225
3	1.0303	1.0612	1.0927	1.1249	1.1576	1.1910	1.2250	1.2597	1.2950	1.3310	1.3676	1.4049	1.4429	1.4815	1.5209
4	1.0406	1.0824	1.1255	1.1699	1.2155	1.2625	1.3108	1.3605	1.4116	1.4641	1.5181	1.5735	1.6305	1.6890	1.7490
5	1.0510	1.1041	1.1593	1.2167	1.2763	1.3382	1.4026	1.4693	1.5386	1.6105	1.6851	1.7623	1.8424	1.9254	2.0114
6	1.0615	1.1262	1.1941	1.2653	1.3401	1.4185	1.5007	1.5869	1.6771	1.7716	1.8704	1.9738	2.0820	2.1950	2.3131
7	1.0721	1.1487	1.2299	1.3159	1.4071	1.5036	1.6058	1.7138	1.8280	1.9487	2.0762	2.2107	2.3526	2.5023	2.6600
8	1.0829	1.1717	1.2668	1.3686	1.4775	1.5938	1.7182	1.8509	1.9926	2.1436	2.3045	2.4760	2.6584	2.8526	3.0590
9	1.0937	1.1951	1.3048	1.4233	1.5513	1.6895	1.8385	1.9990	2.1719	2.3579	2.5580	2.7731	3.0040	3.2519	3.5179
10	1.1046	1.2190	1.3439	1.4802	1.6289	1.7908	1.9672	2.1589	2.3674	2.5937	2.8394	3.1058	3.3946	3.7072	4.0456
11	1.1157	1.2434	1.3842	1.5395	1.7103	1.8983	2.1049	2.3316	2.5804	2.8531	3.1518	3.4786	3.8359	4.2262	4.6524
12	1.1268	1.2682	1.4258	1.6010	1.7959	2.0122	2.2522	2.5182	2.8127	3.1384	3.4985	3.8960	4.3345	4.8179	5.3503
13	1.1381	1.2936	1.4685	1.6651	1.8856	2.1329	2.4098	2.7196	3.0658	3.4523	3.8833	4.3635	4.8980	5.4924	6.1528
14	1.1495	1.3195	1.5126	1.7317	1.9799	2.2609	2.5785	2.9372	3.3417	3.7975	4.3104	4.8871	5.5348	6.2613	7.0757
15	1.1610	1.3459	1.5580	1.8009	2.0789	2.3966	2.7590	3.1722	3.6425	4.1772	4.7846	5.4736	6.2543	7.1379	8.1371
16	1.1726	1.3728	1.6047	1.8730	2.1829	2.5404	2.9522	3.4259	3.9703	4.5950	5.3109	6.1304	7.0673	8.1372	9.3576
17	1.1843	1.4002	1.6528	1.9479	2.2920	2.6928	3.1588	3.7000	4.3276	5.0545	5.8951	6.8660	7.9861	9.2765	10.7613
18	1.1961	1.4282	1.7024	2.0258	2.4066	2.8543	3.3799	3.9960	4.7171	5.5599	6.5436	7.6900	9.0243	10.5752	12.3755
19	1.2081	1.4568	1.7535	2.1068	2.5270	3.0256	3.6165	4.3157	5.1417	6.1159	7.2633	8.6128	10.1974	12.0557	14.2318
20	1.2202	1.4859	1.8061	2.1911	2.6533	3.2071	3.8697	4.6610	5.6044	6.7275	8.0623	9.6463	11.5231	13.7435	16.3665
21	1.2324	1.5157	1.8603	2.2788	2.7860	3.3996	4.1406	5.0338	6.1088	7.4002	8.9492	10.8038	13.0211	15.6676	18.8215
22	1.2447	1.5460	1.9161	2.3699	2.9253	3.6035	4.4304	5.4365	6.6586	8.1403	9.9336	12.1003	14.7138	17.8610	21.6447
23	1.2572	1.5769	1.9736	2.4647	3.0715	3.8197	4.7405	5.8715	7.2579	8.9543	11.0263	13.5523	16.6266	20.3616	24.8915
24	1.2697	1.6084	2.0328	2.5633	3.2251	4.0489	5.0724	6.3412	7.9111	9.8497	12.2392	15.1786	18.7881	23.2122	28.6252
25	1.2824	1.6406	2.0938	2.6658	3.3864	4.2919	5.4274	6.8485	8.6231	10.8347	13.5855	17.0001	21.2305	26.4619	32.9190
26	1.2953	1.6734	2.1566	2.7725	3.5557	4.5494	5.8074	7.3964	9.3992	11.9182	15.0799	19.0401	23.9905	30.1666	37.8568
27	1.3082	1.7069	2.2213	2.8834	3.7335	4.8223	6.2139	7.9881	10.2451	13.1100	16.7387	21.3249	27.1093	34.3899	43.5353
28	1.3213	1.7410	2.2879	2.9987	3.9201	5.1117	6.6488	8.6271	11.1671	14.4210	18.5799	23.8839	30.6335	39.2045	50.0656
29	1.3345	1.7758	2.3566	3.1187	4.1161	5.4184	7.1143	9.3173	12.1722	15.8631	20.6237	26.7499	34.6158	44.6931	57.5755
30	1.3478	1.8114	2.4273	3.2434	4.3219	5.7435	7.6123	10.0627	13.2677	17.4494	22.8923	29.9599	39.1159	50.9502	66.2118

续表

n	16%	17%	18%	19%	20%	21%	22%	23%	24%	25%	26%	27%	28%	29%	30%
1	1.1600	1.1700	1.1800	1.1900	1.2000	1.2100	1.2200	1.2300	1.2400	1.2500	1.2600	1.2700	1.2800	1.2900	1.3000
2	1.3456	1.3689	1.3924	1.4161	1.4400	1.4641	1.4884	1.5129	1.5376	1.5625	1.5876	1.6129	1.6384	1.6641	1.6900
3	1.5609	1.6016	1.6430	1.6852	1.7280	1.7716	1.8158	1.8609	1.9066	1.9531	2.0004	2.0484	2.0972	2.1467	2.1970
4	1.8106	1.8739	1.9388	2.0053	2.0736	2.1436	2.2153	2.2889	2.3642	2.4414	2.5205	2.6014	2.6844	2.7692	2.8561
5	2.1003	2.1924	2.2878	2.3864	2.4883	2.5937	2.7027	2.8153	2.9316	3.0518	3.1758	3.3038	3.4360	3.5723	3.7129
6	2.4364	2.5652	2.6996	2.8398	2.9860	3.1384	3.2973	3.4628	3.6352	3.8147	4.0015	4.1959	4.3980	4.6083	4.8268
7	2.8262	3.0012	3.1855	3.3793	3.5832	3.7975	4.0227	4.2593	4.5077	4.7684	5.0419	5.3288	5.6295	5.9447	6.2749
8	3.2784	3.5115	3.7589	4.0214	4.2998	4.5950	4.9077	5.2389	5.5895	5.9605	6.3528	6.7675	7.2058	7.6686	8.1573
9	3.8030	4.1084	4.4355	4.7854	5.1598	5.5599	5.9874	6.4439	6.9310	7.4506	8.0045	8.5948	9.2234	9.8925	10.6045
10	4.4114	4.8068	5.2338	5.6947	6.1917	6.7275	7.3046	7.9259	8.5944	9.3132	10.0857	10.9153	11.8059	12.7614	13.7858
11	5.1173	5.6240	6.1759	6.7767	7.4301	8.1403	8.9117	9.7489	10.6571	11.6415	12.7080	13.8625	15.1116	16.4622	17.9216
12	5.9360	6.5801	7.2876	8.0642	8.9161	9.8497	10.8722	11.9912	13.2148	14.5519	16.0120	17.6053	19.3428	21.2362	23.2981
13	6.8858	7.6987	8.5994	9.5964	10.6993	11.9182	13.2641	14.7491	16.3863	18.1899	20.1752	22.3588	24.7588	27.3947	30.2875
14	7.9875	9.0075	10.1472	11.4198	12.8392	14.4210	16.1822	18.1414	20.3191	22.7374	25.4207	28.3957	31.6913	35.3391	39.3738
15	9.2655	10.5387	11.9737	13.5895	15.4070	17.4494	19.7423	22.3140	25.1956	28.4217	32.0301	36.0625	40.5648	45.5875	51.1859
16	10.7480	12.3303	14.1290	16.1715	18.4884	21.1138	24.0856	27.4462	31.2426	35.5271	40.3579	45.7994	51.9230	58.8079	66.5417
17	12.4677	14.4265	16.6722	19.2441	22.1861	25.5477	29.3844	33.7588	38.7408	44.4089	50.8510	58.1652	66.4614	75.8621	86.5042
18	14.4625	16.8790	19.6733	22.9005	26.6233	30.9127	35.8490	41.5233	48.0386	55.5112	64.0722	73.8698	85.0706	97.8622	112.4554
19	16.7765	19.7484	23.2144	27.2516	31.9480	37.4043	43.7358	51.0737	59.5679	69.3889	80.7310	93.8147	108.8904	126.2422	146.1920
20	19.4608	23.1056	27.3930	32.4294	38.3376	45.2593	53.3576	62.8206	73.8641	86.7362	101.7211	119.1446	139.3797	162.8524	190.0496
21	22.5745	27.0336	32.3238	38.5910	46.0051	54.7637	65.0963	77.2694	91.5915	108.4202	128.1685	151.3137	178.4060	210.0796	247.0645
22	26.1864	31.6293	38.1421	45.9233	55.2061	66.2641	79.4175	95.0413	113.5735	135.5253	161.4924	192.1683	228.3596	271.0027	321.1839
23	30.3762	37.0062	45.0076	54.6487	66.2474	80.1795	96.8894	116.9008	140.8312	169.4066	203.4804	244.0538	292.3003	349.5935	417.5391
24	35.2364	43.2973	53.1090	65.0320	79.4968	97.0172	118.2050	143.7880	174.6306	211.7582	256.3853	309.9483	374.1444	450.9756	542.8008
25	40.8742	50.6578	62.6686	77.3881	95.3962	117.3909	144.2101	176.8593	216.5420	264.6978	323.0454	393.6344	478.9049	581.7585	705.6410
26	47.4141	59.2697	73.9490	92.0918	114.4755	142.0429	175.9364	217.5369	268.5121	330.8722	407.0373	499.9157	612.9982	750.4685	917.3333
27	55.0004	69.3455	87.2598	109.5893	137.3706	171.8719	214.6424	267.5704	332.9550	413.5903	512.8670	634.8929	784.6377	968.1044	1192.5333
28	63.8004	81.1342	102.9666	130.4112	164.8447	207.9651	261.8637	329.1115	412.8642	516.9879	646.2124	806.3140	1004.3363	1248.8546	1550.2933
29	74.0085	94.9271	121.5005	155.1893	197.8136	251.6377	319.4737	404.8072	511.9516	646.2349	814.2276	1024.0187	1285.5504	1611.0225	2015.3813
30	85.8499	111.0647	143.3706	184.6753	237.3763	304.4816	389.7579	497.9129	634.8199	807.7936	1025.9267	1300.5038	1645.5046	2078.2190	2619.9956

附表 2 复利现值系数表

n	1%	2%	3%	4%	5%	6%	7%	8%	9%	10%	11%	12%	13%	14%	15%
1	0.9901	0.9804	0.9709	0.9615	0.9524	0.9434	0.9346	0.9259	0.9174	0.9091	0.9009	0.8929	0.885	0.8772	0.8696
2	0.9803	0.9612	0.9426	0.9246	0.907	0.89	0.8734	0.8573	0.8417	0.8264	0.8116	0.7972	0.7831	0.7695	0.7561
3	0.9706	0.9423	0.9151	0.889	0.8638	0.8396	0.8163	0.7938	0.7722	0.7513	0.7312	0.7118	0.6931	0.675	0.6575
4	0.9610	0.9238	0.8885	0.8548	0.8227	0.7921	0.7629	0.735	0.7084	0.683	0.6587	0.6355	0.6133	0.5921	0.5718
5	0.9515	0.9057	0.8626	0.8219	0.7835	0.7473	0.713	0.6806	0.6499	0.6209	0.5935	0.5674	0.5428	0.5194	0.4972
6	0.9420	0.8880	0.8375	0.7903	0.7462	0.7050	0.6663	0.6302	0.5963	0.5645	0.5346	0.5066	0.4803	0.4556	0.4323
7	0.9327	0.8706	0.8131	0.7599	0.7107	0.6651	0.6227	0.5835	0.5470	0.5132	0.4817	0.4523	0.4251	0.3996	0.3759
8	0.9235	0.8535	0.7894	0.7307	0.6768	0.6274	0.5820	0.5403	0.5019	0.4665	0.4339	0.4039	0.3762	0.3506	0.3269
9	0.9143	0.8368	0.7664	0.7026	0.6446	0.5919	0.5439	0.5002	0.4604	0.4241	0.3909	0.3606	0.3329	0.3075	0.2843
10	0.9053	0.8203	0.7441	0.6756	0.6139	0.5584	0.5083	0.4632	0.4224	0.3855	0.3522	0.3220	0.2946	0.2697	0.2472
11	0.8963	0.8043	0.7224	0.6496	0.5847	0.5268	0.4751	0.4289	0.3875	0.3505	0.3173	0.2875	0.2607	0.2366	0.2149
12	0.8874	0.7885	0.7014	0.6246	0.5568	0.4970	0.4440	0.3971	0.3555	0.3186	0.2858	0.2567	0.2307	0.2076	0.1869
13	0.8787	0.7730	0.6810	0.6006	0.5303	0.4688	0.4150	0.3677	0.3262	0.2897	0.2575	0.2292	0.2042	0.1821	0.1625
14	0.8700	0.7579	0.6611	0.5775	0.5051	0.4423	0.3878	0.3405	0.2992	0.2633	0.2320	0.2046	0.1807	0.1597	0.1413
15	0.8613	0.7430	0.6419	0.5553	0.4810	0.4173	0.3624	0.3152	0.2745	0.2394	0.2090	0.1827	0.1599	0.1401	0.1229
16	0.8528	0.7284	0.6232	0.5339	0.4581	0.3936	0.3387	0.2919	0.2519	0.2176	0.1883	0.1631	0.1415	0.1229	0.1069
17	0.8444	0.7142	0.6050	0.5134	0.4363	0.3714	0.3166	0.2703	0.2311	0.1978	0.1696	0.1456	0.1252	0.1078	0.0929
18	0.8360	0.7002	0.5874	0.4936	0.4155	0.3503	0.2959	0.2502	0.2120	0.1799	0.1528	0.1300	0.1108	0.0946	0.0808
19	0.8277	0.6864	0.5703	0.4746	0.3957	0.3305	0.2765	0.2317	0.1945	0.1635	0.1377	0.1161	0.0981	0.0829	0.0703
20	0.8195	0.6730	0.5537	0.4564	0.3769	0.3118	0.2584	0.2145	0.1784	0.1486	0.1240	0.1037	0.0868	0.0728	0.0611
21	0.8114	0.6598	0.5375	0.4388	0.3589	0.2942	0.2415	0.1987	0.1637	0.1351	0.1117	0.0926	0.0768	0.0638	0.0531
22	0.8034	0.6468	0.5219	0.4220	0.3418	0.2775	0.2257	0.1839	0.1502	0.1228	0.1007	0.0826	0.0680	0.0560	0.0462
23	0.7954	0.6342	0.5067	0.4057	0.3256	0.2618	0.2109	0.1703	0.1378	0.1117	0.0907	0.0738	0.0601	0.0491	0.0402
24	0.7876	0.6217	0.4919	0.3901	0.3101	0.2470	0.1971	0.1577	0.1264	0.1015	0.0817	0.0659	0.0532	0.0431	0.0349
25	0.7798	0.6095	0.4776	0.3751	0.2953	0.2330	0.1842	0.1460	0.1160	0.0923	0.0736	0.0588	0.0471	0.0378	0.0304
26	0.7720	0.5976	0.4637	0.3607	0.2812	0.2198	0.1722	0.1352	0.1064	0.0839	0.0663	0.0525	0.0417	0.0331	0.0264
27	0.7644	0.5859	0.4502	0.3468	0.2678	0.2074	0.1609	0.1252	0.0976	0.0763	0.0597	0.0469	0.0369	0.0291	0.0230
28	0.7568	0.5744	0.4371	0.3335	0.2551	0.1956	0.1504	0.1159	0.0895	0.0693	0.0538	0.0419	0.0326	0.0255	0.0200
29	0.7493	0.5631	0.4243	0.3207	0.2429	0.1846	0.1406	0.1073	0.0822	0.0630	0.0485	0.0374	0.0289	0.0224	0.0174
30	0.7419	0.5521	0.4120	0.3083	0.2314	0.1741	0.1314	0.0994	0.0754	0.0573	0.0437	0.0334	0.0256	0.0196	0.0151

续表

n	16%	17%	18%	19%	20%	21%	22%	23%	24%	25%	26%	27%	28%	29%	30%
1	0.8621	0.8547	0.8475	0.8403	0.8333	0.8264	0.8197	0.813	0.8065	0.8	0.7937	0.7874	0.7813	0.7752	0.7692
2	0.7432	0.7305	0.7182	0.7062	0.6944	0.683	0.6719	0.661	0.6504	0.64	0.6299	0.62	0.6104	0.6009	0.5917
3	0.6407	0.6244	0.6086	0.5934	0.5787	0.5645	0.5507	0.5374	0.5245	0.512	0.4999	0.4882	0.4768	0.4658	0.4552
4	0.5523	0.5337	0.5158	0.4987	0.4823	0.4665	0.4514	0.4369	0.423	0.4096	0.3968	0.3844	0.3725	0.3611	0.3501
5	0.4761	0.4561	0.4371	0.419	0.4019	0.3855	0.37	0.3552	0.3411	0.3277	0.3149	0.3027	0.291	0.2799	0.2693
6	0.4104	0.3898	0.3704	0.3521	0.3349	0.3186	0.3033	0.2888	0.2751	0.2621	0.2499	0.2383	0.2274	0.2170	0.2072
7	0.3538	0.3332	0.3139	0.2959	0.2791	0.2633	0.2486	0.2348	0.2218	0.2097	0.1983	0.1877	0.1776	0.1682	0.1594
8	0.3050	0.2848	0.2660	0.2487	0.2326	0.2176	0.2038	0.1909	0.1789	0.1678	0.1574	0.1478	0.1388	0.1304	0.1226
9	0.2630	0.2434	0.2255	0.2090	0.1938	0.1799	0.1670	0.1552	0.1443	0.1342	0.1249	0.1164	0.1084	0.1011	0.0943
10	0.2267	0.2080	0.1911	0.1756	0.1615	0.1486	0.1369	0.1262	0.1164	0.1074	0.0992	0.0916	0.0847	0.0784	0.0725
11	0.1954	0.1778	0.1619	0.1476	0.1346	0.1228	0.1122	0.1026	0.0938	0.0859	0.0787	0.0721	0.0662	0.0607	0.0558
12	0.1685	0.1520	0.1372	0.1240	0.1122	0.1015	0.0920	0.0834	0.0757	0.0687	0.0625	0.0568	0.0517	0.0471	0.0429
13	0.1452	0.1299	0.1163	0.1042	0.0935	0.0839	0.0754	0.0678	0.0610	0.0550	0.0496	0.0447	0.0404	0.0365	0.0330
14	0.1252	0.1110	0.0985	0.0876	0.0779	0.0693	0.0618	0.0551	0.0492	0.0440	0.0393	0.0352	0.0316	0.0283	0.0254
15	0.1079	0.0949	0.0835	0.0736	0.0649	0.0573	0.0507	0.0448	0.0397	0.0352	0.0312	0.0277	0.0247	0.0219	0.0195
16	0.0930	0.0811	0.0708	0.0618	0.0541	0.0474	0.0415	0.0364	0.0320	0.0281	0.0248	0.0218	0.0193	0.0170	0.0150
17	0.0802	0.0693	0.0600	0.0520	0.0451	0.0391	0.0340	0.0296	0.0258	0.0225	0.0197	0.0172	0.0150	0.0132	0.0116
18	0.0691	0.0592	0.0508	0.0437	0.0376	0.0323	0.0279	0.0241	0.0208	0.0180	0.0156	0.0135	0.0118	0.0102	0.0089
19	0.0596	0.0506	0.0431	0.0367	0.0313	0.0267	0.0229	0.0196	0.0168	0.0144	0.0124	0.0107	0.0092	0.0079	0.0068
20	0.0514	0.0433	0.0365	0.0308	0.0261	0.0221	0.0187	0.0159	0.0135	0.0115	0.0098	0.0084	0.0072	0.0061	0.0053
21	0.0443	0.0370	0.0309	0.0259	0.0217	0.0183	0.0154	0.0129	0.0109	0.0092	0.0078	0.0066	0.0056	0.0048	0.0040
22	0.0382	0.0316	0.0262	0.0218	0.0181	0.0151	0.0126	0.0105	0.0088	0.0074	0.0062	0.0052	0.0044	0.0037	0.0031
23	0.0329	0.0270	0.0222	0.0183	0.0151	0.0125	0.0103	0.0086	0.0071	0.0059	0.0049	0.0041	0.0034	0.0029	0.0024
24	0.0284	0.0231	0.0188	0.0154	0.0126	0.0103	0.0085	0.0070	0.0057	0.0047	0.0039	0.0032	0.0027	0.0022	0.0018
25	0.0245	0.0197	0.0160	0.0129	0.0105	0.0085	0.0069	0.0057	0.0046	0.0038	0.0031	0.0025	0.0021	0.0017	0.0014
26	0.0211	0.0169	0.0135	0.0109	0.0087	0.0070	0.0057	0.0046	0.0037	0.0030	0.0025	0.0020	0.0016	0.0013	0.0011
27	0.0182	0.0144	0.0115	0.0091	0.0073	0.0058	0.0047	0.0037	0.0030	0.0024	0.0019	0.0016	0.0013	0.0010	0.0008
28	0.0157	0.0123	0.0097	0.0077	0.0061	0.0048	0.0038	0.0030	0.0024	0.0019	0.0015	0.0012	0.0010	0.0008	0.0006
29	0.0135	0.0105	0.0082	0.0064	0.0051	0.0040	0.0031	0.0025	0.0020	0.0015	0.0012	0.0010	0.0008	0.0006	0.0005
30	0.0116	0.0090	0.0070	0.0054	0.0042	0.0033	0.0026	0.0020	0.0016	0.0012	0.0010	0.0008	0.0006	0.0005	0.0004

附表 3　年金终值系数表

n	1%	2%	3%	4%	5%	6%	7%	8%	9%	10%	11%	12%	13%	14%	15%
1	1.0000	1.0000	1.0000	1.0000	1.0000	1.0000	1.0000	1.0000	1.0000	1.0000	1.0000	1.0000	1.0000	1.0000	1.0000
2	2.0100	2.0200	2.0300	2.0400	2.0500	2.0600	2.0700	2.0800	2.0900	2.1000	2.1100	2.1200	2.1300	2.1400	2.1500
3	3.0301	3.0604	3.0909	3.1216	3.1525	3.1836	3.2149	3.2464	3.2781	3.3100	3.3421	3.3744	3.4069	3.4396	3.4725
4	4.0604	4.1216	4.1836	4.2465	4.3101	4.3746	4.4399	4.5061	4.5731	4.6410	4.7097	4.7793	4.8498	4.9211	4.9934
5	5.1010	5.2040	5.3091	5.4163	5.5256	5.6371	5.7507	5.8666	5.9847	6.1051	6.2278	6.3528	6.4803	6.6101	6.7424
6	6.1520	6.3081	6.4684	6.6330	6.8019	6.9753	7.1533	7.3359	7.5233	7.7156	7.9129	8.1152	8.3227	8.5355	8.7537
7	7.2135	7.4343	7.6625	7.8983	8.1420	8.3938	8.6540	8.9228	9.2004	9.4872	9.7833	10.0890	10.4047	10.7305	11.0668
8	8.2857	8.5830	8.8923	9.2142	9.5491	9.8975	10.2598	10.6366	11.0285	11.4359	11.8594	12.2997	12.7573	13.2328	13.7268
9	9.3685	9.7546	10.1591	10.5828	11.0266	11.4913	11.9780	12.4876	13.0210	13.5795	14.1640	14.7757	15.4157	16.0853	16.7858
10	10.4622	10.9497	11.4639	12.0061	12.5779	13.1808	13.8164	14.4866	15.1929	15.9374	16.7220	17.5487	18.4197	19.3373	20.3037
11	11.5668	12.1687	12.8078	13.4864	14.2068	14.9716	15.7836	16.6455	17.5603	18.5312	19.5614	20.6546	21.8143	23.0445	24.3493
12	12.6825	13.4121	14.1920	15.0258	15.9171	16.8699	17.8885	18.9771	20.1407	21.3843	22.7132	24.1331	25.6502	27.2707	29.0017
13	13.8093	14.6803	15.6178	16.6268	17.7130	18.8821	20.1406	21.4953	22.9534	24.5227	26.2116	28.0291	29.9847	32.0887	34.3519
14	14.9474	15.9739	17.0863	18.2919	19.5986	21.0151	22.5505	24.2149	26.0192	27.9750	30.0949	32.3926	34.8827	37.5811	40.5047
15	16.0969	17.2934	18.5989	20.0236	21.5786	23.2760	25.1290	27.1521	29.3609	31.7725	34.4054	37.2797	40.4175	43.8424	47.5804
16	17.2579	18.6393	20.1569	21.8245	23.6575	25.6725	27.8881	30.3243	33.0034	35.9497	39.1899	42.7533	46.6717	50.9804	55.7175
17	18.4304	20.0121	21.7616	23.6975	25.8404	28.2129	30.8402	33.7502	36.9737	40.5447	44.5008	48.8837	53.7391	59.1176	65.0751
18	19.6147	21.4123	23.4144	25.6454	28.1324	30.9057	33.9990	37.4502	41.3013	45.5992	50.3959	55.7497	61.7251	68.3941	75.8364
19	20.8109	22.8406	25.1169	27.6712	30.5390	33.7600	37.3790	41.4463	46.0185	51.1591	56.9395	63.4397	70.7494	78.9692	88.2118
20	22.0190	24.2974	26.8704	29.7781	33.0660	36.7856	40.9955	45.7620	51.1601	57.2750	64.2028	72.0524	80.9468	91.0249	102.4436
21	23.2392	25.7833	28.6765	31.9692	35.7193	39.9927	44.8652	50.4229	56.7645	64.0025	72.2651	81.6987	92.4699	104.7684	118.8101
22	24.4716	27.2990	30.5368	34.2480	38.5052	43.3923	49.0057	55.4568	62.8733	71.4027	81.2143	92.5026	105.4910	120.4360	137.6316
23	25.7163	28.8450	32.4529	36.6179	41.4305	46.9958	53.4361	60.8933	69.5319	79.5430	91.1479	104.6029	120.2048	138.2970	159.2764
24	26.9735	30.4219	34.4265	39.0826	44.5020	50.8156	58.1767	66.7648	76.7898	88.4973	102.1742	118.1552	136.8315	158.6586	184.1678
25	28.2432	32.0303	36.4593	41.6459	47.7271	54.8645	63.2490	73.1059	84.7009	98.3471	114.4133	133.3339	155.6196	181.8708	212.7930
26	29.5256	33.6709	38.5530	44.3117	51.1135	59.1564	68.6765	79.9544	93.3240	109.1818	127.9988	150.3339	176.8501	208.3327	245.7120
27	30.8209	35.3443	40.7096	47.0842	54.6691	63.7058	74.4838	87.3508	102.7231	121.0999	143.0786	169.3740	200.8406	238.4993	283.5688
28	32.1291	37.0512	42.9309	49.9676	58.4026	68.5281	80.6977	95.3388	112.9682	134.2099	159.8173	190.6989	227.9499	272.8892	327.1041
29	33.4504	38.7922	45.2189	52.9663	62.3227	73.6398	87.3465	103.9659	124.1354	148.6309	178.3972	214.5828	258.5834	312.0937	377.1697
30	34.7849	40.5681	47.5754	56.0849	66.4388	79.0582	94.4608	113.2832	136.3075	164.4940	199.0209	241.3327	293.1992	356.7868	434.7451

续表

n	16%	17%	18%	19%	20%	21%	22%	23%	24%	25%	26%	27%	28%	29%	30%
1	1. 0000	1. 0000	1. 0000	1. 0000	1. 0000	1. 0000	1. 0000	1. 0000	1. 0000	1. 0000	1. 0000	1. 0000	1. 0000	1. 0000	1. 0000
2	2. 1600	2. 1700	2. 1800	2. 1900	2. 2000	2. 2100	2. 2200	2. 2300	2. 2400	2. 2500	2. 2600	2. 2700	2. 2800	2. 2900	2. 3000
3	3. 5056	3. 5389	3. 5724	3. 6061	3. 6400	3. 6741	3. 7084	3. 7429	3. 7776	3. 8125	3. 8476	3. 8829	3. 9184	3. 9541	3. 9900
4	5. 0665	5. 1405	5. 2154	5. 2913	5. 3680	5. 4457	5. 5242	5. 6038	5. 6842	5. 7656	5. 8480	5. 9313	6. 0156	6. 1008	6. 1870
5	6. 8771	7. 0144	7. 1542	7. 2966	7. 4416	7. 5892	7. 7396	7. 8926	8. 0484	8. 2070	8. 3684	8. 5327	8. 6999	8. 8700	9. 0431
6	8. 9775	9. 2068	9. 4420	9. 6830	9. 9299	10. 1830	10. 4423	10. 7079	10. 9801	11. 2588	11. 5442	11. 8366	12. 1359	12. 4423	12. 7560
7	11. 4139	11. 7720	12. 1415	12. 5227	12. 9159	13. 3214	13. 7396	14. 1708	14. 6153	15. 0735	15. 5458	16. 0324	16. 5339	17. 0506	17. 5828
8	14. 2401	14. 7733	15. 3270	15. 9020	16. 4991	17. 1189	17. 7623	18. 4300	19. 1229	19. 8419	20. 5876	21. 3612	22. 1634	22. 9953	23. 8577
9	17. 5185	18. 2847	19. 0859	19. 9234	20. 7989	21. 7139	22. 6700	23. 6690	24. 7125	25. 8023	26. 9404	28. 1287	29. 3692	30. 6639	32. 0150
10	21. 3215	22. 3931	23. 5213	24. 7089	25. 9587	27. 2738	28. 6574	30. 1128	31. 6434	33. 2529	34. 9449	36. 7235	38. 5926	40. 5564	42. 6195
11	25. 7329	27. 1999	28. 7551	30. 4035	32. 1504	34. 0013	35. 9620	38. 0388	40. 2379	42. 5661	45. 0306	47. 6388	50. 3985	53. 3178	56. 4053
12	30. 8502	32. 8239	34. 9311	37. 1802	39. 5805	42. 1416	44. 8737	47. 7877	50. 8950	54. 2077	57. 7386	61. 5013	65. 5100	69. 7800	74. 3270
13	36. 7862	39. 4040	42. 2187	45. 2445	48. 4966	51. 9913	55. 7459	59. 7788	64. 1097	68. 7596	73. 7506	79. 1066	84. 8529	91. 0161	97. 6250
14	43. 6720	47. 1027	50. 8180	54. 8409	59. 1959	63. 9095	69. 0100	74. 5280	80. 4961	86. 9495	93. 9258	101. 4654	109. 6117	118. 4108	127. 9125
15	51. 6595	56. 1101	60. 9653	66. 2607	72. 0351	78. 3305	85. 1922	92. 6694	100. 8151	109. 6868	119. 3465	129. 8611	141. 3029	153. 7500	167. 2863
16	17. 2579	18. 6393	20. 1569	21. 8245	23. 6575	25. 6725	27. 8881	30. 3243	33. 0034	35. 9497	39. 1899	42. 7533	46. 6717	50. 9804	55. 7175
17	18. 4304	20. 0121	21. 7616	23. 6975	25. 8404	28. 2129	30. 8402	33. 7502	36. 9737	40. 5447	44. 5008	48. 8837	53. 7391	59. 1176	65. 0751
18	19. 6147	21. 4123	23. 4144	25. 6454	28. 1324	30. 9057	33. 9990	37. 4502	41. 3013	45. 5992	50. 3959	55. 7497	61. 7251	68. 3941	75. 8364
19	20. 8109	22. 8406	25. 1169	27. 6712	30. 5390	33. 7600	37. 3790	41. 4463	46. 0185	51. 1591	56. 9395	63. 4397	70. 7494	78. 9692	88. 2118
20	22. 0190	24. 2974	26. 8704	29. 7781	33. 0660	36. 7856	40. 9955	45. 7620	51. 1601	57. 2750	64. 2028	72. 0524	80. 9468	91. 0249	102. 4436
21	134. 8405	153. 1385	174. 0210	197. 8474	225. 0256	256. 0176	291. 3469	331. 6059	377. 4648	429. 6809	489. 1098	556. 7173	633. 5927	720. 9642	820. 2151
22	157. 4150	180. 1721	206. 3448	236. 4385	271. 0307	310. 7813	356. 4432	408. 8753	469. 0563	538. 1011	617. 2783	708. 0309	811. 9987	931. 0438	1067. 2796
23	183. 6014	211. 8013	244. 4868	282. 3618	326. 2369	377. 0454	435. 8607	503. 9166	582. 6298	673. 6264	778. 7707	900. 1993	1040. 3583	1202. 0465	1388. 4635
24	213. 9776	248. 8076	289. 4945	337. 0105	392. 4842	457. 2249	532. 7501	620. 8174	723. 4610	843. 0329	982. 2511	1144. 2531	1332. 6586	1551. 6400	1806. 0026
25	249. 2140	292. 1049	342. 6035	402. 0425	471. 9811	554. 2422	650. 9551	764. 6054	898. 0916	1054. 7912	1238. 6363	1454. 2014	1706. 8031	2002. 6156	2348. 8033
26	290. 0883	342. 7627	405. 2721	479. 4306	567. 3773	671. 6330	795. 1653	941. 4647	1114. 6336	1319. 4890	1561. 6818	1847. 8358	2185. 7079	2584. 3741	3054. 4443
27	337. 5024	402. 0323	479. 2211	571. 5224	681. 8528	813. 6759	971. 1016	1159. 0016	1383. 1457	1650. 3612	1968. 7191	2347. 7515	2798. 7061	3334. 8426	3971. 7776
28	392. 5028	471. 3778	566. 4809	681. 1116	819. 2233	985. 5479	1185. 7440	1426. 5719	1716. 1007	2063. 9515	2481. 5860	2982. 6444	3583. 3438	4302. 9470	5164. 3109
29	456. 3032	552. 5121	669. 4475	811. 5228	984. 0680	1193. 5129	1447. 6077	1755. 6835	2128. 9648	2580. 9394	3127. 7984	3788. 9583	4587. 6801	5551. 8016	6714. 6042
30	530. 3117	647. 4391	790. 9480	966. 7122	1181. 8816	1445. 1507	1767. 0813	2160. 4907	2640. 9164	3227. 1743	3942. 0260	4812. 9771	5873. 2306	7162. 8241	8729. 9855

附表4　年金现值系数表

n	1%	2%	3%	4%	5%	6%	7%	8%	9%	10%	11%	12%	13%	14%	15%
1	0.9901	0.9804	0.9709	0.9615	0.9524	0.9434	0.9346	0.9259	0.9174	0.9091	0.9009	0.8929	0.8850	0.8772	0.8696
2	1.9704	1.9416	1.9135	1.8861	1.8594	1.8334	1.8080	1.7833	1.7591	1.7355	1.7125	1.6901	1.6681	1.6467	1.6257
3	2.9410	2.8839	2.8286	2.7751	2.7232	2.6730	2.6243	2.5771	2.5313	2.4869	2.4437	2.4018	2.3612	2.3216	2.2832
4	3.9020	3.8077	3.7171	3.6299	3.5460	3.4651	3.3872	3.3121	3.2397	3.1699	3.1024	3.0373	2.9745	2.9137	2.8550
5	4.8534	4.7135	4.5797	4.4518	4.3295	4.2124	4.1002	3.9927	3.8897	3.7908	3.6959	3.6048	3.5172	3.4331	3.3522
6	5.7955	5.6014	5.4172	5.2421	5.0757	4.9173	4.7665	4.6229	4.4859	4.3553	4.2305	4.1114	3.9975	3.8887	3.7845
7	6.7282	6.4720	6.2303	6.0021	5.7864	5.5824	5.3893	5.2064	5.0330	4.8684	4.7122	4.5638	4.4226	4.2883	4.1604
8	7.6517	7.3255	7.0197	6.7327	6.4632	6.2098	5.9713	5.7466	5.5348	5.3349	5.1461	4.9676	4.7988	4.6389	4.4873
9	8.5660	8.1622	7.7861	7.4353	7.1078	6.8017	6.5152	6.2469	5.9952	5.7590	5.5370	5.3282	5.1317	4.9464	4.7716
10	9.4713	8.9826	8.5302	8.1109	7.7217	7.3601	7.0236	6.7101	6.4177	6.1446	5.8892	5.6502	5.4262	5.2161	5.0188
11	10.3676	9.7868	9.2526	8.7605	8.3064	7.8869	7.4987	7.1390	6.8052	6.4951	6.2065	5.9377	5.6869	5.4527	5.2337
12	11.2551	10.5753	9.9540	9.3851	8.8633	8.3838	7.9427	7.5361	7.1607	6.8137	6.4924	6.1944	5.9176	5.6603	5.4206
13	12.1337	11.3484	10.6350	9.9856	9.3936	8.8527	8.3577	7.9038	7.4869	7.1034	6.7499	6.4235	6.1218	5.8424	5.5831
14	13.0037	12.1062	11.2961	10.5631	9.8986	9.2950	8.7455	8.2442	7.7862	7.3667	6.9819	6.6282	6.3025	6.0021	5.7245
15	13.8651	12.8493	11.9379	11.1184	10.3797	9.7122	9.1079	8.5595	8.0607	7.6061	7.1909	6.8109	6.4624	6.1422	5.8474
16	17.2579	18.6393	20.1569	21.8245	23.6575	25.6725	27.8881	30.3243	33.0034	35.9497	39.1899	42.7533	46.6717	50.9804	55.7175
17	18.4304	20.0121	21.7616	23.6975	25.8404	28.2129	30.8402	33.7502	36.9737	40.5447	44.5008	48.8837	53.7391	59.1176	65.0751
18	19.6147	21.4123	23.4144	25.6454	28.1324	30.9057	33.9990	37.4502	41.3013	45.5992	50.3959	55.7497	61.7251	68.3941	75.8364
19	20.8109	22.8406	25.1169	27.6712	30.5390	33.7600	37.3790	41.4463	46.0185	51.1591	56.9395	63.4397	70.7494	78.9692	88.2118
20	22.0190	24.2974	26.8704	29.7781	33.0660	36.7856	40.9955	45.7620	51.1601	57.2750	64.2028	72.0524	80.9468	91.0249	102.4436
21	18.8570	17.0112	15.4150	14.0292	12.8212	11.7641	10.8355	10.0168	9.2922	8.6487	8.0751	7.5620	7.1016	6.6870	6.3125
22	19.6604	17.6580	15.9369	14.4511	13.1630	12.0416	11.0612	10.2007	9.4424	8.7715	8.1757	7.6446	7.1695	6.7429	6.3587
23	20.4558	18.2922	16.4436	14.8568	13.4886	12.3034	11.2722	10.3711	9.5802	8.8832	8.2664	7.7184	7.2297	6.7921	6.3988
24	21.2434	18.9139	16.9355	15.2470	13.7986	12.5504	11.4693	10.5288	9.7066	8.9847	8.3481	7.7843	7.2829	6.8351	6.4338
25	22.0232	19.5235	17.4131	15.6221	14.0939	12.7834	11.6536	10.6748	9.8226	9.0770	8.4217	7.8431	7.3300	6.8729	6.4641
26	22.7952	20.1210	17.8768	15.9828	14.3752	13.0032	11.8258	10.8100	9.9290	9.1609	8.4881	7.8957	7.3717	6.9061	6.4906
27	23.5596	20.7069	18.3270	16.3296	14.6430	13.2105	11.9867	10.9352	10.0266	9.2372	8.5478	7.9426	7.4086	6.9352	6.5135
28	24.3164	21.2813	18.7641	16.6631	14.8981	13.4062	12.1371	11.0511	10.1161	9.3066	8.6016	7.9844	7.4412	6.9607	6.5335
29	25.0658	21.8444	19.1885	16.9837	15.1411	13.5907	12.2777	11.1584	10.1983	9.3696	8.6501	8.0218	7.4701	6.9830	6.5509
30	25.8077	22.3965	19.6004	17.2920	15.3725	13.7648	12.4090	11.2578	10.2737	9.4269	8.6938	8.0552	7.4957	7.0027	6.5660

续表

n	16%	17%	18%	19%	20%	21%	22%	23%	24%	25%	26%	27%	28%	29%	30%
1	0.8621	0.8547	0.8475	0.8403	0.8333	0.8264	0.8197	0.8130	0.8065	0.8000	0.7937	0.7874	0.7813	0.7752	0.7692
2	1.6052	1.5852	1.5656	1.5465	1.5278	1.5095	1.4915	1.4740	1.4568	1.4400	1.4235	1.4074	1.3916	1.3761	1.3609
3	2.2459	2.2096	2.1743	2.1399	2.1065	2.0739	2.0422	2.0114	1.9813	1.9520	1.9234	1.8956	1.8684	1.8420	1.8161
4	2.7982	2.7432	2.6901	2.6386	2.5887	2.5404	2.4936	2.4483	2.4043	2.3616	2.3202	2.2800	2.2410	2.2031	2.1662
5	3.2743	3.1993	3.1272	3.0576	2.9906	2.9260	2.8636	2.8035	2.7454	2.6893	2.6351	2.5827	2.5320	2.4830	2.4356
6	3.6847	3.5892	3.4976	3.4098	3.3255	3.2446	3.1669	3.0923	3.0205	2.9514	2.8850	2.8210	2.7594	2.7000	2.6427
7	4.0386	3.9224	3.8115	3.7057	3.6046	3.5079	3.4155	3.3270	3.2423	3.1611	3.0833	3.0087	2.9370	2.8682	2.8021
8	4.3436	4.2072	4.0776	3.9544	3.8372	3.7256	3.6193	3.5179	3.4212	3.3289	3.2407	3.1564	3.0758	2.9986	2.9247
9	4.6065	4.4506	4.3030	4.1633	4.0310	3.9054	3.7863	3.6731	3.5655	3.4631	3.3657	3.2728	3.1842	3.0997	3.0190
10	4.8332	4.6586	4.4941	4.3389	4.1925	4.0541	3.9232	3.7993	3.6819	3.5705	3.4648	3.3644	3.2689	3.1781	3.0915
11	5.0286	4.8364	4.6560	4.4865	4.3271	4.1769	4.0354	3.9018	3.7757	3.6564	3.5435	3.4365	3.3351	3.2388	3.1473
12	5.1971	4.9884	4.7932	4.6105	4.4392	4.2784	4.1274	3.9852	3.8514	3.7251	3.6059	3.4933	3.3868	3.2859	3.1903
13	5.3423	5.1183	4.9095	4.7147	4.5327	4.3624	4.2028	4.0530	3.9124	3.7801	3.6555	3.5381	3.4272	3.3224	3.2233
14	5.4675	5.2293	5.0081	4.8023	4.6106	4.4317	4.2646	4.1082	3.9616	3.8241	3.6949	3.5733	3.4587	3.3507	3.2487
15	5.5755	5.3242	5.0916	4.8759	4.6755	4.4890	4.3152	4.1530	4.0013	3.8593	3.7261	3.6010	3.4834	3.3726	3.2682
16	17.2579	18.6393	20.1569	21.8245	23.6575	25.6725	27.8881	30.3243	33.0034	35.9497	39.1899	42.7533	46.6717	50.9804	55.7175
17	18.4304	20.0121	21.7616	23.6975	25.8404	28.2129	30.8402	33.7502	36.9737	40.5447	44.5008	48.8837	53.7391	59.1176	65.0751
18	19.6147	21.4123	23.4144	25.6454	28.1324	30.9057	33.9990	37.4502	41.3013	45.5992	50.3959	55.7497	61.7251	68.3941	75.8364
19	20.8109	22.8406	25.1169	27.6712	30.5390	33.7600	37.3790	41.4463	46.0185	51.1591	56.9395	63.4397	70.7494	78.9692	88.2118
20	22.0190	24.2974	26.8704	29.7781	33.0660	36.7856	40.9955	45.7620	51.1601	57.2750	64.2028	72.0524	80.9468	91.0249	102.4436
21	5.9731	5.6648	5.3837	5.1268	4.8913	4.6750	4.4756	4.2916	4.1212	3.9631	3.8161	3.6792	3.5514	3.4319	3.3198
22	6.0113	5.6964	5.4099	5.1486	4.9094	4.6900	4.4882	4.3021	4.1300	3.9705	3.8223	3.6844	3.5558	3.4356	3.3230
23	6.0442	5.7234	5.4321	5.1668	4.9245	4.7025	4.4985	4.3106	4.1371	3.9764	3.8273	3.6885	3.5592	3.4384	3.3254
24	6.0726	5.7465	5.4509	5.1822	4.9371	4.7128	4.5070	4.3176	4.1428	3.9811	3.8312	3.6918	3.5619	3.4406	3.3272
25	6.0971	5.7662	5.4669	5.1951	4.9476	4.7213	4.5139	4.3232	4.1474	3.9849	3.8342	3.6943	3.5640	3.4423	3.3286
26	6.1182	5.7831	5.4804	5.2060	4.9563	4.7284	4.5196	4.3278	4.1511	3.9879	3.8367	3.6963	3.5656	3.4437	3.3297
27	6.1364	5.7975	5.4919	5.2151	4.9636	4.7342	4.5243	4.3316	4.1542	3.9903	3.8387	3.6979	3.5669	3.4447	3.3305
28	6.1520	5.8099	5.5016	5.2228	4.9697	4.7390	4.5281	4.3346	4.1566	3.9923	3.8402	3.6991	3.5679	3.4455	3.3312
29	6.1656	5.8204	5.5098	5.2292	4.9747	4.7430	4.5312	4.3371	4.1585	3.9938	3.8414	3.7001	3.5687	3.4461	3.3317
30	6.1772	5.8294	5.5168	5.2347	4.9789	4.7463	4.5338	4.3391	4.1601	3.9950	3.8424	3.7009	3.5693	3.4466	3.3321

参考文献

［1］乐艳芬．成本会计［M］．上海：立信会计出版社，2012.

［2］冯巧根．成本会计［M］．北京：中国人民大学出版社，2013.

［3］田淑萍，王乐声．成本会计学［M］．北京：经济科学出版社，2013.

［4］张维宾．成本会计（新编）［M］．上海：立信会计出版社，2013.

［5］唐婉虹．成本会计［M］．北京：北京交通大学出版社，2014.

［6］丁小云，王秀春．成本会计［M］．上海：上海财经大学出版社，2015.

［7］贾宗武，刘总理．成本会计［M］．上海：立信会计出版社，2015.

［8］于富生，黎来芳，张敏．成本会计学［M］．北京：中国人民大学出版社，2015.

［9］鲁亮升．成本会计［M］．大连：东北财经大学出版社，2015.

［10］耿玮．成本会计［M］．北京：经济科学出版社，2015.

［11］张力上．成本会计［M］．成都：西南财经大学出版社，2015.

［12］熊晴海．成本会计［M］．北京：北京大学出版社，2015.

［13］张培莉．成本会计［M］．上海：华东理工大学出版社，2015.

［14］万寿义，任月君．成本会计［M］．大连：东北财经大学出版社，2016.

［15］刘新芝，张维．成本会计［M］．北京：人民邮电出版社，2016.

［16］孙立新，周洋，初征．成本会计［M］．北京：科学出版社，2017.

［17］周频．管理会计［M］．大连：东北财经大学出版社，2015.

［18］韩鹏，程慧芳，王千红．管理会计［M］．北京：北京大学出版社，2015.

［19］王满，耿云江．管理会计［M］．北京：人民邮电出版社，2016.

［20］刘海生，吴大红，陈莹莹．管理会计［M］．北京：科学出版社，2017.

［21］中国注册会计师协会．财务成本管理［M］．北京：中国财政经济出版社，2016.

［22］财政部会计资格评价中心．中级财务管理［M］．北京：中国财政经济出版社，2016.

［23］冯巧根．管理会计［M］．北京：中国人民大学出版社，2016.

［24］赵贺春，于国旺，洪峰．管理会计［M］．北京：清华大学出版社，2017.

［25］肖康元，赵耀忠．成本管理会计［M］．北京：清华大学出版社，2014.

［26］乐艳芬．成本管理会计［M］．上海：复旦大学出版社，2014.

［27］唐婉虹，赵三保．成本管理会计［M］．上海：立信会计出版社，2015.

［28］谢爱萍，李亚云．成本管理会计［M］．北京：人民邮电出版社，2015.

［29］［美］亨格瑞等著．Mnagerial Accounting（14th ed）［M］．潘飞，沈红波译．北京：北京大学出版社，2011.

［30］［美］奥利弗等著．Mnagerial Accounting［M］．刘俊勇改编．北京：中国人民大学出版社，2011.

［31］［美］William N. Lanen，Shannon W. Anderson，Michael W. Maher. Fundamental Cost Accounting（2nd ed）［M］．北京：人民邮电出版社，2012.

［32］［美］阿特金森等著．Mnagerial Accounting（16th ed）［M］．北京：清华大学出版社，2013.

［33］［美］霍恩格伦，森德姆，斯特拉顿等著．Mnagerial Accounting［M］．赵伟，王思研等译．大连：东北财经大学出版社，2013.

［34］［美］亨格瑞，达塔尔，拉詹著．成本会计：以管理为重点［M］．王志红译．北京：清华大学出版社，2015.

［35］［美］雷·H. 加里森，埃里克·W. 诺琳，彼得·C. 布鲁尔著．Mnagerial Accounting［M］．龚凯颂译注．大连：东北财经大学出版社，2016.

［36］［美］雷·H. 加里森（Ray H. Garrison）等．Mnagerial Accounting［M］．北京：机械工业出版社，2017.

后　记

“成本管理会计”是由成本会计学和管理会计学两门课程合并而成的，是整合教学资源、优化课程体系的必然选择，有利于教学内容和教学方法的改革，进而促进高校会计教育逐步从以往核算型会计人才的培养转向管理型会计人才的培养。

我国的“成本管理会计”理论体系和课程内容基本上是照搬西方的成果，国内学者也往往致力于介绍和推广西方“成本管理会计”的发展成果，而对我国“成本管理会计”实践成果总结不够，不能形成具有中国特色、符合中国国情的“成本管理会计”理论体系。

现在图书市场上随处可见的是国外的“成本管理会计”译著，由国内学者编著的“成本管理会计”教材不多，质量较高的相对来讲不多，而作为国家级精品课题教材、面向21世纪课程教材、获奖教材的“成本管理会计”教材更是难得一见。因此，有必要对现在的“成本管理会计”理论教学体系和课程内容进行修正和完善，编写出适合我国国情的“成本管理会计”教材，更好地满足教学的需求。

本书是常州工学院“成本管理会计”精品课程与专业核心课程建设的成果，也是常州工学院教材建设立项的成果。在编写过程中，我们参阅和借鉴了大量国内外的相关论著和教材，得到了常州工学院领导、专家和同事的大力支持，还得到了四川大学工商管理学院牟文副教授的热心帮助，在此一并致以诚挚的感谢。

刘贤仕

2017 年 5 月